社会科学文献出版社 SOCIAL SCIENCES ACADEMIC PRESS (CHINA)

管理科学研究生教材丛书

主 编／葛新权

管理科学研究生教材丛书

主编/ 葛新权

应 用 统 计（修订版）

Applied Statistics

葛新权 王 斌 编著

社会科学文献出版社

SOCIAL SCIENCES ACADEMIC PRESS (CHINA)

本书受北京市教育委员会科学技术与
研究生建设项目资助

本书受北京市重点建设学科管理科学与
工程、企业管理、数量经济学建设项目资助

本书受北京知识管理研究基地资助

总　序

基于 2003 年北京机械工业学院管理科学与工程硕士授权学科被批准为北京市重点建设学科，出版这套丛书，因此序言写于 2003 年 10 月。

2004 年 8 月，北京机械工业学院与北京信息工程学院合并筹建北京信息科技大学。

北京机械工业学院工商管理分院 2004 年建立了知识管理实验室，2005 年建立了北京地区第一个实验经济学实验室，2005 年 8 月召开了我国第一次实验经济学学术会议，2005 年 12 月获得 2005 年度北京市科学技术奖二等奖一项，2006 年 4 月获得北京市第九届人文社科优秀成果二等奖两项。2006 年 5 月，知识管理研究被批准为北京市教委人才强校计划学术创新团队，2006 年 10 月，被批准为北京市哲学社会科学研究基地——北京知识管理研究基地。

2006 年 12 月北京机械工业学院工商管理分院与北京信息工程学院工商管理系、经济贸易系经贸教研室合并成立北京信息科技大学经济管理学院。2008 年 3 月企业管理硕士授权学科被批准为北京市重点建设学科。

2008 年 4 月教育部正式批准成立北京信息科技大学。

经济管理学院是北京信息科技大学最大的学院。经过 2007 年 10 月学科专业调整（信息系统与信息管理学士授权专业调出）后，经济管理学院拥有管理科学与工程、企业管理、技术经济及管理、国民经济学、数量经济学 5 个硕士授权学科；拥有工业工程专业硕士；拥有会计学、财务管理、市场营销、工商管理、人力资源管理、经济学 6 个学士授权专业，设有注册会计师、证券与投资、商务管理、国际贸易 4 个专门化方向。

经济管理学院下设 5 个系：会计系、财务与投资系、企业管理系、营销管理系、经济与贸易系；拥有实验实习中心，包括会计、财务与投资、企业管理、营销管理、经济与贸易、知识管理、实验经济学 7 个实验室；现有教授 12 人、副教授 37 人，具有博士学位教师占 23%，具有硕士学位教师占 70%。在教师中，有博士生导师、跨世纪学科带头人、政府津贴获得者，还有北京市教委人才强校计划学术创新拔尖人才、北京市教委人才强校计划学术创新团队带头人、北京市哲学社会科学研究基地首席专家、北京市重点学科带头人、北京市科技创新标兵、北京市青年科技新星、证券投资专家，还有北京市政府顾问、国家注册审核员、国家注册会计师、大型企业独立董事，还有一级学术组织常务理事，他们分别在计量经济、实验经济学、知识管理、科技管理、证券投资、项目管理、质量管理和财务会计教学与研究领域颇有建树，享有较高的知名度。

经济管理学院成立了知识管理研究所、实验经济学研究中心、顾客满意度测评研究中心、科技政策与管理研究中心、食品工程项目管理研究中心、经济发展研究中心、国际贸易研究中心、信息与职业工程研究所、金融研究所、知识工程研究所、企业战略管理研究所。

近三年以来，在提高教学质量的同时，在科学研究方面也取得了丰硕的成果。完成了国家"十五"科技攻关项目、国家科技支撑计划项目、国家软科学项目等 8 项国家级项目和 12 项省部级项目；荣获 5 项省部级奖；获得软件著作权 24 项；出版专著 16 部；出版译著 2 本；出版教材 10 本；发表论文 160 余篇。这些成果直接或间接地为政府部门以及企业服务，特别是服务于北京社会发展与经济建设。为重点建设学科"管理科学与工程"的建设与发展打下了比较坚实的基础，促进了企业管理学科建设，形成了基于知识管理平台的科技管理特色，也形成了稳定的研究团队和知识管理、科技管理、知识工程与项目管理 3 个学术研究方向。

在北京市重点建设学科、北京市属高等学校人才强教计划、北京市属高等学校科技创新平台项目、北京知识管理研究基地资助下，把我们的建设成果集结出版，形成了这套研究生教材丛书。

管理科学与工程学科发展日新月异，我们取得的成果不过是冰山一角，也不过是一家之言。难免有不当甚至错误之处，敬请批评指正。这也是我们出版丛书的一个初衷。让我们共同努力，提高我国管理科学与工程学科研究的学术水平。

在北京市教委与学校大力支持与领导下，依靠学术团队，我们有信心为管理科学与工程学科建设、科学研究、人才培养与队伍建设、学术交流、平台建设与社会服务作出更大的贡献。

主编 葛新权

2008 年 4 月于北京育新花园

前　　言

应用统计是经济管理专业的一门重要的基础课程。

统计学是认识现象规律的一种独特的方法。它的特点是揭示现象量变到质变的规律，蕴涵着辩证思维，具有普适性。这些辩证思维体现在总体与个体、数量与质量、有限与无限、同质与变异、绝对与相对、集中与离中、简单与加权、分组与合并、静态与动态、确定与随机、唯一与不唯一、变与不变、局部与全体、相关与不相关、独立与不独立、线性与非线性、直接与间接等上。如此辩证对立统一的思想对我们的影响往往超过统计方法对我们的指导作用，使人类受益匪浅。无论在自然科学、工程技术科学、人文社会科学研究，以及软科学研究中，还是在工农业等人类社会实践中，以及人类日常生活的各个方面中都发挥着重要而不可替代的作用，为它们提供了方法论。从学科专业角度来说，它为全部课程内容体系提供了方法论；从方法论上讲，统计学分为描述统计与推断统计，前者基于全面调查，使用统计指标体系，后者基于抽样调查，使用数理统计原理。当然，在实际应用中，应把两者有机地结合起来。统计指标固然简单，但通过比较分析就能够揭示现象的特征与变化趋势，此时它表现出人们做事的原则"在能够解决问题的前提下，所使用的方法越简单越好"，也就是说"利润最大化"。无疑，推断统计融合准确性、经济性与时效性，是最科学、最优化、最完美的，但根据样本指标推断总体未知参数时需要应用描述统计。也就是说，描述统计是基础。

对于学科体系来说，统计学已经从经济学和数学中独立出来作为一级学科，足以表明统计学在理论研究与实际应用中的巨大作用。

值得一提的是，在统计学中，高等数学、线性代数、概率论、数理统计学的有机结合得到了淋漓尽致的表达，是理论与实践辩证关系应用的典范。随着线性代数的应用，统计学得到了巨大的发展，多元统计分析方法应运而生，并在实际应用中发挥着巨大的作用。

随着实验经济学研究与应用的起步，按照实验经济学的思想，非参数估计不仅是参数估计发展的，而且是实验经济学研究的最基本问题。

随着回归模型在实际中的应用，一些新的回归模型技术得到了发展，它们提高了模型的拟合度和预测精度；可以将混沌动力学模型看做时间序列模型的发展。

在多年教学实践与经验的基础上，我们认为，为了展现统计学的大视窗，我们需要对描述统计、推断统计、多元统计分析的内容进行整合，以此提高学生的应用能力。因此，我们在《应用统计》基础上进行大量修正、删减或增加工作形成这本书。它包括十六章：概论、抽样分布、参数估计、假设检验、方差分析、回归分析、聚类分析、判别分析、主成分分析、因子分析、对应分析、典型相关分析、非参数统计方法、非线性回归模型、经济统计模型设定与创新、混沌动力学模型。

本书可以作为经济管理专业的教学参考书。

在写作过程中，本书还参考了大量国内外文献资料，恕在参考文献中只列出了部分文献，特借此向所有文献的作者表示感谢。

由于作者水平有限，难免有错误之处，敬请批评指正。

葛新权　王　斌

2012 年 3 月 21 日于北京育新花园

目 录

Contents

第一章 概 论

在讨论《应用统计》内容之前，非常有必要回顾一下最基础的统计学原理与方法。这些方法确实简单，但它不仅是统计学的基础，也是数量分析的基础，同时还是自然科学、社会科学、工程技术科学揭示规律的基础，在分析实际问题中则是不可缺少的，且十分有效的。况且，它的原理中所表达的辩证思想对我们的影响是深远的，让我们终身受益。

第一节 统计学的特点、方法和作用

一 统计在经济管理中的应用

统计成为一门科学始于 17 世纪，但其实践活动可以追溯到原始社会，也就是说距今足有 3000 多年历史。历史已经证明，统计不仅是认识社会的有力武器，而且是经济管理工作的一个重要组成部分。第一次世界大战后期，统计在经济管理中的应用逐渐重要起来。如 1917 年美国军方通过小量抽样发现，军衣、军鞋的尺寸分布符合正态分布，为在短期内提供大量军衣、军鞋提供了理论依据和实施办法。又如 1924 年美国贝尔电话实验室的休哈特（W. A. Shewhart）运用统计方法发明了工业产品质量管理中的质量控制图，对提高工业产品质量的效果极为显著。20 世纪 40 年代以来，资本主义世界的科技发展迅速，生产高度自动化和社会化，竞争更为激烈，企业为立于不败之地，更为重视发挥统计的作用，并就统计工作提出了新的课题。如 20 世纪 60 年代初，美国著名管理统计学家戴明（W. E. Deming）和费根堡姆（A. V. Feigenbaum）分别提出了企业管理计划—执行—检查—行动（Plan-Do-Check-Acting, PDCA）和全面质量管理，都是适应这一要求而创立的；再如 20 世纪 70 年代以来，统计在方法技术上吸收了各种现代科技成果，运用现代化计算工具——电子计算机，产生了一系列旨在加强企业内部管理的定量管理方法。到 21 世纪的今日，统计在经济管理中的应用，如 6σ 控制方法、知识计量、知识管理、知识挖掘技术与方法，以及金融工程、博弈实验与微观仿真分析等，达到了一个新的高度，发挥了显著的不可替代的作用。

下面主要介绍常用的统计学理论与方法，这些理论与方法是我们认识客观事物数量特征所必需的工具。毫无疑问，统计的应用无所不包，体现在方方面面。可以讲，统计与每一个人、家庭、工商企业、科研单位（机构）息息相关；与医疗卫生、财政、银行、保险、行业或行政部门、社会团体息息相关；与地区、市、省、国家息息相关。特别是，统计在经济管理中得到了广泛的应用。如某公司在进行研发之前，需要进行市场调查分析；在招聘技术与管理人才时，需要对他们进行面试与测评；在购进零配件后，需要进行检验，经济效益与社会效益综合评价等都需要应用统计。

统计在经济管理中的应用也是现代化管理的客观要求。在工商企业中，要正确而有效地进行计划、组织、协调和控制，就必须掌握企业内外部各种相关的信息。否则心中无数，就无法进行管理。

在我国，统计的应用是随着社会经济的日益发展而逐步扩大的。如20世纪五六十年代，统计一般只具有描述社会经济现象状况的"反映"作用；自70年代末改革开放以来，统计发挥的揭示社会经济现象规律的"反映、监督、决策与控制"作用，日趋明显。

总的来讲，统计的应用体现为两种形式：描述统计与推断统计。所谓描述统计，是指对某社会经济现象量与质规律的长期认识，并在形成对应基准的基础上，使用全面调查得到反映社会经济现象量的特性的统计指标，与基准对比，以揭示现象质的特征。如调查国家、行业、部门、省市、企业职工人数、固定资产投资、增加值等应用的都是描述统计。

对于某一社会经济现象总体，所谓推断统计，是指出于主观或客观上的考虑，使用抽样调查从总体中得到样本及其量的特性，并以此满足在主观与客观的要求下推断出总体相应量的特性，并与基准对比，揭示总体质的特征。特别的，使用推断统计能够揭示现象内在的数量规律性。对现象量的长期认识与实际对比，加上经验判断，能够得到量与质的规律性认识。当然，这种规律性也不是一成不变的，随着现象的发展，认识得到不断的发展和完善。又如，市场需求预测、生产过程控制、产品质量检验等应用的都是推断统计。

描述统计相对简单并有效。特别的，动态地考察指标的变化，对现象的认识是深刻而明显的。推断统计相对复杂，但同样有效。它能够解决一些描述统计所不能解决的问题。由于推断统计是建立在严格的数学逻辑推导之上的，所以它是最科学、最优化和最完美的。但描述统计是推断统计的基础，它要求数据信息是完全的，而推断统计是描述统计科学的发展，它不要求数据信息是完全的。可见，描述统计与推断统计两者互相依存，不可替代。

二 统计学的特点、方法与基本作用

统计的含义通常有三种：统计工作、统计资料和统计学。所谓统计工作是指人们有目的地对某客观事物或社会经济现象的数字资料进行调查、整理、分析和提供决策信息的调查研究与实践认识活动。第一，这种认识实践活动是有目的的，必须发挥人的主观能动性；第二，它以实事求是为原则。"有调查，才有发言权"，要通过调查，取得真实的第一手资料，找出客观现象或社会经济现象的规律，即通过对客观现象或社会经济现象量的认识实现对客观现象或社会经济现象质的认识。

统计资料是统计工作的总成果，它包括数据（原始数据，加工、处理后的数据以及指标的数值）和资料。统计工作的成果不仅取决于数据和资料的多少，还取决于它们的质量，特别是资料中统计分析报告的质量。可以说，统计分析报告是统计工作的最重要成果，高质量的统计分析报告标志着统计工作的水平高，服务决策价值大，使统计工作"锦上添花"。

统计学是研究、整理和分析统计资料、统计工作的理论和方法的科学，它既是统计工作经验的理论概括与升华，又能指导我们做好统计工作。统计学是在统计工作实践的基础上产生的，而它一经形成，又对统计工作中的统计数据及资料的收集、整理、分析工作等起着理论指导作用，并且得到不断的丰富和发展。

统计学是一门研究某客观事物或社会经济现象总体（事物总体或总体现象）定量认识方法的科学，其目的在于探索客观事物内在的数量规律性，从而认识客观事物内在的质的规律性。值得一提的是，统计学在事物（或现象）的数量方面的研究应当与质的方面联系起来，它是通过密切联系事物（或现象）质的方面来研究量的方面，脱离了事物或现象的质便无法进行量的研究。

（一）统计学的特点

1. 数量性

任何事物（或现象）都是质与量的统一，事物的质即本质，它决定了某一事物与其他事物的区别；事物的量表现为数量的多少、水平的高低，以及数量关系。从量变到质变是事物变化的普遍规律。统计学所研究的是事物的数量方面，它通过各种统计方法描述和推断事物总体的数量特征、数量关系和量变到质变的数量界限，揭示事物在数量方面显示出来的质的规律性。这是统计学最突出的特点。

2. 具体性

统计学不同于数学，数学研究的数字是抽象的数，以及它们的运算规律，而统计学所研究的数量是具有质的规定性的事物（或现象）量，以及它们显示出来的事物质的规律性。如 2010 年远大企业工业增加值为 10000 万元，它告诉我们，数值 10000 反映了远大企业工业增加值的内容，以价值量万元为单位，并且它是远大企业 2010 年的工业增加值。也就是说，10000 这个数字在数学中是有意义的，但在统计学中是没有意义的；同样，10000 万元、工业增加值 10000 万元、企业工业增加值 10000 万元、2010 年工业增加值 10000 万元等都是没有意义的。因此，具体性是指除数字外，还要说明该数字所表示的内容、所指的时间（或时点）、所指的空间以及计量单位和计算方法，这些称为统计指标的构成要素。只有这样具备全部构成要素的统计数字，才有意义。

3. 总体性

统计学所研究的是客观事物（或现象）的数量方面的内容。具体地讲，它是把客观事物作为一个总体来认识其数量特征，而不是认识客观事物总体中的某个部分的数量特征，这就是统计学的总体性。例如，要调查远大企业职工的工资水平，指的是认识远大企业全部职工这一总体的工资总水平或平均水平，而不是指认识远大企业中某一位职工或某些职工的工资水平或平均水平。在实际中，总体性体现为要把认识（研究）对象作为一个整体来描述、揭示或推断它的数量特征。

（二）统计学的方法

统计学的方法是指统计学研究和认识客观事物（或现象）总体数量方面的各种方法。从研究主体来看，与其他诸多科学研究需要经历定性分析、资料收集、整理、分析的过程一样，统计学的研究也需要这样的过程，并且把这一过程划为四个阶段：统计设计、统计调查、统计整理、统计分析。从总体上讲，统计学的基本方法有大量观察法、分组法、综合指标法、统计推断法。

1. 大量观察法

为了达到认识客观事物（或现象）总体数量特征的目的，必须对现象总体包含的足够多的单位进行调查。通过对大量单位的调查，排除个别的、偶然的非本质的因素影响，显示出现象普遍的、决定性的特征和规律。这种通过统计调查，收集大量、足够多单位资料的方法叫大量观察法。从这里我们应看到，在实际中，考虑到调查的经济性和时效性，往往不进行全面调查，而使用非全面调查（对无限总体来说，只能使用非全面调查），但调查很少的单位（小量观察）是不足以认识客观事物的数量特征及其规律的。这是统计规律所特有的性质，调查多少单位才是大量观察呢？这取决于总体内在的变异、调查精度和调查方法。

2. 分组法

认识客观事物（或现象）及其内在的差异是统计学的一项重要内容。对复杂现象进行调查取得大量的数字资料，就要根据统计研究的任务和现象的内在特点，将被研究的现象划分为性质不同的各个组，称为统计分组。通过分组可以揭示复杂现象及其内在的差异。分组法是贯穿于整个统计工作中的一种重要方法。在认识总体结构特征方面，必须使用分组法。还有，分组法是所有统计方法的基础。所作的分组与总体内在差异一致，就有利于揭示现象总体数量特征；否则，便不利于甚至会错误地揭示它的数量特征。对于同一总体，分组不是唯一的，而应根据研究的内容和目的的不同来确定。在一次分组的基础上，如果需要的话，还可以进行二次分组；分组还有一个作用，它能把无限的问题变成有限的。如对无限总体来说，从每一调查单位来说，总体是无限的；但利用分组法可以将总体分成5组、10组、20组等，从每一组来说，总体就是有限的。

3. 综合指标法

它是指用综合指标对客观事物（或现象）的数量关系进行分析的方法。综合指标包括总量指标、相对指标和平均指标。通过综合指标的汇总运算，排除个别的、次要的、偶然性因素的影响，而显示出普遍的、主要的、决定性的条件所发生作用的结果。统计分析中的许多方法，如总量分析法、比较分析法、平均分析法、动态分析法、因素分析法、平衡分析法等都是综合分析法，它们综合反映了某客观事物（或现象）的规模、水平、速度和比例关系。

4. 统计推断法

如参数估计、假设检验、回归分析等，它对于客观事物（或现象）数据整理、数量特征的归纳、数量关系的分析都有重要作用。所谓统计推断法就是按随机原则从要认识的客观事物（或现象）总体中抽取一定的单位，利用对这部分单位所组成的样本的数量特征的认识推断出对该现象总体相应数量特征的认识的一种统计方法，它也是最科学、最完美、最普遍、最有效的一种统计方法。

（三）统计学的基本作用

从统计方法的角度来说，描述统计主要以综合指标法为代表，推断统计则主要以统计推断法为主。

统计学描述客观事物（或现象）的数量特征，揭示事物发展变化的数量规律，对于人们深入探索事物本质规律和进行科学管理具有重要作用；统计学作为一门方法论科学，在各个领域中都得到广泛的应用。

具体地讲，统计学的基本作用表现在以下几个方面：

第一，描述或推断事物的内在和外在的数量特征，如数量指标和质量指标分别描述事物外在和内在的数量特征；统计指数描述数量指标或质量指标的综合平均变动；样本数字特征（如样本均值、成数、方差等）推断总体参数（如总体均值、成数、方差等）。

第二，描述或揭示事物发展数量变化的过程及其规律，如时间序列指标描述事物发展的变化过程；回归方程揭示事物的发展规律。

第三，预测事物未来发展趋势，这对于制订中长期发展计划是不可缺少的，对作出正确的决策也是不可缺少的。

总之，统计学的基本作用体现在：把不能直接用于支持决策的反映事物的数据、资料等非决策信息转化为能够用于支持决策的决策信息。这种决策信息的价值就是统计学所特有的价值。如图 1-1 所示：

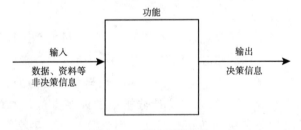

图 1-1　统计学的功能

第二节　统计学的基本概念

一　统计总体与总体单位

（一）统计总体

统计总体简称总体。具有相同性质的个别事物组成一个总体。个别事物可以是空间概念还可以是时间概念，也可以是人或物等。如全国工业企业组成一个总体，北京市机械工业企业组成一个总体，远大企业所有车间、职工、设备、产品等都组成一个总体。因此，工业企业、机械工业企业、车间、职工、设备、产品分别是以上六个总体的个别事物。不难发现，总体就是数学中的集合。成语"物以类聚"是总体的高度概括。总体具有如下性质：

1. 同质性

组成总体的个别事物具有相同的性质，如全国工业企业总体中的工业企业都是中国的，而不是外国的；北京市机械工业企业总体中的机械工业企业都隶属北京市，而不是别的省市或部门；远大企业车间、职工、设备、产品四个总体中的车间、职工、设备、产品都是远大企业的，而不是别的企业的。总体的同质性是我们认识的出发点。

2. 大量性

总体的大量性是指总体中应包含足够多的个别事物，其数目应能足以反映总体的数量特征。每个个别事物都受偶然因素的影响，表现出各种各样的差异。因此，少数个别事物的特征不能说明总体的特征，只有相当多数的个别事物结合起来形成总体，才能使偶然因素的作用相互抵消，从而显示事物的共同性质即总体的特征。例如，要研究北京市国有企业的生产经营情况，如果只调查几家国有企业，它们也许生产经营情况极差、经济效益非常低；也许生产经营情况良好，经营效益非常高，这些都不能说明北京市国有企业生产经营的真实情况。如果对所有国有企业或相当多的国有企业进行调查、分析，就可以使效益高低相抵，显示出全部国有企业生产经营的真实情况，从而达到研究的目的。

3. 变异性

虽然组成总体的个别事物要具有相同的性质，但还应看到个别事物之间存在着大量不相同的性质。如国有工业企业总体中工业企业的名称、类型、职工人数、固定资产、工业增加值等都不尽相同；北京市机械工业企业总体中机械工业企业也是如此；远大企业职工总体中职工的姓名、性别、工龄、工资等也不尽相同等，这些都是总体内在的差异。因此，总体可以被描述成一个矛盾对立的统一体。

在实际中，总体完全由研究内容和目的所决定。如要研究北京市机械工业企业的生产经营情况，总体自然是北京市所有机械工业企业；要研究远大企业职工的收入情况，总体自然是远大企业的所有职工。简言之，总体乃是研究对象。因此，我们通常把要研究的某客观事物或社会经济现象作为统计总体，还把反映客观事物或社会经济现象的某一变量作为统计总体。

如果组成总体的个别事物的个数是有限或无限的，则该总体被称之为有限总体或无限总体。在实际中，主要是有限总体，无限总体很少。我们可以把流水线上的产品产量看成是无限总体。

（二）总体单位

总体单位为组成总体的每个个别事物。因此，总体由具有相同性质的总体单位组成，同时组成总体的总体单位存在着大量不相同的性质。

在实际中，研究目的决定了总体，也决定了总体单位。不同的研究目的决定了不同的总体，也决定了不同的总体单位。如研究远大企业的设备情况，总体是远大企业的所有设备，总体单位是远大企业的每一台设备；要研究思维公司的生产经营情况，总体是思维公司的所有分公司，总体单位是思维公司的每一个分公司。

注意，如果研究范围扩大了，则原来的研究对象即总体会变为总体单位，反之亦然。如要研究北京市宏大机械工业企业的生产经营情况，则宏大机械工业企业是一个总体；但要研究北京市机械工业企业的生产经营情况，则宏大机械工业企业成为一个总体单位。

二 标志和指标

统计的目的是认识总体的数量特征，而总体是由总体单位组成的，因此必须通过对总体单位的特征的认识实现统计的目的。

（一）标志

总体单位的特征称为标志，总体单位的属性特征称为品质标志，不能用数值表示；总体单位的数量特征称为数量标志，能用数值表示。如在北京市工业企业总体中，工业企业的名称、所有制、所在区县等都是品质标志，而工业企业的职工人数、固定资产、工业增加值等都是数量标志；又如远大企业职工总体中，职工的姓名、性别、民族、出生地等都是品质标志，而职工的工资、工龄、年龄、受教育时间等都是数量标志。

值得一提的是，所有总体单位都具有某种特征，只是每个总体单位在该特征上有程度的差异，这样的特征才是标志。如在远大企业职工总体中，"性别"是（品质）标志，因为每个职工都具有这种特征，只是有的职工是男的，有的职工是女的而已；同样是"年龄"是（数量）标志，因为每个职工都具有这种特征，只是每个职工的年龄不同而已，但是"男性"或"女性"以及"30岁"或"40岁"等都不是标志。

（二）指标

总体的数量特征称为统计指标，简称指标，指标都是能够用数值表示的，分数量指标和质量指标两种。反映总体外在的非本质的数量特征称为数量指标（也称为总量指标），而总体内在的本质的数量特征称为质量指标。但数量指标是基础，没有数量指标，也不可能有质量指标。皮之不存，毛将焉附，两者是唇齿关系。如在北京市工业企业总体中，北京市工业企业总数、职工人数、工业增加值总值、能源消耗总量等都是数量指标，而北京市工业企业劳动生产率、职工总平均工资、百元产值总能耗等都是质量指标，并且总劳动生产率是由工业增加值总额与职工总数相比得到的，百元增加值总能耗是能源消耗总量与工业增加值总额的比值。

为了全面反映总体的数量特征，必须使用数量指标和质量指标。数量指标表现为绝对数，质量指标表现为相对数，它总是可以由两个绝对数之比得到。

三 变量与变异

（一）变量

变量是指数量标志或指标，这与数学中的变量是不同的。如北京市工业企业总体中，每个工业企业的职工人数、固定资产、工业增加值等数量标志都是变量，所有工业企业的职工总额、固定资产总值、工业增加值总额等指标也都是变量。如果某一变量仅在自然数中取值，则称该变量为离散变量，如职工人数、职工总数，以及设备台数、设备总台数等为离散型变量；如果某一变量在某一区间内连续取值，则称该变量为连续型变量，如固定资产、工业增加值、固定资产总值、工业增加值总额等为连续型变量。

（二）变异

所谓变异就是标志的不同表现。品质标志的不同表现用文字表述，如"性别"的不同表现为"男或女"；"文化程度"的不同表现为"博士、硕士、本科、专科"；"企业规模"的不同表现为"大型、中型、小型"等。数量标志的表现可用数值表示，称为标志值或变量值。数量标志的变异指的是标志值或变量值的不同，如"年龄"的不同标志值为"20 岁、21 岁、22 岁、30 岁……"；工资的不同标志值为"400 元、500 元、600 元……"；等等。

显然变异是总体内客观存在的，并且决定了总体的数量特征。可以说没有变异就没有统计。人们正是通过认识总体的变异实现对总体数量特征的认识的。

值得一提的是，同一指标不同总体的指标值的差异也是变异，但它是不同总体之间的变异，而不是同一总体内总体单位之间的变异。

（三）统计认识过程

有了基本概念后，我们将统计认识过程总结为图 1 - 2。

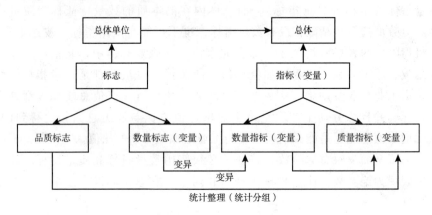

图 1 - 2　统计认识过程

统计的目的是认识总体数量特征，无外乎是外在数量特征（数量指标）和内在数量特征（质量指标），怎么认识呢？由于总体是由总体单位组成的，所以必须通过对总体单位的认识来实现对总体的认识。因此，必须认识总体单位的特征，即属性特征（品质标志）和数量特征（数量标志）及其变异。获得统计指标数值的途径有两种：一是由数量标志得到数量指标，进而得到质量指标，比如由"工资"得到"工资总额"，由"职工人数"得到"职工总数"，进而由"职工总额"和"职工总数"得到"平均工资"，即由个体量得到总体量；二是由品质指标得到质量指标，比如由"性别"得到"男、女结构指标"等，即由个体量得到组量，再由组量得到总体量。值得一提的是，此时统计分组起重要的作用。对于无限总体，它的作用是不可替代的，把无限有限化；即使对于有限总体，如果总体比较大，则统计分组也是一种最优的选择方法，在满足一定精度的要求下，使成本最低、时效性最高。因此，在第一种途径中，对于规模比较大的总体，往往也采用统计分组。

第三节　统计工作过程

上面论述了统计认识过程。正如前文提到的，在实际中，它表明统计工作分为四个阶段：统计设计、统计调查、统计整理和统计分析。

一 统 计 设 计

统计设计是统计工作的第一个阶段，根据研究对象、内容和目的对整个统计过程的各个方面和各个环节进行通盘考虑和安排。根据设计侧重不同，分为整体设计和专项设计，也可分为全阶段设计和单阶段设计。整体设计就是将统计工作作为整体进行设计，因而是原则性的和粗线条的；专项设计是对统计工作的某个方面进行专门设计，因而是具体的，具有灵活性，但不违背整体设计的原则。

全阶段设计是指将统计工作的四个阶段进行设计，而单阶段设计是指就统计工作的某个阶段进行设计，两者的关系如同整体设计和专项设计的关系。

统计设计的结果是各种设计方案。在实际中，我们应该在各种可行的方案中选出最优方案。良好的开始是成功的一半，因此设计出好的方案是十分重要的工作。

统计设计的主要内容是指标设计（或选择）。统计的目的是反映总体的数量特征，因此设计（或选择）相应的指标来反映总体的数量特征是首要的任务，否则下面的工作便无从做起。

二 统 计 调 查

统计调查是统计工作的第二个阶段。为了得到所设计的指标的数值，具体地收集数据资料这一工作过程，是一项实实在在的工作，来不得半点虚假。

如果收集不到一些必要的数据，则必须放弃相应的指标，反过来重新设计指标。

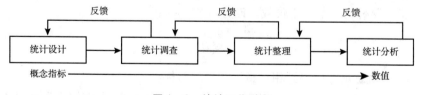

图 1 - 3 统计工作过程

三 统 计 整 理

统计整理是对所收集到的数据资料进行审核、汇总、分类，使之科学化、系统化、条理化，并且可以用各种统计图表或曲线表示整理后的结果。如果发现伪数或缺数，则需要重新调查。统计调查的主要内容是统计分组，这是一种重要的统计方法。

四　统计分析

统计分析主要包括两个方面，一是大量的数据资料和所需要的指标的数值，因此由概念指标到由数值指标表示统计工作的完成有一定的道理；二是统计分析报告，这是统计工作最精彩的部分，它标志着统计工作者参与决策，为决策服务。当然统计工作者要写出好的高质量的统计分析报告，不仅取决于统计工作者对实际问题的掌握和统计分析理论和方法，而且更重要的还取决于大量的相关知识，如国家政治、经济、法律、法规、政策等。

第四节　统计指标体系

一　基本指标

基本指标有数量指标和质量指标两大类，分别表现为绝对数和相对数。进一步，质量指标又分为相对指标和平均指标（实质上平均指标是一种特殊的相对指标）。并且，数量指标也可以称为总量指标（为同时使用时表述区别的方便）。

总量指标分为时期指标和时点指标；相对指标分为计划完成（计划执行进度）相对指标、结构相对指标、比例相对指标、动态相对指标、比较相对指标和强度相对指标；平均指标分为计算平均指标和位置平均指标，计算平均指标又分为算术平均指标、调和平均指标和几何平均指标，位置平均指标又分为众数、中位数、四分位数。

二　派生指标

（1）由总量指标得到相对指标和平均指标。

（2）由动态相对指标得到时间序列指标：水平指标和速度指标。水平指标分为发展水平和增长量，发展水平有基础水平和报告期（计算期）水平，增长量有逐期增长量和累计增长量。利用平均思想进而得到平均发展水平和平均增长量；速度指标分为发展速度和增长速度，发展速度有环比发展速度和定基发展速度，增长速度有环比增长速度和定基增长速度，利用平均思想进而得到平均发展速度和平均增长速度。这些指标既从绝对量，又从相对量，既从局部，又从整体的角度来描述现象的变化及其趋势。

（3）由平均指标得到标志变异指标，它们是一对孪生指标，前者描述总体的同质性或事物变化的集中趋势，而后者描述总体的变异性或事物变化的离中趋势。它们还是一对优化指标，即平均指标使得标志变异指标最小。对于算术平均指标、调和平均指标和几何平均指标，也都能计算出相应的标志变异指标。

（4）由平均指标和动态相对指标得到统计指数，它是一个两维度指标。对于任何一个指标，都有相应指标的指数概念。因此，有数量指标指数和质量指标指数；也有总量指标指数、相对指标指数和平均指标指数。并且，由此可以得到相应指数体系，它们是一种有效的因素分析方法。

基础指标与派生指标组成了统计指标体系，如图1-4所示。

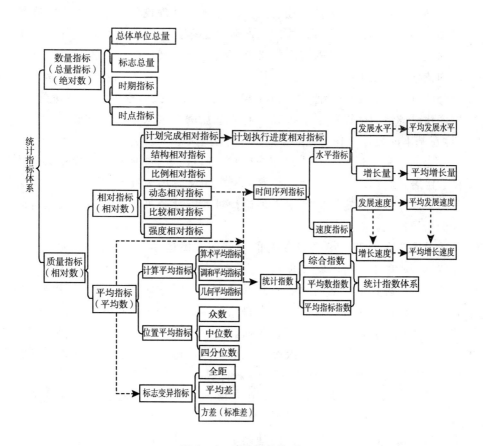

图1-4 统计指标体系

第五节　统计方法的普适性

历史已经证明，统计无处不有，无处不在。统计具有普适性，表现在统计不仅是认识社会的有力武器，也是认识自然科学、工程技术科学、人文社会科学、经济科学、管理科学的有力武器；也是国家、地区、省市各级政府管理经济社会发展以及企业经济管理工作的一个重要工具；也与每一个家庭、每一个人的学习、工作与生活密切相关。

一　普适性

第一，统计是认识社会的有力武器。马克思、恩格斯、列宁、毛泽东等都是应用调查研究方法的大师。

马克思和恩格斯是科学社会主义的经济统计理论的奠基人。他们在领导第一国际的革命运动中，提出无产阶级必须建立自己的统计，作为了解各国工人阶级状况、揭露资本主义制度的本质、制定国际工人运动战略策略的依据。列宁曾指出社会经济统计是认识社会的有力武器之一，是国家监督的重要工具之一。他为世界上第一个社会主义国家统计的理论建设、制度建设、组织建设奠定了基础。毛泽东强调实事求是、调查研究，并把"注意基本的统计"作为党委会的工作方法之一。

比如《资本论》是马克思用毕生精力写成的一部具有划时代意义的经济学巨著，它揭示了人类社会必然由资本主义发展为社会主义和共产主义的历史规律性，确定了共产主义理论，对人类社会进步与文明发展起着巨大的指导作用。

毛泽东在1927年3月所撰写的《湖南农民运动考察报告》，为中国革命找到了一条农村包围城市的正确道路奠定了理论与实践基础。

第二，统计是自然科学、工程技术科学、人文社会科学、经济科学、管理科学研究的重要方法。无论是自然科学，还是工程技术科学，都利用统计方法对实验数据进行分析，从而获得科学规律，而人文社会科学、经济科学、管理科学都是研究人类实践活动规律的，同样利用统计方法对实践活动产生的数据资料进行分析，以获得规律认识。

第三，统计是国家、地区、省市各级政府管理经济社会发展以及企业管理工作的一个重要工具。任何一级政府科学、有效地管理经济社会发展，都是建立在经济社会发展规律的基础上，而统计方法是分析经济社会发展过去和现状及预测未来的重要方法。同样，任何一个企业进行科学、有效的管理，肩负社会责任，取得竞争优势，实现可持续发展，都离不开统计。如在市场分析与预测、技术分析与预测、投资分析与股市预测、生产经营决策、生产过程控制、工作分析与岗位设置、薪酬设计与员工绩效评价、会计报表分析、审计抽样，以及外部环境分析等中统计方法都起着不可替代的作用。

第四，统计也与每一个家庭、每一个人的学习、工作与生活密切相关。如家庭收入与支出、个人学习、培训成果、工作成就、生活质量，以及生理、心理健康都离不开统计。可以讲，统计伴随人的一生，与人息息相关。

总之，统计学方法是我们认识客观事物数量特征所必需的工具。毫无疑问，统计的应用无所不包，体现在方方面面。可以讲，统计与每一个人、家庭、工商企业、科研单位（机构）息息相关；与医疗卫生、财政、银行、保险、行业或行政部门、社会团体息息相关；与地区、市、省、国家息息相关。它的基本作用体现在：把不能直接用于支持决策的数据、资料等非决策信息转化为能够用于支持决策的决策信息。这种决策信息的价值就是统计学所特有的价值。

二 辩 证 思 想

从哲学上说，总体是一个矛盾对立统一体。同一总体的个体的不同性质就是对立的矛盾，它们的相同性质就是统一。矛盾无处不有，无时不在。因此，解决矛盾，一定要基于它们的共同点。辩证法告诉我们，事物的规律由矛盾对立的双方斗争的结果决定。因此，总体的变异性是客观存在的，决定了它的数量特征，没有变异就没有统计，研究变异性就称为统计学研究的特点，人们正是通过认识总体的变异实现对总体数量特征的认识的。

统计方法分为描述性统计和推断性统计。统计方法不仅是一种不可替代的方法，更重要的是它内含的辩证思维，并体现在个体与总体、不变性与可变性、同质与变异、对立与统一、有限与无限、绝对与相对、内在与外在、数量与质量、绝对与相对、静态与动态、简单与加权、分组与合并、量变与质变、完全与不完全、全面与不全面、直接与间接、正向与逆向、集中与离中、基础与派生、指标与指标体系、确定型与不确定型、函数关系与相关关系、离散型与连续型、唯一与众多、点估计与区间估计、少数与多数、主要因素与次要因素、线性与非线性、强相关与弱相关、正与负、显著与不显著等。它们以及它们之间的相互关系从不同的角度反映统计学内含的辩证思想。

这些辩证思维遵循科学发展观，是我们进行统计分析的指导思想。无论是描述性统计还是推断性统计，数量性、总体性、大量性是基本特征。基于大量调查收集的数据资料，从事物总体上用其数量反映其质量特征与规律。从方法论上，利用分组方法是统计学的特点。有时我们不可能由个体认识总体，需要通过认识组来认识总体。有时，还需要矩阵从总体上认识总体。

三　决策思想

当今知识经济与知识管理时代，知识挖掘或知识发现方法是一种重要的方法。显而易见，统计方法是一种最基础、最重要、最有效的知识挖掘方法，同时它还被广泛应用于各个领域。随着统计方法的发展，也丰富了知识挖掘方法。特别的，经济统计模型也是一种最基本、最简易的实验分析方法。经济统计模型能够模拟经济现象，揭示规律，进行政策分析。

统计方法不仅是一种方法，也是创新方法的源泉，更重要的是它是决策思想，具有更大的、更普遍的意义。

把统计方法作为一个系统来看，其基本作用是：把不能直接用于支持决策的数据、资料等非决策信息转化为能够用于支持决策的决策信息。这种决策信息的价值就是统计方法所特有的价值。

第一，统计方法体现为经济思想。一方面，应用统计方法研究经济问题时，从实际经济问题导入到最终解决经济问题中，都应突出经济意义。统计数量特征有质的规定性，诸如这个数量的内涵、计量单位、计算方法、时空限制。另一方面，统计方法本身具有经济性，如在统计调查中，对于比较大的有限总体，考虑到经济性，通常不采用全面调查，而使用非全面调查；统计公式具有概念性，如计算两个企业的平均投入产出比值，按投入产出比值概念计算就是两个企业投入与产出分别相加后，产出和除以投入和的比值；统计方法选择具有经济性，在解决问题的前提下，使用的方法越简单越好，表示成本低。综合指标方法就具有成本低的显著特点。

第二，统计方法体现为管理思想。一方面，应用统计方法研究经济问题时，从实际经济问题导入到最终解决经济问题中，怎样解决与实施都成为管理问题。另一方面，统计方法本身具有管理思想，如对于无限总体或较大有限总体，采用统计分组方法时，需要使用权数。每一组的权数表示这一组的组量在决定总体量时的重要程度。权数越大，组量在决定总体量中所起的作用越大，反之越小。权数作用的另一个表示是频率，每一组的频率表示从这一组组量所提取组成总体量的信息量的比例。频率越大，从组量提取的比例越大，反之越小。值得一提的是，权数作为一种管理思想更为重要。所谓管理问题，往往体现为大小、多少、轻重、缓急等不同重要程度的排序问题，因此我们能够使用权数作为管理思想与方法解决这些问题。

又如方差分析基于差异的思想是重要的管理思想。差异是客观存在的，在处理任何问题时，我们必须尊重差异、正确对待差异、分析研究差异，才能找到解决问题的钥匙。

特别的，在管理中，需要面对很多模糊语言，如好与坏、多与少等，为了科学准确地处理这类问题，需要模糊数学的思想。类似于概率，引入隶属度，把普通集合 0 与 1 扩展到开区间（0，1），得到模糊集合，并构造模糊集的截集（普通集）认识模糊集，从而解决模糊问题。

第三，统计方法体现为优化思想。一方面，应用统计方法研究经济问题时，从实际经济问题导入到最终解决经济问题中，怎样解决与实施都成为优化问题。另一方面，统计方法本身具有优化思想，如在抽样推断方法中，极限误差的确定就是集抽样误差（客观存在的代表性误差）与概率度（主观要求推断的可靠性）优化的结果；又如平均数是方差优化的结果、回归直线是离差平方和优化的结果。

第四，统计方法体现为实事求是思想。实事求是是决策的基石。一方面，统计工作本身就是调查研究活动，没有调查，就没有发言权。在统计调查中，要求获得真实、准确、可靠的第一手资料数据。"输入的是垃圾，输出的还是垃圾"这一比喻形象地说明了统计调查的重要性。另一方面，正确地应用正确的统计方法很重要，否则所得的结果或结论便是不符合事实、错误的。

第五，工作思路：统计设计、统计调查、统计整理、统计分析这四个具有反馈功能的阶段具有一般性，成为从事任何工作的思路，如对撰写论文、科学研究、技术开发、规划计划制订，以及实际工作任务都具有重要的指导价值。统计设计要求全面、系统、可行、有效的工作与指标体系设计方案；统计调查要求实事求是，及时收集需要的真实、准确、可靠的数据资料；统计分组要求分组标志与组界科学、合理，反映经济现象的总体内在特点，揭示量变到质变的过程，已经成为一种不可缺少的研究方法；统计分析主要包括两个方面，一是大量的数据资料和所需要的指标的数值，因此由概念指标到数值指标表示统计工作完成有一定的道理；二是统计分析报告，这是统计工作最精彩的部分，它标志着统计人员参与决策，为决策服务。当然，统计人员要写出好的高质量的统计分析报告，不仅取决于统计人员对实际问题的掌握和统计分析理论和方法，而且更重要的还取决于大量的相关知识，如国家政治、经济、法律等知识。

四　使用原则

描述统计是推断统计的基础，在应用推断统计时我们只需遵从概率与数理统计原则，但在应用描述统计时，我们也应遵从一些使用原则。（1）经济意义。统计指标反映经济现象的数量特征，因此它们都应包括指标的全部构成要素，具有经济含义，这一点不同于数学中的量；（2）把握量与质。统计指标的目的是通过对经济现象量认识实现对其质的认识；（3）综合应用指标。既从局部与全局、短期与长期，也要从动态与静态反映经济现象；既从绝对量与相对量、流量与存量、平均指标与标志变异指标，也要从单个指标与指标体系反映经济现象；既从加减，也要从乘除反映经济现象；（4）指标概念计算。每个指标，以及指标之间加减或乘除都要从概念出发进行计算。如加总是一种直接求和，而加权则是间接求和。如远大企业和大成企业，它们的投入分别为 3 个和 6 个单位，产出分别为 5 个和 11 个单位，投入产出比值分别为 5/3 和 11/6，那么它们的平均投入产出比值是多少呢？显然它不是（5/3 + 11/6）/2，因为此时分子中的两个相对数直接相加没有意义。但这并不是说计算两个投入产出比值的平均数没有意义，结论是只能使用间接相加，即加权。为此，把这个相对数问题还原为绝对数的情形。求这两个企业的平均投入产出比值，就相当于把它们看成一个新的企业，求这个新的企业的投入产出比值。并且，该比值等于新的企业产出与投入之比（5 + 11）/（3 + 6），即两个企业产出之和与投入之和的比值。这个比值还可以写为 $[（5/3）×3 +（11/6）×6] /（3 + 6）$，即加权平均。这个例子说明，两个相对数求平均，体现为"分子加分子，分母加分母后的比值"，而不是数学的通分母运算法则；也说明，统计与数学有着本质的不同，前者的算法一定是有意义的。

第二章　抽样分布

第一章回顾了描述统计，有必要回顾推断统计。从本章开始介绍推断统计的基本知识，它包括参数估计、假设检验、方差分析、回归分析。鉴于抽样分布是推断统计的理论基础，本章介绍抽样分布。

第一节　随机变量与数学的关系

在介绍随机变量知识之前，有必要回顾一下基础数学知识，着重它们之间的关系。

一　高等数学与概率数理统计

所谓高等数学是相对于初等数学而言的，初等数学有加与减、乘与除两对互为逆运算法则，只能解决有限的问题，而高等数学又增加一对微分与积分互为逆运算法则，能解决无限的问题。

研究两个变量之间的因果关系，即函数关系是高等数学的基本内容。高等数学正是基于这种函数关系，研究微分与积分问题。我们知道，这种函数关系具有唯一确定性，即给定自变量的值，以及函数关系，因变量的值就被唯一确定。但在实际中，变量之间的因果关系并不具有这种性质，而表现出不确定性和非唯一性，即给定自变量的值，因变量可以取多个值，并且不能事先确定取哪个值，或者说取值具有随机性。通常，把这种具有随机性的因果关系称为相关关系。

为了研究这种相关关系，首先要研究这种不确定性，这就产生了概率论。概率的基本思想是，用 [0，1] 中的一个实数，来表示一个事件发生或出现的可能性大小。特别的，概率为 0 表示事件完全不出现或发生；概率为 1 表示事件必然出现或发生。为深入研究，引入随机变量。所谓随机变量是指，该变量取值具有不确定性。但它的取值也是有规律的，即它可能取哪些值，以及取这些值的可能性大小是可以确定的。这就是随机变量的分布律，通常以密度函数或分布函数表达。随机变量有离散型与连续型之分，它与普通变量（确定型变量）有着本质的区别。普通变量取值要么是几，要么非几，两者必居其一。也就是说，普通变量取值的特性用 0 和 1 两个实数就可以表达，如 1 表示是几，0 表示非几。可见，引入概率后，由普通变量就扩展到随机变量，或者说普通变量只是随机变量的特例，随机变量是普通变量的发展，由 0 和 1 两个实数发展成为闭区间 [0，1]。对于随机变量，引入函数的概念，就得到随机变量的函数，一般情况下它还是随机变量，并且可以得到它的分布律。进一步，对随机变量的函数，可以求导，也可以积分。

其次要研究概率论的应用，就产生了样本推断总体的数理统计方法。主要包括参数估计、假设检验、方差分析和回归分析。特别的，回归分析本身包括参数估计、假设检验和方差分析，同时它是认识相关关系的基础方法。

值得强调的是，相关关系与函数关系有着本质的不同，但函数关系是认识相关关系的方法与工具。

二　高等数学与模糊数学

从集合论的角度，函数关系揭示的是集合的影射关系。一个集合，它定义了一种性质，根据这种性质，它可以识别任何一个元素，要么属于这个集合，要么不属于这个集合，两者必居其一。同样，可以使用数字 1 表示属于这个集合，用数字 0 表示不属于这个集合。把这种特性应用于实际，它则表现出模糊语言的特点。如好与坏、高与矮、胖与瘦等。为什么说它们是模糊语言呢？因为它不能说明什么是好，什么是坏；什么是高，什么是矮；或者什么是胖，什么是瘦。但从实质上讲，这种好与坏、高与矮或胖与瘦都有一个中介过程。如何把这种中介过程表达出来，使模糊语言不模糊而更精确，这就产生了模糊数学。它的基础是引入模糊集合，所谓模糊集合，就是规定了一种性质，根据这个性质可以判断任何一个元素属于这个模糊集合的隶属度。这个隶属度是介于 0 与 1 之间的一个实数，表示这个元素属于这个模糊集合的程度。特别的，隶属度为 0，表示不属于这个模糊集合；隶属度为 1，表示属于这个模糊集合。可见，模糊集合是普通集合的扩展。但怎样认识模糊集，则是通过引入模糊集的 λ 截集这个普通集实现的。同样，基于模糊集合，在研究模糊函数及其微分与积分中所使用的方法是高等数学的工具。

三　高等数学与线性代数

函数关系的实质是它表达了一种结构。如一元线性函数 $y = f(x) = a +$

bx，它表示一种二元结构 $(1, x)$。又如对 $z = f(x, y)$ 的全微分公式 $dz = \dfrac{\partial f}{\partial x}dx + \dfrac{\partial f}{\partial y}dy$，它也表示一种二元结构 (dx, dy)，等等。而线性代数则从抽象的角度研究空间结构问题及其性质。它代表了一种认识问题的最简洁、最优化的思路，并且抓住了问题的内在本质。它的基本工具是向量或矩阵、空间及其维数、特征根与特征向量等。这一点特别重要，矩阵是从整体上认识问题的基本方法。这种方法所能揭示的问题的内在特征是通过局部认识不可能获得的。同样，在研究线性代数时，高等数学的方法是不可缺少的。

第二节 随机变量的分布

一 随机变量的概念

在具有随机性的现象中，有很大一部分问题与数值发生关系。例如，在产品检验问题中，我们关心的是抽样中出现的废品数；在车间供电问题中，我们关心的是某时刻正在工作的车床数；在电话问题中，我们关心的是某段时间中的话务量，它与呼叫的次数及各次呼叫站用交换设备的时间长短有关。此外，如测量时的误差、气体分子运动的速度、信号接收机所收到的信号（用电压或数字表示）的大小，也都与数值有关。

初看起来与数值无关的随机现象，也常常能联系数值来描述，例如在投掷硬币的现象中，每次出现的结果为正面或反面，与数值没有关系，但是我们能用下面的方法使它与数值联系起来，当出现正面时对应数为 "1"，而出现反面时对应数则为 "0"。为了计算 n 次投掷中出现的正面数，只要计算其中 "1" 出现的次数就行了。

一般的，如果 A 为某个随机现象，则一定可以通过如下函数使它与数值发生联系

$$1_A = \begin{cases} 1, \text{如果 } A \text{ 发生} \\ 0, \text{如果 } A \text{ 不发生} \end{cases}$$

在这些例子中，试验的结果能用一个数 ξ 来表示，这个数 ξ 是随着试验的结果的不同而变化的，即它是样本点（属于样本空间，即试验所有可能的结果组成的集合）的一个函数，称为随机变量。常用希腊字母 ξ, η, ζ, $\cdots$ 来表示随机变量。

当用随机变量对随机事件或随机现象进行数量描述时，根据随机变量取值特点的不同，可将它分为两类：第一类是离散型随机变量，即随机变量所有的取值都可以一一列举。例如一批产品中的废品个数、某一类新产品是否受到用户欢迎等，这类随机变量都是离散型随机变量。第二类是连续型随机变量，即随机变量依照一定的概率在连续的数轴上取任一数值，它的取值不能一一列举，只能取某一区间内的全部数值。例如测量误差的大小，某一产品的使用寿命等，这类随机变量都是连续型随机变量。

统计学中的随机变量与微积分中的变量不尽相同。在微积分中变量 X 的取值是确定的，如 $X=6$ 或 $1<X<5$。而统计学中的随机变量 X 的取值是随机的，即它是以一定的概率取某一数值。因而，当说随机变量 $X=6$ 或 $1<X<5$ 时，总是伴随着一定的概率，即考虑 $P(X=6)$ 或 $P(1<X<5)$。描述随机变量这一特点的是随机变量的概率分布密度，不同类型的随机变量具有不同的分布密度。

二 离散型随机变量与概率分布

（一）离散型随机变量的概率分布

诸如我们所熟悉的掷硬币出现正反面的次数，一批产品中抽到的次品个数，某射手连续向同一目标射击直至击中所需射击的次数等都可以用离散型随机变量描述。

如前所述，随机变量与一般的变量不同，它的取值是不确定的，但它取值的概率是确定的。所以，要了解一个随机变量，我们需要知道它可能取哪些值，还需要知道它取值的概率。设 X 是一个离散型随机变量，且它可能取值为 x_1，x_2，$\cdots$，x_i，$\cdots$，它取值的概率为 $p_i = P(X=x_i) \geq 0$，$i=1$，2，$\cdots$，且 $\sum_i p_i = 1$。

将 X 的可能取值和相应的概率列于表 2 - 1。

表 2 - 1　随机变量 X 的概率分布

X	x_1	x_2	x_3	$\cdots$	x_i	$\cdots$
p_i	p_1	p_2	p_3	$\cdots$	p_i	$\cdots$

把表 2 - 1 称为随机变量 X 的概率分布。

由概率的性质可知，离散型随机变量 X 的概率分布应满足以下条件：

（1）非负性：$p_i \geqslant 0$，$i = 1$，2，$\cdots$；

（2）完备性：$\sum_i p_i = 1$。

（二）几种重要的离散型随机变量及其概率分布

1. 两点分布

两点分布是一种最简单的分布。如果随机变量 X 的概率分布为

$$P(X = a) = p(0 < p < 1)$$
$$P(X = b) = 1 - p$$

则称 X 服从参数为 p 的两点分布。特别当 $a = 1$，$b = 0$ 时，则称 X 服从 $0 - 1$ 分布（贝努里分布）。

在许多试验中，如抛掷硬币、产品检验等试验，对每次试验而言，试验结果只有两种可能。把一次试验只有两种结果的试验称为贝努里（Jocob Bernoulli）试验。如把贝努里试验中某事件出现的结果记为 A，则另一种结果就是事件 A 的对立事件 $\overline{A}$，记事件 A 出现的概率为 $P(A) = p$，事件 $\overline{A}$ 出现的概率为 $P(\overline{A}) = 1 - p$。

因此，试验结果是随机变量，记为 X，并且当事件 A 出现时 $X = 1$，或当事件 A 不出现时 $X = 0$，则 X 的概率分布为

$$P(X = a) = p(0 < p < 1)$$
$$P(X = b) = 1 - p$$

即 X 服从参数为 p 的两点分布。

2. 二项分布

在每一次贝努里试验中，试验的结果只有（事件 A 发生）成功或（事件 $\overline{A}$ 发生）失败，成功的概率为 p，失败的概率为 $1 - p$。在相同的条件下，独立地进行 n 次贝努里试验（称为 n 重贝努里试验）中，则事件 A 在 n 次试验中发生的次数 X 是离散型随机变量，并且它的概率分布为

$$P(X = x) = C_n^x p^x q^{n-x}, x = 0,1,2,\cdots,n$$
$$0 < p < 1, q = 1 - p$$

即 X 服从参数为 (n, p) 的二项分布。记为 $X \sim B(n, p)$，其中 n，p 分别为二项分布的两个参数。

3. 泊松分布

泊松（Poisson）分布常用来描述在一定时间范围内或指定的面积或体积之内某一事件出现的个数的分布。如在一公司中每月观察到的事故的次数；单位时间内到达某一服务柜台请求服务的顾客人数；保险公司每天收

到的事故车辆的个数；某种仪器每月出现故障的次数等都是一些典型的服从泊松分布的随机变量的例子。

如果随机变量 X 的概率分布为

$$P(X = x) = \frac{\lambda^x}{x!}e^{-\lambda}, x = 0,1,2,\cdots$$

其中，$\lambda > 0$ 为常数，则称 X 服从参数为 λ 的泊松分布。

4. 几何分布

我们知道，在 n 重贝努里试验中成功的次数 X 服从二项分布，现在如果反过来求第一次成功时所需的试验次数，这时试验次数就是一个随机变量，它的取值可能是 1，2，$\cdots$，直到第一次成功。这样的例子很多，例如，某射手每次射击命中率为 p，直到第一次射中时射击的次数；某人把赌注押在不同颜色的赌盘上的某一种颜色上，直到赌赢为止的赌博次数等。现在要解决的问题是，这样的随机变量服从什么分布。

如以 p 表示每次试验中成功的概率，则首次成功时试验的次数 X 就是随机变量，并且它的概率分布为 $P(X = k) = q^{k-1}p$，$k = 1$，2，$\cdots$，即直至 k 次试验第一次成功才发生的概率。这个概率分布就称为几何分布。

5. 超几何分布

设一堆同类产品共 N 个，其中有 M 个次品，现从中任取 n 个（假定 $n \leqslant N - M$），则这 n 个产品中所含次品数 X 是一个离散性随机变量，并且它的概率分布为

$$P(X = k) = \frac{C_M^k C_{N-M}^{n-k}}{C_N^n}(k = 0,1,2,\cdots,m), m = \min(M,n)$$

即在抽取的 n 个产品中有 k 个次品的概率。这个概率分布称为超几何分布。

三　连续型随机变量及其概率分布

（一）连续型随机变量概率密度与分布函数

由于连续型随机变量 X 可以取某一区间或整个实数轴上的任意一个值，所以我们不能像离散性随机变量那样，一一列出每一个值及相应的概率。为此，引入概率密度函数 $f(x)$ 表示连续型随机变量 X 的概率分布。

由概率的性质，概率密度函数 $f(x)$ 应满足下述条件：

(1) $f(x) \geqslant 0$；

(2) $\int_{-\infty}^{+\infty} f(x) \, \mathrm{d}x = 1$。

需要指出的是，$f(x)$ 不是一个概率，即 $f(x) \neq P(X = x)$。显然，$P(X = x) = 0$，即连续型随机变量取某一实数的概率为 0，这是连续型随机变量的特点。因此，刻画连续型随机变量 X 取值为实数轴上的某个区间 (a, b) 才有意义，并且概率为 $P(a < X < b) = \int_a^b f(x) \, dx$，即概率密度函数 $f(x)$ 曲线与实数轴上的区间 $[a, b]$ 所围成的面积，见图 2-1 中的阴影部分的面积。

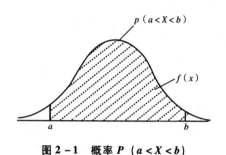

图 2-1　概率 $P(a < X < b)$

连续型随机变量 X 取值的概率也可以用分布函数 $F(x)$ 来表示，并且分布函数是概率密度函数 $f(x)$ 的积分

$$F(x) = P(X \leqslant x) = \int_{-\infty}^{x} f(t) \, dt \qquad (-\infty < x < \infty)$$

因此，$P(a < X < b)$ 也可以写成

$$\int_a^b f(x) \, dx = F(b) - F(a)$$

很显然，连续型随机变量的概率密度 $f(x)$ 是其分布函数 $F(x)$ 的导数，即

$$f(x) = F'(x)$$

当然，对于离散型随机变量，同样可以得到它的密度函数和分布函数，并且 $f(x_i) = P(X = x_i)$，分布函数是一个基于 $P(X = x_i)$ 的阶梯（累积）函数。

（二）几种重要的连续型随机变量的概率密度函数

1. 均匀分布

如果随机变量 X 的概率密度函数为

$$f(x) = \begin{cases} 1/(b - a), & \text{当 } a \leqslant x \leqslant b (a < b) \\ 0, & \text{其他} \end{cases}$$

则称 X 服从 $[a, b]$ 区间上的均匀分布，记作 $X \sim U[a, b]$。

如果 $X \sim U[a, b]$，显然对于任意满足 $a \leqslant c < d \leqslant b$ 的 c, d 有

$$P(c < x < d) = \int_c^d f(x) \mathrm{d}x = \frac{d - c}{b - a}$$

这说明均匀分布的随机变量 X 取值 $[a, b]$ 区间中任一小区间的概率与该小区间的长度成正比，而与该小区间的具体位置无关。

例 2 - 1 若 $X \sim U[0, 10]$，求以下概率：（1）$X < 3$；（2）$X > 6$；（3）$3 < X < 8$。

解：
$$(1) \ P(X < 3) = \int_0^3 \frac{1}{10} dx = 3/10$$

$$(2) \ P(X > 3) = \int_6^{10} \frac{1}{10} dx = \frac{4}{10} = 2/5$$

$$(3) \ P(3 < X < 8) = \int_3^8 \frac{1}{10} dx = \frac{5}{10} = 1/2$$

例 2 - 2 某人要搭乘一列 6 点发出的火车，他打算乘出租车于 5 点 40 分出发到火车站，从他家乘汽车到火车站，在最顺利的情况下要 10 分钟，在交通最拥挤时要 50 分钟，到火车站后上火车要 5 分钟。假定从他家到火车站汽车行驶时间 X 在 $[10, 50]$ 区间上服从均匀分布，问此人能赶上火车的概率。

解：要赶上火车，汽车的行使时间不能多于 15 分钟，则

$$P(X \leqslant 15) = \int_{10}^{15} \frac{1}{50 - 10} dx = \frac{15 - 10}{50 - 10} = 0.125$$

即此人在 5 点 40 分出发能赶上火车的概率为 0.125。

2. 指数分布

如果连续型随机变量 X 的概率密度为

$$f(x) = \begin{cases} \lambda e^{-\lambda x}, x \geqslant 0, \lambda > 0 \\ 0, x < 0 \end{cases}$$

则称 X 服从参数为 λ 的指数分布。

不难验证，$f(x) \geqslant 0$，且 $\int_{-\infty}^{+\infty} f(x) \mathrm{d}x = \int_{-\infty}^{+\infty} \lambda e^{-\lambda x} \mathrm{d}x = 1$。

指数分布所描述的现象与泊松分布相反，在泊松分布中随机变量 X 描述的是在一段时间中某事件发生的次数，而指数分布中的随机变量描述的

则是两次事件发生之间的时间间隔。前者是离散型随机变量，而后者则是连续型随机变量，它们的区别见表 2 – 2。

表 2 – 2 指数分布随机变量与泊松分布随机变量的比较

泊松分布随机变量	指数分布随机变量
（1）一段时间内机器发生故障的次数	（1）机器使用至发生故障之间的时间
（2）一段时间内商店接待的顾客人数	（2）两位顾客到达一商店间隔的时间
（3）一分钟内电话交换台接到的呼唤次数	（3）电话交换台接到两次呼唤的时间间隔

例 2 – 3 在自动化生产线上某工序平均每分钟装配 4 件产品。任意两件产品间隔时间不超过半分钟的概率是多少（已知间隔时间 T 服从指数分布）？

解：根据题意知 $\lambda = 4$，则：

$$P(T \leq 0.5) = \int_0^{0.5} 4e^{-4t} \mathrm{d}t = -e^{-4t} \Big|_0^{0.5} = 0.867$$

由于指数分布的特点，它常被用来描述动物、电子元件的寿命，以及等候时间等现象，是一种应用很广的连续型分布。

3. 正态分布

如果随机变量 X 的概率密度为

$$f(x) = \frac{1}{\sqrt{2\pi}\sigma} e^{-\frac{1}{2\sigma^2}(x-\mu)^2}, \quad -\infty < x < \infty, \sigma > 0$$

则称 X 服从正态分布，记为 $X \sim N(\mu, \sigma^2)$。

下面证明正态分布的概率密度满足概率的基本性质。

（1）显然，$f(x) > 0$；

$$
\begin{aligned}
（2）\int_{-\infty}^{+\infty} f(x)\mathrm{d}x &= \int_{-\infty}^{+\infty} \frac{1}{\sqrt{2\pi}\sigma} e^{-\frac{1}{2\sigma^2}(x-\mu)^2} \mathrm{d}x \\
&= \int_{-\infty}^{+\infty} \frac{1}{\sqrt{2\pi}\sigma} e^{-\frac{t^2}{2}} \mathrm{d}t \text{（作变量替换，令 } t = \frac{x-\mu}{\sigma}\text{）} \\
&= \sqrt{\frac{2}{\pi}} \int_{-\infty}^{+\infty} \frac{1}{2} e^{-\frac{t^2}{2}} \mathrm{d}t \text{（作变量替换，令 } \mu = \frac{t^2}{2}\text{）} \\
&= \sqrt{\frac{1}{\pi}} \int_0^{\infty} \mu^{-\frac{1}{2}} e^{-\mu} \mathrm{d}u = \frac{1}{\sqrt{\pi}} \Gamma\left(\frac{1}{2}\right) = \frac{1}{\sqrt{\pi}} \sqrt{\pi} = 1
\end{aligned}
$$

正态分布是连续型随机变量中最常用、最重要的分布。因为在现实世界中大量的现象服从或近似正态分布。如，人的身高、体重，测量误差，农作物的收获量，工厂产品的尺寸：直径、长度、宽度、高度等。一般的，当某一随机变量受到较多因素的影响，并且其中各个因素独自都不能起决定性作用时，该随机变量就服从或近似服从正态分布。另外，正态分布有许多良好的数学性质，长期以来人们对它进行了大量研究，对它有比较成熟的认识，应用起来非常方便；一些随机变量的分布以正态分布为极限分布，又有一些分布由正态分布导出，并且由于正态分布所具有的良好数学性质，使得任何样本均值都以正态分布为极限分布。

一般正态分布密度函数 $f(x)$ 的图形见图 2-2，通过图形不难看出，$f(x)$ 在 $x=\mu$ 处达到极大，整个图形关于 $x=\mu$ 对称。当 σ 不同时，$f(x)$ 的形状也不同，σ 越小，分布越集中在 $x=\mu$ 附近；当 σ 越大时，分布就越平坦。

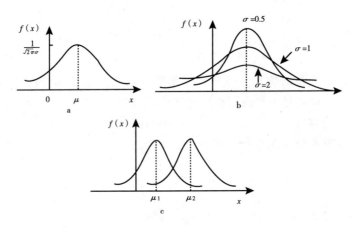

图 2-2　一般正态分布密度函数 $f(x)$ 的图形

正态分布具有如下性质：

（1）若 X 服从正态分布，则对任意的常数 a（$a \neq 0$）、b，$Z = aX + b$ 也服从正态分布。

（2）若 X、Y 都服从正态分布，且相互独立，则对任意的常数 a、b（a、b 不全等于 0），$Z = aX + b$ 也服从正态分布。并且，可进一步推广为：若 X_1，X_2，$\cdots$，X_n 都服从正态分布，且相互独立，则对任意 n 个常数 a_1，a_2，$\cdots$，a_n（不全为 0），$Z = a_1X_1 + a_1X_2 + \cdots + a_nX_n$ 也服从正态分布。

如随机变量 X 的分布服从正态分布 $N(\mu, \sigma^2)$，当 $\alpha = 0$，$\sigma = 1$，这时分布称为标准正态分布，记为 $N(0, 1)$，它的概率密度函数为

$$f(x) = \frac{1}{\sqrt{2\pi}} e^{-\frac{1}{2\sigma^2}}, \ -\infty < x < \infty$$

标准正态分布的密度函数形式简单，计算起来较为容易，并且被列表便于查阅。如随机变量 X 服从正态分布 $N(\mu, \sigma^2)$，则随机变量 $Y = \frac{X-\mu}{\sigma}$ 服从 $N(0, 1)$。

在推断统计中，常用的连续分布是正态分布（标准正态分布）、t 分布、χ^2 分布和 F 分布。并且，由正态分布 $N(\mu, \sigma^2)$，经标准化可以得到标准正态分布 $N(0, 1)$，若相互独立的随机变量 $X_1, X_2, \cdots, X_N$，服从 $N(0, 1)$ 分布，则它们的平方和 $\frac{n}{Z} X^2$，服从 $X^2(n)$ 分布，若随机变量 X 与 Y 独立，且 $X \sim N(0, 1)$ $Y \sim X^2(n)$，则 $t = \frac{x}{\sqrt{Y/n}} \sim t(n)$，若随机变量 Y 与 Z 相互独立，且 Y 和 N 分别服从自由度为 m 和 n 的 X^2 分布，则随机变量 $X = \frac{Y/M}{Z/N} = \frac{ny}{mz} \sim F(m, n)$，$m, n$ 均为自由度。

第三节　随机变量的数字特征

随机变量的全部信息由分布律或分布函数决定。实际中，我们更关注它具有什么特征，这就是随机变量的数字特征。这些数字特征与分布函数的参数有关，有 k 阶原点矩和 k 阶中心矩（$k = 1, 2, \cdots$）。特别的，数学期望（平均数）是一阶原点矩，方差是二阶中心矩。它们是随机变量最基础、最主要的数字特征。

一　离散型随机变量的数学期望

设 X 为离散型随机变量，其分布律见表 2 - 3 所示。

表 2 - 3　离散型随机变量 X 的概率分布

X	x_0	x_1	x_2	...	x_n	...
$p(X = x)$	p_0	p_1	p_2	...	p_n	...

如 $\sum_{t=0}^{\infty} |x_i| p_i < \infty$ （即级数绝对收敛），则 $EX = \sum_{t=0}^{\infty} x_i p_i$ 称为 X 的数学期望或均值。

例如，观察一名射手 20 次射击的成绩如表 2 - 4 所示：

表 2 - 4　一名射手 20 次射击的成绩

中靶环数(x_i)	0	1	2	3	4	5	6	7	8	9	10
频数(n_i)	1	2	1	2	3	3	2	1	2	2	1
频率(f_i)	$\frac{1}{20}$	$\frac{2}{20}$	$\frac{1}{20}$	$\frac{2}{20}$	$\frac{3}{20}$	$\frac{3}{20}$	$\frac{2}{20}$	$\frac{1}{20}$	$\frac{2}{20}$	$\frac{2}{20}$	$\frac{1}{20}$

人们常常使用"平均中靶环数"来对射手水平作出综合评价，记平均中靶环数为 $\bar{X}$，则有

$$EX = \bar{X} = \frac{\sum_{i=0}^{10} x_i n_i}{n} = \sum_{i=0}^{10} x_i f_i$$

$$= 0 \times \frac{1}{20} + 1 \times \frac{2}{20} + 2 \times \frac{1}{20} + \cdots + 9 \times \frac{2}{20} + 10 \times \frac{1}{20}$$

$$= 5$$

我们知道，当试验次数增大时，频率的稳定值就是概率，那么完整描述该射手的真实水平的是他射中各环数的概率分布。相应的，观察到的平均中靶环数 $\bar{X}$，随试验次数增大也将趋于一个稳定值。设中靶环数 X（观察之前为随机变量）的概率分布为

$$p(X = i) = p_i, i = 0,1,2,\cdots,10$$

则 $\bar{X}$ 的稳定值为 $\sum_{i=0}^{10} x_i p_i$，它是对该射手的真实水平的综合评价。

在数学期望的定义中，原本只要 $\sum_{i=1}^{\infty} x_i p_i$ 收敛就可以了，为什么还要求 $\sum_{i=0}^{\infty} |x_i| p_i < \infty$ 呢？我们知道，离散型随机变量的取值可以按某种次序一一列举，对同一随机变量，它取值的列举次序可以不同，但当改变次序时，它的数学期望不应该改变，这意味着改变 $\sum_{i=1}^{\infty} x_i p_i$ 的求和次序，但它的收敛性与求和值不应该改变，为此必须要求 $\sum_{i=1}^{\infty} x_i p_i$ 绝对收敛。

例 2 - 4　设 X 为一个离散随机变量的概率分布如表 2 - 5 所示：

表 2 - 5　X 离散随机变量的概率分布

X	0	1	2	3
$f(x)$	$\frac{1}{3}$	$\frac{1}{2}$	0	$\frac{1}{6}$

求 $Y = (X - 1)^2$ 的数学期望值。

解：$E (X - 1)^2 = \sum\limits_{x=0}^{3} (x - 1)^2 f (x)$

$= (-1)^2 f (0) + (0)^2 f (1) + (1)^2 f (2) + (2)^2 f (3)$

$= 1 \times \dfrac{1}{3} + 0 \times \dfrac{1}{2} + 1 \times 0 + 4 \times \dfrac{1}{6} = 1$

二　连续型随机变量的数学期望

如 X 为连续型随机变量，$f (x)$ 为密度函数，如果 $\int_{-\infty}^{+\infty} |x| f(x) \mathrm{d}x < \infty$，则称 X 的数学期望 EX 存在，并且 $EX = \int_{-\infty}^{+\infty} x f(x) \mathrm{d}x$。

例 2 - 5　设随机变量 X 的密度为 $f (x) = \begin{cases} \dfrac{2}{\pi} \cos^2, & |x| \leqslant \dfrac{2}{\pi} \\ 0, & \text{其他} \end{cases}$，求 EX。

解：因为 $f (x)$ 只在有限区间 $\left[-\dfrac{2}{\pi}, \dfrac{2}{\pi} \right]$ 上不为 0，且在该区间上为连续函数，所以 EX 存在，且 $EX = \int_{-\infty}^{+\infty} x f(x) \mathrm{d}x = \int_{-\frac{2}{\pi}}^{\frac{2}{\pi}} \dfrac{2}{\pi} x \cos^2 x \mathrm{d}x$，根据奇函数的性质，$EX = 0$。

例 2 - 6　设随机变量 X 的密度函数为：

$$f(x) = \begin{cases} x, & 0 \leqslant x \leqslant 1 \\ 2 - x, & 1 \leqslant x \leqslant 2 \\ 0, & \text{其他} \end{cases}$$

求 EX

解：显然 EX 存在，且

$$EX = \int_{-\infty}^{+\infty} x f(x) \mathrm{d}x = \int_0^1 x^2 \mathrm{d}x + \int_1^2 x(2 - x) \mathrm{d}x$$

$$= \dfrac{x^3}{3} \Big|_0^1 + \left(x - \dfrac{1}{3} x^3 \right) \Big|_1^2 = 1$$

三　数学期望的性质

数学期望具有如下性质：

（1）$E (C) = 0$

（2）$E (kX) = kE (X)$

（3）$E(X+b) = E(X) + b$

（4）$E(kX+b) = kE(X) + b$

（5）$E(X+Y) = E(X) + E(Y)$

（6）如 X, Y 相互独立，则 $E(XY) = E(X)E(Y)$

其中，b、k 和 c 都是常数。

数学期望的这些性质将使计算简化，而且有助于推算某些抽样分布的特征。

四 随机变量的方差

随机变量的数学期望是对随机变量取值水平的综合评价，在许多问题中，我们还需要了解随机变量的其他特征，比如，在投资决策中，我们选择投资某一项目或购买某种资产（如股票、债券等），我们不仅关心其未来的收益水平，还关心其未来收益的不确定性程度。前者通常用数学期望来度量，后者通常称为风险程度，有许多种衡量方法，最简单、直观的方法就是用方差来度量，一个随机变量的方差，粗略地讲，反映随机变量偏离其中心——数学期望的平均偏离程度。

设 X 为一个随机变量，其数学期望 EX 存在，则称 $X - EX$ 为 X 的离差，进一步，如果 $E(X-EX)^2$ 存在，则称 $E(X-EX)^2$ 为随机变量 X 的方差，记作 DX 或 $\text{Var}X$，并称 $\sqrt{DX}$ 为 X 的标准差。

如 X 为离散随机变量，分布律为

$$P(X = x_i) = p_i, i = 1, 2, \cdots$$

则方差为：$D(X) = \sum_i [x_i - E(X)]^2 p_i$。

如 X 为连续随机变量，密度函数为 $f(x)$，则方差为

$$D(X) = \int_{-\infty}^{+\infty} [x - E(X)]^2 f(x) \, dx$$

从方差的计算可以看出，方差反映的是随机变量偏离数学期望的程度，它是随机变量所有可能取值与其数学期望的离差平方的数学期望，即用概率加权的平均离差。为了计算简便，可使用：

$D(X) = E(X^2) - [E(X)]^2 = E(X^2) - E^2(X)$

由数学期望的性质，当 k，c，b 为常数时，可以得到方差的性质：

（1）$D(C) = 0$；

（2）$D(kX) = k^2 D(X)$；

（3）$D(X+b) = D(X)$；

（4）$D(kX+b)=k^2D(X)$；

（5）如 X、Y 相互独立，则有 $D(X+Y)=D(X)+D(Y)$。

与数学期望的性质一样，利用方差的这些性质将会简化计算，而且有助于推导出一些抽样分布数量特征。

五 常用分布的数学期望和方差

（一）0~1分布

随机变量 X 服从常数为 p 的 $0\sim1$ 分布，则有

$$E(X)=1\times p+0\times q=p$$
$$D(X)=E(X^2)-E^2(X)=p-p^2=p(1-p)=pq$$

（二）二项分布

如 $X\sim B(n,p)$，则有

$$E(X)=\sum_{x=0}^{n}xC_n^xp^xq^{n-x}$$

$$=\sum_{x=1}^{n}\frac{xn!}{x!(n-x)!}p^xq^{n-x}$$

$$=\sum_{x=1}^{n}\frac{np(n-1)!}{(x-1)![(n-1)-(x-1)]!}p^{x-1}q^{(n-1)-(x-1)}$$

$$\underline{\text{令 }x'=x-1}\quad np\sum_{x'=0}^{n-1}\frac{(n-1)!}{x!{[(n-1)-(x-1)]!}}p^{x'}q^{(n-1)-x'}$$

$$=np(p+q)^{n-1}=np$$

$$E(X^2)=\sum_{x=0}^{n}x^2C_n^xp^xq^{n-x}$$

$$=\sum_{x=0}^{n}\frac{(x-1+1)!}{(x-1)!(n-x)1}p^xq^{n-x}$$

$$=\sum_{x=2}^{n}\frac{(x-1)n(n-1)(n-2)!}{(x-1)!(n-x)!}p^2p^{x-2}q^{(n-2)-(x-2)}+$$

$$\sum_{x=1}^{n}\frac{xn!}{x(x-1)!(n-x)!}p^xq^{n-x}$$

$$\underline{\text{令 }x'=x-2}\quad \sum_{x'}^{n-2}\frac{[n(n-1)n^2](n-2)!}{x'![(n-2)-x']!}p^{x'}q^{(n-2)-x'}+E(X)$$

$$=n(n-1)p^2(p+q)^{n-2}+np=n(n-1)p^2+np$$

$$D(x)=E(X^2)-E^2(X)$$

$$=n(n-1)p^2+np-(np)^2$$

$$=n^2p^2-np^2+np-n^2p^2=np(1-p)=npq$$

（三）泊松分布

如随机变量 $X \sim P(\lambda)$，则有

$$E(X) = \sum_{x=0}^{\infty} x \frac{\lambda^x}{x!} e^{-\lambda} = e^{-\lambda} \sum_{x=0}^{\infty} \frac{\lambda^{x-1}}{(x-1)!} \lambda = \lambda e^{-\lambda} e^{-\lambda} = \lambda$$

$$E(X^2) = \sum_{x=0}^{\infty} x^2 \frac{\lambda^x}{x!} e^{-\lambda}$$

$$= \sum_{x=0}^{\infty} [x(x-1) + x] \frac{\lambda^x}{x!} e^{-\lambda}$$

$$= \sum_{x=2}^{\infty} x(x-1) \frac{\lambda^x}{x!} e^{-\lambda} + \sum_{x=0}^{\infty} x \frac{\lambda^x}{x!} e^{-\lambda}$$

$$= \sum_{x=2}^{\infty} \frac{e^{-\lambda} \lambda^{x-2} \lambda^2}{(x-2)!} + \lambda$$

$$\underline{\underline{\diamondsuit \, x' = x - 2}} \quad \lambda^2 \sum_{x'}^{\infty} \frac{\lambda^{x'}}{x'!} e^{-\lambda} + \lambda = \lambda^2 + \lambda$$

$$D(X) = E(X^2) - E^2(X) = \lambda^2 + \lambda - \lambda^2 = \lambda$$

即泊松分布的数学期望和方差是一样的。

（四）均匀分布

如果随机变量 $X \sim U[a, b]$，则有

$$E(X) = \int_{-\infty}^{+\infty} xf(x) \mathrm{d}x$$

$$= \int_a^b x \frac{1}{b-a} \mathrm{d}x$$

$$= \frac{1}{b-a} \frac{x^2}{2} \Big|_a^b$$

$$= \frac{a+b}{2}$$

$$E(X^2) = \int_{-\infty}^{+\infty} x^2 f(x) \mathrm{d}x = \int_a^b x^2 \frac{1}{a+b} dx = \frac{b^3 - a^3}{3(a+b)}$$

$$= \frac{1}{3}(b^2 + ab + a^2)$$

$$D(X) = E(X^2) - E^2(X)$$

$$= \frac{1}{3}(b^2 + ab + a^2) - \frac{1}{4}(b^2 + 2ab + a^2)$$

$$= \frac{1}{12}(b^2 - 2ab + a^2)$$

$$= \frac{1}{12}(b-a)^2$$

（五） 指数分布

随机变量 X 服从参数为 $\lambda > 0$ 的指数分布，则有

$$E(X) = \int_{-\infty}^{+\infty} xf(x)\,\mathrm{d}x$$

$$= \int_{0}^{+\infty} x\lambda e^{-\lambda x}\,\mathrm{d}x$$

$$\underline{\underline{\text{令 } t = \lambda x}} \quad \frac{1}{\lambda} \int_{0}^{+\infty} te^{-t}\,\mathrm{d}t = \frac{1}{\lambda}[-te^{-t} - e^{-t}]_{0}^{\infty} = \frac{1}{\lambda}$$

$$E(X^2) = \lambda \int_{0}^{+\infty} x^2 e^{-\lambda x}\,\mathrm{d}x$$

$$\underline{\underline{\text{令 } t = \lambda x}} \quad \frac{1}{\lambda^2} \int_{0}^{+\infty} t^2 e^{-t}\,\mathrm{d}t = \frac{2}{\lambda^2}$$

$$D(X) = E(X^2) - E^2(X) = \frac{2}{\lambda^2} - \frac{1}{\lambda^2} = \frac{1}{\lambda^2}$$

（六） 正态分布

随机变量 $X \sim N(\mu, \sigma^2)$，则有

$$E(X) = \frac{1}{\sqrt{2\pi}\sigma} \int_{-\infty}^{+\infty} xe^{-\frac{1}{2\sigma^2}(x-\mu)^2}\,\mathrm{d}x$$

$$\underline{\underline{\text{令 } t = x - \mu}} \quad \frac{1}{\sqrt{2\pi}\sigma} \int_{-\infty}^{+\infty} (t+\mu)e^{-\frac{t^2}{2\sigma^2}}\,\mathrm{d}t$$

$$= \frac{1}{\sqrt{2\pi}\sigma} \int_{-\infty}^{+\infty} te^{-\frac{t^2}{2\sigma^2}}\,\mathrm{d}t + \frac{\mu}{\sqrt{2\pi}\sigma} \int_{-\infty}^{+\infty} e^{-\frac{t^2}{2\sigma^2}}\,\mathrm{d}t$$

上式等号右端第一项被积函数为奇函数，因此积分为零；第二项为 μ 乘上标准正态分布在定义域内的积分，所以有 $E(X) = \mu$。

$$D(X) = E(X-\mu)^2 = \int_{-\infty}^{+\infty} (x-\mu)^2 = \frac{1}{\sqrt{2\pi}\sigma} e^{-\frac{1}{2\sigma^2}(x-\mu)^2}\,\mathrm{d}x$$

$$\underline{\underline{\text{令 } t = \frac{x-\mu}{\sigma}}} \quad \frac{\sigma^2}{\sqrt{2\pi}} \int_{-\infty}^{+\infty} t^2 e^{-\frac{t^2}{2}}\,\mathrm{d}t$$

$$= \frac{-\sigma^2}{\sqrt{2\pi}} \int_{-\infty}^{+\infty} t\,\mathrm{d}(e^{-\frac{t^2}{2}})$$

$$= \frac{-\sigma^2}{\sqrt{2\pi}} \left[(te^{-\frac{t^2}{2}})_{-\infty}^{+\infty} - \int_{-\infty}^{+\infty} e^{-\frac{t^2}{2}}\,\mathrm{d}t \right] = \frac{\sigma^2}{\sqrt{2\pi}} \int_{-\infty}^{+\infty} e^{-\frac{t^2}{2}}\,\mathrm{d}t = \sigma^2$$

第四节　抽样分布

推断统计是基于抽样调查的。有了随机变量及其分布基础之后，有必要讨论抽样的基本内容，而抽样分布定理则是抽样的灵魂。

一　总体与样本

总体是由所研究对象的全部个体（即总体单位，简称单位）所构成的集合，这些个体是构成总体的基本元素，对总体的认识和推断是抽样调查的最终目的。一个总体中所含有的单位数通常用"N"来表示。

样本是指从总体中抽取出来的一部分单位的集合，是总体的一个子集。由于样本是按随机原则从总体中抽取出来的，因此它带有足够的关于总体的信息。

二　样本容量及样本个数

样本容量是指一个样本所包含的单位数目，通常用"n"表示，样本还划分为小样本和大样本；当 $n < 30$ 时，为小样本；当 $n \geqslant 30$ 时，为大样本。大、小样本不仅表现在样本容量大小的不同，而且在用样本指标进行估计时的处理办法也有所不同。

样本个数不同于样本容量，它是指从总体 N 个单位中任意抽取 n 个单位的观察结果构成样本的所有可能的配合数。样本个数是与抽样方法相联系的。

三　总体参数与样本指标

根据总体各单位标志值计算的统计指标就是总体指标。由于总体的客观性决定了总体指标是一个唯一确定的数值，所以又叫总体参数。常用的总体参数有总体平均数 μ、标准差 σ（或方差 σ^2）、成数 P、成数标准差 $\sqrt{\sigma_P}$（或方差 σ_P^2）等。

样本指标是根据样本总体各单位标志值计算的统计指标，由抽样随机性所决定，抽取的样本不同，计算出来的样本指标也就不同，所以样本指标是一个随机变量。与总体参数相对应，常用的样本指标有样本平均数 $\bar{X}$、标准差 S（或方差 S^2）、样本成数 $\hat{p}$、成数标准差 $\sqrt{\hat{p}(1-\hat{p})}$ 或样本成数方差 $\hat{p}(1-\hat{p})$。

四　抽样误差

在实际的统计调查中，所得到的数据与实际值会有出入，也就是存在误差。所谓统计误差就是统计调查所得到的统计数字与客观实际的真值之间的差别。

根据产生误差的原因不同，统计误差可分为登记性误差和代表性误差。登记性误差是指在调查过程中，由于各种主观或客观原因而引起的观察、测量、登记、计算上的差错而产生的误差。一般产生登记性误差的原因有调查方案设计的缺陷，调查对象范围界定不确切，原始资料数据不准，抄写、上机录入、计算等汇总时发生错误等。调查对象越复杂，调查范围越广，内容越多，登记性误差产生的可能性就越大。如果做好统计调查的设计及组织工作，登记性调查误差是可以减小的，甚至可以避免。

代表性误差是指由于只调查了总体的部分单位，而用样本指标代替总体指标产生的误差。一般有系统性误差和抽样误差两种形式。系统性误差是指由于破坏随机原则而产生的误差，如调查者主观有意识地选取样本，而违背随机原则造成的误差。抽样误差是指按随机原则抽取样本，由于用样本指标代替总体指标时，不可避免地产生的误差。抽样误差是一种随机误差，虽然它是不可避免的，但是人们可以计算并在满足抽样推断的要求下能事先控制这种误差。

五　抽样方法

在实际应用中，抽样方法有重复抽样和不重复抽样、概率抽样和非概率抽样。

（一）重复抽样和不重复抽样

重复抽样是指抽取一个单位进行调查登录，然后放回到总体中再抽取下一个单位，总体规模始终不变，直至抽足一个样本所包含的单位数为止。这种方法可能会使同一个单位不止一次被抽中，并且每次抽取都是在相同的条件下进行的，每次抽取的单位都是独立的。

所谓不重复抽样，是指从总体中抽取一个单位进行登录后，不再放回原总体中。每抽取一个单位，总体规模便减少一个单位，直至抽足一个样本所包含的单位数为止。这种方法可以避免某一单位被重复抽中，并且每次抽取都是在不同条件下进行的，每次抽取的单位都与前面抽取的单位相关。

如重复抽样并考虑各单位顺序，则样本的可能数目为"N"。即在抽取

第一个单位时有 N 种可能，在放回后抽取第二个单位时仍有 N 种可能，这样以此类推，当样本容量为 n 时，其可能抽取的样本个数为 N^n。

如不重复抽取也不考虑顺序时，则可能抽取样本的个数是从 N 个总体单位中抽取 n 个单位的组合，记为 C_N^n。

由于重复抽样与不重复抽样组成的样本个数不同，因此这种抽取方法的抽样误差计算公式不同，抽样误差的大小也不同。

（二）概率抽样与非概率抽样

概率抽样是根据一个已知的概率选举被调查者，无须调查人员在选择中判断或抽选。从理论上讲，概率抽样法是最科学、最理想的抽样方法，它能保证样本数据对总体参数的代表性，而且它能将调查误差中的抽样误差限制在一定范围之内。但相对于非概率抽样来说，概率抽样也是花费较大的抽样方法。概率抽样有以下几种形式：

（1）简单随机抽样（simple random sampling）。它是最基本的形式，完全随机地选择样本。这个方法要求有一个完美的抽样框，或有总体中每一个单位的详尽名单。

（2）分层抽样（reduced sampling）。它分两个步骤：首先将总体分成不同的"层"，然后在每一"层"内进行抽样。分层抽样可防止简单随机抽样造成的样本构成与总体构成不成比例的现象，如样本中的性别比远远高于或低于总体性别比例。

（3）整群抽样（cluster sampling）。它是将一组调查者视做一个抽样单位而不是个体单位的抽样方法。例如，在市场调查中，可以对被选作抽样单位的某个大院的每家每户进行调查。

（4）等距抽样，又称系统抽样（systematic sampling）。它是在样本框中每隔一定距离抽选一个被调查者。这一方法也比较常用，有时还可与整群抽样法和分层抽样法结合使用。例如，可采用系统抽取选择"群"或个体，也可在某一"层"范围内进行系统采用。

非概率抽样不是完全按随机原则选取样本。非概率抽样有三种形式。

（1）主要是由调查人员自由地选择被调查者的非随机选样，例如在购物中心采访 100 位妇女，调查者可以任意选择这 100 位妇女。

（2）通过将某些条件过滤后选择某些被调查者参与的非概率抽样方法。在许多情况下，由于研究对象可能仅限于一部分居民，因而有时采用这种方法能节省大量经费、缩短时间。

（3）大多数种类的调查形式，如产品测试、街坊采访、座谈会，只要不进行总体推断，都会使用非概率抽样法。

另外，还有配额抽样。它是抽选一群特定数目的满足特定条件的被调查者的抽样方法，这群被调查者已知对此项目研究主题有用。这些配额通常是年龄、收入、职业等，使用配额抽样有助于降低非概率抽样方法所造成的偏差，同时使得样本可推断总体。

六 样本均值的分布

（一）一个总体

设 X_1，X_2，$\cdots$，X_n 为从某一总体中抽出的随机样本。

1. 正态总体 N （μ，σ^2），且总体方差 σ^2 已知

此时，样本均值 $\overline{X}$ 的抽样分布 （Sampling distribution） 为服从均值为 μ，方差为 $\dfrac{\sigma^2}{n}$ 的正态分布，即 $\overline{X} \sim N$ （μ，$\dfrac{\sigma^2}{n}$），进而样本统计量 $Z = \dfrac{\overline{X} - \mu}{\sigma / \sqrt{n}}$ 服从标准正态分布 N （0，1）。

上面的结果表明，$\overline{X}$ 的期望值与总体均值相同，而方差则缩小为总体方差的 n 分之一。这说明当用样本均值 $\overline{X}$ 去估计总体均值 μ 时，平均来说没有偏差 （这一点称为无偏性）；当 n 越来越大时，$\overline{X}$ 的散布程度越来越小，即用 $\overline{X}$ 估计 μ 越来越准确。

2. 正态总体 N （μ，σ^2），但 σ^2 未知

此时用样本方差 $S^2 = \dfrac{1}{n-1} \sum （X_i - \overline{X}）^2$ 代替 σ^2，则样本统计量 $t = \dfrac{\overline{X} - \mu}{\sqrt{S/n}}$ 服从自由度为 （$n-1$） 的 t 分布。

3. 非正态总体或未知分布总体

此时样本取自非正态总体或未知分布总体 （均值为 μ，方差为 σ^2），由中心极限定理，当抽样容量 n 比较大时，只要已知总体的方差 σ^2 有限，则样本均值 $\overline{X}$ 的分布总是近似正态分布，并且

$$E(\overline{X}) = E(\frac{1}{n} \sum_{i=1}^{n} X_i) = \frac{1}{n} \sum_{i=1}^{n} E(X_i) = \mu$$

$$D(\overline{X}) = D(\frac{1}{n} \sum_{i=1}^{n} X_i) = \frac{1}{n^2} \sum_{i=1}^{n} D(X_i) = \frac{\sigma^2}{n}$$

即 $\overline{X}$ 近似服从正态分布 N （μ，$\dfrac{\sigma^2}{n}$），进而样本统计量 $Z = \dfrac{\overline{X} - \mu}{\sigma / \sqrt{n}}$ 服从标准正态分布 N （0，1）。

理论上讲，中心极限定理要求 n 必须充分大，那么多大才叫充分大呢？

这与总体的分布形状有关。总体偏离正态越远，则要求 n 就越大。在实际应用中，我们常要求 $n \geqslant 30$。

例 2-7 设从一个均值 $\mu = 8$，标准差 $\sigma = 0.6$ 的总体中随机选取容量为 $n = 25$ 的样本。假定该总体并不是很偏的，求：

（1）求样本均值 $\overline{X}$ 小于 7.9 的近似概率；

（2）求样本均值 $\overline{X}$ 超过 7.9 的近似概率；

（3）求样本均值在总体均值 $\mu = 8$ 附近 0.1 的范围内的近似概率。

解：根据中心极限定理，无论总体的分布是什么形状，在假定总体分布不是很偏的情况下，当从总体中随机选取 $n = 25$ 的样本时，样本均值 $\overline{X}$ 的分布近似服从均值为 $\mu_{\bar{x}} = \mu = 8$，标准差为 $\sigma_{\bar{x}} = \dfrac{\sigma}{\sqrt{n}} = \dfrac{0.6}{\sqrt{25}} = 0.12$ 的正态分布，即

$$\overline{X} \sim N(8, 0.12^2)$$

$$
\begin{aligned}
(1)\, P(\overline{X} < 7.9) &= P\left(\frac{\overline{X} - 8}{0.12} < \frac{7.9 - 8}{0.12}\right) \\
&= P\left(Z < \frac{-0.1}{0.12}\right) = P(Z < -0.83) \\
&= 1 - P(Z < 0.83) = 1 - \Phi(0.83) \\
&= 1 - 0.7967 = 0.2033
\end{aligned}
$$

$$
\begin{aligned}
(2)\, P(\overline{X} > 7.9) &= 1 - P(\overline{X} \leqslant 7.9) \\
&= 1 - 0.2033 = 0.7967
\end{aligned}
$$

$$
\begin{aligned}
(3)\, P(7.9 < \overline{X} < 8.1) &= P\left(\frac{7.9 - 8}{0.12} < \frac{X - 8}{0.12} < \frac{8.1 - 8}{0.12}\right) \\
&= P\left(Z < \frac{8.1 - 8}{0.12}\right) - P\left(Z < \frac{7.9 - 8}{0.12}\right) \\
&= P(Z < 0.83) - P(Z < -0.83) \\
&= 2P(Z < 0.83) - 1 = 2\Phi(0.83) - 1 \\
&= 2(0.7967) - 1 = 0.5934
\end{aligned}
$$

例 2-8 一家汽车蓄电池企业声称，所生产的电池具有均值为 54 个月、标准差为 6 个月的寿命分布。现假设某消费团体决定检验该厂的说法是否准确，为此购买了 50 个该企业生产的电池进行寿命试验。

（1）假定企业声称是正确的，试描述 50 个电池的平均寿命的抽样分布。

（2）假定企业声称正确，则由 50 个样品组成的样本的平均寿命不超过 52 个月的概率为多少？

解：（1）尽管我们对电池寿命分布的形状不甚了解，但根据中心极限定理可以推出 50 个电池的平均寿命的分布近似服从正态分布，其均值 $\mu_{\bar{x}} =$

$\mu = 54$，其方差 $\sigma_{\overline{X}}^2 = \dfrac{\sigma_{\overline{X}}^2}{n} = \dfrac{6^2}{50} = 0.72$，$\sigma_{\overline{X}} = \sqrt{\sigma_{\overline{X}}^2} = \sqrt{0.72} = 0.85$，即 $\overline{X} \sim N$ $(54，0.85^2)$。

（2）如果企业声称是正确的，则观察到 50 个电池的平均寿命不超过 52 个月的概率为

$$P(\overline{X} \le 52) = P(\dfrac{\overline{X} - 54}{0.85} \le \dfrac{52 - 54}{0.85}) = P(Z \le \dfrac{52 - 54}{0.85})$$
$$= P(Z \le -2.35) = 1 - P(Z \le 2.35)$$
$$= 1 - \Phi(2.35) = 1 - 0.9906 = 0.0094$$

即如果企业的说法正确的话，则 50 个电池的平均寿命不超过 52 个月的概率为 0.0094，这是一个相当小的概率。根据小概率事件原则，观察到 50 个电池的平均寿命小于或等于 52 个月的事件是不可能的。反之，如果真的观察到 50 个电池的平均寿命低于 52 个月，则有理由怀疑企业说法的正确性，即认为企业的说法是不正确的。

4. 样本成数的分布

假定总体成数为 p，它表示总体中具有某种特征的单位数占总体单位总数的比例，那么不具有这种特征的比例为 $q = 1 - p$；样本成数为 $\hat{p}$，表示样本中具有这种特征的单位数占样本单位总数的比例。

对于大样本，即 $n\hat{p} > 5$ 和 $n\hat{q} > 5$，由于成数是一种特殊的均值，所以利用均值分布可以得到成数分布 $\hat{p} \sim N\left[p，\dfrac{p(1-p)}{n}\right]$，即样本成数 $\hat{p}$ 服从期望值为 p，方差为 $\dfrac{p(1-p)}{n}$ 的正态分布。进而统计量 $Z = \dfrac{\hat{p} - p}{\sqrt{\dfrac{p(1-p)}{n}}} \sim N(0，1)$。

由于 p 未知，其方差也未知，可用样本成数方差 $\hat{p}(1-\hat{p})$ 代替总体成数方差。

（二）两个总体

设 X_{11}，X_{12}，…，X_{1n_1} 为从某一总体 $N(\mu_1，\sigma_1^2)$ 中抽出的随机样本，X_{21}，X_{22}，…，X_{2n_2} 为从另一总体 $N(\mu_2，\sigma_2^2)$ 中抽出的随机样本。

1. 两个正态总体 $N(\mu_1，\sigma_1^2)$ 和 $N(\mu_2，\sigma_2^2)$，且总体方差 σ_1^2 和 σ_2^2 已知

由正态分布的性质，此时它们的样本均值之差 $\overline{X}_1 - \overline{X}_2$ 服从均值为 $\mu_1 - \mu_2$，方差为 $\dfrac{\sigma_1^2}{n_1} + \dfrac{\sigma_2^2}{n_2}$ 的正态分布，即 $\overline{X}_1 - \overline{X}_2 \sim N(\mu_1 - \mu_2，\dfrac{\sigma_1^2}{n_1} + \dfrac{\sigma_2^2}{n_2})$。

2. 两个正态总体 N（μ_1，σ_1^2）和 N（μ_2，σ_2^2），且总体方差未知，但 σ_1^2 和 σ_2^2 相等

此时用样本方差 S_1^2 和 S_2^2 分别替代 σ_1^2 和 σ_2^2，则样本统计量 $t = \dfrac{(\bar{X}_1 - \bar{X}_2) - (\mu_1 - \mu_2)}{\bar{S}\sqrt{\dfrac{1}{n_1} + \dfrac{1}{n_2}}}$ 服从自由度为 $n_1 + n_2 - 2$ 的 t 分布，即 $t \sim t$（$n_1 + n_2 - 2$）。

式中，$\bar{S}^2 = \dfrac{(n_1 - 1) S_1^2 + (n_2 - 1) S_2^2}{n_1 + n_2 - 2}$

3. 两个正态总体 N（μ_1，σ_1^2）和 N（μ_2，σ_2^2），且总体方差未知，σ_1^2 和 σ_2^2 不等

此时用样本方差 S_1^2 和 S_2^2 分别替代 σ_1^2 和 σ_2^2，则样本统计量 $t = \dfrac{(\bar{X}_1 - \bar{X}_2) - (\mu_1 - \mu_2)}{\sqrt{\dfrac{S_1^2}{n_1} + \dfrac{S_2^2}{n_2}}}$ 服从自由度为 df 的 t 分布，即 $t \sim t$（df）。

其中，$df = \dfrac{\left(\dfrac{S_1^2}{n_1} + \dfrac{S_2^2}{n_2}\right)^2}{\dfrac{(S_1^2/n_1)^2}{n_1} + \dfrac{(S_2^2/n_2)^2}{n_2}}$。

4. 两非正态总体或未知分布总体

此时样本取自两非正态总体或未知分布总体，只要样本容量 n_1，n_2 足够大，由中心极限定理知，$\bar{X}_1 - \bar{X}_2$ 抽样分布将近似服从正态分布。如果总体方差 σ_1^2，σ_2^2 未知，就用 S_1^2，S_2^2 作为 σ_1^2，σ_2^2 的替代，$\bar{X}_1 - \bar{X}_2$ 服从均值为 $\mu_1 - \mu_2$，方差为 $\dfrac{S_1^2}{n_1} + \dfrac{S_2^2}{n_2}$ 的正态分布，即 $\bar{X}_1 - \bar{X}_2 \sim N$（$\mu_1 - \mu_2$，$\dfrac{S_1^2}{n_1} + \dfrac{S_2^2}{n_2}$）。

5. 样本成数之差的分布

设两个总体的成数分别为 p_1 和 p_2，从两总体中各自独立地抽取一个样本，样本容量分别为 n_1 和 n_2。当 $n_1 p_1$，$n_1 q_1$ 和 $n_2 p_2$，$n_2 q_2$ 都大于 5 时，两个样本成数之差 $\hat{p}_1 - \hat{p}_2$ 就近似服从均值 $p_1 - p_2$，方差为 $\sigma_{\hat{p}_1 - \hat{p}_2}^2 = \dfrac{p_1 q_1}{n_1} + \dfrac{p_2 q_2}{n_2}$ 的正态分布。

因为 p_1 和 p_2 皆未知，所以用样本方差 $S_{\hat{p}_1 - \hat{p}_2}^2 = \dfrac{\hat{p}_1 \hat{q}_1}{n_1} + \dfrac{\hat{p}_2 \hat{q}_2}{n_2}$ 替代 $\sigma_{\hat{p}_1 - \hat{p}_2}^2$。

七 样本方差的分布

1. 一个正态总体

设 X_1，X_2，$\cdots$，X_n 为来自正态分布 N（μ，σ^2）的样本，则样本方差 S^2 服从自由度 $n-1$ 的 χ^2 分布，即

$$\frac{(n-1)S^2}{\sigma^2} \sim \chi^2 (n-1)$$

χ^2 分布如图 2-3 所示。

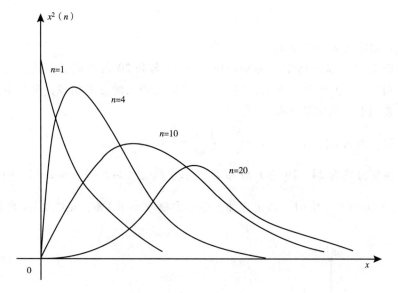

图 2-3 χ^2 分布

从图 2-3 中可以看出，χ^2（n）为不对称的偏峰分布，且仅在第一象限有值。随着 n 的逐渐增大，分布趋于对称，可以证明，当 $n \to \infty$ 时，即以正态分布为其极限分布。

自由度为 n 的 χ^2（n）分布，其均值和方差分别为

$$E[\chi^2(n)] = n$$
$$D[\chi^2(n)] = 2n$$

χ^2（n）的 p 分位数 χ_p^2（n）可以从卡方分布表查得。当自由度 n 很大时，$\sqrt{2\chi^2(n)}$ 近似地服从 N（$\sqrt{2n-1}$，1）。当自由度 $n > 45$ 时

$$\chi_p^2(n) \approx \frac{1}{2}(u_p + \sqrt{2n-1})^2$$

上式中，u_p 为正态分布的 p 分位数，由正态分布表查得。

2. 两个正态总体

对于两个相互独立的正态总体 $N(\mu_1, \sigma_1^2)$ 和 $N(\mu_2, \sigma_{21}^2)$，从中各抽取一个容量为 n_1 和 n_2 的样本，样本方差分别为 S_1^2 和 S_2^2，则样本方差之比 $\dfrac{S_1^2}{S_2^2}$ 服从自由度为 n_1-1 和 n_2-1 的 F 分布，即

$$\frac{S_1^2/\sigma_1^2}{S_2^2/\sigma_2^2} = F \sim F(n_1-1, n_2-1)$$

服从自由度为 n_1-1 和 n_2-1 的 F 分布。

例 2-9 从两所学校分别随机抽取 25 名和 20 名教职工，其收入的标准分别为 3.5 万元和 2 万元，假定两校教职工收入的方差相等，则样本标准差出现如上差别的概率有多少？

解：因为 $\sigma_1^2 = \sigma_2^2$，有 $F = \dfrac{S_1^2}{S_2^2} = \dfrac{350^2}{200^2} = 3.0625$

查自由度分别为 24、19 的 F 分布表，可得 $F_{0.01}(24, 19) = 2.92$，因而 $P\left(\dfrac{S_1^2}{S_2^2} > 3.0625\right) < 0.01$，即出现如上差别的概率小于 1%，见图 2-4 所示。

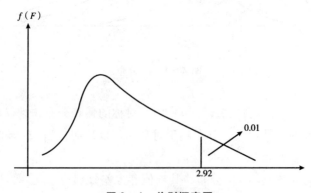

图 2-4　差别概率图

第三章　参数估计

基于抽样与抽样分布理论，常用的推断统计有：参数估计、假设检验、方差分析与回归分析。本章介绍参数估计。

第一节　点估计

参数估计是在总体分布类型已知，而总体参数未知的情况下，利用取自总体的随机样本构造的统计量估计总体参数的推断统计方法。在估计过程中，用来推断总体参数的样本统计量称为估计量，并且可以有不同的估计量推断同一总体参数。根据估计方法的不同，参数估计分为点估计和区间估计。点估计就是根据实际的样本数据计算的估计量的值作为总体参数的估计值。同样点估计量不是唯一的，如何评价与选择估计量就是一个重要的问题。

一　点估计量的评价标准

（一）无偏性

设总体参数为 θ，它的估计量为 $\hat{\theta}$。如点估计量 $\hat{\theta}$ 的抽样分布的期望值等于总体参数 θ，即 $E(\hat{\theta}) = \theta$，则称估计量 $\hat{\theta}$ 为参数 θ 的无偏估计量。

估计量无偏性的几何意义可参见图 3-1。

图 3-1 中，由于 $E(\hat{\theta}_1) = \theta$，$E(\hat{\theta}_2) \neq \theta$，所以 $\hat{\theta}_1$ 为 θ 的无偏估计量，$\hat{\theta}_2$ 为 θ 的有偏估计量。有偏估计量的期望值与总体参数的差异称为偏误（Bias），可表示为

$$Bias(\hat{\theta}) = E(\hat{\theta}) - \theta$$

在图 3-1 中，由于 $E(\hat{\theta}_2)$ 大于 θ，因此以 $\hat{\theta}_2$ 估计 θ 将造成估计偏高的倾向。

以无偏性来评价估计量是很合理的。因为期望值具有长期或大量平均的意义，所以，一个好的估计量就某一个具体样本的估计值而言，可能不等于总体参数值，但所有样本的估计值的平均值应等于总体参数值。

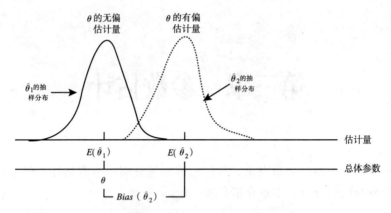

图 3 - 1　θ 的无偏估计量 $\hat{\theta}_1$ 和有偏估计量 $\hat{\theta}_2$

　　下面，我们看看简单随机样本的均值和方差是否是总体数学期望和方差的无偏估计量。

　　记样本均值为 $\overline{X}$，样本方差为 S^2，并且

$$\overline{X} = \frac{\sum\limits_{i=1}^{n} X_i}{n}, S^2 = \frac{1}{n-1} \sum\limits_{i=1}^{n} (X_i - \overline{X})^2$$

因此

$$E(\overline{X}) = E\left(\frac{\sum\limits_{i=1}^{n} X_i}{n}\right) = \frac{1}{n} \sum\limits_{i=1}^{n} E(X_i) = \frac{1}{n} n E(X) = E(X)$$

$$E(S^2) = \frac{1}{n-1}\left[E \sum\limits_{i=1}^{n} (X_i - \overline{X})^2 \right]$$

$$= \frac{1}{n-1} (n-1) D(X) = D(X)$$

　　可见，简单随机样本的样本均值 $\overline{X}$ 和样本方差 S^2 是总体数学期望和方差的无偏估计量。如果我们将样本方差选择为 $S_n^2 = \frac{1}{n} \sum\limits_{i=1}^{n} (X_i - \overline{X})^2$，则 $E(S_n^2) \neq D(X)$，估计量 S_n^2 的期望值 $E(S_n^2)$ 与 $D(X)$ 相差一个系数 $\frac{n}{(n-1)}$。此时，S_n^2 就是总体方差的一个有偏估计量。

　　无疑，以无偏性来评价估计量是一个很好的准则，但还是不够的，因为无偏估计量也不是唯一的，如样本中位数也是总体期望值的无偏估计量。那么如何评价样本均值与样本中位数呢？还需要其他的评价准则。

（二）有效性

设 $\hat{\theta}_1$ 和 $\hat{\theta}_2$ 是总体参数 θ 的两个无偏估计量，如果 $D(\hat{\theta}_1) < D(\hat{\theta}_2)$，则称 $\hat{\theta}_1$ 比 $\hat{\theta}_2$ 有效。有效性的几何意义是，$\hat{\theta}_1$ 相对于 $\hat{\theta}_2$ 更紧密地分布在总体参数周围（见图 3 - 2）。此时，用 $\hat{\theta}_1$ 作为总体参数的估计要比 $\hat{\theta}_2$ 更有效。

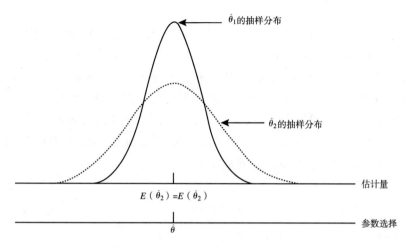

图 3 - 2　$\hat{\theta}_1$ 和 $\hat{\theta}_2$ 皆为 θ 的无偏估计量，但 $\hat{\theta}_1$ 比 $\hat{\theta}_2$ 有效

例如，已知样本平均数 $\overline{X}$ 与样本中位数 M_d 都是总体数学期望的无偏估计量，且有

$$D(\overline{X}) = D(X)/n, D(M_d) = \left(\frac{\pi}{2}\right)[D(X)/n]$$

则

$$D(\overline{X}) = D(X)/n < D(Md) = \left(\frac{\pi}{2}\right)[D(X)/n]$$

所以，$\overline{X}$ 比 M_d 有效。

（三）最小均方误差

无偏性考虑估计量的期望值，有效性考虑在无偏性前提下进一步比较估计量的方差。如果对估计量 $\hat{\theta}_1$ 和 $\hat{\theta}_2$，$E(\hat{\theta}_1) = \theta$，$E(\hat{\theta}_2) \neq \theta$，但 $D(\hat{\theta}_1) > D(\hat{\theta}_2)$，此时哪一个估计量为优呢？显然，较好的办法是既考虑估计量的变异程度（方差），又兼顾估计量的偏误。此时以估计量的均方误差（Mean Square Error）为评价准则较好。均方误差 MSE 为

$$MSE(\hat{\theta}) = E[(\hat{\theta} - \theta)^2]$$

进一步

$$
\begin{aligned}
MSE(\hat{\theta}) &= E[(\hat{\theta} - \theta)^2] \\
&= E\{[\hat{\theta} - E(\hat{\theta})] + [E(\hat{\theta}) - \theta]\}^2 \\
&= D(\hat{\theta}) + 2[E(\hat{\theta}) - E(\hat{\theta})][E(\hat{\theta}) - \theta] + [E(\hat{\theta}) - \theta]^2 \\
&= D(\hat{\theta}) + [Bias(\hat{\theta})]^2
\end{aligned}
$$

因此，用 MSE 来判断估计量是否优良，同时考虑了估计量的变异程度和偏误，显然具有最小的均方误差的估计量是最优的估计量。图 3-3 显示了三个估计量 $\hat{\theta}_1$，$\hat{\theta}_2$ 和 $\hat{\theta}_3$ 的抽样分布，其中 $\hat{\theta}_1$ 为无偏估计量，但方差 $D(\hat{\theta}_1)$ 最大；$\hat{\theta}_2$ 为有偏估计量，但偏误不很大且方差 $D(\hat{\theta}_2)$ 较小；$\hat{\theta}_3$ 也是有偏估计量，偏误很大，但方差很小，是三个估计量中最小的。

从图 3-3 中容易看出，以均方误差 MSE 来衡量，因为 $MSE(\hat{\theta}_2)$ 最小。所以 $\hat{\theta}_2$ 是总体参数 θ 最好的估计量。

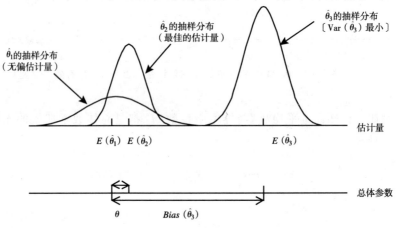

图 3-3 $\hat{\theta}_1$ 为无偏估计量，$\hat{\theta}_3$ 的方差最小，但 $MSE(\hat{\theta}_2)$ 最小

（四）一致性

当样本容量趋于无穷大时，如估计量 $\hat{\theta}$ 依概率收敛于待估参数 θ，即对任意 $\varepsilon > 0$，有

$$
\lim_{n \to \infty} P(|\hat{\theta} - \theta| < \varepsilon) = 1
$$

则称 $\hat{\theta}$ 为 θ 的一致估计量。

切比雪夫（Chebyshev）大数定理已经证明，样本均值 $\overline{X}$ 是总体数学期望 $E(X)$ 的一致估计量，样本方差也是 $D(X)$ 的一致估计量。

一致性是大样本所呈现的性质。对于某个待估参数的一致估计量，随着样本容量的增大，它与待估参数可以任意地接近。当样本容量不大时，无偏性是基本的要求，它保证估计量除了随机误差外，不会有系统误差。随机误差是由偶然性原因引起的，不具有倾向性，估计值可能夸大，可能缩小，但平均来看可以相互抵消，而系统误差则具有倾向性，使估计值可能偏高或偏低。但对均方误差评价准则，有的时候为了使均方误差最小而宁愿选择一个有偏的估计量。

二　点估计方法

当总体随机变量 X 的分布形式为已知时，但它的一个或多个参数未知，如果从总体中随机地取一个样本，用该样本某一指标数值作为总体相应的未知参数的估计的方法，称为参数点估计（Point estimator）方法。

点估计方法有矩估计法、顺序统计量法、最大似然法、最小二乘法等。

（一）矩估计法

对总体参数进行估计，最简单的方法就是矩估计法（Methods of moment estimate），即用样本矩估计总体矩。

在统计学中，矩是以期望值为基础而定义的数字特征，分为原点矩和中心矩。

设 X 为随机变量，对任意正整数 k，称 $E(X^k)$ 为随机变量 X 的 k 阶原点矩（Moment of order k about the orgin） m_k

$$m_k = E(X^k)$$

当 $k = 1$ 时，$m_1 = E(X) = \mu$，即一阶原点矩为随机变量 X 的数学期望。

我们把 $C_k = E[X - E(X)]^k$ 称为以 $E(X)$ 为中心的 k 阶中心矩（Centred moment of order k）。

显然，当 $k = 2$ 时，$C_2 = E[X - E(X)]^2 = \sigma^2$，即二阶中心矩为随机变量 X 的方差。

例 3 – 1　已知某种灯泡的寿命 $X \sim N(\mu, \sigma^2)$，其中 μ，σ^2 都是未知的，今随机取得 4 只灯泡，测得寿命（单位：小时）为 1501、1453、1367、1650，试估计 μ 和 σ。

解：因为 μ 是全体灯泡的平均寿命，$\bar{X}$ 为样本的平均寿命，使用矩估计法，就是用 $\bar{X}$ 去估计 μ；同理，用样本标准差 S 去估计 σ。

由于

$$\bar{X} = \frac{1}{4}(1501 + 1453 + 1367 + 1650) = 1493$$

$$S^2 = \frac{(1501 - 1493)^2 + (1453 - 1493)^2 + (1367 - 1493)^2 + (1650 - 1493)^2}{4 - 1} = 14069$$

$$S = 118.61$$

所以，μ 和 σ 的估计值分别为 1493 小时和 118.61 小时。

矩估计法简便、直观，比较常用，但矩估计法也有局限性。首先，它要求总体的 k 阶原点矩存在，如不存在则无法估计；其次，矩估计法不能充分地利用估计时已掌握的有关总体分布形式的信息。

通常设 θ 为总体 X 的待估计参数，一般用样本 X_1，X_2，$\cdots$，X_n 构成一个统计量 $\hat{\theta} = \hat{\theta}(X_1, X_2, \cdots, X_n)$ 来估计 θ，则称 $\hat{\theta}$ 为 θ 的估计量。对样本的一组数值 x_1，x_2，$\cdots$，x_n，估计量 $\hat{\theta}$ 的值 $\hat{\theta}(x_1, x_2, \cdots, x_n)$ 称 θ 的估计值。于是，点估计就是寻求一个作为待估计参数 $\hat{\theta}$ 的估计量 $\hat{\theta}(x_1, x_2, \cdots, x_n)$ 的问题。但对于样本的不同数值，估计值也是不相同的。

如在例 3 - 1 中，我们分别用样本平均数和样本标准差来估计总体数学期望和总体标准差

$$\hat{\mu} = \hat{\mu}(X_1, X_2, \cdots, X_n) = \frac{1}{n}\sum_{i=1}^{n} X_i = \bar{X}$$

$$\hat{\sigma} = \hat{\sigma}(X_1, X_2, \cdots, X_n) = \sqrt{\frac{\sum_{i=1}^{n}(X_i - \bar{X})^2}{n - 1}} = S$$

对应于给定的估计值 $\mu = \bar{X} = 1493$ 小时，$\hat{\sigma} = S = 118.61$ 小时。这种用数字特征法作参数的点估计是最常用的一种估计方法。

例 3 - 2　求总体数学期望和方差的矩估计量。

设总体的二阶原点矩存在，而 X_1，X_2，$\cdots$，X_n 是来自总体的一个样本，因为

$$D(X) = E(X^2) - E^2(X)$$

所以，总体的二阶原点矩为：$m_2 = D(X) + E^2(X)$

于是，用矩估计法可得到方程组

$$\begin{cases} E(X) = \dfrac{1}{n}\sum_{i=1}^{n} X_i \\ D(X) + E^2(X) = \dfrac{1}{n}\sum_{i=1}^{n} X_i^2 \end{cases}$$

解得

$$E(x) = \frac{1}{n} \sum_{i=1}^{n} X_i = \overline{X}$$

$$D(x) = \frac{1}{n} \sum_{i=1}^{n} X_i^2 - \left(\frac{1}{n} \sum_{i=1}^{n} X_i \right)^2 = S_n^2$$

这里，S_n^2 不是 $D(X)$ 的无偏估计。可见，矩估计量不一定都是总体参数的无偏估计量。

例 3 - 3 设 X_1，X_2，$\cdots$，X_n 取自均匀分布总体，即

$$f(x; \theta) = \begin{cases} 1/\theta, 0 < x < \theta \\ 0, 其他 \end{cases}$$

求 θ 的矩估计值。

因为 $E(X) = \int_{-\infty}^{+\infty} x f(x; \theta) \, \mathrm{d}x = \frac{1}{\theta} \int_{-\infty}^{+\infty} x \mathrm{d}x = \frac{\theta}{2}$

由矩估计法

$$\frac{\theta}{2} = E(X) = \overline{X}$$

则有 $\hat{\theta} = 2\overline{X}$。

（二）最大似然估计法

最大似然估计法是应用十分广泛的一种点估计法。这种方法的基本思想是，假设总体的分布形式已知，只是不知总体分布的某个（或某些）参数 θ_i。抽样后，可以得到一个样本值，根据样本与总体的关系，找出使样本值出现的可能性最大的那个参数估计值 θ_i，则 θ_i 这个估计值就是待估参数的最大似然估计值。

如设有一事件 A，已知它发生的概率 p 只可能是 0.01 或 0.1。如在一次试验中事件 A 发生了，自然应当认为事件 A 发生的概率 p 是 0.1 而不是 0.01。把这种考虑问题的方法一般化，就是得到最大似然准则。

设总体 X 为连续型随机变量，它有密度函数 $f(x; \theta_1, \theta_2, \cdots, \theta_k)$，其中 θ_1，θ_2，$\cdots$，θ_k 是待估参数。对于 X 的一个简单随机样本 X_1，X_2，$\cdots$，X_n，由于 X_1，X_2，$\cdots$，X_n 独立且与总体同分布，所以有 X_1，X_2，$\cdots$，X_n 的联合概率密度为 $\prod_{i=1}^{n} f(x; \theta_1, \theta_2, \cdots, \theta_k)$。对于给定的一样本值 x_1，x_2，$\cdots$，x_n，我们把

$$L(x_1, x_2, \cdots, x_n; \theta_1, \theta_2, \cdots, \theta_k) = \prod_{i=1}^{n} f(x; \theta_1, \theta_2, \cdots, \theta_k)$$

称为样本的似然函数。

对于离散型随机变量 X，它的分布律为 $P\{X=x\} = p\{x; \theta_1, \theta_2, \cdots, \theta_k\}$，对于给定的一样本值 $x_1, x_2, \cdots, x_n$，我们把

$$L(x_1, x_2, \cdots, x_n; \theta_1, \theta_2, \cdots, \theta_k) = \prod_{i=1}^{n} p(x; \theta_1, \theta_2, \cdots, \theta_k)$$

称为样本的似然函数。

显然，似然函数是待估参数 $\theta_1, \theta_2, \cdots, \theta_k$ 的函数，而 $x_1, x_2, \cdots, x_n$ 在似然函数中相当于常数。根据经验，概率大的事件比概率小的事件在一次试验中更易于发生。所以，我们将选择使得似然函数达到最大值时的参数值 $\hat{\theta}_1, \hat{\theta}_2, \cdots, \hat{\theta}_k$ 作为总体参数 $\theta_1, \theta_2, \cdots, \theta_k$ 的估计值，并且 $\hat{\theta}_1, \hat{\theta}_2, \cdots, \hat{\theta}_k$ 必须满足下列方程

$$\begin{cases} \dfrac{\partial}{\partial \theta_1} L = 0 \\[2mm] \dfrac{\partial}{\partial \theta_2} L = 0 \\ \vdots \\ \dfrac{\partial}{\partial \theta_k} L = 0 \end{cases}$$

求解可以得到一估计值 $\hat{\theta}_1, \hat{\theta}_2, \cdots, \hat{\theta}_k$，就是待估参数 $\theta_1, \theta_2, \cdots, \theta_k$ 的极大似然估计值。这种求估计值的方法就称为最大似然估计法。

由于 $\ln L$ 与 L 同时存在极值并达到最大值，所以上述方程组等价于下面的方程组。

$$\frac{\partial}{\partial \theta_i} \ln L = 0, \quad i = 1, 2, \cdots, k$$

例 3-4 设 $X_1, X_2, \cdots, X_n$ 是抽自总体 X 的一样本观察值，已知 $X \sim N(\mu, \sigma^2)$，求 μ, σ^2 的极大似然估计值。

此时，样本观察值的联合概率密度，即似然函数为

$$\begin{aligned} L(X_1, X_2, \cdots, X_n; \mu, \sigma^2) &= \prod_{i=1}^{n} \frac{1}{\sqrt{2\pi}\sigma} e^{-\frac{1}{2\sigma^2}(x_i - \mu)^2} \\ &= (\frac{1}{\sqrt{2\pi}\sigma})^n e^{-\frac{1}{2\sigma^2}\sum_{i=1}^{n}(X_i - \mu)^2} \ln L(X_1, X_2, \cdots, X_n; \mu, \sigma^2) \\ &= -n\ln\sqrt{2\pi} - \frac{n}{2}\ln\sigma^2 - \frac{1}{2\sigma^2}\sum_{i=1}^{n}(X_i - \mu)^2 \end{aligned}$$

对上式中的两个未知参数分别求偏导、求极值有

$$\begin{cases} \dfrac{\partial}{\partial \mu}\ln L = -\dfrac{1}{2\sigma^2}(-2)\sum_{i=1}^{n}(X_i - \mu) = 0 \\[3mm] \dfrac{\partial}{\partial \sigma^2}\ln L = -\dfrac{n}{2}\dfrac{1}{\sigma^2} + \dfrac{1}{2}\dfrac{1}{\sigma^4}\sum_{i=1}^{n}(X_i - \mu)^2 = 0 \end{cases}$$

解方程组，得到

$$\begin{cases} \mu = \dfrac{1}{n}\sum_{i=1}^{n}X_i = \overline{X} \\[3mm] \sigma^2 = \dfrac{1}{n}\sum_{i=1}^{n}(X_i - \mu)^2 = S_n^2 \end{cases}$$

即样本均值 $\overline{X}$ 和样本方差 S_n^2 分别是正态总体参数 μ 和 σ^2 的极大似然估计值。显然 S_n^2 是有偏的，也就是说，极大似然估计量不一定是无偏的。

例 3-5　设电视机的首次故障时间服从指数分布 $\lambda e^{-\lambda t}$，$t>0$，共试验了 7 台电视机，相应的首次故障时间（单位：万小时）为：

$$0.26, 1.49, 3.65, 4.25, 5.43, 6.97, 8.09$$

求参数 λ 的估计值。

解：样本量 $n=7$，样本 X_1，X_2，$\cdots$，X_n 的联合密度 $P(X_1, X_2, \cdots, X_n) = \prod_{i=1}^{n}(\lambda e^{-\lambda X_i}) = \lambda^n e^{-\sum_{i=1}^{n}X_i\lambda}$，用均值 $\overline{X} = \dfrac{1}{n}\sum_{i=1}^{n}X_i$ 来表示，就有

$$P(X_1, X_2, \cdots, X_n) = \lambda^n e^{-n\overline{X}\lambda}$$

似然函数为

$$L(\lambda) = \lambda^n e^{-n\overline{X}\lambda}$$

进而

$$\ln L(\lambda) = n\ln\lambda - n\overline{X}\lambda$$

得到极值方程

$$0 = \frac{\partial \ln L(\lambda)}{\partial \lambda} = \frac{n}{\lambda} - n\overline{X} = \frac{n}{\lambda}(1 - \lambda\overline{X})$$

得到 λ 的最大似然估计

$$\hat{\lambda} = \frac{1}{\overline{X}}$$

对于本例得

$$\overline{X} = \frac{30.1}{7}, \hat{\lambda} = \frac{7}{30.1} = 0.2326$$

例 3 – 6　设有一批产品，其废品率为 p（$0 < p < 1$），现从中随机抽出 100 个，发现其中有 10 个废品，使用极大似然估计总体参数 p。

解：如合格品用"0"表示，废品用"1"表示，则总体 X 的分布为

$$P(X = x) = p^x q^{1-x}, x = 0, 1, q = 1 - p$$

进而样本观察值的联合分布（似然函数）为

$$L(x_1, x_2, \cdots, x_{100}; p) = (p^{x_1} q^{1-x_1})(p^{x_2} q^{1-x_2}) \cdots (p^{x_{100}} q^{1-x_{100}})$$
$$= p^{10} q^{90}, q = 1 - p;$$
$$\ln L(x_1, x_2, \cdots, x_{100}; p) = 10\ln p + 90\ln(1 - p)$$

因此

$$\frac{d}{dp}\ln L = \frac{10}{p} - \frac{90}{1 - p} = 0$$

得到

$$\hat{p} = \frac{10}{100} = 0.1$$

第二节　区间估计

点估计法是用估计量的一个具体数值作为待估参数的估计值，如果一个估计量是无偏的，只是说明这个估计量平均来说没有偏差，并不等于根据任一个样本算出的估计值都与总体参数之间没有偏差。也就是说，点估计方法没有给出估计值 $\hat{\theta}$ 的可靠程度，推断错误的概率很大。同时，点估计方法也不能给出推断的误差。因此点估计理论很重要，但不能作为实际推断。为此需要一种既考虑推断可靠性又考虑推断误差的参数估计方法，这就是区间估计法。区间估计是利用抽样分布定理与小概率事件原理，把推断主观（可靠程度）与客观（抽样误差）结合起来，对于一次抽样，根据样本统计量的点估计值 $\hat{\theta}$ 为中心，满足一定可靠程度和误差构造一个包含总体未知参数 θ 的对称区间 $(\hat{\theta}_1, \hat{\theta}_2)$。可靠程度为该 $(\hat{\theta}_1, \hat{\theta}_2)$ 包含总体未知参数 θ 的概率，该区间的半径为极限误差，它是主观（概率度）与客观（抽样误差）结合的产物。

一　区间估计的基本步骤

在区间估计中，由于对不同的样本计算出的估计值不同，所以以估计

值为计算的区间（公式）是一个随样本不同而不同的随机区间，既然是区间，则必然有些区间包含总体参数值，有些区间可能不包含总体参数值，我们只能以一定的概率保证包含总体参数的区间为置信区间。因此，在区间估计中，以一定概率保证可能包含总体参数的区间称为置信区间，它的含义是

$$p\{\hat{\theta}_1 < \theta < \hat{\theta}_2\} = 1 - \alpha$$

其中，$\hat{\theta}_1$ 和 $\hat{\theta}_2$ 分别为置信下限和置信上限，$(1 - \alpha)100\%$ 为置信度或置信水平，α 为显著性水平。

例如，根据要求 $\alpha = 0.05$，则 $1 - \alpha = 0.95 = 95\%$，这时的置信区间 $(\hat{\theta}_1, \hat{\theta}_2)$ 以 95% 的概率包含总体参数 θ，或者说，在随机区间的 100 个观察值中，有 95 个区间包含了总体参数 θ。

既然置信区间与一定概率相联系，则置信区间的大小就与置信度的大小相关。置信度大，置信区间也大；置信度小，置信区间也小。那么，到底如何找出置信区间呢？下面我们就来讨论这个具体过程。

设 $X \sim N(\mu, \sigma^2)$，$X_1, X_2, \cdots, X_n$ 是一个样本，根据抽样定理，有

$$Z = \frac{\bar{X} - \mu}{\sqrt{\dfrac{\sigma^2}{n}}} \sim N(0,1)$$

如果令 $\alpha = 0.05$，即要求以 95% 的概率估计总体参数 μ 的置信区间，则根据以上定理有

$$P\left\{ \left| \frac{\bar{X} - \mu}{\sqrt{\dfrac{\sigma^2}{n}}} \right| \leq 1.96 \right\} = 1 - 0.05$$

即有

$$P\left\{ -1.96 \frac{\sigma}{\sqrt{n}} \leq \bar{X} - \mu \leq 1.96 \frac{\sigma}{\sqrt{n}} \right\} = 0.95$$

$$P\left\{ \bar{X} - 1.96 \frac{\sigma}{\sqrt{n}} \leq \mu \leq \bar{X} + 1.96 \frac{\sigma}{\sqrt{n}} \right\} = 0.95$$

这样，我们就得到以样本均值 $\bar{X}$ 构造的一个置信区间 $\left[\bar{X} - 1.96 \dfrac{\sigma}{\sqrt{n}}, \ \bar{X} + 1.96 \dfrac{\sigma}{\sqrt{n}} \right]$，这个区间以 95% 的概率包含总体均值 μ，也就是说，如进行 100 次抽样，每次抽 n 个样品，并依以上方法算出 100 个置信区间，则有 95 个估计的置信区间将包含总体均值 μ，当然，上面所估计的

置信区间可能并不包含总体均值，此时，我们犯了错误，不过犯错误的可能性较小，约有 5%。如果希望进一步减小犯错误的概率，则置信度扩大，置信区间也随之扩大，估计的精确度下降。图 3 - 4 给出了置信区间与置信度、显著水平的关系。至此，可以将区间估计的基本步骤概括如下：

第一步：确定待估参数和置信水平（置信度）。置信水平由 $1 - \alpha$ 给出，α 称为显著性水平。置信度越高，置信区间越大。

第二步：确定估计量，并找出估计量的抽样分布。估计量的方差越小，在相同的置信水平下，置信区间就越短，精确度就越高。

第三步：利用估计量的抽样分布给出置信区间。

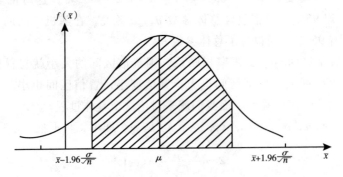

图 3 - 4 置信区间与置信度、显著水平的关系

因研究的问题和已知条件不同，区间估计有以下不同的方法。

1. 总体均值 μ 的区间估计

（1）总体服从正态分布 $N(\mu, \sigma^2)$，且总体方差 σ^2 已知时，则样本均值 $\bar{X}$ 服从均值为 μ、方差为 σ^2/n 的正态分布 $\bar{X} \sim N(\mu, \sigma^2/n)$。因此估计量为

$$Z = \frac{\bar{X} - \mu}{\dfrac{\sigma}{\sqrt{n}}}$$

并服从标准正态分布 $N(0, 1)$。

对于给定的置信度 $1 - \alpha$，可查正态分布双侧临界值表得到相应的临界值 $Z_{\frac{\alpha}{2}}$，使得

$$p\left(-Z_{\alpha/2} < \frac{\bar{X} - \mu}{\dfrac{\sigma}{\sqrt{n}}} < Z_{\alpha/2} \right) = 1 - \alpha$$

即

$$p\left(\bar{X} - Z_{\alpha/2}\frac{\sigma}{\sqrt{n}} < \mu < \bar{X} + Z_{\alpha/2}\frac{\sigma}{\sqrt{n}}\right) = 1 - \alpha$$

所以 μ 的置信度（也称概率保证程度）为 $1-\alpha$ 的置信区间可以表示为

$$\left(\bar{X} - Z_{\alpha/2}\frac{\sigma}{\sqrt{n}}, \bar{X} + Z_{\alpha/2}\frac{\sigma}{\sqrt{n}}\right)$$

其中，$\mu_{\bar{x}} = \dfrac{\sigma}{\sqrt{n}}$ 是简单随机重复抽样的抽样平均误差，采用不同的抽样组织形式，抽样平均误差是不同的；$\Delta_{\bar{x}} = Z_{\alpha/2}\dfrac{\sigma}{\sqrt{n}}$ 为极限误差，也称最大允许误差，其意义是对于给定的置信度进行区间估计时所允许的最大误差。

（2）总体服从正态分布 $N(\mu, \sigma^2)$，但总体方差 σ^2 未知时，则用样本方差 S^2 代替，此时估计量为

$$t = \frac{\bar{X} - \mu}{\dfrac{S}{\sqrt{n}}}$$

由抽样分布定理，它服从自由度 $n-1$ 的 t 分布。

对于给定的置信度 $1-\alpha$，查 t 分布表得到临界值 $t_{\alpha/2}(n-1)$，使得

$$p\left[-t_{\alpha/2}(n-1) < \frac{\bar{X} - \mu}{\dfrac{S}{\sqrt{n}}} < t_{\alpha/2}(n-1)\right] = 1 - \alpha$$

即

$$p\left[\bar{X} - t_{\alpha/2}(n-1)\frac{S}{\sqrt{n}} < \mu < \bar{X} + t_{\alpha/2}(n-1)\frac{S}{\sqrt{n}}\right] = 1 - \alpha$$

所以 $\bar{X}$ 的置信度（也称概率保证程度）为 $1-\alpha$ 的置信区间可以表示为

$$\left[\bar{X} - t_{\alpha/2}(n-1)\frac{S}{\sqrt{n}}, \bar{X} + t_{\alpha/2}(n-1)\frac{S}{\sqrt{n}}\right]$$

（3）总体的分布不是正态分布或未知分布总体时，当抽样容量 n 比较大时，只要已知总体的方差 σ^2 且有限，则样本均值 $\bar{X}$ 近似服从正态分布 $N(\mu, \dfrac{\sigma^2}{n})$。因此估计量为：

$$Z = \frac{\bar{X} - \mu}{\frac{\sigma}{\sqrt{n}}}$$

并服从标准正态分布 $N(0, 1)$。同前，μ 的置信度（也称概率保证程度）为 $1 - \alpha$ 的置信区间可以表示为

$$\left(\bar{X} - Z_{\alpha/2} \frac{\sigma}{\sqrt{n}}, \bar{X} + Z_{\alpha/2} \frac{\sigma}{\sqrt{n}} \right)$$

例 3 - 7 某厂产品包装重量服从正态分布，标准差为 8 克，从中重复随机抽取 25 包样品进行了测量，其平均重量为 150.3 克，试以 95% 的概率保证程度估计这批产品的包装重量。

解： 正态总体，方差已知，置信度 $1 - \alpha = 0.95$，$\alpha = 0.05$，查正态分布双侧临界值可知 $Z_{0.025} = 1.96$，样本均值 $\bar{X} = 150.3$ 克，得 μ 的置信区间为

$$\bar{X} - Z_{0.025} \frac{\sigma}{\sqrt{n}} = \left(150.3 - 1.96 \times \frac{8}{\sqrt{25}} \right) 克 = 147.16 \ 克$$

$$\bar{X} + Z_{0.025} \frac{\sigma}{\sqrt{n}} = \left(150.3 + 1.96 \times \frac{8}{\sqrt{25}} \right) 克 = 153.44 \ 克$$

即有 95% 的把握程度估计这批产品的包装重量在 147.16 ~ 153.44 克之间。

例 3 - 8 对零售市场的秤进行质量抽查，1 千克的标准物在随机抽到的 16 个称上称的均值和标准差分别为 1.06 千克和 0.14 千克，假定总体近似服从正态分布，试以 99% 的概率保证程度估计 1 千克标准称量的置信区间。

解： 因总体近似服从正态分布，方差 σ^2 未知，所以总体均值 μ 的置信区间为

$$\bar{X} - t_{0.05}(16 - 1) \frac{s}{\sqrt{n}} = \left(1.06 - 2.9467 \times \frac{0.14}{\sqrt{16}} \right) 千克 = (1.06 - 0.1031) 千克 = 0.9569 \ 千克$$

$$\bar{X} + t_{0.05}(16 - 1) \frac{s}{\sqrt{n}} = \left(1.06 + 2.9467 \times \frac{0.14}{\sqrt{16}} \right) 千克 = (1.06 + 0.1031) 千克 = 1.163 \ 千克$$

有 99% 的把握估计 1 千克标准物称量的置信区间在 0.9596 ~ 1.1631 千克之间。

2. 总体成数 p 的区间估计

假定总体成数为 p，它表示总体中具有某种特征的单位数占总体单位总数的比例，那么不具有这种特征的比例为 $q = 1 - p$；样本成数为 $\hat{p}$，表示样本中具有这种特征的单位数占样本单位总数的比例。

对于大样本，即 $n\hat{p} > 5$ 和 $n\hat{q} > 5$，由于成数是一种特殊的均值，所以利用均值分布可以得到成数分布：

$$\hat{p} \sim N\left[p, \frac{p(1-p)}{n}\right]$$

即样本成数 $\hat{p}$ 服从期望值为 p，方差为 $\frac{p(1-p)}{n}$ 的正态分布。因此，统计量为

$$Z = \frac{\hat{p}-p}{\sqrt{\frac{p(1-p)}{n}}} \sim N(0,1)$$

由于 p 未知，其方差也未知，可用样本成数方差代替总体成数方差。在 $1-\alpha$ 的置信度下，总体成数 p 的置信区间为

$$\left[\hat{p} - Z_{\frac{\alpha}{2}}\sqrt{\frac{\hat{p}(1-\hat{p})}{n}}, \hat{p} + Z_{\frac{\alpha}{2}}\sqrt{\frac{\hat{p}(1-\hat{p})}{n}}\right]$$

例 3 - 9 对某市学生配戴眼镜的合格率进行调查，随机抽选 100 名学生的眼镜，眼镜不合格的占 28%，试以 90% 的概率保证程度估计该市学生所配戴眼镜的合格率。

解：已知 $1-\alpha = 0.9$，查正态分布表得到 $Z_{\frac{\alpha}{2}} = Z_{0.05} = 1.6449$，$p = 72\%$，$q = 28\%$。

$$\hat{p} - Z_{0.05}\sqrt{\frac{pq}{n}} = 0.72 - 1.6449 \times \sqrt{\frac{0.72 \times 0.28}{100}} = 0.72 - 0.074 = 0.646$$

$$\hat{p} + Z_{0.05}\sqrt{\frac{pq}{n}} = 0.72 + 1.6449 \times \sqrt{\frac{0.72 \times 0.28}{100}} = 0.72 + 0.074 = 0.794$$

有 90% 的把握估计该市学生所配戴眼镜的合格率在 64.4% ~79.4% 之间。

3．总体方差的区间估计

设 X_1，X_2，$\cdots$，X_n 为来自正态分布 $N(\mu, \sigma^2)$ 的样本，则样本方差 S^2 服从自由度 $n-1$ 的 χ^2 分布，因此估计量

$$\chi^2 = \frac{(n-1)S^2}{\sigma^2} \sim \chi^2(n-1)$$

对于给定的置信度 $1-\alpha$，可查 χ^2 分布双侧临界值表得到相应的临界值 $\chi^2_{1-\alpha/2}$ 和 $\chi^2_{\alpha/2}$，使得

$$p\left[\chi^2_{1-\alpha/2} < \frac{(n-1)S^2}{\sigma^2} < \chi^2_{\alpha/2}\right] = 1-\alpha$$

即

$$p\left[\frac{(n-1)S^2}{\chi^2_{\alpha/2}} < \sigma^2 < \frac{(n-1)S^2}{\chi^2_{1-\alpha/2}} \right] = 1 - \alpha$$

所以 σ^2 的置信度（也称概率保证程度）为 $1-\alpha$ 的置信区间可以表示为

$$\left[\frac{(n-1)S^2}{\chi^2_{\alpha/2}}, \frac{(n-1)S^2}{\chi^2_{1-\alpha/2}} \right]$$

对于两个相互独立的正态总体 $N(\mu_1, \sigma_1^2)$ 和 $N(\mu_2, \sigma_{21}^2)$，从中各抽取一个容量为 n_1 和 n_2 的样本，样本方差分别为 S_1^2 和 S_2^2，则样本方差之比 $\frac{S_1^2}{S_2^2}$ 服从自由度为 $n_1 - 1$ 和 $n_2 - 1$ 的 F 分布，即

$$\frac{S_1^2/\sigma_1^2}{S_2^2/\sigma_2^2} = F \sim F(n_1 - 1, n_2 - 1)$$

服从自由度为 $n_1 - 1$ 和 $n_2 - 1$ 的 F 分布。

例 3 - 10 从两所学校分别随机抽取 25 名和 20 名教职工，其收入的标准分别为 35000 元和 20000 元，若假定两校教职工收入的方差相等，则样本标准差出现如上差别的概率有多少？

解：因为 $\sigma_1^2 = \sigma_2^2$，有 $F = \dfrac{S_1^2}{S_2^2} = \dfrac{350^2}{200^2} = 3.0625$

查自由度分别为 24、19 的 F 分布表，可得 $F_{0.01}(24, 19) = 2.92$，因而 $P\left(\dfrac{S_1^2}{S_2^2} > 3.0625 \right) < 0.01$，即出现如上差别的概率小于 1%。

二　样本容量的确定

在前面的讨论中，我们都是假设样本容量（Sample size）n 是已知的，但是在实际问题中，需要自己动手设计调查方案，这时，如何决定样本容量便大有学问。如果 n 选得过大，会增加费用，如果 n 选得过小，会使估计误差增大，这个问题的关键是：

第一，要求什么样的精度？即我们希望估计值与真实值接近到什么程度？换句话说，我们想构造多宽的区间？

第二，对于我们的置信区间来说，想要多大的置信度？即我们想要多大的可靠度？

1. 估计总体均值时，样本容量的确定

在总体均值的区间估计里，置信区间是由下式确定的：

$$\bar{X} \mu Z_{\frac{\alpha}{2}} \frac{\sigma}{\sqrt{n}}$$

例如，对于正态总体以及非正态总体，大样本时，都以它为置信区间。

从图 3 - 5 中可以看到，从估计量 X 的取值到点 $Z_{\frac{\alpha}{2}}\frac{\sigma}{\sqrt{n}}$ 的距离实际上为置信区间长度的 $\frac{1}{2}$，这段距离表示在一定置信水平 $1 - \alpha$ 的置信度下，用样本均值估计总体均值时所允许的最大绝对误差，即极限误差 $\Delta_{\bar{x}} = Z_{\frac{\alpha}{2}}\frac{\sigma}{\sqrt{n}}$。它反映了极限误差 $\Delta_{\bar{x}}$、可靠性系数 $Z_{\frac{\alpha}{2}}$、总体标准差 σ 与样本容量 n 之间的相互制约关系，只要这四个因素中的任意三个因素确定后，另一个因素也就确定了。

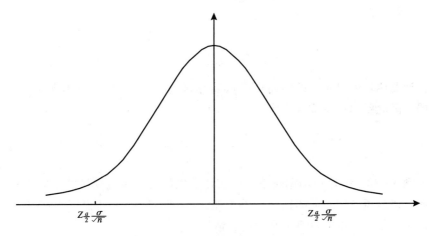

图 3 - 5　置信区间

$$n = \frac{Z_{\alpha/2}^2 \sigma^2}{\Delta_{\bar{x}}^2}$$

因此，这就是在给定极限误差 $\Delta_{\bar{x}}$、可靠性系数 $Z_{\frac{\alpha}{2}}$、总体标准差 σ 时确定样本容量 n 的公式。

因此，必要样本容量与总体方差、允许误差、可靠性系数有以下关系：

（1）总体方差越大，必要的样本容量 n 越大。即必要样本容量 n 与总体方差成正比。

（2）必要样本容量 n 反比例于允许误差 $\Delta_{\bar{x}}^2$。即在给定的置信水平下，允许误差越大，样本容量就可以越小；允许误差越小，样本容量就必须加大。

（3）必要样本容量 n 与可靠性系数成正比。也就是说，我们要求的可靠程度越高，样本容量就应越大；我们要求的可靠程度越低，样本容量就可以越小。

例 3 - 11　一家广告公司想估计某类商店某年所花的平均广告费有多少。经验表明，总体方差约为 1800000。如果置信度取 95%，并要使估计值处在总体平均值附近 500 元的范围内，这家广告公司应取多大的样本？

解：已知 $\sigma^2 = 1800000$，$\alpha = 0.05$，$Z_{\alpha/2} = 1.96$，$\Delta_{\bar{x}} = 500$

$$n = \frac{Z_{\alpha/2}\sigma^2}{\Delta_{\bar{x}}^2} = \frac{(1.96)^2(1800000)}{(500)^2} = 27.65 \approx 28$$

这家广告公司应抽选 28 个商店作样本。

2. 估计总体成数时，样本容量的确定

估计总体成数时，极限误差为

$$\Delta_{\hat{p}} = Z_{\alpha/2}\sqrt{\frac{1}{n}p(1-p)}$$

与估计总体均值时唯一的不同是用 $p(1-p)$ 代替了 σ^2。由于总体成数 p 是未知的，因此要用样本成数 $\hat{p}$ 代替

$$n = \frac{Z_{\alpha/2}^2 p(1-p)}{\Delta_p^2} \approx \frac{Z_{\alpha/2}^2 \hat{p}(1-\hat{p})}{\Delta_p^2}$$

例 3 - 12　一家市场调研公司想估计某地区有彩色电视机的家庭所占的比例。该公司希望对 p 的估计误差不超过 0.05，要求可靠程度为 95%，应取多大容量的样本？没有可利用的 $\hat{p}$ 估计值。

解：对于服从二项分布的随机变量，当 $\hat{p} = 0.5$ 时，其方差达到最大值。因此，在无法得到 $\hat{p}$ 值时，可以用 $\hat{p} = 0.5$ 计算。这样得出的必要样本容量虽然可能比实际需要的容量大一些，但可以充分保证有足够高的置信水平和尽可能小的置信区间。

已知：$\Delta_p = 0.05$，$\alpha = 0.05$，$Z_{\frac{\alpha}{2}} = 1.96$，由于 $\hat{p}$ 的估计值未知，我们可以采用 $\hat{p} = 0.5$，计算必要的样本容量

$$n = \frac{Z_{\frac{\alpha}{2}}^2 \hat{p}(1-\hat{p})}{\Delta_p^2}$$

$$\approx \frac{(1.96)^2(0.5)(1-0.5)}{(0.05)^2}$$

$$\approx 385$$

因此，为了以 95% 的可靠程度保证估计误差不超过 0.05，应取 385 户进行调查。

3. 估计总体方差时，样本容量的确定

估计总体方差时，置信区间不是对称的，但极限误差为

$$\Delta_{s^2} = \frac{(n-1)S^2}{2}\left(\frac{1}{\chi^2_{1-\alpha/2}} - \frac{1}{\chi^2_{\alpha/2}}\right)$$

得到

$$n = 1 + \frac{2\Delta_{s2}}{S^2(1/\chi^2_{1=\alpha/2} - 1/\chi^2_{\alpha/2})}$$

第三节 两个总体参数的区间估计

一 两个总体均值之差的估计

在实际中，经常遇到需要比较两个总体均值的问题。例如，某化工厂需要比较由两个供应商提供的原材料所带来的产量；某百货商店想在两个可供选择的郊区设一分店，为了确定应设在何处，该商店应该根据两个郊区居民的平均收入的比较来确定等。这通常要对两个总体均值之差作区间估计。

1. 两个正态总体，方差已知

设 X_{11}，X_{12}，$\cdots$，X_{1n_1} 为从某一总体 $N(\mu_1, \sigma_1^2)$ 中抽出的随机样本，X_{21}，X_{22}，$\cdots$，X_{2n_2} 为从某一总体 $N(\mu_2, \sigma_2^2)$ 中抽出的随机样本，当 σ_1^2、σ_2^2 已知时，由正态分布的性质，则它们的样本均值之差 $\bar{X}_1 - \bar{X}_2$ 服从均值为 $\mu_1 - \mu_2$，方差为 $\frac{\sigma_1^2}{n_1} + \frac{\sigma_2^2}{n_2}$ 的正态分布，即 $\bar{X}_1 - \bar{X}_2 \sim N\left(\mu_1 - \mu_2, \frac{\sigma_1^2}{n_1} + \frac{\sigma_2^2}{n_2}\right)$。所以 $\mu_1 - \mu_2$ 在 $1 - \alpha$ 的置信水平下的置信区间为

$$\left(\bar{X}_1 - \bar{X}_2 - Z_{\frac{\alpha}{2}}\sqrt{\frac{\sigma_1^2}{n_1} + \frac{\sigma_2^2}{n_2}}, \bar{X}_1 - \bar{X}_2 + Z_{\frac{\alpha}{2}}\sqrt{\frac{\sigma_1^2}{n_1} + \frac{\sigma_2^2}{n_2}}\right)$$

例 3 - 13 一个银行负责人想知道储户存入两家银行的钱数。他从两家银行各抽取了一个由 25 个储户组成的随机样本，样本平均值如下：银行 1：4500 元；银行 2：3250 元。设已知两个总体服从方差分别为 $\sigma_1^2 = 2500$ 和 $\sigma_2^2 = 3600$ 的正态分布。试求 $\mu_1 - \mu_2$ 的区间估计：(1) 置信度 95%；(2) 置

信度 99% 。

解：根据题意知

$$\bar{X}_1 \sim N(\mu_1, 2500)$$
$$\bar{X}_2 \sim N(\mu_2, 3600)$$
$$\bar{X}_1 = 4500, \bar{X}_2 = 3250, n_1 = n_2 = 25$$

从而 $\mu_1 - \mu_2$ 置信度为 95% 的区间估计

$$(\bar{X}_1 - \bar{X}_2) \mp Z_{\alpha/2} \sqrt{\frac{\sigma_1^2}{n_1} + \frac{\sigma_2^2}{n_2}}$$

其中，$\sigma_1^2 = 2500$，$\sigma_2^2 = 3600$。

（1）当置信度为 95% 时，$Z_{\alpha/2} = 1.96$，故此时的区间估计为

$$(4500 - 3250) \mp (1.96) \sqrt{\frac{2500}{25} + \frac{3600}{25}}$$

即 $1250 \mp 30.62 = (1219.78, 1280.62)$。

（2）当置信度为 99% 时，$Z_{\alpha/2} = 2.58$，故此时的区间估计为

$$(4500 - 3250) \mp (2.58) \sqrt{\frac{2500}{25} + \frac{3600}{25}}$$

即 $1250 \mp 40.30 = (1209.7, 1290.3)$。

从所得结果来看，置信度越高，相应的估计精度越差。

2. 两个正态总体，方差未知但相等

如果两总体方差未知且 $\sigma_1^2 = \sigma_2^2$，则用样本方差 S_1^2、S_2^2 分别替代，记

$$\bar{S}^2 = \frac{(n_1 - 1)S_1^2 + (n_2 - 1)S_2^2}{n_1 + n_2 - 2}$$

$\bar{X}_1 - \bar{X}_2$ 服从自由度为 $n_1 + n_2 - 2$ 的 t 分布，即

$$t = \frac{(\bar{X}_1 - \bar{X}_2) - (\mu_1 - \mu_2)}{\bar{S} \sqrt{\frac{1}{n_1} + \frac{1}{n_2}}} \sim t(n_1 + n_2 - 2)$$

由此可得 $\mu_1 - \mu_2$ 的置信区间

$$\left[\bar{X}_1 - \bar{X}_2 - t_{\alpha/2}(n_1 + n_2 - 2)\bar{S} \sqrt{\frac{1}{n_1} + \frac{1}{n_2}}, \bar{X}_1 - \bar{X}_2 + t_{\alpha/2}(n_1 + n_2 - 2)\bar{S} \sqrt{\frac{1}{n_1} + \frac{1}{n_2}} \right]$$

例 3 - 14 为检验两种化肥对某作物的作用，从施用 1 号化肥的试验基

地中抽取了 25 个样本地块，从施用 2 号化肥的试验基地中抽取了 12 个样本
地块，测试结果，施用 1 号化肥样本地块的平均产量为 44.1 千克，方差为
36，施用 2 号化肥样本地块的平均产量为 31.7 公斤，方差为 44. 根据技术
人员经验，两基地农作物产量近似服从正态分布，且两种化肥影响产量的
波动基本是相同的，试以 95% 的可靠性估计两种化肥对农作物产量影响的
差异。

解：已知，$\sigma_1^2 = \sigma_2^2$，所以以 $\bar{X}_1 - \bar{X}_2$ 估计 $\mu_1 - \mu_2$，可以得到置信区间

$$\left[\bar{X}_1 - \bar{X}_2 - t_{\frac{\alpha}{2}}(n_1 + n_2 - 2)\bar{S}\sqrt{\frac{1}{n_1} + \frac{1}{n_2}}, \bar{X}_1 - \bar{X}_2 + t_{\frac{\alpha}{2}}(n_1 + n_2 - 2)\bar{S}\sqrt{\frac{1}{n_1} + \frac{1}{n_2}} \right]$$

因为，$\bar{X}_1 - \bar{X}_2 = 44.1 - 31.7 = 12.4$，查表得

$$t_{0.05}(25 + 12 - 2) = 2.032$$

$$\bar{S}^2 = \frac{(n_1 - 1)S_1^2 + (n_2 - 1)S_2^2}{n_1 + n_2 - 2}$$

$$= \frac{(25 - 1)36 + (12 - 1)44}{25 + 12 - 2} = 38.51$$

于是得到置信区间

$$\left(12.4 - 2.032\sqrt{38.51}\sqrt{\frac{1}{25} + \frac{1}{12}}, 12.4 + 2.032\sqrt{38.51}\sqrt{\frac{1}{25} + \frac{1}{12}} \right) = (7.97, 16.83)$$

即有 95% 的把握推测两种化肥对产量的影响差异大约在 8 ~ 17 千克。

3. 两个正态总体，方差未知也不相等

但如果两总体方差未知且 $\sigma_1^2 \neq \sigma_2^2$，则用样本方差 S_1^2、S_2^2 分别替代，
$\bar{X}_1 - \bar{X}_2$ 服从自由度为 df 的 t 分布，即

$$t = \frac{(\bar{X}_1 - \bar{X}_2) - (\mu_1 - \mu_2)}{\sqrt{\frac{S_1^2}{n_1} + \frac{S_2^2}{n_2}}} \sim t(df)$$

其中

$$df = \frac{(\frac{S_1^2}{n_1} + \frac{S_2^2}{n_2})^2}{\frac{(S_1^2/n_1)^2}{n_1} + \frac{(S_2^2/n_2)^2}{n_2}}$$

由此可得 $\mu_1 - \mu_2$ 的置信区间

$$\left[\bar{X}_1 - \bar{X}_2 - t_{\frac{\alpha}{2}}(n_1 + n_2 - 2)\sqrt{\frac{S_1^2}{n_1} + \frac{S_2^2}{n_2}}, \bar{X}_1 - \bar{X}_2 + t_{\frac{\alpha}{2}}(n_1 + n_2 - 2)\sqrt{\frac{S_1^2}{n_1} + \frac{S_2^2}{n_2}} \right]$$

4. 两非正态总体或未知分布总体

此时样本取自两个非正态总体或两个未知分布总体，只要样本容量 n_1、n_2 足够大，由中心极限定理知，$\bar{X}_1 - \bar{X}_2$ 抽样分布将近似服从正态分布。如果总体方差 σ_1^2、σ_2^2 未知，就用 S_1^2、S_2^2 作为 σ_1^2、σ_2^2 的替代，$\bar{X}_1 - \bar{X}_2$ 服从均值为 $\mu_1 - \mu_2$，方差为 $\frac{S_1^2}{n_1} + \frac{S_2^2}{n_2}$ 的正态分布，即 $\bar{X}_1 - \bar{X}_2 \sim N (\mu_1 - \mu_2, \frac{S_1^2}{n_1} + \frac{S_2^2}{n_2})$。

此时置信区间为

$$\left(\bar{X}_1 - \bar{X}_2 - Z_{\frac{\alpha}{2}}\sqrt{\frac{S_1^2}{n_1} + \frac{S_2^2}{n_2}}, \bar{X}_1 - \bar{X}_2 + Z_{\frac{\alpha}{2}}\sqrt{\frac{S_1^2}{n_1} + \frac{S_2^2}{n_2}} \right)$$

例 3 – 15 为调查某市远郊和近郊农民年末手存现金之间的差异，从近郊区和远郊区各自独立地随机抽取了样本容量都是 50 的两个样本，得到近郊区农民平均每户手存现金为 650 元，标准差为 120 元，远郊区农民平均每户手存现金为 480 元，标准差为 106 元。试以 95% 的概率估计近郊和远郊农民平均每户手存现金间差异的置信区间。

解：虽然总体分布形式和总体方差均未知，但由于 $n_1 = n_2 = 50$ 都是大样本，所以可以用标准正态分布近似计算。

已知 $\bar{X}_1 - \bar{X}_2 = 650 - 480 = 170$（元）

$$\sqrt{\frac{S_1^2}{n_1} + \frac{S_2^2}{n_2}} = \sqrt{\frac{120^2}{50} + \frac{106^2}{50}} = 22.64$$

而当 $\alpha = 0.05$ 时，$Z_{\frac{\alpha}{2}} = 1.96$，则有置信区间为

$$\left(\bar{X}_1 - \bar{X}_2 - Z_{\frac{\alpha}{2}}\sqrt{\frac{S_1^2}{n_1} + \frac{S_2^2}{n_2}}, \bar{X}_1 - \bar{X}_2 + Z_{\frac{\alpha}{2}}\sqrt{\frac{S_1^2}{n_1} + \frac{S_2^2}{n_2}} \right)$$

$$= (170 - 1.96 \times 22.64, 170 + 1.96 \times 22.64)$$

$$= (125.63, 214.37)$$

有 95% 的可靠性估计近郊区农民的平均每户手存现金比远郊区高 125.63 ~ 214.37 元。

二 两个总体成数之差的区间估计

设两个总体的成数分别为 p_1 和 p_2，从两总体中各自独立地抽取一个样

本，样本容量分别为 n_1 和 n_2. 当 $n_1 p_1$，$n_1 q_1$ 和 $n_2 p_2$，$n_2 q_2$ 都大于 5 时，两个样本成数之差 $\hat{p}_1 - \hat{p}_2$ 就近似服从均值 $p_1 - p_2$，方差为 $\sigma^2_{\hat{p}_1 - \hat{p}_2} = \dfrac{p_1 q_1}{n_1} + \dfrac{p_2 q_2}{n_2}$ 的正态分布。因为 p_1 和 p_2 皆未知，所以 $\sigma^2_{\hat{p}_1 - \hat{p}_2}$ 用下式估计

$$S^2_{\hat{p}_1 - \hat{p}_2} = \frac{\hat{p}_1 \hat{q}_1}{n_1} + \frac{\hat{p}_2 \hat{q}_2}{n_2}$$

于是有

$$P\left[\, |\,(\hat{p}_1 - \hat{p}_2) - (p_1 - p_2)\,| < z_{\alpha/2} S_{\hat{p}_1 - \hat{p}_2}\right] \approx 1 - \alpha$$

可得到 $p_1 - p_2$ 的置信度为 $1 - \alpha$ 的置信区间

$$(\hat{p}_1 - \hat{p}_2) - z_{\alpha/2}\sqrt{\frac{\hat{p}_1 \hat{q}_1}{n_1} + \frac{\hat{p}_2 \hat{q}_2}{n_2}}, (\hat{p}_1 - \hat{p}_2) + z_{\alpha/2}\sqrt{\frac{\hat{p}_1 \hat{q}_1}{n_1} + \frac{\hat{p}_2 \hat{q}_2}{n_2}}$$

例 3-16　某广告公司进行一项空调器用户特点的调查，从装有空调器的家中随机抽选 300 户，其中年人均生活费收入超过 7000 元的有 170 户；从未安装空调器的家庭中随机抽选 200 户，其中年人均生活费收入超过 7000 元的有 46 户，试对已安装和未安装空调器的家庭年人均生活费超过 7000 元的成数之差构造置信度为 95% 的置信区间。

解：

$$(\hat{p}_1 - \hat{p}_2) - z_{\frac{\alpha}{2}}\sqrt{\frac{\hat{p}_1 \hat{q}_1}{n_1} + \frac{\hat{p}_2 \hat{q}_2}{n_2}}$$

$$= \left(\frac{170}{300} - \frac{46}{200}\right) - 1.96 \times \sqrt{\frac{\frac{170}{300} \times (1 - \frac{170}{300})}{300} + \frac{\frac{46}{200} \times (1 - \frac{46}{200})}{200}}$$

$$= 0.337 - 0.081 = 0.256$$

$$(\hat{p}_1 - \hat{p}_2) + z_{\alpha/2}\sqrt{\frac{\hat{p}_1 \hat{q}_1}{n_1} + \frac{\hat{p}_2 \hat{q}_2}{n_2}}$$

$$= 0.337 + 0.081 = 0.418$$

也即有 95% 的把握估计两种家庭年人均生活费收入超过 7000 元的成数之差在 25.6% ~41.8% 之间。

三　两个正态总体方差比的区间估计

若有两个正态总体，方差分别是 σ_1^2 和 σ_2^2，现从这两个总体中独立地抽取容量分别为 n_1 和 n_2 的样本，则统计量 $F = \dfrac{(S_1^2/\sigma_1^2)}{(S_2^2/\sigma_2^2)}$ 近似服从分子自由度

为 $n_1 - 1$，分母自由度为 $n_2 - 1$ 的 F（$n_1 - 1$，$n_2 - 1$）分布。

从 F 分布表中可查得 $F_{\alpha/2}$ 和 $F_{1-\alpha/2}$ 的值，于是得到 $\dfrac{(S_1^2/\sigma_1^2)}{(S_2^2/\sigma_2^2)}$ 的 $1-\alpha$ 的置

信区间：$F_{\alpha/2} < \dfrac{(S_1^2/\sigma_1^2)}{(S_2^2/\sigma_2^2)} < F_{1-\alpha/2}$，即 $\dfrac{\sigma_1^2}{\sigma_2^2}$ 的 $1-\alpha$ 的置信区间为：$\dfrac{S_1^2/S_2^2}{F_{\alpha/2}} <$

$\dfrac{\sigma_1^2}{\sigma_2^2} < \dfrac{S_1^2/S_2^2}{F_{1-\alpha/2}}$。

例 3 – 17 假定 A 品牌 25 公斤袋装大米的重量服从正态分布，现随机抽取 13 袋大米，测得其方差 $S_1^2 = 0.23$；若假定同样标有 25 公斤的 B 品牌袋装大米的重量也服从正态分布，随机抽取 16 袋，测得其方差 $S_2^2 = 0.15$，试给出两个总体方差之比的 90% 的置信区间。

解： 设 A、B 袋装大米的重量分别为第一、第二个正态总体，则两个总体方差之比的置信区间为：

已知 $S_1^2 = 0.23$，$S_2^2 = 0.15$；查分子自由度为 12，分母自由度为 15 的 F 分布表，得

$$F_{\frac{\alpha}{2}(12,15)} = F_{0.05(12,15)} = 2.48, F_{1-\frac{\alpha}{2}(12,15)} = \frac{1}{F_{0.05(15,12)}} = \frac{1}{2.62}$$

将数据代入上式得到方差之比的 90% 的置信区间为

$$\frac{0.23/0.15}{2.48} < \frac{\sigma_1^2}{\sigma_2^2} < \frac{0.23/0.15}{1/2.62}$$

即两个总体方差之比的置信区间在 0.62 ~ 4.02 之间。

第四章　假设检验

参数估计和假设检验是统计推断的基本方法。它们都是利用样本对总体进行某种推断，但推断角度不同。参数估计是在总体参数未知的情况下，用样本统计量估计总体参数的方法，而假设检验则是先对总体参数作出一个假设，然后用样本信息去检验这个假设是否成立。

假设检验与参数估计的关系体现在，以在总体方差已知时推断均值为例，这种关系可以表示为：由不等式 $\left| \dfrac{\bar{X} - \mu}{\sigma / \sqrt{n}} \right| < Z_{\alpha/2}$，即 $|\bar{X} - \mu| < Z_{\alpha/2} \dfrac{\sigma}{\sqrt{n}}$。一方面它可以写成 $\bar{X} - Z_{\alpha/2} \dfrac{\sigma}{\sqrt{n}} < \mu < \bar{X} + Z_{\alpha/2} \dfrac{\sigma}{\sqrt{n}}$，即参数估计的置信区间；另一方面它也可以写成 $\mu - Z_{\alpha/2} \dfrac{\sigma}{\sqrt{n}} < \bar{X} < \mu + Z_{\alpha/2} \dfrac{\sigma}{\sqrt{n}}$，即在原假设 $H_0 : \mu = \mu_0$ 成立时的假设检验的接受域 $\mu_0 - Z_{\alpha/2} \dfrac{\sigma}{\sqrt{n}} < \bar{X} < \mu_0 + Z_{\alpha/2} \dfrac{\sigma}{\sqrt{n}}$。

因此，假设检验与参数估计的理论基础完全相同，并一一对应，有什么样的参数估计，就有对应的假设检验。

本章所要讨论的就是利用样本信息计算的统计量，对假设成立与否作出判断的方法。

第一节　假设检验的问题

一　假设检验

我们通过几个简单问题的分析，来说明什么是假设检验。

问题一：方便面包装机正常工作时，每包平均重量为 100 克，且误差不超过 3 克，若要检查该机器工作是否正常，应该怎么办？

首先不妨假设该机器工作正常，那么方便面的平均重量 μ 就相当于 100 克。这就是说事先我们作了假设 $\mu = 100$，可记为 H_0，称为原假设，即有

$$H_0 : \mu = 100$$

然后从生产线上随机抽取已包装好的方便面若干袋，称量并计算样本的平均重量，为此来验证所作假设是否正确。如果样本信息从统计上不能否定原假设，那么可以推断机器工作是正常的，反之则机器不正常。

问题二：如果某种电子组件次品率 p 超过 5% 就不能出厂，生产质量稳定的一个车间生产出来了一批产品，怎样确定这批产品能否出厂？

首先采用与解决问题一类似的方法来分析问题二。考虑到该车间生产质量稳定，不妨先作出如下假设：

$$H_0 : p \leqslant 5\%$$

即该批产品可以出厂。然后从该批产品中随机抽取一定数量的产品，检验并计算产品样本的合格率，并由之推断 H_0 能否被接受，以便确定该批产品是否可以出厂。

问题三：某高校在研究学生生活状态时，想用统计方法确认城市学生生活水平普遍高于农村学生，应该怎么办？

由于生活费的差别可以比较好地反映生活水平的差别，因此可以通过比较城市与农村学生平均生活费的多少来解决这个问题。

分别以随机变量 X_1、X_2 表示城市、农村学生的生活费，以 μ_1、μ_2 表示城市、农村学生平均生活费，有 $E(X_1) = \mu_1$，$E(X_2) = \mu_2$。城市生活水平高于农村，这是人们一般的认识，由此不妨先作出原假设：

$$H_0 : \mu_1 \geqslant \mu_2$$

然后分别对来自城市和农村学生的生活费作抽样调查，并计算出平均生活费统计量的值，利用这个值帮助我们推断 H_0 能否被接受。如果 H_0 被接受，则可以确定城市学生的生活水平高于农村学生。

上述三个问题的分析都采用假设检验的方法。由此可见，假设检验其实是从对总体参数所作的一个假设开始，利用所收集的样本数据，计算出样本统计量，进而运用这些数据测定假设在多大程度上是可靠的，并作出接受还是拒绝该假设的推断方法。

二　假设检验的步骤

一个完整的假设检验过程，通常包括以下五个步骤：

（一）提出原假设和备择假设

在统计学中，把需要通过样本去推断其正确与否的命题称为原假设

（Null hypothesis），用 H_0 表示。

与原假设相对的假设是备择假设（Alternative hypothesis），用 H_1 表示。

例如：某公司想从外国引进一种自动化加工装置。这种装置的工作温度 X 服从正态分布（μ，5^2）。厂方说它的平均工作温度是 80 度。从该装置试运营中随机测试 16 次，得到的平均工作温度是 83 度。该公司考虑，样本结果与厂方所说的是否有显著性差异？厂方的说法是否可以接受？

类似这种根据样本观测值来判断一个有关总体的假设是否成立的问题，就是假设检验问题。我们把任一关于总体分布的假设，统称为统计假设，简称假设。在上例中，可以提出这样两个假设：一个称为原假设或零假设，记为 H_0：$\mu = 80$（度）；另一个称为备择假设或对立假设，记为 $H_1 \neq 80$（度）。这样，上述假设检验问题可以表示为：

$$H_0：\mu = 80；H_1 \neq 80$$

（二）确定适当的假设统计量

在参数的假设检验中，如同在参数估计中一样，要借助样本统计量进行统计推断，需要检验统计量。在具体问题里，选择什么统计量作为检验统计量，需要考虑的因素与参数估计相同。例如，用于进行检验的样本是大样本还是小样本，总体方差已知还是未知，总体分布是正态还是非正态或未知，等等。在不同的条件下应选择不同的检验统计量。

检验统计量应包含被检参数，且在原假设成立下的概率分布是确定的，以及对所抽取的样本能够计算出它的数值（检验值）。

由前面分析可知，参数估计中的估计统计量都对应成为假设检验中的检验统计量。

（三）规定显著性水平 α

假设检验是围绕对原假设内容的审定而展开的。如果原假设正确我们接受了（同时也就拒绝了备择假设），或原假设错误我们拒绝了（同时也就接受了备择假设），表明我们作出了正确的决定。但是，由于假设检验是根据样本提供的信息进行推断的，也就有犯错误的可能。有这样一种情况，原假设正确，而我们却把它当成错误的加以拒绝，犯这种错误的概率用 α 表示，统计上把 α 称为假设检验中的显著性水平（Significant level），也就是决策中所面临的风险。所以，显著性水平是指当原假设为正确时人们却把它拒绝了的概率和风险。这个概率是由人们确定的。通常取 $\alpha = 0.05$ 或 $\alpha = 0.01$，这表明，当作出接受原假设的决定时，其正确的可能性（概率）为 95% 或 99%。

（四）计算检验统计量的值

在提出了 H_0 和 H_1 的假设，确定了检验统计量，并规定了显著性水平 α 以后，接下来就要根据样本数据计算检验统计量的值。同样如在正态总体且方差已知时，对应的检验统计量是 $Z = (\bar{X} - \mu_0) / \sigma / \sqrt{n}$（$\bar{X}$ 为样本均值，μ_0 为被假设的参数值，σ 为总体标准差，n 为样本容量），这就是 Z 检验统计量的一般表达式。虽然进行检验时选择不同的检验统计量，但 Z 检验统计量很好地表现了检验统计量的一般结构。

（五）作出统计决策

根据显著性水平 α 和检验统计量的分布，查相应的分布表可以找出接受域或拒绝域的临界值，计算出的检验统计量的值与临界值比较，就可以作出接受原假设或拒绝原假设的统计决策。

三 假设检验的类型

问题一的 $H_0 : \mu = 100$、问题二的 $H_0 : p \leqslant 5\%$、问题三的 $H_0 : \mu_1 \geqslant \mu_2$ 代表着假设检验的三种类型。

一般单一总体参数 θ（θ 为均值 μ 或成数 P 或方差 σ^2 等）检验假设的三种类型为

（1）$H_0 : \theta = \theta_0$　　$H_1 : \theta \neq \theta_0$；

（2）$H_0 : \theta = \theta_0$ 或 $\theta \leqslant \theta_0$　　$H_1 : \theta > \theta_0$；

（3）$H_0 : \theta = \theta_0$ 或 $\theta \geqslant \theta_0$　　$H_1 : \theta < \theta_0$。

它们分别称为双侧检验假设、右侧单边检验假设和左侧单边检验假设。

对于 Z 检验统计量，在原假设成立下又服从标准正态分布。

对于双侧检验，给定显著水平 α，由左、右尾面积所代表的概率 $\alpha/2$，可以查正态分布表，确定 A 点坐标记之为 $Z_{\alpha/2}$，即 $\Phi(Z_{\alpha/2}) = 1 - \alpha/2$；显然 B 点的坐标为 $-Z_{\alpha/2}$。利用样本计算出来 Z 值。由其分布，大于 $Z_{\alpha/2}$ 或小于 $-Z_{\alpha/2}$ 的概率不会超过显著水平 α，即 $P(|Z| > Z_{\alpha/2}) = \alpha$，如图 4 - 1 所示，这就是说如果 $|Z| > Z_{\alpha/2}$ 意味着小概率事件发生了，应当拒绝原假设 H_0；而若 $|Z| < Z_{\alpha/2}$ 则应接受原假设 H_0，我们称 $(-\infty, -Z_{\alpha/2}) \cup (Z_{\alpha/2}, +\infty)$ 为拒绝域；$(-Z_{\alpha/2}, Z_{\alpha/2})$ 为接受域；而 $\pm Z_{\alpha/2}$ 为临界值，如图 4 - 2 所示。显然在检验推断时，确定临界值和拒绝域、接受域是关键的一环。

类似以上分析，对于右侧单边检验，临界值为 Z_α，拒绝域在图形右侧为 $(Z_\alpha, +\infty)$，接受域为 $(-\infty, Z_\alpha)$，如图 4 - 3 所示；对于左侧单边检验，临界值为 $-Z_\alpha$，拒绝域在图形左侧为 $(-\infty, -Z_\alpha)$，接受域为 $(-Z_\alpha, +\infty)$，如图 4－4 所示。

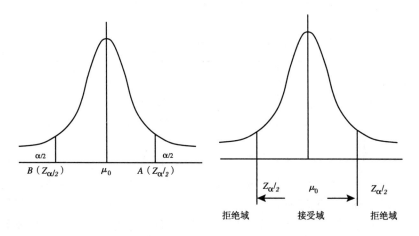

图 4－1　临界值

图 4－2　接受域与拒绝域

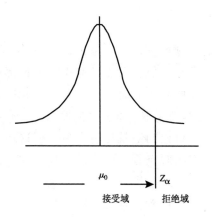

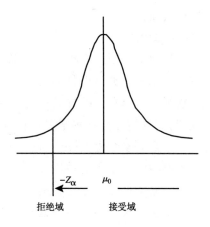

图 4－3　接受域与拒绝域

图 4－4　接受域与拒绝域

四　假设检验中的两类错误

假设检验是依据样本提供的信息进行判断的，也就是由部分来推断整体，因而假设检验不可能绝对正确，它也可能犯错误。所犯错误有两种类型：一类错误是原假设 H_0 为真却被我们拒绝了。犯这种错误的概率用 α 来表示，所以也称作 α 错误（αerror）或弃真错误。另一类错误是原假设为伪，却被我们接受了，犯这种错误的概率用 β 来表示，也称作 β 错误或存伪错误（βerror）。

正确的决策和犯错误的概率可以归纳为表 4 - 1。

表 4 - 1　假设检验中各种结果的概率

	接受 H_0	拒绝 H_0，接受 H_1
H_0 为真	$1 - \alpha$（正确决策）	α（弃真错误）
H_0 为伪	β（存伪错误）	$1 - \beta$（正确决策）

自然，人们希望犯这两种错误的概率越小越好。但对于一定的样本容量 n，不能同时做到犯这两类错误的概率都很小。如果减小 α 错误，就会增大 β 错误的机会；若减小 β 错误，也会增大 α 错误的机会。这就像在区间估计中，你要想增大估计的可靠性，就会使区间变宽而降低精度；你要想提高精度，就要求估计区间变窄，而这样，估计的可靠性就会大打折扣。当然，使 α 和 β 同时变小，就会增大样本容量。但样本容量不可能没有限制，否则就会使抽样调查失去意义。因此，在假设检验中，就有一个对两类错误进行控制的问题。

一般地说，哪一类错误所带来的后果越严重，危害越大，在假设检验中就应当把哪一类错误作为首要的控制目标。但在假设检验中，大家都在执行这样一个原则，即首先控制 α 错误原则。从前面假设检验的步骤中我们发现，"规定显著性水平"就体现了这样的原则。这样做的原因主要有两点，一个是大家都遵循一个统一的原则，讨论问题就比较方便。但这还不是最主要的。最主要的原因在于，从实用的观点看，原假设是什么常常是明确的，而备择假设是什么则常常是模糊的。显然对于一个含义清楚的假设和一个含义模糊的假设，我们更愿意接受前者，正是在这个背景下，我们就更为关心如果 H_0 为真，而我们却把它放弃了，犯这种错误的可能性有多大。而这正是 α 错误所表现的内容。假设检验中犯两类错误的情况如图 4 - 5 所示。

图 4 - 5 中的（a）显示，如果原假设 $H_0: \mu = \mu_0$ 为真，样本的统计结果落入阴影中的概率为 α；图（b）显示，如果原假设为伪，$\mu_1 > \mu_0$，我们却接受了，这时就犯了存伪的错误，其概率为 β。由图 4 - 5 还可以看出，如果临界点 E 沿水平方向右移，α 将变小而 β 将变大，如果向左移，α 将变大而 β 将变小。这也说明了在假设检验中 α 和 β 此消彼长的关系。

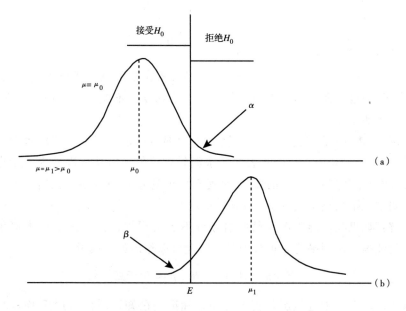

图 4 - 5　假设检验中的两类错误

第二节　单个总体的假设检验

一　正态总体，且方差已知的均值检验

如果要检验的总体服从正态分布，且总体方差已知，则样本均值 $\bar{X}$ 服从 $N\left(\mu, \dfrac{\sigma^2}{n}\right)$，此时选择的检验统计量为 Z 统计量。

$$Z = (\bar{X} - \mu) / (\sigma / \sqrt{n})$$

当 $H_0 : \mu = \mu_0$ 成立时，$Z \sim N(0, 1)$。

例 4 - 1　某厂商声称其新开发的合成钓鱼线的强度服从正态分布，且平均强度为 8 千克，标准差为 0.5 千克。现从中随机抽取 50 条钓鱼线，测试结果平均强度为 7.8 千克。问：能否接受该厂商的声称（$\alpha = 0.01$）。

解：依题意知此为双侧检验，且检验统计量为 Z 统计量，有 $Z_{\frac{\alpha}{2}} = Z_{0.005} = 2.575$。

$$H_0 : \mu = 8, \; H_1 : \mu \neq 8$$

因为　　　　　　$\overline{X} = 7.8$，　　$\alpha = 0.5$　$n = 50$

所以　　　　　　$Z = \dfrac{\overline{X} - \mu}{\sigma / \sqrt{n}} = \dfrac{7.8 - 8}{0.5 / \sqrt{50}} = -2.829$

因为 $Z = -2.829 < -Z_{0.005} = -2.575$，落在拒绝域，所以拒绝原假设，接受备择假设。即认为合成的钓鱼线的平均强度并不是厂商所声称的那样，它不等于 8 千克。

例 4 - 2　一家水泥厂的质量监督管理部门规定，某种包装的水泥每袋净重不得少于 50 千克。经验表明，水泥袋重近似地服从标准差为 1 千克的正态分布。假定随机抽出的 25 袋水泥平均重量为 49.5 千克，问有无充分证据说明水泥平均袋重减少了（$\alpha = 0.05$）？

解：如果我们能否定水泥平均袋重不变或增加，就能说明样本提供了充分的证据，说明平均袋重减少了。因此可以作出如下假设

$$H_0 : \mu \geq 50 \text{ 千克}; H_1 : \mu < 50 \text{ 千克}$$

由题知，水泥袋重近似服从正态分布，标准差已知，因此可用 Z 检验统计量。此时检验值为

$$Z = \frac{\overline{X} - \mu}{\sigma / \sqrt{n}} = \frac{49.5 - 50}{1 / \sqrt{25}} = 5(49.5 - 50) = -2.5$$

根据假设，这是左侧检验问题，拒绝域在左尾，即 $Z < Z_\alpha$ 时应拒绝 H_0，查正态分布表得临界值 $Z_\alpha = -1.645$，由于 $Z = -2.5 < -1.645 = Z_\alpha$，所以拒绝 $H_0 : \mu \geq 50$ 千克；而接受 $H_1 : \mu < 50$ 千克，即检验能提供充分证据说明水泥平均袋重减少了。

在本例中，若令 $\alpha = 0.1$ 或 $\alpha = 0.01$，由于它们均比 $P = 0.0062$ 大，仍然可以拒绝原假设。这说明了采用概率 p 值做检验的方式比由 α 确定拒绝域进行检验，对于不同的显著水平的检验更为便捷。

二　正态总体，且方差未知的均值检验

如果要检验的总体服从正态分布，且总体方差未知，则用样本方差代替，此时选择的检验统计量为 t 统计量。

$$t = (\overline{X} - \mu) / (S / \sqrt{n})$$

当 $H_0 : \mu = \mu_0$ 成立时，$t \sim t(n - 1)$。

例 4 - 3　某乡统计员报告，其所在乡平均每个农民的家庭年收入为 5000 元，为核实其说法，县统计局从该乡随机抽取 25 户农民，得到平均年

收入为 4650 元，标准差为 150 元，假定农户的年收入服从正态分布。试在 5% 的显著水平下检验乡统计员的说法是否正确。

解：依题意，这是双尾的 t 检验问题。

$$H_0 : \mu = 5000, \ H_1 : \mu \neq 5000$$

已知

$$\overline{X} = 4650, \quad S = 150, \quad n = 25, \quad \alpha = 0.05$$

检验值为

$$t = \frac{\overline{X} - \mu}{S / \sqrt{n}} = \frac{4650 - 5000}{150 / \sqrt{25}} = -11.7$$

查 t 分布表得：$t_\alpha (n-1) = t_{0.05} (24) = 2.064$。

因为 $t = -11.7 < -2.064$，落入拒绝域，所以拒绝原假设。

检验结果表明，乡统计员的说法不正确，该乡农民平均年收入不等于 5000 元，从样本均值看，很可能不到 5000 元。

三　非正态总体或未知分布总体时的均值检验

在检验总体均值时，我们更多遇到的是非正态分布问题，或根本不知道总体的分布形式，并且也不知道总体方差的情况，正如在区间估计中讨论过的，这时只要是大样本，我们可以用 Z 统计量作为检验统计量。

例 4 - 4　一个食品加工者关心 500 克的切片菠萝罐头是否装得太满。质量部门随机抽取了一个容量为 50 的随机样本，发现平均重量是 510 克，样本标准差是 8 克。试根据 5% 的显著水平检验切片菠萝罐头是否装得太满。

解：$H_0 : \mu \leqslant 500$ 　　$H_1 : \mu > 500$

虽然不知总体分布形式，但 $n = 50$ 是大样本，所以使用 Z 统计量。并且检验值为

$$Z = \frac{\overline{X} - \mu}{S / \sqrt{n}} = \frac{510 - 500}{8 / \sqrt{50}} = 8.75$$

当 $\alpha = 0.05$ 时，查正态分布表得到 $Z_\alpha = 1.645$。

因为 $Z = 8.75 > Z_\alpha = 1.645$，落入拒绝域，所以拒绝 H_0，接受 H_1。即根据样本资料，在 5% 的显著水平下，可以认为罐头的平均重量大于原定标准。

四 总体成数的假设检验

在样本容量足够大时，以及 $np \geqslant 5$，$nq \geqslant 5$，总体成数的检验统计量为 Z 统计量

$$Z = \frac{\hat{p} - p}{\sqrt{\dfrac{p(1-p)}{n}}}$$

当原假设 $H_0: p = p_0$ 成立时，$Z \sim N(0, 1)$。

例 4-5 某机构声称 5 年来各种新发行债券的承销价高于面值的比率没有超过 50%，为检验此说法，随机抽选了 60 只新发行债券，其中有 24 只的承销价高于面值。试以 $\alpha = 0.10$ 的显著性水平进行检验。

解：依题意，建立左尾检验假设

$$H_0: P \geqslant 50\% \,;\, H_1: P < 50\%$$

使用 Z 统计量。

已知：$n = 60$ 为大样本，$\hat{p} = \dfrac{24}{60} = 0.4$

于是检验值为

$$Z = \frac{\hat{p} - p}{\sqrt{\dfrac{p(1-p)}{n}}} = \frac{0.4 - 0.5}{\sqrt{\dfrac{0.5(1-0.5)}{60}}} = -1.55$$

查正态分布表得 $Z_\alpha = Z_{0.1} = 1.285$。因为 $Z = -1.55 < -1.285$，落入拒绝域，所以拒绝原假设，即没有理由怀疑该机构的估计。

五 正态总体方差的假设检验

设 $X \sim N(\mu, \sigma^2)$，若要检验总体方差是否等于某一数值 σ_0^2，则可建立双侧假设

$$H_0: \sigma^2 = \sigma_0^2 \,;\, H_1: \sigma^2 \neq \sigma_0^2$$

此时检验统计量为 $\chi^2 = \dfrac{(n-1)S^2}{\sigma^2}$，在原假设成立下 $\chi^2 \sim \chi^2(n-1)$。

在给定的显著水平 α 下，可查 χ^2 分布表，得到两个临界值 $\chi_{\frac{\alpha}{2}}^2(n-1)$ 和 $\chi_{1-\frac{\alpha}{2}}^2(n-1)$，如 $\chi_{1-\frac{\alpha}{2}}^2(n-1) \leqslant \chi^2 \leqslant \chi_{\frac{\alpha}{2}}^2(n-1)$，则检验统计量 χ^2 落入接受域，这时不能拒绝原假设；如检验统计量 χ^2 落入上述区域之外，即落入了拒绝域，这时应拒绝原假设，接受备择假设。

例 4 - 6 某车间生产铜丝, 生产一向比较稳定。今从中随机抽取 10 根, 测得铜丝折断力均值为 575.2, 方差为 75.73。问: 是否仍然可以相信该车间生产的铜丝的折断力的方差是 64 (要求 $\alpha = 0.05$, 并且已知铜丝折断力服从正态分布)?

解: 依题意建立假设

$$H_0 : \sigma^2 = 64 ; H_1 : \sigma^2 \neq 64$$

使用 χ^2 检验量, 根据样本数据得到检验值

$$\chi^2 = \frac{(n-1)S^2}{\sigma^2} = 9\left(\frac{75.73}{64}\right) = 10.65$$

根据给定显著水平 $\alpha = 0.05$, 查 χ^2 分布表得到

$$\chi^2_{1-\frac{\alpha}{2}}(n-1) = \chi^2_{0.975}(9) = 2.7, \chi^2_{\frac{\alpha}{2}}(n-1) = \chi^2_{0.025}(9) = 19$$

可见, $2.7 < \chi^2 = 10.65 < 19$, 落入接受域, 所以接受原假设, 即可以认为该车间生产的铜丝的折断力的方差为 64。

例 4 - 7 某电工器材厂生产一种保险丝, 保险丝的融化时间服从正态分布, 按规定, 融化时间的方差不得超过 400。今从一批产品中随机抽取 25 个样品, 测得融化时间的方差为 410。问在显著水平 $\alpha = 0.05$ 条件下, 能认为这批产品的方差显著偏大吗?

解: 依题意建立假设

$$H_0 : \sigma^2 \leq 400 ; H_1 : \sigma^2 > 400$$

使用 χ^2 检验量, 根据样本数据得到检验值

$$\chi^2 = \frac{(n-1)S^2}{\sigma^2} = 24(410/400) = 24.6$$

因为当 $H_0 : \sigma^2 \leq \sigma_0^2$ 成立时, $\frac{(n-1)S^2}{\sigma_0^2} \leq \frac{(n-1)S^2}{\sigma^2}$, 所以如果 $\frac{(n-1)S^2}{\sigma_0^2} > \chi^2_\alpha(n-1)$, 则必有

$$\frac{(n-1)S^2}{\sigma^2} > \chi^2_\alpha(n-1)$$

而若

$$P\left\{\frac{(n-1)S^2}{\sigma^2} > \chi^2_\alpha(n-1)\right\} = \alpha$$

则有

$$P\left\{\frac{(n-1)S^2}{\sigma_0^2} > \chi_\alpha^2(n-1)\right\} \leqslant \alpha$$

于是我们得到拒绝域

$$\frac{(n-1)S^2}{\sigma_0^2} > \chi_\alpha^2(n-1)$$

根据 $\alpha = 0.05$，查 χ^2 分布表可得 $\chi_\alpha^2(n-1) = \chi_{0.05}^2(24) = 36.42$，因为 $\chi^2 = 24.6 < 36.42$，落入接受域。所以我们没有理由认为这批产品的方差显著偏大。

类似的，对于原假设 $H_0 : \alpha^2 \geqslant \sigma_0^2$，可得相应拒绝域为 $\frac{(n-1)S^2}{\sigma^2} < \chi_\alpha^2(n-1)$。

第三节　两个总体的假设检验

在许多情况下，人们需要比较两个总体的参数，看它们是否有显著的区别。例如，在相同年龄组中，高学历和低学历的职工收入是否有明显的差别；同一种教学方法，在不同的年级或不同内容的课程中是否会有不同的效果；等等。对此，需要使用两个总体的假设检验方法。

一　两个总体均值之差的假设检验

（一）两个正态分布，且已知 σ_1^2，σ_2^2

类似于区间估计，在假设检验中我们常常需要检验两个总体均值是否有差异。如果 X_{11}，X_{12}，$\cdots$，X_{1n_1} 来自总体 $N(\mu_1, \sigma_1^2)$，X_{21}，X_{22}，$\cdots$，X_{2n_2} 来自总体 $N(\mu_2, \sigma_2^2)$，建立假设

$$H_0 : \mu_1 = \mu_2 \qquad\qquad H_1 : \mu_1 \neq \mu_2$$
$$\text{或 } H_0 : \mu_1 - \mu_2 = 0 \qquad H_1 : \mu_1 - \mu_2 \neq 0$$

当 σ_1^2，σ_2^2 已知时，使用 Z 检验统计量

$$Z = \frac{(\bar{X}_1 - \bar{X}_2) - (\mu_1 - \mu_2)}{\sqrt{\dfrac{\sigma_1^2}{n_1} + \dfrac{\sigma_2^2}{n_2}}}$$

在原假设成立下，$Z \sim N(0, 1)$。

例 4 - 8　有两种方法可用于制造某种以抗拉强度为重要特征的产品。

根据以往的资料得知第一种方法生产出的产品其抗拉强度的标准差为 8 千克，第二种方法的标准差为 10 千克。从两种方法生产的产品中各抽一个随机样本，样本容量分别为 $n_1 = 32$，$n_2 = 40$，测得 $\bar{X} = 50$ 千克，$\bar{Y} = 44$ 千克。问这两种方法生产出来的产品平均抗拉强度是否有显著差别（$\alpha = 0.05$）。

解： 由于检验两种方法生产出来的产品在抗拉强度上是否存在显著差别，并未涉及方向，所以是双侧检验

$$H_0 : \mu_1 - \mu_2 = 0 \qquad \text{没有显著差别}$$

$$H_1 : \mu_1 - \mu_2 \neq 0 \qquad \text{有显著差别}$$

因 σ_1^2，σ_2^2 已知，使用 Z 检验统计量

$$Z = \frac{(\bar{X}_1 - \bar{X}_2) - (\mu_1 - \mu_2)}{\sqrt{\dfrac{\sigma_1^2}{n_1} + \dfrac{\sigma_2^2}{n_2}}}$$

已知 $\bar{X}_1 = 50$，$\bar{X}_2 = 44$，$\sigma_1^2 = 8^2$，$\sigma_2^2 = 10^2$，$n_1 = 32$，$n_2 = 40$，所以检验值为

$$Z = \frac{50 - 40 - 0}{\sqrt{\dfrac{64}{32} + \dfrac{100}{40}}} = 2.83$$

因为 $\alpha = 0.05$，因而 $Z_{\alpha/2} = 1.96$。

$Z > Z_{\alpha/2}$，所以拒绝 H_0，接受 H_1，即两种方法生产出来的产品其抗拉强度有显著差别。

（二）两个正态总体，未知 σ_1^2，σ_2^2，但已知 $\sigma_1^2 = \sigma_2^2$

正如区间估计，这时我们可以选择 t 统计量

$$t = \frac{(\bar{X}_1 - \bar{X}_2) - (\mu_1 - \mu_2)}{\bar{S}\sqrt{\dfrac{1}{n_1} + \dfrac{1}{n_2}}}$$

其中，$\bar{S}^2 = \dfrac{(n_1 - 1)S_1^2 + (n_2 - 1)S_2^2}{n_1 + n_2 - 2}$

在原假设成立下，$t \sim t(n_1 + n_2 - 2)$。

例 4 - 9　一个车间研究用两种不同的工艺组装某种产品所用的时间是否相同。让一个组的 10 名工人用第一种工艺组装该种产品，平均所需时间为 26.1 分钟，样本标准差为 12 分钟。另一组 8 名工人用第二种工艺组装，平均所需时间为 17.6 分钟，样本标准差为 10.5 分钟。已知用两种工艺组装产品所用时间服从正态分布，且 $\sigma_1^2 = \sigma_2^2$，试问能否认为用第二种方法组装比第一种方法更好？

解：本题中总体方差 σ_1^2，σ_2^2 未知，$\sigma_1^2 = \sigma_2^2$，使用 t 检验统计量

$$t = \frac{(\bar{X}_1 - \bar{X}_2) - (\mu_1 - \mu_2)}{\bar{S}\sqrt{\frac{1}{n_1} + \frac{1}{n_2}}}$$

又据题意，如 $\mu_1 - \mu_2 = 0$，则两种组装方法在所需时间上没有区别；如 $\mu_1 - \mu_2 > 0$，则表示第二种方法所需时间少，因此比第一种方法好，所以

$$H_0: \mu_1 - \mu_2 \leqslant 0$$
$$H_1: \mu_1 - \mu_2 > 0$$

使用 t 检验统计量。

由题中条件：$\bar{X}_1 = 26.1$，$\bar{X}_2 = 17.6$，$s_1 = 12$，$s_2 = 10.5$，$n_1 = 10$，$n_2 = 8$，所以

$$\bar{S}^2 = \frac{(n_1 - 1)S_1^2 + (n_2 - 1)S_2^2}{n_1 + n_2 - 2}$$
$$= \frac{(10 - 1)12^2 + (8 - 1)10.5^2}{18 + 8 - 2}$$
$$= 129.23$$

检验值为

$$t = \frac{(\bar{X}_1 - \bar{X}_2) - (\mu_1 - \mu_2)}{\bar{S}\sqrt{\frac{1}{n_1} + \frac{1}{n_2}}}$$
$$= \frac{26.1 - 17.6 - 0}{11.37\sqrt{\frac{1}{10} + \frac{1}{8}}} = 1.576$$

t 的自由度为 $n_1 + n_2 - 2 = 10 + 8 - 2 = 16$，当 $\alpha = 0.05$ 时，临界值为：t_α (16) $= 1.7459$。由于 $t < t_\alpha$，可知 t 值落入接受域，所以接受 H_0，还不能认为第二种方法组装更有效。

（三）两个非正态总体或未知分布总体，且未知总体方差

如前所述，这时应采用大样本进行检验，使用 Z 统计量

$$Z = \frac{(\bar{X}_1 - \bar{X}_2) - (\mu_1 - \mu_2)}{\sqrt{\frac{S_1^2}{n_1} + \frac{S_2^2}{n_2}}}$$

在原假设成立下它近似服从标准正态分布。

例 4 - 10 某公司为了解两个训练中心在教育质量方面的差异，对两训

练中心的受训者实施一项标准测验，测验结果如下

训练中心 1   训练中心 2

$n_1 = 30$ $n_2 = 40$

$\overline{X}_1 = 82.5$ $\overline{X}_2 = 79$

$S_1 = 8$ $S_2 = 10$

试检验两个训练中心的教育质量是否有差异（$\alpha = 0.05$）。

解：依题意可建立假设检验如下

$$H_0: \mu_1 - \mu_2 = 0, \ H_1: \mu_1 - \mu_2 \neq 0$$

使用 Z 检验统计量，检验值为

$$Z = \frac{(\overline{X}_1 - \overline{X}_2) - (\mu_1 - \mu_2)}{\sqrt{\dfrac{S_1^2}{n_1} + \dfrac{S_2^2}{n_2}}} = \frac{82.5 - 79 - 0}{\sqrt{\dfrac{8^2}{30} + \dfrac{10^2}{40}}} = 1.626$$

已知 $Z_{\frac{\alpha}{2}} = Z_{0.025} = 1.96 > 1.626$，检验值落入接受域，没有理由拒绝原假设，也就是说，由样本所显示的结果这两个训练中心在教育质量上并无显著差异。

二 两个总体成数之差的假设检验

如果两个大样本独立地抽自两个独立的总体，根据两个样本统计量 $\hat{p}_1$ 和 $\hat{p}_2$ 就可以检验总体比例 p_1 和 p_2 是否相等，当 $n_1 p_1$，$n_1 q_1$ 和 $n_2 p_2$，$n_2 q_2$ 都大于 5 时，在原假设成立下，Z 检验统计量为

$$Z = \frac{(\hat{p}_1 - \hat{p}_2) - (p_1 - p_2)}{\sqrt{\dfrac{p_1(1 - p_1)}{n_1} + \dfrac{p_2(1 - p_2)}{n_2}}} \sim N(0, 1)$$

例 4 - 11 一保险机构称，对于新出台的某一险种，沿海地区的人们的喜爱程度要高于内地的人们。为了进一步了解事实，进行了一次抽样调查，了解两地喜爱该险种的人数比例，调查结果如表 4 - 2 所示，试以 0.01 的显著水平检验。

表 4 - 2 沿海地区和内地地区人们对某险种的偏爱程度

沿海地区	内 地
$\hat{p}_1 = 0.65$	$\hat{p}_2 = 0.55$
$n_1 = 300$	$n_2 = 400$

解：依题意，可建立右尾假设

$$H_0: p_1 - p_2 \leqslant 0; \ H_1: p_1 - p_2 > 0$$

使用 Z 检验统计量，检验值为

$$Z = \frac{(\hat{p}_1 - \hat{p}_2) - (p_1 - p_2)}{\sqrt{\dfrac{p_1(1 - p_1)}{n_1} + \dfrac{p_2(1 - p_2)}{n_2}}} = \frac{0.65 - 0.55 - 0}{\sqrt{\dfrac{0.65(0.35)}{300} + \dfrac{0.55_2(0.45)}{400}}} = 2.695$$

查正态分布表得：$Z_{\frac{\alpha}{2}} = Z_{0.01} = 2.323 < 2.695$，检验统计量落入拒绝域，所以拒绝原假设，接受备择假设，即可以认为沿海地区消费者更偏好该险种。

三　两个正态总体方差比（σ_1^2/σ_2^2）的假设检验

检验两个正态分布总体的方差是否相等，则可建立假设

$$H_0: \sigma_1^2 = \sigma_2^2; H_1: \sigma_1^2 \neq \sigma_2^2$$

使用检验统计量

$$F = (S_1^2/\sigma_1^2)/(S_2^2/\sigma_2^2)。$$

当 $H_0: \sigma_1^2 = \sigma_2^2$ 成立时，$F \sim F(n_1 - 1, n_2 - 1)$。

对给定的显著水平 α，有

$$P\{F < F_{1-\frac{\alpha}{2}}(n_1 - 1, n_2 - 1)\} = \frac{\alpha}{2};$$

$$P\{F > F_{\frac{\alpha}{2}}(n_1 - 1, n_2 - 1)\} = \frac{\alpha}{2}$$

则可得到拒绝域 $F < F_{1-\frac{\alpha}{2}}(n_1 - 1, n_2 - 1)$，或 $F > F_{\frac{\alpha}{2}}(n_1 - 1, n_2 - 1)$。

例 4 - 12　健康人与某种病患者身体状况的某项指标的样本测定值如表 4 - 3 所示。检验例 4 - 12 中两个总体方差是否相等（$\alpha = 0.05$）。

表 4 - 3　某种疾病患者抽样调查资料

患者 X_1	29	8	16	15	112	20	5	12	6	
健康人 X_2	21	30	4	14	7	2	18	1	3	11

解：检验假设为：

$$H_0: \sigma_1^2 = \sigma_2^2 \qquad H_1: \sigma_1^2/\sigma_2^2 \neq 1$$

使用 F 检验统计量。由样本知

$$n_1 = 9 \qquad n_2 = 10$$

由计算知

$$\overline{X}_1 = 24.78, \overline{X}_2 = 11.1$$
$$S_1^2 = 126.14 \qquad S_2^2 = 92.1$$

检验统计量值为

$$F = \frac{S_1^2}{S_2^2} = 12.23$$

当 $\alpha = 0.05$ 时

$$F_{\alpha/2}(n_1 - 1, n_2 - 1) = F_{0.05}(8,9) = 4.1$$

因 $F > F_{\frac{\alpha}{2}}$，故拒绝 H_0，即总体方差不等。

各种有关均值、方差、成数的假设检验总结为表 4 - 4、表 4 - 5 和表 4 - 6。

表 4 - 4 单个总体均值和方差的假设检验

前提条件	假设	检验统计量及其分布	H_0 的拒绝域
正态总体 σ^2 已知	$H_0 : \mu = \mu_0$ $H_0 : \mu \geq \mu_0$ $H_0 : \mu \leq \mu_0$	$Z = \dfrac{\overline{X} - \mu}{\dfrac{\sigma}{\sqrt{n}}} \sim N(0,1)$	$\mid Z \mid \geq Z_{\frac{\alpha}{2}}$ $Z \leq -Z_\alpha$ $Z \geq Z_\alpha$
正态总体 σ^2 未知	$H_0 : \mu = \mu_0$ $H_0 : \mu \geq \mu_0$ $H_0 : \mu \leq \mu_0$	$Z = \dfrac{\overline{X} - \mu_0}{\dfrac{S}{\sqrt{n}}} \sim t(n-1)$	$\mid T \mid \geq T_{\frac{\alpha}{2}}(n-1)$ $T \leq -t_\alpha$ $T \geq t_\alpha$
未知总体分布或方差 大样本	$H_0 : \mu = \mu_0$ $H_0 : \mu \geq \mu_0$ $H_0 : \mu \leq \mu_0$	$Z = \dfrac{\overline{X} - \mu}{\dfrac{\sigma}{\sqrt{n}}} \sim N(0,1)$ （近似）	$\mid Z \mid \geq Z_{\frac{\alpha}{2}}$ $Z \leq -Z_\alpha$ $Z \geq Z_\alpha$
正态分布	$H_0 : \sigma^2 = \sigma_0^2$ $H_0 : \sigma^2 \geq \sigma_0^2$ $H_0 : \sigma^2 \leq \sigma_0^2$	$\chi^2 = \dfrac{(n-1)S^2}{\sigma_0^2}$	$\chi^2 < \chi^2_{1\alpha/2}(n-1)$ 或 $\chi^2 > \chi^2_{\alpha/2}(n-1)$ $\chi^2 > \chi^2_\alpha(n-1)$ $\chi^2 < \chi^2_{1-\alpha}(n-1)$

表 4 – 5 两个总体均值和方差的假设检验

前提条件	假设	检验统计量及其分布	H_0 的拒绝域
已知方差 σ_1^2,σ_2^2	$H_0:\mu_1=\mu_2$ $H_0:\mu_1\leqslant\mu_2$ $H_0:\mu_1\geqslant\mu_2$	$Z=\dfrac{\overline{X}_1-\overline{X}_2-(\mu_1-\mu_2)}{\sqrt{\dfrac{\sigma_1^2}{n_1}+\dfrac{\sigma_2^2}{n_2}}}\sim N(0,1)$	$\lvert Z\rvert\geqslant Z_{\frac{\alpha}{2}}$ $Z\geqslant Z_\alpha$ $Z\leqslant-Z_\alpha$
未知方差但已知 $\sigma_1^2=\sigma_2^2$	$H_0:\mu_1=\mu_2$ $H_0:\mu_1\leqslant\mu_2$ $H_0:\mu_1\geqslant\mu_2$	$t=\dfrac{\overline{X}_1-\overline{X}_2-(\mu_1-\mu_2)}{\overline{S}\sqrt{\dfrac{1}{n_1}+\dfrac{1}{n_2}}}\sim t(n_1+n_2-2)$ 其中：$\overline{S}^2=\dfrac{(n_1-1)S_1^2+(n_2-1)S_2^2}{n_1+n_2-2}$	$\lvert t\rvert\geqslant t_{\frac{\alpha}{2}}(n_1+n_2-2)$ $t\geqslant t_\alpha(n_1+n_2-2)$ $t\leqslant-t_\alpha(n_1+n_2-2)$
未知总体分布和方差大样本	$H_0:\mu_1=\mu_2$ $H_0:\mu_1\leqslant\mu_2$ $H_0:\mu_1\geqslant\mu_2$	$\dfrac{(\overline{X}_1-\overline{X}_2)-(\mu_1-\mu_2)}{\sqrt{\dfrac{S_1^2}{n_1}+\dfrac{S_2^2}{n_2}}}\sim N(0,1)$ （近似）	$\lvert Z\rvert\geqslant Z_{\frac{\alpha}{2}}$ $Z\geqslant Z_\alpha$ $Z\leqslant-Z_\alpha$
正态分布	$H_0:\sigma_1^2=\sigma_2^2$ $H_0:\sigma_1^2\leqslant\sigma_2^2$ $H_0:\sigma_1^2\geqslant\sigma_2^2$	$F=\dfrac{S_1^2}{S_2^2}\sim F(n_1-1,n_2-1)$	$F<\dfrac{1}{F_{\frac{\alpha}{2}}(n_1-1,n_2-1)}$ 或 $F>F_{\frac{\alpha}{2}}(n_1-1,n_2-1)$ $F>F_\alpha(n_1-1,n_2-1)$ $F<\dfrac{1}{F_\alpha(n_1-1,n_2-1)}$

表 4 – 6 总体成数的假设检验

前提条件	假设	检验统计量及其分布	H_0 的拒绝域
一个总体大样本	$H_0:p=p_0$ $H_0:p\geqslant p_0$ $H_0:p\leqslant p_0$	$Z=\dfrac{\hat{p}-p}{\sqrt{\dfrac{p(1-p)}{n}}}\sim N(0,1)$ （近似）	$\lvert Z\rvert\geqslant Z_{\frac{\alpha}{2}}$ $Z\leqslant-Z_\alpha$ $Z\geqslant Z_\alpha$
两个总体都是大样本	$H_0:p_1=p_2$ $H_0:p_1\geqslant p_2$ $H_0:p_1\leqslant p_2$	$Z=\dfrac{(\hat{p}_1-\hat{p}_2)-(p_1-p_2)}{\sqrt{\dfrac{p_1(1-p_1)}{n_1}+\dfrac{p_2(1-p_2)}{n_2}}}\sim N(0,1)$ （近似）	$\lvert Z\rvert\geqslant Z_{\frac{\alpha}{2}}$ $Z\leqslant-Z_\alpha$ $Z\geqslant Z_\alpha$

第四节　β 错误与功效检验

一　功效检验

在参数假设检验中，对于随机变量 X 的分布函数 $F(x, \theta)$，θ 是未知参数。令 Θ 为未知参数可能取值的集合——参数空间，由于有两者必居其一的假设：

$$H_0: \theta \in \Theta_0; \quad H_1: \theta \in \Theta_1$$

所以 Θ 就分为两个互不相交的子集 Θ_0 和 Θ_1。对于给定的 H_0，当确定了 H_0 的拒绝域，就等价将样本取值空间划分为两个互不相交的部分，其中一部分为 H_0 的拒绝域 V，另一部分为 H_0 的接受域 $\overline{V}$。

由于抽样的随机性，如上所述，对任何检验所作的判断都可能犯两种类型的错误，即：

（1）当 H_0 为真时（$\theta \in \Theta_0$），由于样本点落入了拒绝域而作出拒绝 H_0 的判断称为犯 α 错误，也即第一类错误，其概率在此可表示为

$$p\{(X_1, \cdots, X_n) \in V \mid \theta \in \Theta_0\} = \alpha$$

（2）当 H_0 非真时，即 $\theta \in \Theta_1$，由于样本点落入接受域而作出不否定 H_0 的判断称为 β 错误，也即第二类错误，其概率在此可表示为

$$p\{(X_1, \cdots, X_n) \in \overline{V} \mid \theta \in \Theta_1\} = \beta$$

我们将概率函数

$$M(V, \theta) = p\{(X_1, \cdots, X_n) \in V \mid \theta\}$$

称为功效函数。显然，对功效函数有

$$M(V, \theta) = \begin{cases} \alpha(\theta), & \theta \in \Theta_0 \\ 1 - \beta(\theta), & \theta \in \Theta_1 \end{cases}$$

当 H_0 为真时，$M(V, \theta) = \alpha(\theta)$ 反映了犯 α 错误的概率；当 H_0 非真时，$M(V, \theta) = 1 - \beta(\theta)$ 反映了否定原假设的能力，也就是接受备择假设的能力。

进行功效检验的目的在于，在给定的 α 水平下，选择使 $M(V, \theta) = 1 - \beta(\theta)$ 的值最大的检验。

例 4 - 13　某车间生产一种部件，当生产处于控制状态时，部件的平均使用寿命为 1000 小时，标准差为 37.5 小时。该车间为保证产品质量，定期抽取 9 个部件进行检验，样本均值为 990 小时。该部件服从正态分布，问其检验的功效为多少？（给定 $\alpha = 0.05$）

解　假设：$H_0 : \mu = 1000$；$H_1 : \mu \neq 1000$

当 $\alpha = 0.05$ 时，由 Z 检验法可知

$$Z = \frac{\bar{x} - \mu_0}{\sigma / \sqrt{n}} \leq Z_{\frac{\alpha}{2}}$$

时，可接受 H_0，这样，可以计算出该问题的接受域为

$$\mu_0 \pm Z_{\frac{\alpha}{2}} \frac{\sigma}{\sqrt{n}} = 1000 \pm 1.96 \left(\frac{37.5}{\sqrt{9}} \right)$$

即 $(975.5，1024.5)$。

该样本均值为 $\bar{X} = 990$，落在接受域内，接受 H_0。

但如果 H_0 实际非真，也即 $\mu \neq 1000$，如 $\mu = 990$，$X \sim N$（990，37.5^2），由于其样本均值的分布是以 990 为中心的正态分布，因此计算出的 $\bar{X}$ 仍有可能落入接受域内，也就是可能犯 β 错误（φ 为标准正态分布的分布函数）

$$\begin{aligned} \beta &= P\{ 接受\ H_0 : \mu = 1000 \mid \mu = 990 \} \\ &= P\{ 975.5 \leq \bar{X} \leq 1024.5 \mid \mu = 990 \} \\ &= P\left\{ \frac{975.5 - 990}{\frac{37.5}{\sqrt{9}}} \leq \frac{\bar{X} - \mu}{\sigma / \sqrt{n}} \leq \frac{1024.5 - 990}{\frac{37.5}{\sqrt{9}}} \mid \mu = 990 \right\} \\ &= P\{ -1.16 \leq Z \leq 2.76 \mid \mu = 990 \} \\ &= \{ \varphi(2.76) - \varphi(-1.16) \mid \mu = 990 \} \\ &= \{ 0.0071 - 0.1230 \mid \mu = 990 \} \\ &= \{ 0.8741 \mid \mu = 990 \} \end{aligned}$$

这就是说，当总体均值实际上为 $\mu = 990$（小时）时，而我们认为它是 1000 小时而接受的概率为 0.8741，即犯 β 错误的概率为 0.8741，而检验的功效为

$$M(V, 990) = 1 - 0.8741 = 0.1259$$

另外，当 H_0 非真时，我们还可以根据一些不同的备择假设 H_1 的数值分别计算出 $1 - \beta$ 错误概率及功效函数值，如表 4 - 6 所示。

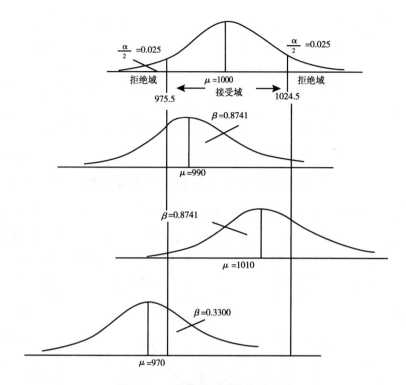

图 4 - 6　μ 取不同值时相应的 β 值

表 4 - 7　$\alpha = 0.05$ 时对给定的 μ 值计算出的 β 值与功效函数值

备择假设的可能值 μ	β 错误概率	功效函数值 $1 - \beta$
950	0.0207	0.9793
970	0.3300	0.6700
980	0.6406	0.3594
990	0.8741	0.1259
1000	$1 - \alpha = 0.95$	$\alpha = 0.05$
1010	0.8741	0.1259
1020	0.6406	0.3594
1030	0.3300	0.6700
1050	0.0207	0.9793

　　以备择假设 H_1 的 θ 值（在本例中是 μ 的可能取值）为横轴，以功效函数值 $1 - \beta$ 为纵轴，把 θ 值与相应的 $1 - \beta$ 值标在该坐标平面上，就得出一条

曲线，称之为功效函数曲线，简记为 PC。同样，若将纵轴改为 β 值，可得出另一条曲线，即运算特征曲线（operating characteristic curve），简记为 OC。

功效曲线越陡峭，其 V 形曲线中间的面积越狭窄，说明检验功效越大；运算特征曲线恰好与之相反补充的，它的曲线越平缓，说明犯 β 错误的概率越大。在单侧检验问题中，功效曲线呈拉长了的 S 形或倒 S 形，而且可与运算特征曲线用同一条曲线表示，只不过纵轴方向不同。

二 同时考虑 α 错误、β 错误时必要样本容量的计算

α 错误与 β 错误之间存在相互制约的关系。

第一，当其他条件不变时，给定的 α 水平越小，犯 β 错误的概率越大。

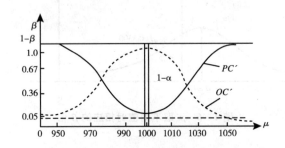

图 4 - 7　功效曲线与运算特征曲线

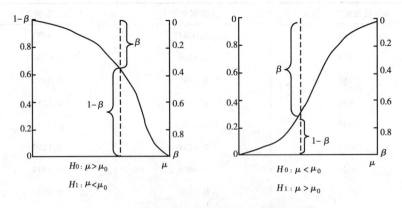

图 4 - 8　单侧检验的功效曲线与运算特征曲线

如例 4 - 13，当 $\alpha = 0.05$，$\mu = 990$ 时，犯 β 错误的概率为 0.8741。若 $\alpha = 0.01$，可以计算出 β 错误的概率为

$$P\left\{\mu_0 - Z_{\frac{\alpha}{2}} \cdot \frac{\sigma}{\sqrt{n}} < \overline{X} < \mu_0 + Z_{\frac{\alpha}{2}} \cdot \frac{\sigma}{\sqrt{n}}\right\}$$

$$= P\left\{1000 - 2.575 \times \frac{37.5}{\sqrt{9}} < \overline{X} < 1000 + 2.575 \times \frac{37.5}{\sqrt{9}}\right\}$$

$$= P\{967.8 < \overline{X} < 1032.2\}$$

$$= \varphi(3.38) - \varphi(1.78) = 0.9621$$

第二，在 α 水平给定后，犯 β 错误的概率大小和所检验参数 Θ 与原假设给出的参数值 Θ_0 之间的差距 $\Theta - \Theta_0$ 的大小有关。$\Theta - \Theta_0$ 的值越大，检验的功效越大，犯 β 错误的概率越小。$\Theta - \Theta_0$ 的值越小，检验的功效越小，犯 β 错误的概率越大。在例 4 – 13 中，对于

$$H_0: \mu = 1000; H_1: \mu = 990$$

犯 β 错误的概率在 $\alpha = 0.05$ 时为 0.8741。对于

$$H_0: \mu = 1000; H_1: \mu = 950$$

犯 β 错误的概率仅为 0.0207。

第三，犯 β 错误的概率与样本容量大小有关。n 越小，犯 β 错误的可能性越小。仍以例 4 – 13 说明，若样本容量 $n = 9$ 增大到 $n = 36$，则在 $H_0: \mu = 1000$ 为非真时，对应于 $H_1: \mu = 900$，犯 β 错误的概率由 0.8741 降为 0.6404。这是因为 n 增大，接受域变窄，从而使样本均值落入接受域的可能性降低。

下面讨论同时考虑 α、β 错误时如何计算必要样本容量。假设总体 $X \sim N(\mu, \sigma_0^2)$，其中 μ 为未知参数，σ_0^2 已知。提出假设

$$H_0: \mu = \mu_0; H_1: \mu = \mu_1(\mu_0 < \mu_1)$$

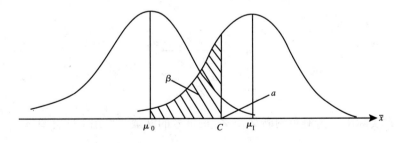

图 4 – 9　α、β 错误的关系

从图 4 – 9 可以看出，确定必要样本容量的实质就是找出一个最合适的拒绝域（$\overline{X} \geqslant C$）。当 H_0 为真时，样本均值 $\overline{X}$ 的分布为 $\overline{X} \sim N\left(\mu_0, \frac{1}{n}\sigma_0^2\right)$；

若 H_0 非真，H_1 为真，则 $\bar{X} \sim N\left(\mu_1, \dfrac{1}{n}\sigma_0^2\right)$。因而对于给定的 α、β 值有下列方程组

$$P\{\bar{X} \geqslant C\} = p\left\{\frac{\bar{X} - \mu_0}{\sigma_0/\sqrt{n}} \geqslant \frac{C - \mu_0}{\sigma_0/\sqrt{n}}\right\} = \alpha$$

$$P\{\bar{X} \geqslant C\} = p\left\{\frac{\bar{X} - \mu_1}{\sigma_0/\sqrt{n}} \leqslant \frac{C - \mu_1}{\sigma_0/\sqrt{n}}\right\} = \beta$$

它等价于方程组

$$P\{Z \geqslant Z_\alpha\} = \alpha$$
$$P\{Z \leqslant Z_\beta\} = \beta$$

利用标准正态分布表，对于给定的 α、β 可以查得数值

$$Z_\alpha = \frac{C - \mu_0}{\sigma_0/\sqrt{n}}, Z_\beta = \frac{C - \mu_1}{\sigma_0/\sqrt{n}}$$

于是就有

$$Z_\alpha \frac{\sigma_0}{\sqrt{n}} + \mu_0 = C$$

$$Z_\beta \frac{\sigma_0}{\sqrt{n}} + \mu_1 = C$$

则

$$Z_\alpha \frac{\sigma_0}{\sqrt{n}} + \mu_0 = Z_\beta \frac{\sigma_0}{\sqrt{n}} + \mu_1$$

解得

$$n = \frac{(Z_\alpha - Z_\beta)^2 \cdot \sigma_0^2}{(\mu_1 - \mu_0)^2}$$

$$C = \frac{\mu_1 Z_\alpha - \mu_0 Z_\beta}{Z_\alpha - Z_\beta}$$

在实际中，为避免判断 Z_α、Z_β 正负号的麻烦，可用下式计算 n

$$n = \frac{(|Z_\alpha| + |Z_\beta|)^2 \sigma_0^2}{(\mu_1 - \mu_0)^2}$$

例 4 – 14 对于假设

$$H_0: \mu = 20; H_1: \mu = 24$$

已知 $\sigma = \sigma_0 = 4$，给定 $\alpha = 0.05$，$\beta = 0.10$，查标准正态分布表得 $Z_\alpha = 1.645$，$Z_\beta = -1.28$，因此有

$$
\begin{aligned}
n &= \frac{(\mid Z_\alpha \mid + \mid Z_\beta \mid)^2 \sigma_0^2}{(\mu_1 - \mu_0)^2} \\
&= \frac{(1.645 + 1.28)^2 \times 4^2}{(24 - 20)^2} \\
&= 8.65 \approx 9 \\
C &= \frac{\mu_1 Z_\alpha - \mu_0 Z_\beta}{Z_\alpha - Z_\beta} \\
&= \frac{24 \times 1.645 - 20 \times (-1.28)}{1.645 - (-1.28)} \\
&\approx 22.25
\end{aligned}
$$

第五章 方差分析

第四章我们研究了比较两个总体均值的问题，而在实际应用中常要处理比较多个总体均值的问题。方差分析就是解决这类问题的一种有效方法，它是假设检验的推广。但在假设检验中，只讨论两个总体均值比较，对于两个以上总体均值比较，我们不能直接应用假设检验的方法。此时，利用总离差平方和分解，把多总体均值比较的问题转化为两个总体均值比较问题，问题便迎刃而解。因此，总离差平方和分解是方差分析的核心，具有普遍意义。

本章将主要通过单因素方差分析问题的解决，介绍方差分析的基本原理和方法。

第一节 方差分析的问题

一 方差分析的意义

在科学试验、生产与社会生活实际中，影响反映现象特征的变量的因素往往是很多的。例如，农作物的产量受作物品种、施用肥料、田间管理等因素的影响；商品的销售受到商品质量、价格、包装、广告宣传等因素的影响；股市价格指数受到众多社会经济政治变动因素的影响。现实中往往有必要找出对产量、销量、价格指数等数值性的随机变量有显著影响的可控因素，并比较影响的大小。方差分析就是解决这类问题的有效方法。

在分析某数值性随机变量的可控影响因素时，如果我们只对一种因素的不同状态，即不同水平是否显著影响变量作分析，可称之为单因素方差分析；如果对若干因素的影响作分析，则称多因素方差分析。例如分析不同价格水平对销量的影响，就是单因素方差分析，而同时分析价格、广告、季节等因素对销量的影响，就是多因素方差分析。

进行方差分析的基本思路是，首先通过试验（实验或调查），取得不同因素不同水平条件下被考察的随机变量（不妨称之为因变量）的样本，然后利用样本构造统计量，检验不同条件下的均值，即几个不同的总体的均值是否相等，如果均值相等的假设被接受，则说明因素及水平对因变量的影响不显著，反之则显著。所以方差分析实际上是通过多个总体均值相等的假设检验，来推断变量间因果联系的统计方法。需要说明的是，所谓方差分析，就其内容来说，是分析或检验总体间均值是否相等，而不是方差是否相等。由于对若干总体（超过两个）均值的检验是通过对方差的分析来实现的，所以这种方差被称为方差分析。

二　方差分析的原理

从方差分析的目的看，是要检验各个水平的均值 μ_1，μ_2，$\cdots$，μ_r 是否相等，而实现这个目的的手段是进行方差的比较。我们知道观察值之间存在着差异，并且差异的产生来自两个方面，一个方面是由因素中的不同水平造成的，例如饮料的不同颜色带来不同的销售量，对此我们可以称为系统性差异；另一个方面是由于抽选样本的随机性而产生的差异，例如，相同颜色的饮料在不同的商场销售量也不同。这两个方面产生的差异可以用两个方差来计量，一个称为水平之间的方差，一个称为水平内部的方差。前者既包括系统性因素，也包括随机性因素；后者仅包括随机性因素。如果不同的水平对结果没有影响，如前例饮料的颜色对销售量不产生影响，那么在水平之间的方差中，就仅仅有随机因素的差异，而没有系统性差异，它与水平内部方差就应该近似，两个方差的比值就会接近于 1；反之，如果不同的水平对结果产生影响，在水平之间的方差中就不仅包括随机性差异，也包括系统性差异。这时，该方差就会大于水平内方差，两个方差的比值就会比 1 大许多。当这个比值大到某种程度，或者说达到某临界点，我们就可以作出判断，即不同的水平之间存在着显著性差异。因此，方差分析就是通过不同方差的比较，作出接受原假设或拒绝原假设的判断。

三　F 分布

水平间（也称组间）方差和水平内（也称组内）方差之比是一个统计量。数理统计证明，这个统计量服从 F 分布。

$$F = \frac{\text{组间方差}}{\text{组内方差}}$$

F 分布有几个特征。

（1）统计量 F 是大于零的正数；

（2）F 分布曲线为正偏态，它的尾端以横轴为渐近线趋于无穷；

（3）F 分布是一种连续的概率分布，不同的自由度组合有不同的 F 分布曲线，如图 5-1 所示。

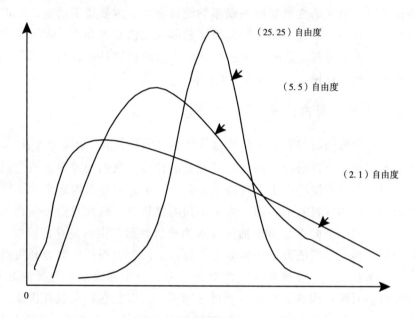

图 5-1　不同自由度下 F 分布曲线

由图 5-1 看出，随着分子和分母自由度的增加，F 分布以对称的正态分布为极限。许多类型的假设检验需要利用 F 分布，方差分析是其中重要的一种。

四　方差分析的前提条件和一般步骤

在方差分析中，人们把需要考察的引起数据变动的主要原因称为因素或因子，把因素的不同状态称为水平或处理。如果在分析中只涉及一个因素，称为单因素方差分析，若涉及两个因素，称为双因素方差分析，若涉及两个以上因素则为多因素方差分析。

进行方差分析要有一定的前提条件，这些条件可以归结如下：

（1）因素的每个水平是可以严格控制的。若一个因素有 r 个水平，则每个水平对应一个随机变量，r 个因素就对应 r 个随机变量 X_1, X_2, $\cdots$, X_r, 它们是 r 个相互独立的正态总体，分别服从 $N(\mu_i, \sigma^2)$, $(i=1, 2, \cdots, r)$，即这 r 个总体均服从有相同方差的正态分布。

（2）试验或观察的结果 X_{ij}（$i = 1, 2, \cdots, r$；$j = 1, 2, \cdots, n_i$），可以看做相互独立地抽自各个总体的简单随机样本。

方差分析的一般步骤是：（1）建立方差分析模型；（2）检查方差分析的前提条件是否成立；（3）建立检验的原假设和备择假设；（4）根据样本值计算检验统计量 F；（5）作出方差分析表；（6）根据 F 检验结果作出决策。

第二节　单因素方差分析

单因素方差分析是一个影响因素不同水平组均值之差异的显著性检验，根据方差分析的假定条件，可知从各水平组抽样所得的 k 组随机样本的观察值也服从正态分布：

$$X_{ij} \sim N(\mu_i, \sigma^2) \quad (i = 1, 2, \cdots, k; j = 1, 2, \cdots, n_i)$$

设 n 为样本总容量；n_i 为各水平组样容量。$n = n_1 + n_2 + \cdots + n_i$。根据样本数据，便可计算得到：

各水平组的平均数：$\bar{X}_i = \dfrac{1}{n_i} \sum\limits_{j=1}^{n_i} X_{ij}$

总平均数：$\bar{X} = \dfrac{1}{n} \sum\limits_{i=1}^{k} \sum\limits_{j=1}^{n_i} X_{ij} = \sum\limits_{i=1}^{k} \bar{X}_i \dfrac{n_i}{n}$

组内离差平方和：$SSE = \sum\limits_{i=1}^{k} \sum\limits_{j=1}^{n_i} (X_{ij} - \bar{X}_i)^2$

组间离差平方和：$SSB = \sum\limits_{i=1}^{k} \sum\limits_{j=1}^{n_i} (\bar{X}_i - \bar{X})^2 = \sum\limits_{i=1}^{k} n_i (\bar{X}_i - \bar{X})^2$

总离差平方和：$SST = \sum\limits_{i=1}^{k} \sum\limits_{j=1}^{n_i} (X_{ij} - \bar{X})^2$

$\bar{X}_i$ 和 $\bar{X}$ 分别是各水平总体均值 μ_i 和整个总体均值 μ 的无偏估计。组内离差平方和 SSE 反映各水平组内观察值的差异，由于是相同条件下的差异，故可视为纯粹的随机误差；组间离差平方和 SSB 反映各水平组之间的差异，其差异可能包含因素的不同水平一起的系统误差。总离差平方和反映所研究的某变量全部观察值的差异，它也是方差分析所要解释的问题。因为

$$X_{ij} - \bar{X} = (X_{ij} - \bar{X}_i) + (\bar{X}_i - \bar{X})$$

等式两边平方后加总，便有

$$\sum_{i=1}^{k} \sum_{j=1}^{n_i} (X_{ij} - \overline{X})^2 = \sum_{i=1}^{k} \sum_{j=1}^{n_i} (X_{ij} - \overline{X}_i)^2 + \sum_{i=1}^{k} \sum_{j=1}^{n_i} (\overline{X}_i - \overline{X})^2 +$$

$$2 \sum_{i=1}^{k} \sum_{j=1}^{n_i} (X_{ij} - \overline{X}_i)(\overline{X}_i - \overline{X})$$

其中

$$\sum_{i=1}^{k} \sum_{j=1}^{n_i} (X_{ij} - \overline{X}_i)(\overline{X}_i - \overline{X}) = \sum_{i=1}^{k} (\overline{X}_i - \overline{X}) \sum_{j=1}^{n_j} (X_{ij} - \overline{X}_i) = 0$$

所以就有

$$\sum_{i=1}^{k} \sum_{j=1}^{n_i} (X_{ij} - \overline{X})^2 = \sum_{i=1}^{k} \sum_{j=1}^{n_i} (X_{ij} - \overline{X}_i)^2 + \sum_{i=1}^{k} \sum_{j=1}^{n_i} (\overline{X}_i - \overline{X})^2$$

即 $SST = SSE + SSB$。

可见，总离差平方和一定时，组内离差平方和与组间离差平方和此消彼长。若 SSB 大，SSE 就小，表明总离差平方和 SST 主要是由因素的不同水平引起的；反之，若 SSB 并不明显大于 SSE，则表明不同水平对 SST 没有显著影响。因此，可以通过 SSB 与 SSE 的比较对因素水平的影响是否显著进行检验。

检验的假设为：

$$H_0: \mu_1 = \mu_2 = \cdots = \mu_k; \ H_1: \mu_1, \mu_2, \cdots, \mu_k \ 不全相等$$

若原假设 $\mu_1 = \mu_2 = \cdots = \mu_k$ 成立，则可认为所有的样本观察值 X_{ij} 都来自同一正态总体 $N(\mu, \sigma^2)$；又因为它们是相互独立的，因此，可以证明，各离差平方和除以总体的方差 σ^2 后都服从 χ^2 分布。即

$$\frac{SST}{\sigma^2} \sim \chi^2(n-1); \frac{SSB}{\sigma^2} \sim \chi^2(k-1); \frac{SSE}{\sigma^2} \sim \chi^2(n-k)$$

且 SSB 与 SSE 相互独立。$n-1$，$k-1$，$n-k$ 分别为 SST，SSB，SSE 的自由度，将各离差平方和除以各自的自由度即为平均的离差平方和，简称为均方，记为

$$MST = \frac{SST}{(n-1)}; \ MSB = \frac{SSB}{(k-1)}; \ MSE = \frac{SSE}{(n-k)}$$

这里 SSB 的自由度为 $k-1$，是因为总平均数由各组平均数加权平均所得，当总平均数既定时，受 $\sum(\overline{X}_i - \overline{X}) = 0$ 的制约，必有一个组平均数被锁定，因而失去一个自由度；SSE 的自由度为 $n-k$，是因为每一组在组平

均数$\overline{X}_i$既定时，都失去一个自由度，k组共失去k个自由度；SST的自由度为$n-1$，则是在总平均数既定时，全部样本观察值受$\sum(\overline{X}_i-\overline{X})=0$制约的结果，而且它也是$SSB$和$SSE$的自由度之和，即$n-1=(k-1)+(n-k)$。

有了平均的离差平方和，根据F分布的特性，可构造检验统计量F

$$F=\left[\frac{SSB}{\sigma^2}\bigg/(k-1)\right]\div\left[\frac{SSE}{\sigma^2}\bigg/(n-k)\right]=\frac{SSB/k-1}{SSE/n-k}=\frac{MSB}{MSE}$$

当H_0为真时，F服从自由度为$(k-1, n-k)$的F分布。不难看出，如果所研究因素的各个水平对总体的影响差不多，则组间均方MSB较小，因而F也较小。反之，如果各水平对总体影响有显著差异，则MSB较大，因而F也较大。这样，我们可以直接根据F值检验原假设H_0。

对于给定的显著性水平α，查F分布表，便得到自由度为$(k-1, n-k)$的F_α，满足$P(F\geqslant F_\alpha)=\alpha$。若$F\geqslant F_\alpha$，就拒绝$H_0$，认为因素的不同水平对总体的差异有显著影响；若$F<F_\alpha$，则接受$H_0$，认为因素的不同水平对总体的差异无显著影响。

例5-1　在试制某种新产品的过程中，共提出5种可行方案，经试验取得了不同方案生产的产品废品率的数据（见表5-1所示），试验结果能否说明不同方案是显著影响产品废品率的因素（$\alpha=0.05$）？

解：可以把每个方案生产的产品的废品率看做一个总体，它们近似服从正态分布，满足方差分析的基本假设。因此，废品率的差异性检验可以采用单因素水平方差分析方法。

根据表5-1提供的统计数据，经计算得到

$$SST=17.83, SSB=10.66, SSE=7.17$$

将计算结果列入单因素方差分析表，如表5-2所示。

表5-1　不同方案的废品率数据

方案 ＼ 试验号	1	2	3	4	5
1	7.3	8.3	7.6	8.4	8.3
2	5.4	7.4	7.1		
3	8.1	6.4			
4	7.9	9.5	10.0		
5	7.1				

表 5 - 2　单因素方差分析

方差来源	平方和	自由度	方差	F 值	临界值	显著值
组　间	10.66	4	2.665	3.344	$F_{0.05} = 3.63$	
组　内	7.17	9	0.797		$F_{0.1} = 2.69$	*
总　和	17.83	13	1.372			

注：表中 * 表示在显著水平 $\alpha = 0.1$ 时显著。

方差分析表说明，当 $\alpha = 0.05$ 时应当接受原假设，认为方案对废品率影响不大；而当 $\alpha = 0.1$ 时，应拒绝原假设，认为方案对废品率有一定影响。

为使判断可靠起见，应当补充试验，最好增加试验 3 与试验 5 的试验次数，然后再分析。

第三节　双因素方差分析

在许多实际问题中，往往不能只考虑一个因素的各水平的影响，而常常要同时考虑若干个因素各自以及交叉作用的影响，因此需要进行多因素的方差分析。本节分无交互作用及有交互作用两种情况介绍双因素方差分析。

一　无交互作用双因素方差分析

无交互作用双因素方差分析的数据结构如表 5 - 3 所示：

表 5 - 3　双因素方差分析的数据结构

		因素 B						行总和 $T_i.$	行均值 $\overline{X}_i.$
		B_1	B_2	$\cdots$	B_i	$\cdots$	B_k		
因素 A	A_1	x_{11}	x_{12}	$\cdots$	x_{1j}	$\cdots$	x_{2r}	$T_1.$	$\overline{X}_1.$
	A_2	x_{21}	x_{22}	$\cdots$	x_{2j}	$\cdots$	x_{2r}	$T_2.$	$\overline{X}_2.$
	$\cdots$	$\vdots$	$\vdots$		$\vdots$		$\vdots$	$\vdots$	$\vdots$
	A_i	x_{i1}	x_{i2}	$\cdots$	x_{ij}		x_{ir}	$T_i.$	$\overline{X}_i.$
	$\cdots$		$\vdots$		$\vdots$		$\vdots$	$\vdots$	$\vdots$
	A_k	x_{k1}	x_{k2}	$\cdots$	x_{kj}		x_{kr}	$T_k.$	$\overline{X}_k.$
列综合 $T._j$		$T._1$	$T._2$	$\cdots$	$T._j$	$\cdots$	$T._r$	总和	总均值
列均值 $\overline{X}._j$		$\overline{X}._1$	$\overline{X}._1$	$\cdots$	$\overline{X}._j$	$\cdots$	$\overline{X}._r$	T	$\overline{X}$

注：表中 x_{ij} 改为 X_{ij}。

假定所有的 X_{ij} 都互相独立并服从具有相同方差的正态分布，即有 $X_{ij} \sim N(\mu_{ij}, \sigma^2)$。因此如果两个因素对试验结果的影响都不显著，那么显然所有的观察值 X_{ij} 都来自同一分布的总体，有 $X_{ij} \sim N(\mu, \sigma^2)$。

记总体均值的总平均值为

$$\mu = \frac{1}{kr} \sum_{i=1}^{k} \sum_{j=1}^{r} \mu_{ij} = \frac{1}{k} \sum_{i=1}^{k} \mu_{i\cdot} = \frac{1}{r} \sum_{j=1}^{r} \mu_{\cdot j}$$

令 $a_i = \mu_{i\cdot} - \mu$，称 a_i 为水平 A_i 的效应；$b_i = \mu_{\cdot j} - \mu$，称 b_i 为水平 B_i 的效应。

显然有 $\sum_{i=1}^{k} a_i = 0$；$\sum_{j=1}^{r} b_j = 0$

证：$\sum_{i=1}^{k} a_i = \sum_{i=1}^{k} (\mu_{i\cdot} - \mu) = \sum_{i=1}^{k} \mu_{i\cdot} - k(\frac{1}{k} \sum_{i=1}^{k} \mu_{i\cdot}) = 0$

$$\sum_{j=1}^{r} a_j = \sum_{j=1}^{r} (\mu_{j\cdot} - \mu) = \sum_{j=1}^{r} \mu_{j\cdot} - r(\frac{1}{r} \sum_{j=1}^{r} \mu_{j\cdot}) = 0$$

在上述假定下，可得到以下数学模型

$$X_{ij} = \mu + a_i + b_j + \varepsilon_{ij}$$

$\varepsilon_{ij} \sim N(0, \sigma^2)$，由试验中除因素 A 和因素 B 外的无法控制的随机因素引起。

上式表明 X_{ij} 一方面受 A、B 两个因素的影响，另一方面也受许多随机因素的影响。如果水平 A_i 的影响不显著，则所有的效应值 a_1，a_2，$\cdots$，a_k 都为零，否则必有一些效应值不为零；如果水平 B_i 对总体的影响不显著，则所有的效应值 b_1，b_2，$\cdots$，b_r 都为零，否则必有一些效应值 b_j 不为零。因此，如果要检验因素 A 的作用，可建立假设：

$$H_0: a_1 = a_2 = \cdots = a_k = 0, H_1: a_1, a_2, \cdots, a_k \text{ 不全为零}$$

令

$$\overline{X}_{i\cdot} = \frac{1}{r} \sum_{j=1}^{r} X_{ij}; \overline{X}_{\cdot j} = \frac{1}{k} \sum_{i=1}^{k} X_{ij}; \overline{X} = \frac{1}{rk} \sum_{i=1}^{k} \sum_{j=1}^{r} X_{ij}$$

有

$$SST = \sum_{i=1}^{k} \sum_{j=1}^{r} (X_{ij} - \overline{X})^2$$

$$= \sum_{i=1}^{k} \sum_{j=1}^{r} [(\overline{X}_{i\cdot} - \overline{X}) + (X_{\cdot j} - \overline{X}) + (X_{ij} - X_{i\cdot} - X_{\cdot j} + \overline{X})]^2$$

由于所有交叉乘积项之和为零，所以有

$$SST = \sum_{i=1}^{k} \sum_{j=1}^{r} (\overline{X}_{i.} - \overline{X})^2 + \sum_{i=1}^{k} \sum_{j=1}^{r} (\overline{X}_{.j} - \overline{X})^2 + \sum_{i=1}^{k} \sum_{j=1}^{r} (X_{ij} - \overline{X}_{i.} - \overline{X}_{.j} + \overline{X})^2$$
$$= SSA + SSB + SSE$$

上式中，SST 为总离差平方和，SSA 为因素 A 各水平组的组平均值与总平均值之间的离差平方和，SSE 是因素 B 的离差平方和，SSE 是误差平方和。

可以证明，SSA 与 SSE 是相互独立的。

$SSE \sim \chi^2 [(k-1)(r-1)]$，在 H_0 成立时，有 $\dfrac{SSA}{\sigma^2} \sim \chi^2 (k-1)$，从而比值

$$\hat{F} = \frac{SSA/(k-1)}{SSE/(k-1)(r-1)} \sim F[(k-1),(k-1)(r-1)]$$

容易得知，当 H_0 不成立时，比值 $\hat{F}$ 有增大的趋势，因此在显著水平 α 下，若

$$\hat{F} > F_{\alpha}[(k-1),(k-1)(r-1)]$$

则拒绝原假设 H_0。

同理，如果要检验因素 B 的作用，则可建立假设：

$$H'_0 : b_1 = b_2 = \cdots = b_r = 0, H'_1 : b_1, b_2, \cdots, b_r \text{ 不全为零}$$

则在 H'_0 成立时，可以证明 $SSB \sim \chi^2 (r-1)$，于是有：

$$\tilde{F} = \frac{SSB/(r-1)}{SSE/(k-1)(r-1)} \sim F[(r-1),(k-1)(r-1)]$$

在显著水平 α 下，若 $\tilde{F} > F_{\alpha}[(k-1),(k-1)(r-1)]$，则拒绝原假设 H'_0。

将上述结果整理成方差分析表 5-4。

表 5-4 无交互作用的双因素方差分析

方差来源	平方和	自由度	F 值	临界值
因素 A	SSA	$k-1$	$\hat{F} = \dfrac{(r-1)SSA}{SSE}$	$F_{\alpha}[(k-1),(k-1)(r-1)]$
因素 B	SSB	$r-1$	$\tilde{F} = \dfrac{(k-1)SSB}{SSE}$	$F_{\alpha}[(r-1),(k-1)(r-1)]$
误差	SSE	$(k-1)(r-1)$		
总和	SST	$kr-1$	—	—

平方和可按下述方法计算

记：$T_{i.} = \sum_{j=1}^{r} X_{ij}$，$T_{.j} = \sum_{i=1}^{k} X_{ij}$，

则有

$$SST = \sum_{i=1}^{k} \sum_{j=1}^{r} (X_{ij} - \overline{X})^2$$

$$= \sum_{i=1}^{k} \sum_{j=1}^{r} X_{ij}^2 - 2\overline{X} \sum_{i=1}^{k} \sum_{j=1}^{r} X_{ij} + kr\overline{X}^2$$

$$= \sum_{i=1}^{k} \sum_{j=1}^{r} X_{ij}^2 - \frac{1}{kr} T^2$$

$$SSA = \sum_{i=1}^{k} \sum_{j=1}^{r} (X_{i.} - \overline{X})^2 = \frac{1}{r} \sum_{i=1}^{k} T_{i.}^2 - \frac{1}{kr} T^2$$

$$SSB = \sum_{i=1}^{k} \sum_{j=1}^{r} (X_{.j} - \overline{X})^2 = \frac{1}{k} \sum_{i=1}^{k} T_{.j}^2 - \frac{1}{kr} T^2$$

$$SSE = SST - SSA - SSB$$

例 5 - 2　为了考察四种不同燃料与三种不同型号的推进器对火箭射程（单位：海里）的影响，做了 12 次试验，得数据如下：

燃料 A ＼ 推进器 B	B_1	B_2	B_3	$\overline{X}_{i.}$
A_1	58.2	56.2	65.3	59.90
A_2	49.1	54.1	51.6	51.60
A_3	60.1	70.9	39.2	56.73
A_4	75.8	58.2	48.7	60.90
$\overline{X}_{.j}$	60.80	59.85	51.20	$\overline{x} = 57.28$

试问，在显著性水平 25% 下，燃料与推进器的不同是否分别对火箭的射程有显著影响。

解：现在，$k = 4$，$r = 3$，$n = 12$，按所给的数据列出方差分析表：

方差来源	平方和	自由度	均方和	F 值
因子 A（燃料）	157.59	3	52.53	0.43
因子 B（推进器）	223.85	2	111.93	0.92
误差	731.98	6	122.00	
总和	1113.42	11		

对于假设检验问题

$$H_{0A}: a_1 = a_2 = a_3 = a_4 = 0$$

由 $\alpha = 0.25$ 得临界值 $F_{0.75}(3, 6) = 1.78$。易见，$0.43 < 1.78$，因此

不能拒绝 H_{0A}，即可以认为燃料对火箭射程无显著影响。对于假设检验问题

$$H_{0B}: \beta_1 = \beta_2 = \beta_3 = 0$$

由 $\alpha = 0.25$ 得临界值 $F_{0.75}$（2，6）$= 1.76$。易见，$0.92 < 1.76$，因此不能拒绝 H_{0B}，即可以认为推进器对火箭射程无显著影响。

二 有交互作用的双因素方差分析

在无交互作用的双因素方差分析中，我们假定两种因素各自独立地发生作用，而考虑两个因素之间的相互作用。比方说，第 i 部机器与第 j 个工人配合时产量特别高（或者特别低），即某人可能特别适合（或者不适合）操作某部机器，这种特别高（或者特别低）的产量就是由于两因素的搭配而造成的，即两因素之间的交互作用。如果这时我们仍然只对每个因素的组合（i，j）观察一次，则无法将交互作用与随机误差区分开来，所以，在有交互作用的双因素方差分析中，必须对每一因素组合进行多次观察（试验），这是因为即使某一组合有最好（或最不好）的结果，由于存在抽样误差，未必每次都产生同样好的效果，故需从多次观察中平均出交互作用来。

（一）数学模型

设有 A，B 两因素，因素 A 有 k 个水平，因素 B 有 r 个水平，在每一水平组合（A_i，B_j）下做 t（$t \geq 2$）次试验，试验结果为 X_{ijs}。设在（A_i，B_j）下的试验结果相互独立，且都服从 $N(\mu_{ij}, \sigma^2)$。

记：$\mu = \dfrac{1}{kr} \sum_{i=1}^{k} \sum_{j=1}^{r} \mu_{ij}$

$$\mu_{i.} = \frac{1}{r} \sum_{j=1}^{r} \mu_{ij}, \ i = 1, 2, \cdots, k$$

$$\mu_{.j} = \frac{1}{k} \sum_{i=1}^{k} \mu_{ij}, \ j = 1, 2, \cdots, r$$

$$a_i = \mu_{i.} - \mu, \ i = 1, 2, \cdots, k$$

$$b_i = \mu_{.j} - \mu, \ j = 1, 2, \cdots, r$$

$$(ab)_{ij} = \mu_{ij} - \mu - a_i - b_j, \ i = 1, 2, \cdots, k; \ j = 1, 2, \cdots, r$$

μ 代表总均值，a_i 是水平 A_i 的效应，b_i 是水平 B_i 的效应，$(ab)_{ij}$ 是水平 A_i 和 B_i 的交互作用 $A_i \times B_i$ 的效应。

显然有

$$\sum_{i=1}^{k} a_i = 0, \ \sum_{j=1}^{r} a_j = 0, \ \sum_{i=1}^{k} (ab)_{ij} = 0, \ \sum_{j=1}^{r} (ab)_{ij} = 0$$

$$\mu_{ij} = \mu + a_i + b_j + (ab)_{ij} + \varepsilon_{ijs}$$

$i = 1, 2, \cdots, k$; $j = 1, 2, \cdots, r$; $s = 1, 2, \cdots, t$

其中，$\varepsilon_{ijs} \sim N(0, \sigma^2)$ 是随机误差。

因此可建立的假设为

$$H_0 : a_1 = a_2 = \cdots = a_k = 0$$
$$H'_0 : b_1 = b_2 = \cdots = b_r = 0$$
$$H''_0 : (ab)_{ij} = 0, i = 1, 2, \cdots, k; j = 1, 2, \cdots, r$$

（二）显著性检验

令：$\overline{X} = \dfrac{1}{krt} \sum\limits_{i=1}^{k} \sum\limits_{j=1}^{r} \sum\limits_{s=1}^{t} X_{ijs}$

$\overline{X}_{i..} = \dfrac{1}{rt} \sum\limits_{j=1}^{r} \sum\limits_{s=1}^{t} x_{ijs}$，$i = 1, 2, \cdots, k$

$\overline{X}_{.j.} = \dfrac{1}{kt} \sum\limits_{i=1}^{k} \sum\limits_{s=1}^{t} X_{ijs}$，$j = 1, 2, \cdots, r$

$\overline{X}_{ij.} = \dfrac{1}{t} \sum\limits_{s=1}^{t} X_{ijs}$，$i = 1, 2, \cdots, k$；$j = 1, 2, \cdots, r$

不难验证，$\overline{X}$，$\overline{X}_{i..}$，$\overline{X}_{.j.}$，$\overline{X}_{ij.}$ 分别是 μ，$\mu_{i.}$，$\mu_{.j}$，μ_{ij} 的无偏估计量。

令总离差平方和为

$$SST = \sum_{i=1}^{k} \sum_{j=1}^{r} \sum_{s=1}^{t} (X_{ijs} - \overline{X})^2$$

则不难求出总离差平方和的分解式如下

$$\sum_{i=1}^{k} \sum_{j=1}^{r} \sum_{s=1}^{t} (X_{ijs} - \overline{X})^2 = rt \sum_{i=1}^{k} (\overline{X}_{i.} - \overline{X})^2 + kt \sum_{j=1}^{r} (\overline{X}_{.j} - \overline{X})^2 +$$
$$\sum_{i=1}^{k} \sum_{j=1}^{r} \sum_{s=1}^{t} (X_{ijs} - \overline{X}_{ij.})^2 + t \sum_{i=1}^{k} \sum_{j=1}^{r} (\overline{X}_{ij.} - \overline{X}_{i..} - \overline{X}_{.j.} + \overline{X})^2$$
$$= SSA + SSB + SSE + SSAB$$

SSA 和 SSB 分别是 A 与 B 的离差平方和，SSE 是误差平方和，$SSAB$ 则是 $A \times B$ 的离差平方和。

可以证明

$$\frac{SSE}{\sigma^2} \sim \chi^2 [kr(t-1)]$$

当 H_0 成立时

$$\frac{SSA}{\sigma^2} \sim \chi^2(k-1)$$

$$F_A = \frac{SSA/k-1}{SSE/kr(t-1)} \sim F[k-1, kr(t-1)]$$

当 H'_0 成立时

$$\frac{SSB}{\sigma^2} \sim \chi^2(r-1)$$

$$F_B = \frac{SSB/r-1}{SSE/kr(t-1)} \sim F[r-1, kr(t-1)]$$

当 H''_0 成立时

$$\frac{SSAB}{\sigma^2} \sim \chi^2(k-1, r-1)$$

$$F_{A \times B} = \frac{SSAB/(k-1)(r-1)}{SSE/kr(t-1)} \sim F[(k-1)(r-1), kr(t-1)]$$

在给定的显著水平 α 下，H_0，H'_0，H''_0 的拒绝域分别为

$$F_A \geqslant F_\alpha[k-1, kr(t-1)]$$

$$F_B \geqslant F_\alpha[r-1, kr(t-1)]$$

$$F_{A \times B} \geqslant F_\alpha[(k-1)(r-1), kr(t-1)]$$

（三）方差分析表

根据以上分析和计算，可整理出方差分析表，如表 5-5 所示。

表 5-5　有交互作用的双因素方差分析

方差来源	平方和	自由度	F 值	临界值
因素 A	SSA	$k-1$	$F_A = \dfrac{SSA/k-1}{SSE/kr(t-1)}$	$F_\alpha[k-1, kr(t-1)]$
因素 B	SSB	$r-1$	$F_B = \dfrac{SSB/r-1}{SSE/kr(t-1)}$	$F_\alpha[r-1, kr(t-1)]$
交互作用 $A \times B$	$SSAB$	$(k-1)(r-1)$	$F_{A \times B} = \dfrac{SSAB/(k-1)(r-1)}{SSE/kr(t-1)}$	$F_\alpha[(k-1)(r-1), kr(t-1)]$
误差	SSE	$rk(t-1)$		
总和	SST	$krt-1$		

（四）平方和的简便运算

通过以下公式，能使平方和的计算更简便。

记：$T_{ij}. = \sum\limits_{s=1}^{t} X_{ijs}$，$T_{i}.. = \sum\limits_{j=1}^{r} \sum\limits_{s=1}^{t} X_{ijs}$，$T_{.j}. = \sum\limits_{i=1}^{k} \sum\limits_{s=1}^{t} X_{ijs}$

$T^2 = \left(\sum\limits_{i=1}^{k} \sum\limits_{j=1}^{r} \sum\limits_{s=1}^{t} X_{ijs} \right)^2$，则有：

$$SST = \sum_{i=1}^{k} \sum_{j=1}^{r} \sum_{s=1}^{t} x_{ijs}^2 - \frac{1}{krt} T^2$$

$$SSA = \frac{1}{rt} \sum_{i=1}^{k} T_{i\cdot\cdot}^2 - \frac{1}{krt} T^2$$

$$SSB = \frac{1}{kt} \sum_{j=1}^{r} T_{\cdot j\cdot}^2 - \frac{1}{krt} T^2$$

$$SSE = \sum_{i=1}^{k} \sum_{j=1}^{r} \sum_{s=1}^{t} X_{ijs}^2 - \frac{1}{t} \sum_{i=1}^{k} \sum_{j=1}^{r} T_{ij}^2$$

$$SSAB = SST - SSA - SSB - SSE$$

例 5 - 3 为了考察四种不同燃料与三种不同型号的推进器对火箭射程（单位：海里）的影响，在每对水平搭配下各做了 2 次试验，得数据如下（括号内的数据为两次试验结果的平均值，即 $\overline{X}_{ij\cdot}$）。

燃料 A ＼ 推进器 B	B_1	B_2	B_3	$\overline{X}_{i\cdot\cdot}$
A_1	58.2 (55.40) 52.6	56.2 (48.7) 41.2	65.3 (63.05) 60.8	55.717
A_2	49.1 (45.95) 42.8	54.1 (52.30) 50.5	51.6 (50.00) 48.4	49.417
A_3	60.1 (59.20) 58.2	70.9 (72.05) 73.2	39.2 (3.95) 40.7	57.067
A_4	75.8 (73.56) 71.5	58.2 (54.60) 51.0	48.7 (45.05) 41.4	57.767
$\overline{X}_{\cdot j\cdot}$	58.550	56.913	49.513	$\overline{X} = 54.992$

现在，$k = 4$，$r = 3$，$m = 2$，$n = 24$，按所给数据列出方差分析表：

方差来源	平方和	自由度	均方和	F 值
因子 A（燃料）	261.63	3	87.23	4.42
因子 B（推进器）	370.98	2	185.49	9.39
交互作用 $A \times B$	1768.69	6	294.78	14.93
误差	236.95	12	19.75	
总和	2638.30	23		

对于假设检验问题：

$$H_{0A \times B}: \gamma_{11} = \cdots = \gamma_{43} = 0$$

在显著性水平 $\alpha = 0.01$ 下，得临界值 $F_{0.99}$（6，12）$= 4.82$。易见，14.93 > 4.82，因此拒绝 $H_{0A \times B}$，即认为交互效应对火箭射程有显著影响。

对于假设检验问题：

$$H_{0A}: \alpha_1 = \alpha_2 = \alpha_3 = \alpha_4 = 0$$

在显著性水平 $\alpha = 0.05$ 下，得临界值 $F_{0.99}$（3，12）$= 3.49$。易见，4.42 > 3.49，因此拒绝 H_{0A}，即认为燃料对火箭射程有显著影响。

对于假设检验问题：

$$H_{0B}: \beta_1 = \beta_2 = \beta_3 = 0$$

在显著性水平 $\alpha = 0.01$ 下，得临界值 $F_{0.99}$（2，12）$= 6.93$。易见，9.39 > 6.93，因此拒绝 H_{0B}，即认为推进器对火箭射程有显著影响。

第六章 回归分析

第三章至第五章介绍了参数估计、假设检验和方差分析，它们之间都有内在的联系。这种联系完全表现在本章要介绍的回归分析中，也就是说回归分析既包括参数估计、假设检验，也包括方差分析，在实际中应用广泛。

第一节 相关分析

一 相关关系的概念

在现实生活中，普遍存在着变量之间的关系。变量之间的关系，一般来说可分确定性的和非确定性的两类。确定性关系的特点是指变量之间的关系可以用函数关系来表达。例如总耗油量和公里数之间的关系；在价格不变的情况下，销售量与销售额之间的关系也是一种确定性的函数关系。

非确定性关系是经济现象中普遍存在的、无法用确定的关系式表达的变量之间的关系。例如，某种塑料产品，它的硬度与加工的最后阶段的加热温度有关。然而，除加热温度外，还受其他因素影响，诸如塑料本身材质和加工方法不同对其硬度也有影响。因此，塑料制品的硬度和加热温度之间的关系不能用确定的函数来表达。又如人的年龄与血压之间的关系、降雨量与农作物产量之间的关系、收入水平和需求量之间的关系均是如此。这类非确定性的关系称为相关关系。

根据现象之间的影响方向和影响程度不同，相关关系可以分为不同类型。

按现象之间的相关方向分为正相关和负相关。如一定范围内的施肥量和粮食产量之间即为正相关关系，而需求量和价格之间则为负相关关系。

按现象之间的相关程度分为完全相关、完全不相关和不完全相关。

当然，相关关系还可以分为线性相关和非线性相关关系。本章只介绍线性相关关系。

二 相关系数及其计算

（一）相关系数的计算

相关分析的中心问题，就是测定相关变量的密切程度，相关系数就是用来说明在线性相关条件下，两个变量间相关关系密切程度的统计指标，用符号 r 表示。

相关系数可以用来描述两个随机变量之间的相关程度和相关方向，在计算相关系数时，必须保证两个变量具有对等关系。

相关系数的计算公式为

$$r = \frac{\sum (x - \bar{x})(y - \bar{y})}{\sqrt{\sum (x - \bar{x})^2 \sum (y - \bar{y})^2}} = \frac{\sigma_{xy}}{\sigma_x \sigma_y} = \frac{L_{xy}}{L_{xx} L_{yy}}$$

式中，x、y 为变量，n 为变量的项数。

$$\bar{x} = \frac{1}{n} \sum x, \bar{y} = \frac{1}{n} \sum y$$

$$\sigma_{xy} = \frac{\sum (x - \bar{x})(y - \bar{y})}{n}$$

$$\sigma_{xx} = \sqrt{\frac{\sum (x - \bar{x})^2}{n}}$$

$$\sigma_{yy} = \sqrt{\frac{\sum (y - \bar{y})^2}{n}}$$

$$L_{xy} = \sum (x - \bar{x})(y - \bar{y}) = n \sum xy - \sum x \sum y$$

$$L_{xx} = \sum (x - \bar{x})^2 = n \sum x^2 - \left(\sum x \right)^2$$

$$L_{yy} = \sum (y - \bar{y})^2 = n \sum y^2 - \left(\sum y \right)^2$$

相关关系 r 主要用来表示变量 x 和 y 线性关系的密切程度，其取值范围为 $|r| \leqslant 1$。相关系数 $|r|$ 越接近 1，说明变量 x 和 y 的线性相关程度越密切；其越接近于 0，说明变量 x 和 y 的线性相关程度越不密切。图 6-1 表示 x 和 y 之间的各种相关关系。图 6-1（a）、（b）表示变量 x 和 y 完全相关，（d）、（e）表示两变量不完全相关，（f）表示两变量完全不相关，而（c）变量之间为非线性相关。

为判定相关关系的紧密程度，需要对相关系数作出量的规定。通常对

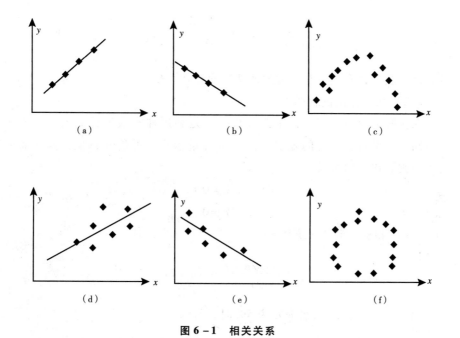

图 6 - 1　相关关系

相关系数进行四级划分：$|r|$ 在 0.3 以下，称为无线性相关关系；$|r|$ 在 0.3 和 0.5 之间，称为低度线性相关；$|r|$ 在 0.5 和 0.8 之间，称为显著线性相关；$|r|$ 大于 0.8 小于 1，称为高度线性相关。当 $r>0$，说明变量之间为正相关；若 $r<0$，说明两变量之间为负相关。计算相关系数要求变量值的对应项数 $n \geq 30$，如若项数太少，偏差就大，不易作出正确判断。

　　例 6 - 1 提供的　根据表 6 - 1 提供的某企业 1～12 月的产量和生产费用资料，测定两者之间的相关程度（见表 6 - 1）。

表 6 - 1　某企业月产量与生产费用资料

月份	产量（千吨）x_i	生产费用（元）y_i	月份	产量（千吨）x_i	生产费用（元）y_i
1	1.2	62	8	8.0	160
2	2.8	86	9	8.5	164
3	2.6	80	10	9.8	175
4	3.8	110	11	11.4	186
5	5.0	115	12	13.7	198
6	6.0	132	合计	80	1603
7	7.2	135			

$$r = \frac{\sum (x - \bar{x})(y - \bar{y})}{\sqrt{\sum (x - \bar{x})^2 \sum (y - \bar{y})^2}} = \frac{21786.4}{\sqrt{1919.2}\sqrt{256811}} = 0.98 > 0.80$$

计算结果表明，企业生产量和生产费用间存在着高度线性相关关系。

（二）相关系数的检验

在实际的分析研究中，相关系数一般是利用样本数据计算的，由于样本不同，结果带有一定的随机性。样本容量越小，可信性越低，因此需要进行检验。建立原假设

$$H_0 : \rho = 0$$

$$H_1 : \rho \neq 0$$

利用 t 检验，建立 t 统计量

$$t = \frac{r\sqrt{n-2}}{\sqrt{1-r^2}} \sim t(n-2)$$

如例 6 - 1，当置信水平 α 为 5% 时，有

$$t = \frac{r\sqrt{n-2}}{\sqrt{1-r^2}} = \frac{0.98 \times \sqrt{10}}{\sqrt{1-0.98^2}} = \frac{3.099}{0.1989} = 15.58 > t_{\alpha/2}(10) = 2.764$$

因此，拒绝原假设，即认为月产量和成本之间有高度相关关系。

三　时间数列的自相关

通过以上分析可以看出：两个变量间的相关关系，表现为当一个变量变动时，另一个变量总有若干个数值与之相对应，这种变动既表现为一定的波动性和随机性，又存在着一定程度的规律性，使变量间呈现出一种依存关系，即相关关系。但是在很多经济现象中，某变量随着时间的变化，其数值在前后期间表现出一定的依存关系，这时把这种相关关系称为时间序列的自相关关系。由于这种相关关系普遍存在，因此研究时间序列的自相关，对于分析社会经济现象发展规律性和进行经济预测是十分必要的。

动态数列自相关关系紧密程度可以通过计算自相关系数来确定。自相关系数是用来说明时间序列各期发展水平之间的相关关系紧密程度的。动态数列的自相关有正、负相关、线性相关和曲线相关。在这里，只介绍时间数列线性自相关关系。

动态数列各期发展水平 y_t 和它前一期的发展水平 y_{t-1} 的线性自相关系数的计算公式如下：

$$r = \frac{\sum (y_{t-1} - \bar{y}_{t-1})(y_t - \bar{y}_t)}{\sqrt{\sum (y_t - \bar{y}_t)^2 \sum (y_{t-1} - \bar{y}_{t-1})^2}}$$

例 6 - 2　根据表 6 - 2 提供的数据，对某机床厂的年产值作自相关分析。

表 6 - 2　某机床厂 1997 ~ 2010 年生产机床产值

年份	产值(千元)y_t	y_{t-1}	年份	产值(千元)y_t	y_{t-1}
1997	15	—	2005	20.9	20.2
1998	15.8	15	2006	21.7	20.9
1999	16.7	15.8	2007	22.5	21.7
2000	17.7	16.7	2008	23.3	22.5
2001	18.5	17.7	2009	23.8	23.3
2003	19.5	18.5	2010	25.1	23.8
2004	20.2	19.5	合计	260.7	235.6

$$
\begin{aligned}
r &= \frac{\sum (y_{t-1} - \bar{y}_{t-1})(y_t - \bar{y}_t)}{\sqrt{\sum (y_t - \bar{y}_t)^2 \sum (y_{t-1} - \bar{y}_{t-1})^2}} \\
&= \frac{n \sum y_t \cdot y_{t-1} - \sum y_t \sum y_{t-1}}{\sqrt{n \sum y_t^2 - \left(\sum y_t\right)^2} \sqrt{n \sum y_{t-1}^2 - \left(\sum y_{t-1}\right)^2}} \\
&= \frac{13 \times 4918.68 - 260.7 \times 235.6}{\sqrt{13 \times 5350.65 - (260.7)^2} \sqrt{13 \times 4720.64 - (235.6)^2}} \\
&= 0.825 > 0.8
\end{aligned}
$$

计算结果表明，1997 ~ 2010 年各年机床产值和前一年产值存在高度正相关关系。

第二节　一元线性回归分析

研究现象间在数量上关系的统计分析方法有相关分析法和回归分析法。相关分析主要分析变量间关系的紧密程度；回归分析是在确定现象相关关系紧密程度的基础上，进一步用数学模型模拟它们间的变动规律及进行预测的统计分析方法。

回归分析法与相关分析法相比，具有以下特点：

（1）相关分析中，两个变量都是随机变量，不需要区分哪一个是自变量，哪一个是因变量。在回归分析中，要求因变量是随机变量，而自变量是普遍变量。

（2）相关分析中，通过计算相关系数，说明现象间关系的紧密程度，而不能进而说明变量间的变动关系。根据回归方程，用给定的自变量数值来估计，推算出因变量的可能值。推算结果能表明变量间具体的变动关系。

（3）相关分析中，只能计算一个相关系数。回归分析中，如果两个随机变量无明显的因果关系，那么可以建立两个线性回归方程式：一个是以 x 为自变量，y 为因变量的回归方程；一个是以 y 为自变量，x 为因变量的回归方程式。但两者不能转换。

回归分析根据变量之间的关系，可分为线性回归和非线性回归，或线性回归和非线性回归；按回归方程所涉及变量个数的不同，分为一元回归和多元回归。

如果随机变量 y 与变量 x 间存在某种相关关系，而 x 又是可以控制的或可以精确观察的变量，如年龄、试验时的温度等，也就是说，我们可以随意指定 n 个值 x_1，x_2，$\cdots$，x_n 当做通常的自变量，为方便起见，我们可以不把 x 看成随机变量。但是由于 y 的随机性，对于 x 的每一确定的值，y 都有它的分布规律。因此回归分析的主要内容就是找出因变量 y 和自变量 x 之间的变化关系模型，在对回归模型进行检验的基础上进行预测。

一 一元线性回归模型设定

回归分析的首要任务是拟合 y 与 x 的回归方程，回归方程的形式可以通过散点图做粗略的分析。

例 6 - 3 根据表 6 - 3 提供的数据进行产品产量和产品成本的回归分析。

表 6 - 3 企业某种产品成本与产量数据

产量(吨)x	0	4	10	15	21	29	36	51	68
成本(万元)y	66.7	71.0	76.3	80.6	85.7	92.9	99.4	113.6	125.1

在直角坐标系中描出每对观察值如图 6 - 2 的散点图有助于粗略地了解自变量与随机变量之间存在怎样的相关关系。

从图 6 - 2 可以看出，不同产量和成本大致存在着线性的相关关系。这

种真实的线性相关关系的回归（数学）模型为

$$y = a + bx + \varepsilon$$

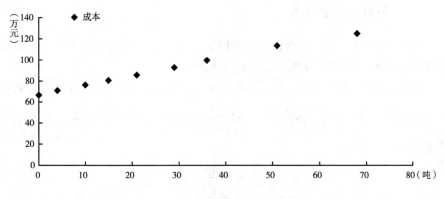

图 6 – 2　产量和成本变化的散点图

　　它确切地表达了经济变量 x 与 y 之间的真实相关关系。这里 y 是随机变量，称为因变量；x 是普通变量，称为自变量；a 和 b 称为回归数学模型的真实未知参数，又称回归参数；ε 是随机变量，表示不可观测的随机误差，通常假定 ε 服从正态分布 $N(0, \sigma^2)$，因此 $E(y) = a + bx$。

　　因此，经济现象中 y 与 x 之间的关系，一部分是由于 x 的变化引起的 y 的线性变化，即 $a + bx$；另一部分，因变量 y 的变化不仅受 x 的影响，还受其他一切随机因素的影响，即 ε。

　　如何认识这种真实的相关关系呢？到目前为止，研究变量之间因果关系的工具就是函数关系。也就是说，只能应用函数关系研究这种相关关系。然而 y 是随机变量，关于 x 具有不确定性、不唯一性，表现出随机性，即给定的 x_0，y 依 ε 规律在 $y_0 = a + bx_0$ 周围取值。但是，对于给定的 x_0，y 的均值 $Ey_0 = a + bx_0 = \hat{y}_0$ 是唯一确定的，也就是说，$\hat{y}$ 关于 x 是函数关系。因此，我们可以用 $\hat{y}$（y 的均值）关于 x 的函数关系逼近 y 关于 x 的相关关系。它的几何意义就是，可以在散点图上求出一条与各点最相配合的直线，即拟合一条直线近似表达 y 关于 x 真实的相关关系。

　　由此，一元线性回归方程为：

$$\hat{y} = \hat{a} + \hat{b}x$$

　　其中 $\hat{a}$，$\hat{b}$ 为由样本数据得到 a 和 b 的估计值，称为回归系数；相应实际值 y，$\hat{y}$ 称为回归值（估计值），其图形为回归直线。值得注意的是，回归方程是一个函数关系，而回归模型是一个相关关系。因此，回归分析就是用

$\hat{y}$ 关于 x 的函数关系（回归方程）逼近 y 关于 x 的真实的相关关系（回归模型）。

二　回归参数的估计

根据图 6-2，可以作出很多条直线来表示两个变量之间的关系。显然我们要求通过回归获得的线性方程应最具代表性。

应用最小二乘法，能使拟合方程满足上述要求，使实际值与回归值的平方和为最小，即 $Q = \sum\limits_{i=1}^{n}(y_i - \hat{y}_i)^2$ 为最小。要使 Q 为最小，应使 Q 关于 $\hat{a}$、$\hat{b}$ 的偏导为零。即

$$\frac{\partial Q}{\partial \hat{a}} = 0, \frac{\partial Q}{\partial \hat{b}} = 0$$

得正则方程组

$$\begin{cases} n\hat{a} + \hat{b}\sum x_i = \sum y_i \\ \hat{a}\sum x_i + \hat{b}\sum x_i^2 = \sum x_i y_i \end{cases}$$

解方程组得到

$$\begin{cases} \hat{a} = \bar{y} - \hat{b}\bar{x} \\ \hat{b} = \dfrac{\sum xy - n\bar{x}\bar{y}}{\sum x^2 - n\bar{x}^2} = \dfrac{L_{xy}}{L_{xx}} \end{cases}$$

对于例 6-3，求得回归系数

$$\hat{b} = \frac{\sum(x_i - \bar{x})(y_i - \bar{y})}{\sum(x_i - \bar{x})^2} = \frac{3534.8}{4060} = 0.8706$$

$$\hat{a} = \bar{y} - \hat{b}\bar{x} = 90.1444 - 0.8706 \times 26 = 67.5078$$

所以回归线性方程为

$$\hat{y} = \hat{a} + \hat{b}x = 67.5078 + 0.8706x$$

对于存在自相关的时间数列，并且相关关系表现为线性时，可以建立自相关线性回归方程

$$\hat{y}_t = \hat{a} + \hat{b}y_{t-1}$$

式中，$\hat{y}_t$ 为 t 期的估计值，y_{t-1} 为 $t-1$ 期的实际值；$\hat{a}$、$\hat{b}$ 为回归系数。

根据例 6-2 资料计算：$n = 13$，$\sum y_t y_{t-1} = 4918.68$，$\sum y_t = 260.7$，$\sum$

$y_{t-1} = 235.6$，$\sum y_{t-1}^2 = 4720.64$。

$$\hat{b} = \frac{n \sum y_t y_{t-1} - \sum y_t \sum y_{t-1}}{n \sum y_{t-1}^2 - (\sum y_{t-1})^2} = 0.43$$

$$\hat{a} = \bar{y}_t - \hat{b}\overline{y_{t-1}} = 12.26$$

$$\hat{y}_t = 12.26 + 0.43 y_{t-1}$$

三 回归方程的检验

因变量的实际观测值与其样本均值的离差，即总离差 $(y_t - \bar{y})$ 可以分解为两部分：一部分是因变量的理论回归值与其样本均值的离差 $(\hat{y}_t - \bar{y})$，它可以由回归直线，即 x 解释；另一部分是实际观测值与理论回归值的离差 $(y_t - \hat{y}_t)$，它是由随机变量引起的残差部分。对于一个回归方程，由随机变量引起的残差部分值越大，说明回归方程的拟合程度越差，x 对 y 影响的显著性越差。因此可以利用残差部分的大小来说明回归方程的显著性。

可以证明：总离差平方和（SST）、回归平方和（SSR）和残差平方和（SSE）之间的关系为

$$SST = SSR + SSE$$

即

$$\sum (y_t - \bar{y})^2 = \sum (\hat{y}_t - \bar{y})^2 + \sum (y_t - \hat{y}_t)^2$$

（一）回归系数的显著性检验

利用回归方程计算的回归系数是利用样本数据计算的，但是对于总体来说，自变量 x 对 y 的影响程度是否显著，要对回归系数进行检验。建立原假设

$$H_0: b = 0$$

通过证明可知，样本回归系数 $\hat{b}$ 服从正态分布，且有 $\hat{b} \sim N\left[b, \frac{\sigma^2}{\sum (x - \bar{x})^2}\right]$。且 $\hat{\sigma}^2 = \frac{SSE}{n-2} = \frac{1}{n-2} \sum (y - \hat{y})^2$ 为 σ^2 的无偏估计量。因此检验统计量

$$t = \frac{|\hat{b} - b|}{\hat{\sigma}} \sqrt{\sum (x - \bar{x})^2} = \frac{|\hat{b}|}{\sqrt{\dfrac{\sum (y - \hat{y})^2}{n-2}}} \sqrt{\sum (x - \bar{x})^2} \sim t(n-2)$$

其中，$\sum (y - \hat{y})^2 = \sum (y - \bar{y})^2 - b^2 \sum (x - \bar{x})^2$

若 $t > t_{\alpha/2}$ $(n-2)$，拒绝原假设。认为自变量 x 对 y 的影响显著。可以拟合 y 对 x 的回归方程。

（二）回归方程拟合程度的评价

根据总平方和、回归平方和和残差平方和之间的关系可以看出，如果样本回归直线拟合各样本观测点的程度越好，SSR 在 SST 中占的比重越大；如果 SSE 在总平方和中占的比重大，说明回归直线的拟合程度越差。定义可决系数 R^2，有：

$$R^2 = \frac{SSR}{SST} = 1 - \frac{SSE}{SST}$$

可决系数是对回归方程拟合程度的综合度量，可决系数越大，说明方程的拟合程度越好。可决系数和相关系数既有区别又有联系，可决系数具有非负性，且取值总是在 0 和 1 之间。可决系数又正好是相关系数的平方。可决系数越接近于 1，说明回归方程的拟合程度越好。

（三）回归方程的显著性检验

回归方程的显著性检验主要是检验自变量 x 与因变量 y 之间是否存在显著的线性关系。建立原假设：

H_0：x 与 y 之间的线性关系不显著

H_1：x 与 y 之间的线性关系显著

利用 F 检验，建立 F 统计量

$$F = \frac{SSR/1}{SSE/n - 2} \sim F_{\alpha/2}(1, n-2)$$

其中，1 为回归平方和的自由度，$n-2$ 为残差平方和的自由度。

当统计量 F 大于 $F_{\alpha/2}$（1，$n-2$）时，拒绝原假设，说明 x 与 y 之间的线性关系显著。

四　回归方程的预测及应用

建立回归方程的一个重要用途就是利用回归方程进行预测，如果利用回归方程：$\hat{y} = \hat{a} + \hat{b}x$ 进行预测，得到的回归值只能是因变量 y 随 x 变化的大概值，在预测时更希望知道预测范围及可靠程度，因此可以构造统计量：

$$t = \frac{y - \hat{y}}{S\sqrt{1 + \frac{1}{n} + \frac{(x_0 - \bar{x})^2}{\sum (x_i - \bar{x})^2}}} \sim t(n-2)$$

其中，
$$S^2 = \frac{残差平方和}{自由度} = \frac{\sum (y - \hat{y})^2}{n - 2}$$

则在置信水平为 $1 - \alpha$ 时，当自变量值为 x_0，y 的预测区间为

$$\left[\hat{y} - t_{\frac{\alpha}{2}}(n-2)S \sqrt{1 + \frac{1}{n} + \frac{(x_0 - \bar{x})^2}{\sum (x_i - \bar{x})^2}}, \hat{y} + t_{\frac{\alpha}{2}}(n-2)S \sqrt{1 + \frac{1}{n} + \frac{(x_0 - \bar{x})^2}{\sum (x_i - \bar{x})^2}} \right]$$

预测区间如图 6 – 3 所示：

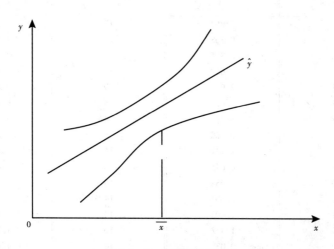

图 6 – 3　y 的预测区间

由预测区间可看出，对给定的显著性水平 α，样本容量 n 越大，$\sum (x_i - \bar{x})^2$ 越大，预测精度越高，因此，为提高预测精度，在实际的回归应用中，样本容量 n 通常是很大的。这时，可以对预测区间进行简化，得到近似的预测区间

$$(\hat{y} - Z_{\alpha/2}S, \hat{y} + Z_{\alpha/2}S)$$

对于给定的样本观察值及置信度而言，当 x 越靠近 $\bar{x}$，区间就越窄，预测就越精密。给定若干个自变量，因变量的预测区间如图 6 – 3 所示。

从图 6 – 3 中可看出，置信区间的上下限对称地落在回归线性的两边，呈中间小两头大的喇叭形，因此，在利用回归方程进行预测时，x 的取值不宜离 $\bar{x}$ 过远，否则会大大降低预测精度，甚至使预测失效。另外，预测区间的精确度还与置信水平 $1 - \alpha$ 和样本量 n 有关，当置信水平愈高，说明预测区间的可靠性越大，但预测精度越小。在实际预测中要提高预测精度，还可以通过增加样本量的方法实现。

例6-4 美国交通部采集了1000个驾驶执照发生死亡事故的车祸次数和有驾驶执照的司机中21岁以下者所占比例的数据，样本由42个城市组成，在一年中采集的数据列于表6-4和图6-4中。试利用回归分析研究发生车祸次数和司机中21岁以下者所占比例之间的关系。

表6-4 车祸次数和21岁以下有驾驶执照的司机

21岁以下者所占比例（%）	每千个驾驶执照中发生车祸次数	21岁以下者所占比例（%）	每千个驾驶执照中发生车祸的次数
13	2.962	17	4.1
12	0.708	8	2.19
8	0.885	16	3.623
12	1.652	15	2.623
11	2.091	9	0.835
17	2.627	8	0.82
18	3.83	14	2.89
8	0.368	8	1.267
13	1.142	15	3.224
8	0.645	10	1.014
9	1.082	10	0.493
16	2.801	14	1.443
12	1.405	18	3.614
9	1.433	10	1.926
10	0.039	14	1.643
9	0.338	16	2.943
11	1.849	12	1.913
12	2.246	15	2.814
14	2.885	13	2.634
14	2.352	9	0.926
11	1.294	17	3.256

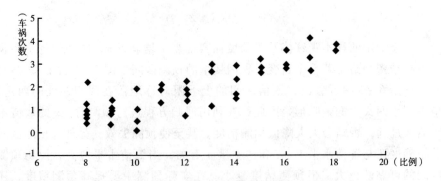

图6-4 车祸次数和21岁司机占的比例散点图

计算两变量的相关系数，可以说明 21 岁以下司机占的比例和车祸次数之间的关系的密切程度。

$$r = \frac{\sum (x - \bar{x})(y - \bar{y})}{\sqrt{\sum (x - \bar{x})^2 \sum (y - \bar{y})^2}} = 0.839$$

相关系数大于 0.8，说明两变量间的相关关系为高度相关。从散点图来看，两变量间为线性相关，拟合线性回归方程。

$$\hat{y} = \hat{a} + \hat{b}x$$

利用表 6 - 5 中的数据，得到回归方程为

$$\hat{y} = - 1.592 + 0.287x$$

对于回归系数的检验有：$t = 9.745 > t_{0.025}$（19）$= 2.093$。因此可认为 21 岁以下司机占的比例对车祸次数的影响显著，可拟合回归方程。

对于拟合程度的分析和方程显著性检验有：

$$R^2 = 0.704$$
$$F = 94.958$$

当置信水平为 95% 时，$F_{0.05}$（1，40）$= 4.08$，所以拒绝原假设，认为线性回归方程显著。

第三节 多元线性回归分析

一元线性回归问题是回归分析中最简单的情形。在实际问题中，多数情况影响因素的变量是多个，这类回归问题称为多元回归分析。多元回归分析的原理与简单回归分析的原理完全相同，使用最小二乘法，前者是多元线性方程组求解，而后者是二元线性方程组求解。

一 回归模型的基本假定

在回归分析中，回归模型的成立是有一定的假定条件的，这些假定条件是进行最小二乘法估计的基本条件，回归模型只有在假定成立的基础上才可能达到有效的参数估计值。回归模型假定主要有：

（1）解释变量 x_1，x_2，$\cdots$，x_k 是确定性变量，自变量的个数应小于样本容量的个数，且自变量之间无多重共线性，即自变量间不存在相关关系。

（2）随机误差项具有 0 均值和同方差，即

$$\begin{cases} E(\varepsilon_i) = 0, i = 1,2,\cdots,n \\ \mathrm{cov}(\varepsilon_i,\varepsilon_j) = \begin{cases} \sigma^2, i = j \\ 0, i \neq j \end{cases} \quad i,j = 1,2,\cdots,n \end{cases}$$

该假定观测值没有系统误差，随机误差的均值为 0；且随机误差项在不同的样本点间是独立的，并且有相同的精度。即假定不存在自相关和异方差性。

（3）正态分布的假定

$$\begin{cases} \varepsilon_i \sim N(0,\sigma^2) \\ \varepsilon_1,\varepsilon_2,\cdots,\varepsilon_n \text{ 相互独立} \end{cases} \quad i = 1,2,\cdots,n$$

在实际问题中，经常会有违背基本假定的情况，在不满足基本假定的情况下，仍用最小二乘估计，会得到很不理想的结果。因此在进行回归分析时，应对不符合基本假定的情况如多重共线性、自相关和异方差性等进行诊断和处理。

因此，在以上假设下，多元线性回归数学模型一般形式为

$$y = a + b_1x_1 + b_2x_2 + b_3x_3 + \cdots + b_kx_k + \varepsilon$$

二 多元线性回归方程

对于多元线性回归数学模型两边求数学期望，有

$$E(y) = a + b_1x_1 + b_2x_2 + b_3x_3 + \cdots + b_kx_k$$

则多元线性回归方程为

$$\hat{y} = \hat{a} + \hat{b}_1x_1 + \hat{b}_2x_2 + \hat{b}_3x_3 + \cdots + \hat{b}_kx_k$$

例 6 − 6　某公司某种商品在 15 个地区的销售额，以及各地区的人口数和平均每户总收入如表 6 − 6 所示。试分析该地区销售额受人口数、每户总收入的影响程度。

要分析销售额的变化受人口数、每户总收入的影响程度，可选择多元线性回归方程

$$\hat{y} = \hat{a} + \hat{b}_1x_1 + \hat{b}_2x_2$$

其中，$\hat{a}$、$\hat{b}_1$、$\hat{b}_2$ 为回归系数，$\hat{b}_1$ 表示在 x_2 固定时，x_1 每变动一个单位 y 的平均变化量；$\hat{b}_2$ 表示在 x_2 固定时，x_1 每变动一个单位 y 的平均变化量。

表 6 - 6　各地区销售额、人口数和平均每户总收入

地区 i	销售额(万元)y_i	人口数(千人)x_{1i}	每户总收入(元)x_{2i}
1	162	274	2450
2	120	180	3254
3	223	375	3802
4	131	205	2838
5	67	86	2347
6	169	265	3782
7	81	98	3008
8	192	330	2450
9	116	195	2137
10	55	53	2560
11	252	430	4020
12	232	372	4427
13	144	236	2660
14	103	157	2088
15	212	370	2605
合　计	2259	3626	44428

三　回归参数的估计

多元回归参数的估计利用最小二乘法，设

$$Q = \sum (y - \hat{y})^2 = \sum [y - (\hat{a} + \hat{b}_1 x_1 + \hat{b}_2 x_2 + \cdots + \hat{b}_k x_k)]$$

令 Q 关于 $\hat{a}$, $\hat{b}_1$, $\hat{b}_2$, $\cdots$, $\hat{b}_k$ 偏导为 0，整理后得到正则方程组

$$S_{11}\hat{b}_1 + S_{12}\hat{b}_2 + \cdots + S_{1k}\hat{b}_k = S_{10}$$
$$S_{21}\hat{b}_1 + S_{22}\hat{b}_2 + \cdots + S_{2k}\hat{b}_k = S_{20}$$
$$\cdots$$
$$S_{k1}\hat{b}_1 + S_{k2}\hat{b}_2 + \cdots + S_{kk}\hat{b}_k = S_{k0}$$
$$\hat{a} = \bar{y} - \hat{b}_1 \bar{x}_1 - \hat{b}_2 \bar{x}_2 - \cdots - \hat{b}_k \bar{x}_k$$

其中

$$S_{1k} = \sum (x_1 - \bar{x}_1)(x_k - \bar{x}_k)$$

$$S_{2k} = \sum (x_2 - \bar{x}_2)(x_k - \bar{x}_k)$$

$$S_{kk} = \sum (x_k - \bar{x}_k)(x_k - \bar{x}_k)$$

$$S_{k0} = \sum (x_k - \bar{x}_k)(y - \bar{y})$$

对于两个自变量的回归方程有

$$\begin{cases} S_{11}\hat{b}_1 + S_{12}\hat{b}_2 = S_{10} \\ S_{21}\hat{b}_1 + S_{22}\hat{b}_2 = S_{20} \end{cases}$$

解方程组，得到回归系数 $\hat{b}_1$、$\hat{b}_2$、$\hat{a}$。

利用例 6 – 6 的资料计算出回归系数

$$\hat{a} = 3.453, \hat{b}_1 = 0.496, \hat{b}_2 = 0.0092$$

估计回归方程为

$$\hat{y} = 3.453 + 0.496x_1 + 0.0092x_2$$

这个回归方程式说明，如果每户收入固定，当人口数每增加 1000 人时，平均销售额增加 0.496 万元；当人口总数保持不变时，如果每户收入增加 1 元，平均销售额将增加 0.0094 万元。

四　多元回归方程的检验

多元线性回归方程的显著性检验只是一元回归的推广，而它的预测区间和可决系数完全类似于一元线性回归。但它的相关系数成为复相关系数，由此有偏相关系数，这是一元线性回归所不具有的。

1. 拟合优度检验

在多元线性回归分析中，因变量 y 的总平方和 SST 也和简单线性回归一样，可以分解成回归平方和 SSR 和残差平方和 SSE 两部分，并且总平方和的自由度为 $n-1$，回归平方和的自由度等于自变量的个数 k，残差平方和的自由度等于 $n-1-k$。

在多元回归分析中，也可定义可决系数

$$R^2 = \frac{SSR}{SST} = 1 - \frac{SSE}{SST}$$

可决系数 R^2 的取值在 $0 \sim 1$ 之间，R^2 越接近于 1，表明回归拟合的效果越好。R^2 越接近于 0，表明回归拟合的效果越差。

令

$$R = \sqrt{R^2} = \sqrt{\frac{SSR}{SST}}$$

为 y 关于自变量 x_1，x_2，$\cdots$，x_k 的样本复相关系数，它表明回归方程对原有数据拟合好坏的程度，用来衡量所有自变量与随机变量 y 的线性关系的显著程度。

2. F 检验

在回归分析中可以利用 F 统计量对回归方程进行检验，此时主要是检验自变量 x_1，x_2，…，x_k 与因变量 y 之间是否存在显著的线性关系。建立原假设：

H_0：y 与 x_1，x_2，…，x_k 之间的线性关系不显著

H_1：y 与 x_1，x_2，…，x_k 之间的线性关系显著

F 检验统计量为

$$F = \frac{SSR/k}{SSE/n - 1 - k} \sim F_{\alpha/2}(k, n - 1 - k)$$

在给定的显著性水平 α，当检验值 F 大于临界值 $F_{\alpha/2}$（k，$n - 1 - k$）时，拒绝原假设，说明 y 与 x_1，x_2，…，x_k 之间的线性关系显著。

上例的方差分析结果有：

总平方和 $SST = 53901.6$

回归平方和 $SSR = 53844.716$

残差平方和 $SSE = 56.884$

检验值 $F = \dfrac{SSR/k}{SSE/n - 1 - k} = \dfrac{26922.358}{4.74} = 5679.466$

假定显著性水平 $\alpha = 0.05$，回归平方和的自由度为 2，残差平方和的自由度为 12 时，查 F 分布表得到临界值 $F_{0.05}$（2，12）$= 3.89$，实际值 $F = 5679.466$，即 $F > F_{0.05}$（2，12），所以得出结论：人口数及每户收入额对销售额的影响是很显著的，而随机因素对销售额的变化影响并不显著。因此，可以根据回归方程在一定的可靠性要求下，以自变量人口数和收入额来预测销售额。

五　回归方程系数的显著性检验

对多元回归方程进行拟合优度检验和 F 检验，都主要检验自变量作为一个整体对随机变量 y 是否有显著的线性关系。为此，提出原假设为

$$H_0: b_1 = b_2 = \cdots = b_k = 0$$

如果拒绝 H_0，表明随机变量 y 与所有自变量 x_1，x_2，…，x_k 间的线性关系显著，可以用多元线性回归模型描述 y 与所有自变量间的关系。

然而，通过了拟合优度检验和 F 检验，但并不表示每一个自变量对 y 的影响都是显著的，因此应针对每个自变量进行检验，以剔除次要的、影响不显著的自变量，为此需要对每个自变量进行回归系数检验。即原假设为：

$$H_0 : b_i = 0, i = 1, 2, 3, \cdots, k$$

此时检验统计量为 $t_i = \dfrac{\hat{b_i}}{\sqrt{c_{ii}}\hat{\sigma}}$

其中：c_{ii} 是矩阵 $(X^T X)^{-1}$ $[X = (x_1, \cdots, x_k)]$ 对角线上的第 i 个元素。

$$\hat{\sigma} = \sqrt{\frac{1}{n-k-1} \sum_{i=1}^{n} (y_i - \hat{y}_i)^2}$$

当原假设成立时，检验统计量 t_i 服从自由度为 $n-k-1$ 的 t 分布。给定显著性水平 α，当 $|t_i| \geqslant t_{\alpha/2}$ 时，拒绝原假设，认为 b_i 不显著为 0，即自变量 x_i 对因变量 y 的线性影响显著。

当拟合优度的检验、F 检验和所有回归系数的 t 检验通过后，还应对回归模型的基本假定进行诊断，如利用残差分析图、计算相关系数等方法对自相关、异方差和多重共线性进行诊断和处理（此内容可参考其他书籍），如不存在违背基本假定的情况，在检验通过后，可以拟合回归方程进行回归分析和预测。

第四节 可线性化的回归分析

在实际问题中，有时两个变量之间的关系并不是线性关系。这时可以根据观察数据散点图形状，可以选择一条相近的非线性函数（曲线）与之拟合，但难以估计。下面，介绍一些特殊的非线性回归可以转化为线性回归。这就是线性化问题，以下是一些常见的可线性化的回归方程。

一 可线性化的非线性回归

1. 双曲线
对于双曲线

$$1/y = a + b/x$$

令 $Y = 1/y$，$X = 1/x$，$A = a$，$B = b$，则有线性回归 $Y = A + BX$。

2. 幂函数
对于幂函数

$$y = ax^b$$

令 $Y = \ln y$，$X = \ln x$，$A = \ln a$，$B = b$，则有线性回归 $Y = A + BX$。

3. 指数函数

对于指数函数

$$y = ae^{bx}$$

令 $Y = \ln y$，$X = x$，$A = \ln a$，$B = b$，则有线性回归 $Y = A + BX$。

4. 反指数函数

对于反指数函数

$$y = ae^{b/x}$$

令 $Y = \ln y$，$X = 1/x$，$A = \ln a$，$B = b$，则有线性回归 $Y = A + BX$。

5. 对数曲线

对于对数曲线

$$y = a + b\log x$$

令 $Y = y$，$X = \log x$，$A = a$，$B = b$，则有线性回归 $Y = a + bX$。

6. S 形曲线

对于 S 形曲线

$$y = \frac{1}{a + be^{-x}}$$

令 $Y = 1/y$，$X = e^{-x}$，$A = a$；$B = b$，则有线性回归 $Y = a + bX$。

7. 抛物线

对于抛物线

$$y = a + b_1 x + b_2 x^2$$

令 $Y = y$，$X_1 = x$，$X_2 = x^2$，$A = a$，$B_1 = b_1$，$B_2 = b_2$，则有线性回归 $Y = a + b_1 X_1 + b_2 X_2$。

或者说，在抛物线方程中把 x^2 看做一个新的自变量，它就成为一个二元线性回归方程。

二 线性化处理的合理性分析

1. 线性化处理的两种情况

实际中常用的预测模型有线性回归模型和非线性回归模型，但后者的估计比较困难，在很大程度上限制了它的应用。然而从理论上讲，最小二乘法能够估计非线性回归模型中的回归系数。与线性回归模型不同的是，正规方程组是非线性方程组，因此非线性回归模型的回归系数的估计实质是求非线性方程组的解。由于非线性方程组求解难度大，所以在实践中，发现某些非线性回归模型通过变量替换可以被转化为线性回归模型，并且将这些非线性回归模型称为可线性化的非线性回归模型。我们研究发现，可线性化的非线性回归模型有两种情形：一是变量替换不涉及回归系数，即回归系数不发生变化；二是涉及回归系数，即回归系数发生变化。进一步研究发现，在第一种情形下，非线性回归模型及其转化后的线性模型的正规方程组关于回归系数均是线性的，因此它们有相同的解。但在第二种情形下，非线性回归模型虽被转化为线性回归模型，但转化后的线性回归模型的正规方程组关于新回归系数是线性的，而关于原回归系数则是非线性的。

下面证明非线性回归模型正规方程组与转化后的线性回归模型正规方程组有不同的解。因此我们认为，在第二种线性化情形下，由转化后的线性回归模型估计的新回归系数通过反变量替换得到非线性回归模型的原回归系数不成立。

2. 含回归系数变化的线性化情形

不失一般性，设非线性回归模型为

$$\hat{y}_i = \hat{a} x_i^{\hat{b}} (i = 1, \cdots, n)$$

它的正规方程组为

$$\begin{cases} \hat{a} \sum_i (x_i^b)^2 = \sum_i y_i x_i^{\hat{b}} \\ \hat{a} \left[\sum_i (x_i^b)^2 \ln x_i \right] = \sum_i y_i x_i^{\hat{b}} \ln x_i \end{cases}$$

显然，这个正规方程关于 $\hat{a}$ 和 $\hat{b}$ 是非线性的。为区别起见，把它称为非线性正规方程。作变量替换

$$Y_i = \ln y_i, X_i = \ln x_i$$

则非线性回归模型被转化为线性回归模型

$$\hat{Y}_i = \hat{A} + \hat{B} X_i$$

并且

$$\hat{A} = \ln \hat{a}, \hat{B} = \hat{b}。$$

即回归系数发生变化了。

值得注意的是，线性化的线性回归模型关于新回归系数 $\hat{A}$ 和 $\hat{B}$ 是线性

的，但关于原回归系数 $\hat{a}$ 和 $\hat{b}$ 则是非线性的。它关于 $\hat{A}$ 和 $\hat{B}$ 的（线性）正规方程组为

$$\begin{cases} n\hat{A} + (\sum_i X_i)\hat{B} = \sum_i Y_i \\ (\sum_i X_i)\hat{A} + (\sum_i X_i^2)\hat{B} = \sum_i X_i Y_i \end{cases}$$

解之得到

$$\begin{cases} \hat{B} = \dfrac{n\sum_i X_i Y_i - (\sum_i X_i)(\sum_i Y_i)}{n\sum_i X_i^2 - (\sum_i X_i)^2} \\ \hat{A} = \dfrac{1}{n}\sum_i Y_i - B\dfrac{1}{n}\sum_i X_i \end{cases}$$

进而得到

$$\hat{b} = \hat{B}, \hat{a} = e^{\hat{A}}$$

这就是通常的非线性回归模型线性化后求得原非线性回归模型的回归系数的过程。下面我们首先由反证法证明它是不成立的，即第二种线性化过程不成立。

由反证法，如果 $\hat{a} = e^{\hat{A}}$ 成立，由非线性正规方程得到

$$\hat{a} = \sum_i y_i x_i^{\hat{b}} \Big/ \sum_i (x_i^{\hat{b}})^2$$
$$= \sum_i y_i x_i^{\hat{b}}\ln x_i \Big/ \sum_i (x_i^{\hat{b}})^2\ln x_i$$

那么有

$$e^A = \sum_i y_i x_i^{\hat{b}} \Big/ \sum_i (x_i^{\hat{b}})^2$$
$$= \sum_i y_i x_i^{\hat{b}}\ln x_i \Big/ \sum_i (x_i^{\hat{b}})^2\ln x_i$$

我们给出一个反例，验证上式不成立，因此 $\hat{a} = e^{\hat{A}}$ 不成立。

例 6 - 8 我国 1985 ~ 1994 年国内生产总值 GDP、平均从业人员人数 L 和全社会固定资产资本 K 数据如表 6 - 8 所示。

生产函数为

$$\hat{GDP} = \hat{a}L^{\hat{c}}K^{\hat{b}} \qquad \hat{c} + \hat{b} = 1$$

表 6 - 8　数据

年份	GDP(亿元)	L(万人)	K(亿元)
1985	8964.4	49035	2543.19
1986	10202.2	50577.5	3019.62
1987	11962.5	52032.5	3640.86
1988	14928.3	53558.5	4496.54
1989	16909.2	54831.5	4137.73
1990	19547.9	59619	4449.29
1991	21617.8	64354	5508.8
1992	26638.1	65176.5	7854.98
1993	34634.4	65963.5	12457.88
1994	46759.4	66786	16370.33

式中 $\hat{c}$ 和 $\hat{b}$ 分别为劳动力弹性和资本弹性。

令

$$y = \frac{GDP}{L}, X = \frac{K}{L}$$

生产函数则为

$$\hat{y} = \hat{a}x^b$$

它是一个非线性回归模型。作变量替换

$$Y = \ln y, X = \ln x$$

则有线性化后的线性回归模型

$$\hat{Y} = \hat{A} + \hat{b}X$$

并且估计线性回归模型，得到

$$\hat{A} = 1.649430, \hat{B} = 0.813880$$

因此

$$e^{\hat{A}} = 5.204031 \quad \sum_i y_i x_i^{\hat{B}} \Big/ \sum_i (x_i^{\hat{B}})^2 = 5.137839 \quad \sum_i y_i x_i^{\hat{B}} \ln x_i \Big/ \sum_i (x_i^{\hat{B}})^2 \ln x_i = 5.106201$$

可见

$$e^{\hat{A}} \neq \sum_i y_i x_i^{\hat{B}} \Big/ \sum_i (x_i^{\hat{B}})^2 \neq \sum_i y_i x_i^{\hat{B}} \ln x_i \Big/ \sum_i (x_i^{\hat{B}})^2 \ln x_i$$

3. 理论上的证明

一般人会有这样的疑问：回归模型描述的是两个变量之间的相关关系，

仅用一个反例不足以说明第二种情形下线性化不成立，况且数值计算本身有误差。

下面我们从理论上给出证明。

由最小二乘法原理，设线性化后的回归模型对应的数学模型为

$$Y_i = A + BX_i + \varepsilon_i, \varepsilon_i \sim N(0, \delta^2)(\delta^2 \neq 0)$$

而非线性回归模型对应的数学模型为

$$y_i = ax_i^b e^{\varepsilon_i}$$

它的回归方程为

$$E(y_i) = ax_i^b E(e^{\varepsilon_i}) = ax_i^b e^{\frac{\delta^2}{2}}$$

因此

$$\ln E(y_i) = \ln a + b\ln x_i + \frac{\delta^2}{2}$$

按线性化处理，对 $y_i = ax_i^b e^{\varepsilon_i}$ 两边取对数

$$\ln y_i = \ln a + b\ln x_i + \varepsilon_i$$

但它的回归方程为

$$E(\ln y_i) = \ln a + b\ln x_i$$

可见 $E(\ln y_i) \neq \ln E(y_i)$。

说明了这种线性化处理，由 A 和 B 通过反变量替换求 a 和 b 是不成立的。

因此，依据最小二乘法，求解非线性回归模型问题，还需要很长的时间，并有待计算数学的发展。我们认为，研制非线性模型，最好的模型工具是混沌动力学模型或协整模型。

值得一提的是，这里所讲的非线性线性化问题，与极小量化方法[①]是不同的。虽然，它们都使用了变量替换，但后者是不能被线性化的。因此，这里的结论不适应于前者。至于前者涉及非线性数学模型中残差项的设定及形式问题，是一个目前还无法解决的问题，有待进一步探讨。

---

① 参见葛新权《经济统计与经济模型》，经济科学出版社，2004，第205页。

第七章 聚类分析

第三章至第六章介绍的是常用的推断统计方法。但在实际中，由于现象的复杂性，我们的研究对象往往表现为多维的数据矩阵，它表示一个样本。这个样本包括 n 个样品，每个样品有 p 个指标。因此，该样本数据矩阵可以表示为一个 $n \times p$ 矩阵 $X_{n \times p}$（行表示样品，列表示指标；或行表示指标，列表示样品），也可以表示为 p 维空间中的 n 个点。从本章开始介绍处理这种多维的数据矩阵的多元统计分析方法，包括聚类分析、判断分析、主成分分析、因子分析、对应分析和典型相关分析。它们的分析对象可以是 n 阶矩阵 XX^T，也可以是 p 阶矩阵 $X^T X$，前者表示基于指标对样品进行分析，后者表示基于样品对指标进行分析。

第一节 聚类分析的概念

聚类分析又称群分析，它是研究（样品或指标）分类问题的一种多元统计方法。所谓类，通俗地说，就是指相似元素的集合。严格的数学定义是较麻烦的，在不同问题中类的定义是不同的。

聚类分析起源于分类学，在考古的分类学中，人们主要依靠经验和专业知识来实现分类。随着生产技术和科学的发展，人类的知识不断增多，分类越来越细，要求也越来越高，有时光凭借经验和专业知识是不能进行确切分类的，往往需要定性和定量分析结合起来去分类，于是数学工具逐渐被引入分类学中，形成了数值分类学。后来随着多元分析的引进，聚类分析又逐渐从数值分析学中分离出来而形成一个相对独立的分支。

在社会经济领域中存在着大量分类问题，比如对我国 31 个省、直辖市、自治区（未包括香港、澳门、台湾，下同）独立核算工业企业经济效益进行分析，一般不是逐个省、直辖市、自治区去分析，而较好的做法是选取能反映企业经济效益的代表性指标，如百元固定资产实现利税、资金利税率、产值利税率、百元销售收入实现利润、全员劳动生产率等，根据这些指标对 31 个省、直辖市、自治区进行分类，然后根据分类结果对企业经济效益进行综合评价，就易于得出科学的分析。又比如若对某些大城市的物价指数进行考察，而物价指数很多，有农用生产物价指数、服务项目物价指数、食品消费物价指数、建材零售价格指数等。由于要考察的物价指数很多，通常先对这些物价指数进行分类。总之，需要分类的问题很多，因此聚类分析这个有用的数学工具越来越受到人们的重视，它在许多领域都得到了广泛的应用。

下面主要介绍系统聚类和模糊聚类。值得提出的是将聚类分析和其他方法联合起来使用，如判别分析、主成分分析、回归分析等往往效果更好。

第二节　距离和相似系数

一　测量尺度

在进行聚类分析时，样品间的相似系数和距离有各种不同的定义，而这些定义与变量的类型关系极大，通常按照它们的特性来分类。变量特征的测量尺度有以下三种类型。

1. 间隔尺度

指标由连续的实值变量表示。它是由测量或计数、统计所得到的量，如长度、重量、经济统计数字、抽样调查数据等。

2. 有序尺度

用该指标度量时没有明确的数量表示，只有次序关系。如评价某种产品的质量，可分为一等品、二等品、三等品三种等级。

3. 名义尺度

具有该种特性的变量在度量时既没有数量表示，也没有次序关系。如性别分为男和女，市场供求中有产和销，医疗诊断中有阴性和阳性等。

当我们欲将研究对象分类时，总是根据研究对象的特点设一些指标，采集一些样品。当我们选用 p 个指标，n 个样品时，就可以获得一个 $n \times p$ 的数据矩阵

$$\begin{pmatrix} x_{11} & x_{12} & \cdots & x_{1p} \\ x_{21} & x_{22} & \cdots & x_{2p} \\ \vdots & \vdots & & \vdots \\ x_{n1} & x_{n2} & \cdots & x_{np} \end{pmatrix}$$

该矩阵的元素 x_{ij} 表示第 i 个样品的第 j 个指标值。

从一组复杂数据中产生一个相当简单的类结构，必然要求进行"相关性"和"相似性"度量。在相似性度量的选择中，常常包含许多主观上的考虑，但最重要的考虑是指标（包括离散的、连续的和二态的变量）的性质或观测的尺度（名义的、间隔的、次序的尺度）以及有关的知识。

本章主要讨论指标测量为间隔尺度的情况。

对样品进行聚类时，我们将把样品间的"靠近"程度由某种距离来刻画；对指标的聚类，往往用某种相似系数来刻画。

二 距 离

在上面的数据矩阵中，每个样品有 p 个指标，故每个样品可以看成 p 维空间中的一个点，n 个样品就组成 p 维空间中的 n 个点，此时自然想用距离来度量样品之间接近的程度。

用 x_{ij} 表示第 i 个样品的第 j 个指标，第 j 个指标的均值和标准差记作 $\bar{x}_j$ 和 S_j。用 d_{ij} 表示第 i 个样品与第 j 个样品之间的距离，一般要求距离满足四个条件：

（1）$d_{ij} \geqslant 0$，对于一切 i，j；

（2）$d_{ij} = 0$，等价于样品 i 与样品 j 的各指标相同；

（3）$d_{ij} = d_{ji}$，对于一切 i，j；

（4）$d_{ij} \leqslant d_{ik} + d_{kj}$，对于一切 i，j，k。

在聚类分析中有些距离并不满足（4），但我们广义地称它为距离。在有些场合，（4）加强为：

（4）$'d_{ij} \leqslant \max\{d_{ik}, d_{jk}\}$，对于一切 i，j，k。

因为

$$d_{ij} \leqslant \max\{d_{ik}, d_{jk}\} \leqslant d_{ik} + d_{jk}$$

故（4）$'$ 比（4）更强。满足（4）$'$ 的距离称为极端距离。

最常见、最直观的距离是：

$$d_{ij}(1) = \sum_{k=1}^{p} |x_{ik} - x_{jk}|$$

$$d_{ij}(2) = \left[\sum_{k=1}^{p} (x_{ik} - x_{jk})^2 \right]^{1/2}$$

前者叫做绝对值距离，后者叫做欧氏距离，这两个距离可以统一写成

$$d_{ij}(q) = \Big[\sum_{k=1}^{p} (x_{ik} - x_{jk})^q \Big]^{1/q}$$

它叫做明考斯基（Minkowski）距离，当 $q=1$ 和 2 时就是上述的两个距离，当 q 趋于无穷时

$$d_{ij}(\infty) = \max_{i \leqslant k \leqslant p} |x_{ik} - x_{jk}|$$

它称为切比雪夫（Chebyshev）距离。

可以验证，$d_{ij}(q)$ 满足距离的条件（1）～（4）。

此外，还有马氏（Mahalanobis）距离和兰氏（Canberra）距离。

1. 马氏距离

马氏距离由印度统计学家马哈拉诺比斯（P. C. Mahalanobis）提出，设 Σ 表示样品马氏距离的协差阵即

$$\Sigma = (S_{ij})_{n \times n}$$

其中，$S_{ij} = \dfrac{1}{p-1} \sum_{\alpha=1}^{p} (x_{i\alpha} - \bar{x}_i)(x_{j\alpha} - \bar{x}_j)$　$i, j = 1, \cdots, n$

$$\bar{x}_i = \frac{1}{p} \sum_{\alpha=1}^{p} x_{i\alpha} \qquad \bar{x}_j = \frac{1}{p} \sum_{\alpha=1}^{p} x_{j\alpha}$$

如果 Σ^{-1} 存在，则马氏距离为

$$d_{ij}^2(M) = (x_i - x_j)' \Sigma^{-1}(x_i - x_j)$$

2. 兰氏距离

兰氏距离由 Cance 和 Williams 提出。

$$d_{ij}(L) = \sum_{\alpha=1}^{p} \frac{|x_{\alpha i} - x_{\alpha j}|}{x_{\alpha i} - x_{\alpha j}}$$

此处仅适用于一切 $x_{ij} \geqslant 0$ 的情况。

三　相似系数

对两个指标之间的相似程度，我们用相似系数来刻画，用 C_{ij} 表示第 i 个指标与第 j 个指标的相似系数。C_{ij} 的绝对值越接近于 1，表示指标 i 与指标 j 的关系越密切；C_{ij} 的绝对值越接近于 0，表示指标 i 与指标 j 的关系越疏远。对于间隔尺度，常用相似系数有：

1. 夹角余弦

这是受相似形的启发而来，图 7-1 中曲线 AB 和 CD 尽管长度不一，但

形状相似，当长度不是主要矛盾时，应定义一种相似系数使 AB 和 CD 呈现出比较密切的关系，而夹角余弦适合这一要求。它的定义是

$$C_{ij}(1) = \frac{\sum\limits_{k=1}^{n} x_{ki} x_{kj}}{\left[\left(\sum\limits_{k=1}^{n} x_{ki}^2 \right) \sum\limits_{k=1}^{n} x_{kj}^2 \right]^{1/2}}$$

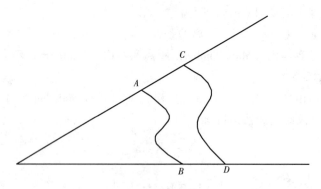

图 7 - 1 夹角余弦

它是指标向量 $(x_{1i}, x_{2i}, \cdots, x_{ni})$ 和 $(x_{1j}, x_{2j}, \cdots, x_{nj})$ 之间的夹角余弦。

2. 相关系数

这是前面已论述过的大家最熟悉的统计量，它是将数据标准化后的夹角余弦。相关系数常用 r_{ij} 表示，为了与其他相似系数记号统一，这里记它为 $C_{ij}(2)$

$$C_{ij}(2) = \frac{\sum\limits_{k=1}^{n} (x_{ki} - \bar{x}_i)(x_{kj} - \bar{x}_i)}{\left[\sum\limits_{k=1}^{n} (x_{ki} - \bar{x}_i)^2 \sum\limits_{k=1}^{n} (x_{kj} - \bar{x}_i)^2 \right]^{1/2}}$$

如改为将上两式中 x 的下标交换一下，而求和时 $\sum\limits_{k=1}^{p}$ 就可以得到样品的相似系数。同样，我们也可以通过公式 $d_{ij}^2 = 1 - C_{ij}^2$ 得到指标间的距离。

第三节　系统聚类分析

系统聚类分析（Hierarchical Clustering Method）是目前国内外使用得最多的一种方法，有关它的研究极为丰富。它包含以下步骤：

（1）计算 n 个样品两两间的距离 $\{d_{ij}\}$，记作 $D = \{d_{ij}\}$。

（2）构造 n 个类，每个类只包含一个样品。

（3）合并距离最近的两类为一新类。

（4）计算新类与当前各类的距离。若类的个数等于 1，转到步骤（5），否则回到步骤（3）。

（5）画聚类图。

（6）决定类的个数和类。

由于类与类之间距离的计算方法不同，从而形成了不同的系统聚类方法。

1. 最短距离法

定义类 G_i 与 G_j 之间的距离为两类最近样品的距离，即 $D_{ij} = \min\limits_{X_i \in G_i, X_j \in G_j} d_{ij}$。

设类 G_p 与 G_q 合并成一个新类记为 G_r，则任一类 G_k 与 G_r 的距离是：

$$
\begin{aligned}
D_{ikr} &= \min_{X_i \in G_i, X_j \in G_j} d_{ij} \\
&= \min\{ \min_{X_i \in G_k, X_j \in G_p} d_{ij}, \min_{X_i \in G_k, X_j \in G_q} d_{ij} \} \\
&= \min\{ D_{kp}, D_{kq} \}
\end{aligned}
$$

最短距离法聚类的步骤如下：

（1）定义样品之间的距离，计算样品两两距离，得一距离阵，记为 $D_{(0)}$，开始每个样品自成一类，显然这时 $D_{ij} = d_{ij}$。

（2）找出 $D_{(0)}$ 的非对角线最小元素，设为 d_{pq}，则将 G_p 与 G_q 合并成一个新类，记为 G_r，即 $G_r = \{G_p, G_q\}$。

给出计算新类与其他类的距离公式：$D_{kr} = \min \{D_{kp}, D_{kq}\}$

（1）将 $D_{(0)}$ 中第 p、q 行及 p、q 列用上面公式并成一个新行新列，新行新列对应 G_r，所得到的矩阵记为 $D_{(1)}$。

（2）对 $D_{(1)}$ 重复上述对 $D_{(0)}$ 的（2）、（3）两步得 $D_{(2)}$；如此下去，直到所有的元素并成一类为止。

如果某一步 $D_{(k)}$ 中的非对角线最小的元素不止一个，则对应这些最小元素的类可以同时合并。

为了便于理解最短距离法的计算步骤，现在举一个最简单的数字例子。

例 7 - 1[①]　设抽取五个样品，每个样品只测一个指标，它们是 1，2，3.5，7，9，试用最短距离法对五个样品进行分类。

---

① 于秀林、任雪松编著《多元统计分析》，中国统计出版社，2002，第 71 页。

（1）定义样品间距离采用绝对距离，计算样品两两距离，得距离阵 $D_{(0)}$ 如表 7－1 所示：

表 7－1　距离阵 $D_{(0)}$

	$G_1 = \{X_1\}$	$G_2 = \{X_2\}$	$G_3 = \{X_3\}$	$G_4 = \{X_4\}$	$G_5 = \{X_5\}$
$G_1 = \{X_1\}$	0				
$G_2 = \{X_2\}$	1	0			
$G_3 = \{X_3\}$	2.5	1.5	0		
$G_4 = \{X_4\}$	6	5	3.5	0	
$G_5 = \{X_5\}$	8	7	5.5	2	0

（2）找出 $D_{(0)}$ 中非对角线最小元素是 1，即 $d_{12} = 1$，则将 G_1 与 G_2 合并成一个新类，记为 $G_6 = \{X_1, X_2\}$。

（3）计算新类 G_6 与其他类的距离，按公式：

$$G_{i6} = \min(D_{i1}, D_{i2})\ i = 3,4,5$$

即将表 $D_{(0)}$ 的前两行两列取较小的一行一列得表 $D_{(1)}$ 如表 7－2 所示：

表 7－2　距离阵 $D_{(1)}$

	G_6	G_3	G_4	G_5
$G_6 = \{X_1, X_2\}$	0			
$G_3 = \{X_3\}$	1.5	0		
$G_4 = \{X_4\}$	5	3.5	0	
$G_5 = \{X_5\}$	7	5.5	2	0

（4）找出 $D_{(1)}$ 中非对角线最小元素是 1.5，则将相应的两类 G_3 和 G_6 合并为 $G_7 = \{X_1, X_2, X_3\}$，然后再按公式计算各类与 G_7 的距离，即将 G_3，G_6 相应的两行两列归并为一行一列，新的行列由原来的两行（列）中较小的一个组成，计算结果得表 $D_{(2)}$ 如表 7－3 所示：

表 7－3　距离阵 $D_{(2)}$

	G_7	G_4	G_5
$G_7 = \{X_1, X_2, X_3\}$	0		
$G_4 = \{X_4\}$	3.5	0	
$G_5 = \{X_5\}$	5.5	2	0

（5）找出 $D_{(2)}$ 中非对角线最小元素是 2，则将 G_4 和 G_5 合并为 $G_8 = \{X_4, X_5\}$，最后再按公式计算 G_7 与 G_8 的距离，即将 G_4, G_5 相应的两行两列归并为一行一列，新的行列由原来的两行（列）中较小的一个组成，计算结果得表 $D_{(3)}$ 如表 7 - 4 所示：

表 7 - 4 距离阵 $D_{(3)}$

	G_6	G_8
$G_7 = \{X_1, X_2, X_3\}$	0	
$G_8 = \{X_4, X_5\}$	3.5	0

最后将 G_7 和 G_8 合并成 G_9，上述并类过程可用图 7 - 2 表达。横坐标的刻度是聚类的距离。

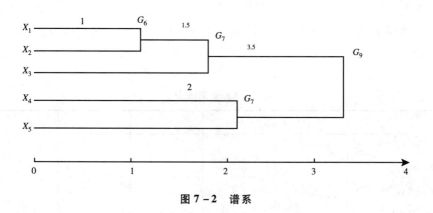

图 7 - 2 谱系

由图 7 - 2 看到分成两类 $\{X_1, X_2, X_3\}$ 及 $\{X_4, X_5\}$ 比较合适，在实际问题中有时给出一个阈值 T 进行分类。如 $T = 0.9$，则五个样品各成一类；$1 \leqslant T < 1.5$，则分四类；$1.5 \leqslant T < 2$，则分三类；$2 \leqslant T < 3.5$，则分两类；$3.5 \leqslant T$，则五个样品成为一类。

最短距离法也可用于指标（变量）分类，分类时可以用距离，也可以用相似系数。但用相似系数时应找最大的元素并类，也就是把公式 $D_{ik} = \min \{D_{ip}, D_{iq}\}$ 中的 min 换成 max。

2. 最长距离法

定义类 G_i 与类 G_j 之间的距离为两类最远样品的距离，即 $D_{pq} = \min\limits_{X_i \in G_p, X_j \in G_q} d_{ij}$。

最长距离法与最短距离法的并类步骤完全一样，也是将各样品先自成一类，然后将非对角线上最小元素对应的两类合并。设某一步将类 G_p 与 G_q 合并为 G_r，则任一类 G_k 与 G_r 的距离用最长距离公式为：

$$
\begin{aligned}
D_{ik} &= \max_{X_i \in G_k, X_j \in G_r} d_{ij} \\
&= \max\left\{ \max_{X_i \in G_k, X_j \in G_p} d_{ij}, \max_{X_i \in G_k, X_j \in G_q} d_{ij} \right\} \\
&= \max\{ D_{kp}, D_{kq} \}
\end{aligned}
$$

再找非对角线最小元素的两类并类，直至所有的样品全归为一类为止。

易见最长距离法与最短距离法只有两点不同：一是类与类之间的距离定义不同；另一是计算新类与其他类的距离所用的公式不同。下面将要介绍的其他系统聚类分之间的不同点也表现在这两个方面，而并类步骤完全一样，所以下面介绍其他系统聚类方法时，主要指出这两个方面：定义和公式。

将例 7 - 1 应用最长距离法按聚类步骤（1）-（3）可得 $D_{(0)}$ 如表 7 - 5 所示：

表 7 - 5　距离阵 $D_{(0)}$

		G_2	G_3	G_4	G_5
$G_1 = \{X_1\}$	0				
$G_2 = \{X_2\}$	1	0			
$G_3 = \{X_3\}$	2.5	1.5	0		
$G_4 = \{X_4\}$	6	5	3.5	0	
$G_5 = \{X_5\}$	8	7	5.5	2	0

$D_{(1)}$ 如表 7 - 6 所示：

表 7 - 6　距离阵 $D_{(1)}$

		G_6	G_3	G_4	G_5
$G_6 = \{X_1, X_2\}$	0				
$G_3 = \{X_3\}$	2.5	0			
$G_4 = \{X_4\}$	6	3.5	0		
$G_5 = \{X_5\}$	8	5.5	2	0	

$D_{(2)}$ 如表 7 - 7 所示：

表 7 - 7　距离阵 $D_{(2)}$

	G_6	G_7	G_5
$G_6 = \{X_1, X_2\}$	0		
$G_7 = \{X_4, X_5\}$	8	0	
$G_3 = \{X_3\}$	2.5	5.5	0

$D_{(3)}$ 如表 7 - 8 所示：

表 7 - 8　距离阵 $D_{(3)}$

	G_7	G_8
$G_7 = \{X_4, X_5\}$	0	
$G_8 = \{X_1, X_2, X_3\}$	3.5	0

最后将 G_6 和 G_8 合并成 G_9。其聚类图如图 7 - 3 所示，与最短距离法分类情况一致，只是并类的距离不同。

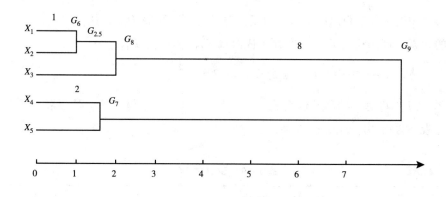

图 7 - 3　谱系图

3. 中间距离法

定义类与类之间的距离既不采用两类之间最近的距离，也不采用两类之间最远的距离，而是采用介于两者之间的距离，故称为中间距离法，如图 7 - 4 所示。

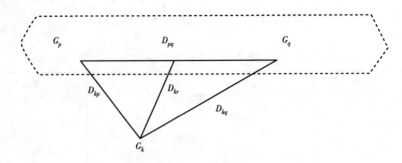

图 7-4   中间距离

如果在某一步将类 G_p 与类 G_q 合并为类 G_r，任一类 G_k 和 G_r 的距离公式为：

$$D_{kr}^2 = \frac{1}{2}D_{kp}^2 + \frac{1}{2}D_{kq}^2 + \beta D_{pq}^2，其中 -\frac{1}{4} \leqslant \beta \leqslant 0$$

当 $\beta = -\dfrac{1}{4}$ 时，由初等几何知 D_{kr} 就是上面三角形的中线。

如果用最短距离法，则 $D_{kr} = D_{kp}$；如果用最长距离法，则 $D_{kr} = D_{kq}$；如果取夹在这两边的中线作为 D_{kr}，则 $D_{kr} = \sqrt{\dfrac{1}{2}D_{kp}^2 + \dfrac{1}{2}D_{kq}^2 - \dfrac{1}{4}D_{pq}^2}$，由于距离公式中的量都是距离的平方，为了计算的方便，可将 $D_{(0)}$，$D_{(1)}$，$D_{(2)}$，$\cdots$ 中的元素，都用相应元素的平方代替而得 $D_{(0)}^2$，$D_{(1)}^2$，$D_{(2)}^2$，$\cdots$

将例 7-1 用中间距离法分类，取 $\beta = -\dfrac{1}{4}$。

（1）将每个样品看做自成一类，因此 $D_{ij} = d_{ij}$，得 $D_{(0)}$，然后将 $D_{(0)}$ 中元素平方得 $D_{(0)}^2$ 如表 7-9 所示：

表 7-9   距离阵 $D_{(0)}^2$

	G_1	G_2	G_3	G_4	G_5
$G_1 = \{X_1\}$	0				
$G_2 = \{X_2\}$	1	0			
$G_3 = \{X_3\}$	6.25	2.25	0		
$G_4 = \{X_4\}$	36	25	12.25	0	
$G_5 = \{X_5\}$	64	49	30.25	4	0

（2）找出 $D^2_{(0)}$ 中非对角线最小元素是 1，则将 G_1、G_2 合并成一个新类 G_6。

（3）按中间距离公式计算新类 G_6 与其他的平方距离得 $D^2_{(1)}$ 如表 7 - 10 所示：

表 7 – 10 距离阵 $D^2_{(1)}$

	G_6	G_3	G_4	G_5
$G_6 = \{X_1, X_2\}$	0			
$G_3 = \{X_3\}$	4	0		
$G_4 = \{X_4\}$	30.25	12.25	0	
$G_5 = \{X_5\}$	56.25	30.25	4	0

如：

$$D^2_{36} = \frac{1}{2}D^2_{31} + \frac{1}{2}D^2_{32} - \frac{1}{4}D^2_{12}$$
$$= \frac{1}{2} \times 6.25 + \frac{1}{2} \times 2.25 - \frac{1}{4}$$
$$= 4$$

（4）找出 $D^2_{(1)}$ 中非对角线最小元素是 $D_{36} = D_{45} = 4$，则将 G_3 和 G_6 合并成 G_7，将 G_4 和 G_5 合并成 G_8。

（5）最后计算 G_7 和 G_8 的平方距离，得 $D^2_{(2)}$ 如表 7 – 11 所示：

表 7 – 11 距离阵 $D^2_{(2)}$

	G_7	G_8
$G_7 = \{X_1, X_2, X_3\}$	0	
$G_8 = \{X_4, X_5\}$	30.25	0

不难看出此聚类图的现状和前面两种聚类图一致，只是并类距离不同。而且可以发现中间距离法的并类距离大致处于它们的中间（见图 7 – 5）。

4. 重心法

从物理的观点看，一个类用它的重心（该类样品的均值）作代表比较合理，类与类之间的距离就用重心之间的距离来表示。若样品之间采用欧氏距离，设某一步将类 G_p 与类 G_q 合并为类 G_r，它们各有 n_p，n_q，n_r（$n_r = n_p + n_q$）个样品，它们的重心用 $\bar{x}_p$，$\bar{x}_q$ 和 $\bar{x}_r$ 表示，如图 7 – 5 所示。

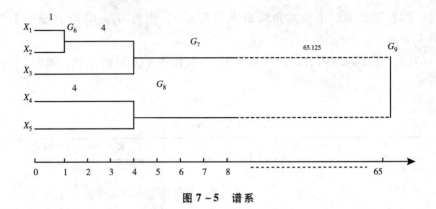

图 7 – 5　谱系

$$\overline{x}_r = \frac{1}{n_r}(n_p \overline{x}_p + n_q \overline{x}_q)$$

某一类 G_k 的重心为 $\overline{x}_k$，它与新类 G_r 的距离是：

$$D^2(k,r) = (\overline{x}_k - \overline{x}_r)^T (\overline{x}_k - \overline{x}_r)$$

可以证明 $D^2(k, r)$ 是如下的形式：

$$D^2(k,r) = \frac{n_p}{n_r}D^2(k,p) + \frac{n_q}{n_r}D^2(k,q) - \frac{n_p}{n_r}\frac{n_q}{n_r}D^2(p,q)$$

这就是重心法的距离递推公式。

将例 7 – 1 用重心法分类。

重心法的初始距离阵 $D^2_{(0)}$ 与中间距离法相同，即表 7 – 9，$D^2_{(0)}$ 如表 7 – 12 所示：

表 7 – 12　平方距离阵 $D^2_{(0)}$

	G_1	G_2	G_3	G_4	G_5
$G_1 = \{X_1\}$	0				
$G_2 = \{X_2\}$	1	0			
$G_3 = \{X_3\}$	6.25	2.25	0		
$G_4 = \{X_4\}$	36	25	12.25	0	
$G_5 = \{X_5\}$	64	49	30.25	4	0

首先将 G_1 与 G_2 合并成一个新类 G_6，其重心为 $\overline{X}_6 = 1.5$，计算 G_6 与其他类重心之间的平方距离得 $D^2_{(1)}$ 如表 7 – 13 所示：

表 7 - 13 平方距离阵 $D_{(1)}^2$

	G_6	G_3	G_4	G_5
$G_6 = \{X_1, X_2\}$	0			
G_3	4	0		
G_4	30.25	12.25	0	
G_5	56.25	30.25	4	0

其中

$$D_{k6}^2 = \frac{n_1}{n_6}D_{k1}^2 + \frac{n_2}{n_6}D_{k2}^2 - \frac{n_1 n_2}{n_6^2}D_{12}^2 \qquad k = 3,4,5$$

如

$$D_{46}^2 = \frac{1}{2} \times 36 + \frac{1}{2} \times 25 - \frac{1}{4} \times 1 = 30.25$$

非对角线最小为 4，可将 G_3 和 G_6 合并成 G_7，将 G_4 和 G_5 合并成 G_8。计算新类与其他重心间的平方距离得 $D_{(2)}^2$ 如表 7 - 14 所示：

表 7 - 14 平方距离阵 $D_{(2)}^2$

	G_7	G_8
$G_7 = \{X_1, X_2, X_3\}$	0	
$G_8 = \{X_4, X_5\}$	34.03	0

最后将 G_7 与 G_8 合并为 G_9，其聚类图如图 7 - 6 所示：

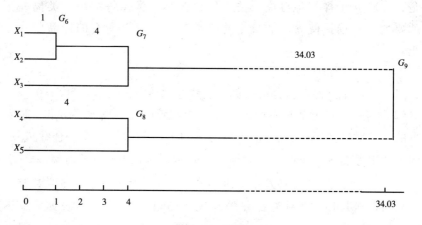

图 7 - 6 谱系

5. 离差平方和法

这个方法是由沃德（Ward）提出来的，称沃德法。他的思想来源于方差分析。如果类分得正确，同类样品的离差平方和应当较小，类与类之间的离差平方和应当较大。

设将 n 个样品分成 k 类 G_1，G_2，…，G_k，用 x_{it} 表示类 G_t 中的第 i 个样品（注意 x_{it} 是 p 维向量），n_t 表示类 G_t 中的样品个数，$\bar{x}_t$ 是类 G_t 的重心，则在类 G_t 中的样品的离差平方和是

$$S_t = \sum_{i=1}^{n_t} (x_{it} - \bar{x}_t)^T (x_{it} - \bar{x}_t)$$

整个类内平方和是

$$S = \sum_{t=1}^{k} \sum_{i=1}^{n_t} (x_{it} - \bar{x}_t)^T (x_{it} - \bar{x}_t) = \sum_{t=1}^{k} S_t$$

当 k 固定时，要选择使 S 达到极小的分类。n 个样品，分成 k 类，一切可能的分法有

$$R(n,k) = \frac{1}{k_i} \sum_{i=0}^{k} (-1)^{k-i} \binom{k}{i} i^n$$

当 n，k 较大时，R（n，k）就达到了天文数字。因此，要比较这么多分类来选择最小的 S，即使大容量、高速度的计算机也难以完成。于是，只好放弃在一切分类中求 S 的极小值的要求，而是设计出某种规则，找到一个局部最优解，沃德法就是找局部最优解的一个方法。其思路是，先将 n 个样品各自成一类，然后缩小一类，每缩小一类离差平方和就要增大，选择使 S 增加最小的两类合并，直至所有的样品归为一类为止。

将例 7 – 1 用沃德法分类：

（1）将五个样品各自分成一类，显然这时类内离差平方和 $S = 0$。

（2）将一切可能的任意两列合并，计算所增加的离差平方和，取其中较小的 S 所对应的类合并，例如将 $G_1 = \{X_1\}$、$G_2 = \{X_2\}$ 合并成一类，它的离差平方和 $S = (1 - 1.5)^2 + (2 - 1.5)^2 = 0.5$，如果将 $G_1 = \{X_1\}$、$G_3 = \{X_3\}$ 合并，它的离差平方和 $S = (1 - 2.25)^2 + (3.5 - 2.25)^2 = 3.125$，将一切可能的两类合并的离差平方和都算出，列表如表 7 – 15 所示：

表 7 – 15　平方距离阵 $D_{(0)}^2$

	G_1	G_2	G_3	G_4	G_5
$G_1 = \{X_1\}$	0				
$G_2 = \{X_2\}$	0.5	0			
$G_3 = \{X_3\}$	3.125	1.125	0		
$G_4 = \{X_4\}$	18	12.50	6.125	0	
$G_5 = \{X_5\}$	32	24.50	15.125	2	0

表 7 – 15 中非对角线最小元素是 0.5，说明将 G_1 与 G_2 合并成为 G_6 增加的 S 最少，计算 G_6 与其他类的距离得 $D_{(1)}^2$ 如表 7 – 16 所示：

表 7 – 16　平方距离阵 $D_{(1)}^2$

	G_6	G_3	G_4	G_5
$G_6 = \{X_1, X_2\}$	0			
$G_3 = \{X_3\}$	2.667	0		
$G_4 = \{X_4\}$	20.167	6.125	0	
$G_5 = \{X_5\}$	37.5	15.125	2	0

其中

$$D_{k6}^2 = \frac{n_k + n_1}{n_6 + n_k} D_{k1}^2 + \frac{n_k + n_2}{n_6 + n_k} D_{k2}^2 - \frac{n_k}{n_6 + n_k} D_{12}^2 \qquad k = 3, 4, 5$$

这里 $n_1 = n_2 = n_3 = n_4 = n_5 = 1$，$n_6 = n_7 = 2$

表 7 – 16 非对角线最小元素是 2，将 G_4、G_5 合并成 G_7，计算 G_7 与其他类的距离得 $D_{(2)}^2$ 如表 7 – 17 所示：

表 7 – 17　平方距离阵 $D_{(2)}^2$

	G_6	G_3	G_7
$G_6 = \{X_1, X_2\}$	0		
$G_3 = \{X_3\}$	2.667	0	
$G_7 = \{X_4, X_5\}$	42.25	13.5	0

其中

$$D_{k7}^2 = \frac{n_k + n_4}{n_7 + n_k} D_{k4}^2 + \frac{n_k + n_5}{n_7 + n_k} D_{k5}^2 - \frac{n_k}{n_7 + n_k} D_{45}^2 \quad k = 3, 6$$

这里 $n_3 = n_4 = n_5 = 1, n_6 = n_7 = 2$

表 7-17 非对角线最小元素是 2.667，将 G_3、G_6 合并成 G_8，计算 G_8 与 G_7 的距离得 $D_{(3)}^2$ 如表 7-18 所示：

表 7-18　平方距离阵 $D_{(3)}^2$

	G_7	G_8
$G_8 = \{X_1, X_2, X_3\}$	0	
$G_7 = \{X_4, X_5\}$	40.83	0

$$D_{78}^2 = \frac{n_7 + n_3}{n_7 + n_8}D_{73}^2 + \frac{n_7 + n_6}{n_7 + n_8}D_{76}^2 - \frac{n_7}{n_7 + n_8}D_{36}^2$$

$$= \frac{3}{5} \times 13.5 + \frac{4}{5} \times 42.25 - \frac{2}{5} \times 2.667 = 40.83$$

最后将 G_7 与 G_8 合并为 G_9，将全部分类过程列入表 7-19。

用增加最小的离差平方和代替合并的平方距离也可画出聚类图 7-7。

表 7-19　分类过程

分类数目	类	并类最小的离差平方和
5	$\{1\}, \{2\}, \{3.5\}, \{7\}, \{9\}$	0
4	$\{1,2\}, \{3.5\}, \{7\}, \{9\}$	0.5
3	$\{1,2\}, \{3.5\}, \{7,9\}$	2
2	$\{1,2,3.5\}, \{7,9\}$	2.667
1	$\{1,2,3.5,7,9\}$	40.83

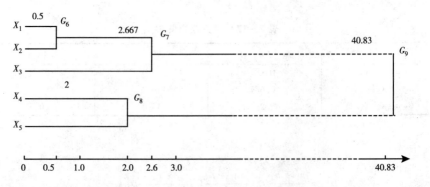

图 7-7　谱系

第四节 模糊聚类分析

在社会学、经济学、人口学等研究中，存在着许多不很严格、模糊的概念，这里所谓模糊性，主要是指客观事物差异的中间过渡的"不分明性"，如：商品评价中"质量好、比较好、比较差、差"；气象灾害霜冻对农业产量的影响程度为"严重、重、轻"；现实生活中的"美与丑""高个与矮个"；青少年体质发育有"良好、一般、差"；患重型抑郁症的病人有许多症状反应，如"可坚持工作、不能坚持工作"，"情绪变化有规律、情绪变化无规律"，"有反应性、无反应性"等，这些通常是属于客观模糊。为了处理这些"模糊"概念的数据的聚类问题，产生了模糊聚类分析。

精确数学建立在集合论的基础上，根据集合论的要求，一个元素对应于一个集合，要么属于，要么不属于，两者必居其一，且仅居其一。这样的集合论无法处理各个领域中的模糊概念，为处理这样一些模糊概念，产生了模糊数学，模糊数学的理论基础是模糊集。

模糊集的理论是 1965 年美国自动控制专家查得（L. A. Zadeh）教授首先提出来的，近 50 年来已有相当的发展，并且应用实践证明，这个方向具有强大的生命力和渗透力，这门科学已广泛地应用于各个领域中，在社会、经济、人口研究中已经取得了一定的成就。

一 模 糊 集

1. 特征函数

对于一个普通的集合 A，空间中任一元素 x，要么 $x \in A$，要么 $x \notin A$，二者必居其一，这一特征用一个函数表示为：

$$A(x) = \begin{cases} 1 & x \in A \\ 0 & x \notin A \end{cases}$$

则称 $A(x)$ 为集合 A 的特征函数。

将特征函数推广到模糊集，在普通集合中只取 0、1 两值到模糊集中的 [0，1] 区间。

2. 模糊集

设 X 为全域，若 A 为 X 上取值 [0，1] 的一个函数，则称 A 为模糊集。

例如：给五个同学的性格稳重程度打分，按百分制给分，再除以 100，这样给定了一个从域 $X = \{x_1、x_2、x_3、x_4、x_5\}$ 到 [0，1] 闭区间的映射。

$$x_1 : 85 \text{ 分} \qquad A(x_1) = 0.85$$
$$x_2 : 75 \text{ 分} \qquad A(x_2) = 0.75$$
$$x_3 : 98 \text{ 分} \qquad A(x_3) = 0.98$$
$$x_4 : 30 \text{ 分} \qquad A(x_4) = 0.30$$
$$x_5 : 60 \text{ 分} \qquad A(x_5) = 0.60$$

这样确定了一个模糊子集 $A = (0.85, 0.75, 0.98, 0.30, 0.60)$。

3. 截集

若 A 为 X 上的任一模糊集，对任意 $0 \leq \lambda \leq 1$，记 $A_\lambda = \{x \mid x \in X, A(x) \geq \lambda\}$，称 A_λ 为 A 的 λ 截集。

A_λ 是普通集合，而不是模糊集。

由于模糊集的边界是模糊的，如果要把模糊的概念转化为数学语言，需要选取不同的置信水平 λ（$0 \leq \lambda \leq 1$），来确定其隶属关系，λ 截集就是将模糊集转化为普通集合的方法，而模糊集 A 是一个具有游移边界的集合，它随 λ 值的变小而变大，即当 $\lambda_1 < \lambda_2$ 时，有 $A_{\lambda_1} \Leftrightarrow A_{\lambda_2}$。

4. 运算规则

若 A、B 为 X 上两个模糊集，它们的集合、交集和 A 的余集都是模糊集，其隶属函数分别定义为：

（1）$(A \cup B)(x) = \max[A(x), B(x)]$

（2）$(A \cap B)(x) = \min[A(x), B(x)]$

（3）$A^c(x) = 1 - A(x)$

关于模糊集的和、交等运算，可以推广到任意多个模糊集合上去。

5. 模糊矩阵

若一个矩阵元素取值为 $[0, 1]$ 区间内，则称该矩阵为模糊矩阵。

如同普通矩阵一样，有模糊单位阵、记为 I；模糊零矩阵，记为 0；元素皆为 1 的矩阵用 J 表示。

如 A 和 B 是 $n \times m$ 和 $m \times l$ 的模糊矩阵，则它们的乘积 $C = A \cdot B$ 为 $n \times l$ 阵，其元素为：

$$c_{ij} = \bigvee_{K=1}^{m}(a_{ik} \wedge b_{kj}) \qquad \begin{matrix} i = 1, 2 \cdots, n \\ j = 1, 2 \cdots, l \end{matrix}$$

记号"$\vee$"和"$\wedge$"的含义由下式定义：

$$a \wedge b = \max(a, b)$$
$$a \vee b = \min(a, b)$$

例如
$$A = \begin{pmatrix} 0.3 & 0.7 & 0.2 \\ 1 & 0 & 0.4 \\ 0 & 0.5 & 1 \\ 0.6 & 0.7 & 0.8 \end{pmatrix}_{4 \times 3}$$

$$B = \begin{pmatrix} 0.1 & 0.9 \\ 0.9 & 0.1 \\ 0.6 & 0.4 \end{pmatrix}_{3 \times 2}$$

计算
$$C = A \cdot B$$

其中
$$c_{11} = \bigvee_{K=1}^{3} (a_{1k} \wedge b_{k1})$$
$$= \bigvee_{K=1}^{3} [\min(a_{1k} \wedge b_{k1})]$$
$$= \max[\min(a_{11}, b_{11}), \min(a_{12}, b_{21}), \min(a_{13}, b_{31})]$$
$$= \max(0.1, 0.7, 0.2)$$
$$= 0.7$$

$$c_{12} = \bigvee_{K=1}^{3} (a_{1k} \wedge b_{k2})$$
$$= \max[\min(0.3, 0.9), \min(0.7, 0.1), \min(0.2, 0.6)]$$
$$= \max(0.3, 0.1, 0.2)$$
$$= 0.3$$

所以
$$C = A \cdot B = \begin{pmatrix} 0.7 & 0.3 \\ 0.4 & 0.9 \\ 0.6 & 0.4 \\ 0.7 & 0.6 \end{pmatrix}_{4 \times 2}$$

模糊矩阵乘法性质有：

（1）$(A \cdot B) \cdot C = A \cdot (B \cdot C)$

（2）$A \cdot I = I \cdot A = A$

（3）$A \cdot 0 = 0 \cdot A = A$

（4）$A \cdot J = J \cdot A$

（5）若 A、B 为模糊阵，且 $a_{ij} \leqslant b_{ij}$（一切 i，j），则有 $A \leqslant B$。又若 $A \leqslant B$，则有

$$A \cdot C \leqslant B \cdot C; C \cdot A \leqslant C \cdot B$$

二　模糊分类关系

模糊聚类分析是在模糊分类关系的基础上进行聚类。

为此，我们把 n 个样品的全体所组成的集合 X 作为全域，而把 $X \times Y = \{(x, y) | x \in X, y \in Y\}$ 称为 X 的全域乘积空间。

进一步，设 R 为 $X \times Y$ 上的一个集合，并且满足：

（1）反身性：$(x, y) \in R$，即集合中每个元素和它自己同属一类；

（2）对称性：若 $(x, y) \in R$，则 $(y, x) \in R$，即集合中 (x, y) 元素同属于类 R 时，则 (y, x) 也同属于 R；

（3）传递性：$(x, y) \in R$，$(y, z) \in R$，则有 $(x, z) \in R$。

这三个性质也称为等价关系。满足这三个性质的集合 R 为一个分类关系。

模糊聚类的实质就是根据研究对象本身的属性而构造模糊矩阵，在此基础上根据一定的隶属度来确定其分类关系。

为此，需要应用两个结论：

（1）$R = (r_{ij})_{p \times p}$ 为 $X \times Y$ 上的一个分类关系的充分必要条件是：$r_{ii} = 1$；$r_{ij} = r_{ji}$；$R \cdot R \leqslant R$，它们分别等价于分类关系的反身性、对称性和传递性。

（2）R 为 $X \times Y$ 上的一个模糊分类关系的充分必要条件是对每一个 λ $(0 \leqslant \lambda \leqslant 1)$，$R_{\lambda}$ 为普通的分类关系。这说明当模糊分类关系 R 确定之后，对于给定的 $\lambda \in [0, 1]$，便可相应地得到普通分类关系 R，也就是说可以决定一个 λ 水平的分类。

设给定一个模糊分类关系：

$$R = \begin{pmatrix} 1 & 0.48 & 0.62 & 0.41 & 0.47 \\ 0.48 & 1 & 0.48 & 0.41 & 0.47 \\ 0.62 & 0.48 & 1 & 0.41 & 0.47 \\ 0.41 & 0.41 & 0.41 & 1 & 0.41 \\ 0.47 & 0.47 & 0.47 & 0.41 & 1 \end{pmatrix}$$

根据不同水平的 λ 进行分类：

（1）当 $0.62 < \lambda \leqslant 1$ 时：

$$R_{\lambda} = \begin{pmatrix} 1 & 0 & 0 & 0 & 0 \\ 0 & 1 & 0 & 0 & 0 \\ 0 & 0 & 1 & 0 & 0 \\ 0 & 0 & 0 & 1 & 0 \\ 0 & 0 & 0 & 0 & 1 \end{pmatrix}$$

此时共分为五类：$\{x_1\}$、$\{x_2\}$、$\{x_3\}$、$\{x_4\}$、$\{x_5\}$

（2）当 $0.48 < \lambda \leqslant 0.62$ 时：

$$R_\lambda = \begin{pmatrix} 1 & 0 & 1 & 0 & 0 \\ 0 & 1 & 0 & 0 & 0 \\ 1 & 0 & 1 & 0 & 0 \\ 0 & 0 & 0 & 1 & 0 \\ 0 & 0 & 0 & 0 & 1 \end{pmatrix}$$

此时共分为四类：$\{x_1 、 x_3\}$、$\{x_2\}$、$\{x_4\}$、$\{x_5\}$

（3）当 $0.47 < \lambda \leqslant 0.48$ 时：

$$R_\lambda = \begin{pmatrix} 1 & 1 & 1 & 0 & 0 \\ 1 & 1 & 1 & 0 & 0 \\ 1 & 1 & 1 & 0 & 0 \\ 0 & 0 & 0 & 1 & 0 \\ 0 & 0 & 0 & 0 & 1 \end{pmatrix}$$

此时共分为三类：$\{x_1 、 x_2 、 x_3\}$、$\{x_4\}$、$\{x_5\}$

（4）当 $0.41 < \lambda \leqslant 0.47$ 时：

$$R_\lambda = \begin{pmatrix} 1 & 1 & 1 & 0 & 1 \\ 1 & 1 & 1 & 0 & 1 \\ 1 & 1 & 1 & 0 & 1 \\ 0 & 0 & 0 & 1 & 0 \\ 1 & 1 & 1 & 0 & 1 \end{pmatrix}$$

此时共分为两类：$\{x_1 、 x_2 、 x_3 、 x_5\}$、$\{x_4\}$

（5）当 $0 < \lambda \leqslant 0.41$ 时，此时 R_λ 元素全为 1，即将五个元素合并为 1：$\{x_1 、 x_2 、 x_3 、 x_4 、 x_5\}$。

三　模糊聚类

利用模糊集理论进行聚类分析的具体步骤是：

1. 对原始数据进行变换处理，变换的思想和方法同于系统聚类分析，变换的方法有标准化变法、规格化变法、对数变换等

例 7 - 2[①]　利用气候环境等定性数据研究农业气候的分类和分区。选择影响农业生产的四个因素（因子）：热量、霜冻、水分、冰雹，并对它们进行评分，评分标准是资源条件好的评分高，资源条件差的评分低，气象灾害轻微的评分低，气象灾害严重的评分高。

下面给出各因子分等评分表（见表 7 - 20）。

---

① 何晓群编著《现代统计分析方法与应用》，中国人民大学出版社，1998，第 244 页。

表 7 – 20　气象因子分等评分

热量水分						气象灾害					
冷热程度	等级	评分	湿润程度	等级	评分	霜冻程度	等级	评分	冰雹危害程度	等级	评分
热	一	5	湿水 3 ~ 4	一	3	严重	一	4	重	一	2
暖	二	4	半湿水 2 ~ 3	二	2	重	二	3	轻	二	1
温	三	3	半干水 1 ~ 2	三	1	轻	三	2	无	三	0
凉	四	2	干水 0 ~ 1	四	0	轻微	四	1			
冷	五	1				微	五	0			
寒	六	0									

根据分等评分表给出某乡各气候单元的评分表（见表 7 – 21）。

表 7 – 21　某乡各气候单元的评分

气候单元评分　　因子	热量	水分	霜冻	冰雹
1	0	3	0	0
2	1	2	1	2
3	1	3	0	1
4	2	2	2	1
5	2	2	0	1
6	0	4	4	2
7	5	1	3	0
8	5	1	3	1
9	4	2	1	2
10	3	2	0	2

将各气候单元的评分数据进行二态变量编码，得到表 7 – 22 中的数据。

表 7 – 22　二态变量编码

气候单元　　因子二态特征	二态特征																	
	热量						水分				霜冻					冰雹		
	状态	1	2	3	4	5	状态	1	2	3	状态	1	2	3	4	状态	1	2
1	0	0	0	0	0	0	3	1	1	1	0	0	0	0	0	0	0	0
2	1	1	0	0	0	0	2	1	1	0	1	1	0	0	0	2	1	1
3	1	1	0	0	0	0	3	1	1	1	0	0	0	0	0	1	1	0
4	2	1	1	0	0	0	2	1	1	0	2	1	1	0	0	1	1	0
5	2	1	1	0	0	0	2	1	1	0	0	0	0	0	0	1	1	0
6	4	1	1	1	1	0	0	0	0	0	4	1	1	1	1	2	1	1
7	5	1	1	1	1	1	1	1	0	0	3	1	1	1	0	0	0	0
8	5	1	1	1	1	1	1	1	0	0	3	1	1	1	0	1	1	0
9	4	1	1	1	1	0	2	1	1	0	1	1	0	0	0	2	1	1
10	3	1	1	1	0	0	2	1	1	0	0	0	0	0	0	2	1	1

根据二态特征，用一个层级上的 14 个指标（二态变量）x_1，$\cdots$，x_{14} 表示两个层级上的 4 个因素 19 个状态，见表 7 - 23。

表 7 - 23　二态变量

气候单元＼指标	x_1	x_2	x_3	x_4	x_5	x_6	x_7	x_8	x_9	x_{10}	x_{11}	x_{12}	x_{13}	x_{14}
1	0	0	0	0	0	1	1	1	0	0	0	0	0	0
2	1	0	0	0	0	1	1	0	1	0	0	0	1	1
3	1	0	0	0	0	1	1	1	0	0	0	0	1	0
4	1	1	0	0	0	1	1	0	1	1	0	0	1	0
5	1	1	0	0	0	1	1	0	0	0	0	0	1	0
6	1	1	1	1	0	0	0	0	1	1	1	1	1	1
7	1	1	1	1	1	1	0	0	1	1	1	0	0	0
8	1	1	1	1	1	1	0	0	1	1	1	0	1	0
9	1	1	1	0	0	1	1	0	1	0	0	0	1	1
10	1	1	1	0	0	1	1	0	0	0	0	0	1	1

采用标准化变换处理表 7 - 23 中指标的数据，得到表 7 - 24 中的数据。

表 7 - 24　标准化的指标数据

	1	2	3	4	5	6	7
1	- 2. 846	- 1. 4491	- 0. 9487	- 0. 7746	- 0. 4743	0. 3162	0. 6211
2	0. 3162	- 1. 4491	- 0. 9487	- 0. 7746	- 0. 4743	0. 3162	0. 6211
3	0. 3162	- 1. 4491	- 0. 9487	- 0. 7746	- 0. 4743	0. 3162	0. 6211
4	0. 3162	0. 6211	- 0. 9487	- 0. 7746	- 0. 4743	0. 3162	0. 6211
5	0. 3162	0. 6211	- 0. 9487	- 0. 7746	- 0. 4743	0. 3162	0. 6211
6	0. 3162	0. 6211	0. 9487	1. 1619	- 0. 4743	- 2. 846	- 1. 4491
7	0. 3162	0. 6211	0. 9487	1. 1619	1. 8974	0. 3162	- 1. 4491
8	0. 3162	0. 6211	0. 9487	1. 1619	1. 8974	0. 3162	- 1. 4491
9	0. 3162	0. 6211	0. 9487	1. 1619	- 0. 4743	0. 3162	0. 6211
10	0. 3162	0. 6211	0. 9487	- 0. 7746	- 0. 4743	0. 3162	0. 6211
	8	9	10	11	12	13	14
1	1. 8974	- 1. 1619	- 0. 7746	- 0. 6211	- 0. 3162	- 1. 8974	- 0. 7746
2	- 0. 4743	0. 7746	- 0. 7746	- 0. 6211	- 0. 3162	0. 4743	1. 1619
3	1. 8974	- 1. 1619	- 0. 7746	- 0. 6211	- 0. 3162	0. 4743	- 0. 7746
4	- 0. 4743	0. 7746	1. 1619	- 0. 6211	- 0. 3162	0. 4743	- 0. 7746
5	- 0. 4743	- 1. 1619	- 0. 7746	- 0. 6211	- 0. 3162	0. 4743	- 0. 7746
6	- 0. 4743	0. 7746	1. 1619	1. 4491	2. 846	0. 4743	1. 1619
7	- 0. 4743	0. 7746	1. 1619	1. 4491	- 0. 3162	- 1. 8974	- 0. 7746
8	- 0. 4743	0. 7746	1. 1619	1. 4491	- 0. 3162	0. 4743	- 0. 7746
9	- 0. 4743	0. 7746	- 0. 7746	- 0. 6211	- 0. 3162	0. 4743	1. 1619
10	- 0. 4743	- 1. 1619	- 0. 7746	- 0. 6211	- 0. 3162	0. 4743	1. 1619

2. 计算模糊相似矩阵

通常可取在 [-1, 1] 区间中的普通相似系数 $r_{ij}^* = \cos\theta$ 构成相似系数矩阵，为使它成为模糊矩阵，而又不改变原来各指标的相对应关系，作变换：

$$r_{ij} = \frac{1 + r_{ij}^*}{2}$$

使得 r_{ij}^* 被压缩到 [0, 1] 的区间内，$R = (r_{ij})$ 构成一个模糊相似矩阵。

例 7-2 中的数据经过模糊相似性计算，得到如表 7-25 所列的模糊相似矩阵 R。

表 7-25　模糊矩阵

1	2	3	4	5	6	7	8	9	10
1	0.5335	0.7862	0.4111	0.5696	0.2684	0.3832	0.242	0.2844	0.434
	1	0.6601	0.582	0.582	0.3471	0.2	0.2191	0.6079	0.6079
		1	0.5013	0.7259	0.2326	0.2084	0.2197	0.3145	0.5267
			1	0.6967	0.3768	0.4057	0.4658	0.4337	0.4337
				1	0.232	0.2234	0.2523	0.4337	0.7201
					1	0.607	0.6486	0.5314	0.3946
						1	0.9113	0.4247	0.2526
							1	0.4736	0.2815
								1	0.7295
									1

3. 获得模糊分类关系

对模糊矩阵 R 进行褶积计算：$R \rightarrow R^2 \rightarrow R^3 \rightarrow \cdots \rightarrow R^n$，这样经有限次褶积后，使得 $R^n \cdot R = R^n$，由此得到模糊分类关系 R^n。

设 R 为在 $X \times X$ 上的模糊矩阵，并且满足反身性、对称性和传递性，则极限 $\lim\limits_{m \to \infty} R^m = \lim\limits_{m \to \infty} R \cdot R \cdots R = R^\infty$ 存在，并且 R^∞ 为一模糊分类关系。

这个结论保证了褶积过程的收敛性，还说明了对于一个模糊相似矩阵，通过 R 的不断自乘，求其极限，可以得到模糊分类关系 R^∞。R 自乘的思想是按最短距离法原则，寻求两个向量 X_i 和 X_j 的亲密程度。

假设 $R^2 = (r_{ij}^*)$，即 $r_{ij}^* = \overset{n}{\underset{k=1}{\vee}} (r_{ik} \wedge r_{kj})$。说明 X_i 与 X_j 是通过第三者 X_k 作为媒介发生关系，$r_{ik} \wedge r_{kj}$ 表示 X_i 与 X_j 的亲密程度以 $\min (r_{ik}, r_{kj})$ 为准则，因 k 是任意的，所以在一切 $r_{ik} \wedge r_{kj}$ 中寻求一个使 X_i 与 X_j 关系最密切的通道。R^m 随 m 的增加，连接 X_i 与 X_j 的链的边就允许越多，由于从 X_i 到 X_j 的一切链中，一定存在一个使最大边达到极小的链，这个边就相当于 r_{ij}^{∞}。

进一步，如果 R 为 $n \times n$ 的反身对称模糊阵，则存在 l，使得 $R^l = R^{l+1} = R^{\infty}$。也就是说，对于反身对称模糊阵，经过有限次自乘后，可得到模糊分类关系。

在实际处理过程中，R 的收敛速度是比较快的，为进一步加快收敛速度，通常采取如下褶积处理方法：$R \rightarrow R^2 \rightarrow R^4 \rightarrow R^8 \rightarrow \cdots \rightarrow R^{2^n}$。

例 7 - 3 中模糊矩阵经过 3 次褶积计算，$R \rightarrow R^2 \rightarrow R^4 \rightarrow R^8$。$R^8$ 即为模糊分类关系矩阵。

4. 模糊聚类

对满足传递性的模糊分类关系的 R^n 进行聚类处理，给定不同置信水平的 λ，求 R_λ 阵，找出 R 的 λ 显示，得到普通的分类关系。

当 $\lambda = 1$ 时，每个样品自成一类，随 λ 值的降低，由细到粗逐渐归并，最后得到动态的聚类谱系图。

例 7 - 3 中的模糊分类关系经过 λ 截集的显示，得到聚类谱系图 7 - 8。

由谱系图 7 - 8 知，将十个农业气象单元分为两类，6、7、8 三个单元地区属于一类，2、4、9、10、5、1、3 七个单元地区属于另一类。

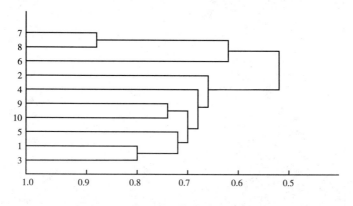

图 7 - 8　聚类谱系

与系统聚类分析比较，我们发现，虽然系统聚类不能处理模糊聚类的问题，但后者正是利用 λ 截集把模糊集转化为普通集的思想，把模糊分类关系转化为普通分类关系来解决问题的。结果，模糊聚类谱系图是根据截集参数 λ 由大到小把样品分成 n 类、$n-1$ 类，直至一类，而系统聚类谱系图是按类与类之间的距离由小到大把样品分成 n 类、$n-1$ 类，直至一类。

第八章 判别分析

聚类分析是基于数据矩阵 $X_{n\times p}$，并且无任何其他可利用的分类信息条件下的分类方法。如果事先已确定了分类，只是要判断新的样品属于哪一类的问题，这就是判别分析。这种关系有类似于参数估计与假设检验关系的一面，当然也有不同的一面。

因此，判别分析是判别样品所属类型的一种统计方法，已成为应用性很强的一种多元统计方法。判别分析按判别的组数来分，有两组判别分析和多组判别分析；按区分不同总体所用的数学期望来分，有线性判别和非线性判别；按判别对所处里的变量方法不同有逐步判别、序贯判别等。

本章介绍常用的判别方法：距离判别法、费希尔（Fisher）判别法、贝叶斯（Bayes）判别法和逐步判别法。

第一节 距离判别

在社会、经济、管理等领域的研究中，人们经常要对某一研究对象的归属作出判断。例如在经济学中，根据人均国民收入、人均工农业产值、人均消费水平等多种指标来判定一个国家的经济发展程度所属类型；在考古学中，根据发掘出来的人类头盖骨的高、宽等特征来判断其是男性还是女性；在税务稽查中，要判断某纳税户是诚实户，还是偷税户等。在市场预测中，根据以往调查所得的种种指标，判别下季度产品是畅销、平常或滞销；在医疗诊断中，根据某人多种体检指标（如体温、血压、白细胞等）来判别此人是患病还是无病。总之，在实际问题中需要判别的问题几乎到处可见。

判别分析和聚类分析不同。判别分析是在已知研究对象分成若干（或组别）并已取得各种类型的一批已知样品的观测数据，在此基础上根据某些准则建立判别准则，然后对未知类型的样品进行判别分类。

判别分析可以从不同角度提出问题，因此有不同的判别准则，如费希尔准则和贝叶斯准则。

判别分析用统计模型的语言来描述就是，设有 k 个总体 G_1，G_2，$\cdots$，G_k，希望建立一个准则，对给定的任意一个样品 x，依据这个准则就能判断它来自哪个总体。当然，我们应当要求这种准则在某种意义下是最优秀的。例如，错判概率最小或判别损失最小等。

距离判别法的直观想法是给定一个距离，计算样品 x 到各总体的距离，那么该样品属于距离最近的哪个总体。

一 两个总体的情形

设 G_1，G_2 为两个总体，x 为一个样品，又 $d(x,G_1)$，$d(x,G_2)$ 分别为样品 x 到 G_1，G_2 的距离，距离判别法的一般规律为：

（1）若 $d(x,G_1) < d(x,G_2)$，则样品 x 属于 G_1；

（2）若 $d(x,G_1) > d(x,G_2)$，则样品 x 属于 G_2；

（3）若 $d(x,G_1) = d(x,G_2)$，则待判。

在实际中，若 $G_1 \sim N(\mu_1, \Sigma_1)$，$G_2 \sim N(\mu_2, \Sigma_2)$，那么样品 x 到总体 G_1，G_2 的距离可以采用马氏距离

$$d^2(x,G_1) = (x - \mu_1)^T \Sigma_1^{-1}(x - \mu_1)$$
$$d^2(x,G_2) = (x - \mu_2)^T \Sigma_2^{-1}(x - \mu_2)$$

在协方差 $\Sigma_1 = \Sigma_2 = \Sigma$ 时

$$
\begin{aligned}
d^2(x,G_1) - d^2(x,G_2) &= (x - \mu_1)^T \Sigma^{-1}(x - \mu_1) - (x - \mu_2)^T \Sigma^{-1}(x - \mu_2) \\
&= x^T \Sigma^{-1} x - 2x^T \Sigma^{-1} \mu_1 + \mu_1^T \Sigma^{-1} \mu_1 - [x^T \Sigma^{-1} x - 2x^T \Sigma^{-1} \mu_2 + \mu_2^T \Sigma^{-1} \mu_2] \\
&= -2x^T \Sigma^{-1}(\mu_1 + \mu_2) + \mu_1^T \Sigma^{-1} \mu_1 - \mu_2^T \Sigma^{-1} \mu_2 \\
&= -2x^T \Sigma^{-1}(\mu_1 - \mu_2) + (\mu_1 + \mu_2)^T \Sigma^{-1}(\mu_1 - \mu_2) \\
&= -2(x - \frac{\mu_1 + \mu_2}{2})^T \Sigma^{-1}(\mu_1 - \mu_2)
\end{aligned}
$$

记

$$w(x) = (x - \frac{\mu_1 + \mu_2}{2})^T \Sigma^{-1}(\mu_1 - \mu_2)$$

则

$$d^2(x,G_1) - d^2(x,G_2) = -2w(x)$$

显然，距离判别法的判别准则可表述为：

（1）若 $w(x) > 0$，则 x 属于 G_1；

（2）若 $w(x) < 0$，则 x 属于 G_2；

（3）$w(x) = 0$，则待判。

又若记 $\alpha = \Sigma^{-1}(\mu_1 - \mu_2)$，$\bar{\mu} = \dfrac{\mu_1 + \mu_2}{2}$，则

$$w(x) = \alpha^T(x - \bar{\mu})$$

可见，$w(x)$ 为 x 的线性函数，故常称 $w(x)$ 为线性判别函数。而 α 为判别系数。例如，$\bar{\mu} = (7.6, 5.85, 4.9)^T$，$\alpha = (-0.0845, 0.5178, -2.6141)^T$，则判别函数为：

$$
\begin{aligned}
w(x) &= \alpha^T(x - \bar{\mu}) \\
&= (-0.0845, 0.5178, -2.6141)\left[\begin{pmatrix} x_1 \\ x_2 \\ x_3 \end{pmatrix} - \begin{pmatrix} 7.6 \\ 5.85 \\ 4.9 \end{pmatrix}\right] \\
&= -0.0845x_1 + 0.5178x_2 - 2.6141x_3 + 10.4222
\end{aligned}
$$

对待判样品 $x_0 = (8.6, 8.4, 3.0)^T$

由于

$$
\begin{aligned}
w(x_0) &= -0.0845(8.6) + 0.5178(8.4) - 2.6141(3.0) + 10.4222 \\
&= 6.2027 > 0
\end{aligned}
$$

可以认为 x_0 属于总体 G_1。

二　多总体情况

1. 协方差阵相同

设有 k 个总体 G_1，G_2，$\cdots$，G_k，它们的均值分别是 μ_1，μ_2，$\cdots$，μ_k，协方差阵均为 Σ。类似于两总体的讨论，判别函数为

$$W_{ij}(x) = \left[x - \frac{(\mu_i + \mu_j)^T}{2}\right]^T \Sigma^{-1}(\mu_i + \mu_j), \qquad i, j = 1, \cdots, k$$

相应的判别规则是

$$
\begin{cases}
x \in G_i, \text{若 } W_{ij}(x) > 0, \forall j \neq i \\
\text{待判别,若某个 } W_{ij}(x) = 0
\end{cases}
$$

当 μ_1，μ_2，$\cdots$，μ_k，Σ 未知时，设从 G_a 中抽取的样本为 $x_1^{(a)}$，$\cdots$，$x_{n_a}^{(a)}$，$(a = 1, \cdots, k)$，则它们的估计为

$$\hat{\mu}_a = \overline{x}^{(a)} = \frac{1}{n_a} \sum_{j=1}^{n_a} x_j^{(a)}, a = 1, \cdots, k, \hat{\Sigma} = \frac{1}{n-k} \sum_{a=1}^{k} A_a$$

式中

$$n = n_1 + \cdots + n_k$$

$$A_a = \sum_{j=1}^{n_a} \left[x_j^{(a)} - \overline{x}^{(a)} \right] \left[x_j^{(a)} - \overline{x}^{(a)} \right]^T$$

2. 协方差阵不相同

这时判别函数为：

$$V_{ij}(x) = (x - \mu_i)^T \sum_i^{-1} (x - \mu_i) - (x - \mu_j)^T \sum_j^{-1} (x - \mu_j)$$

这时的判别准则为

$$\begin{cases} x \in G_i, \text{若 } V_{ij}(x) < 0, \forall j \neq i \\ \text{待判别,若某个 } V_{ij} = 0 \end{cases}$$

当 μ_1，μ_2，$\cdots$，μ_k；Σ_1，Σ_2，$\cdots$，Σ_k 未知时，$\hat{\mu}_a$ 的估计与协方差阵相同时的估计一致，而

$$\hat{\Sigma}_a = \frac{1}{n_a - 1} A_a, a = 1, \cdots, k$$

式中，A_a 与协方差阵相同时的估计一致。

线性判别函数容易计算，二次判别函数计算起来则比较复杂，尤其在现场，为此需要一些计算方法。因 $\Sigma_i > 0$，存在唯一的三角阵 V_i，其对角线元素均为正，使得

$$\sum_i = V_i V_i^T$$

从而

$$\sum_i^{-1} = (V_i^T)^{-1} V_i^{-1} = L_i^T L_i$$

L_i 仍为下三角阵。我们可事先将 L_1，$\cdots$，L_k 算好。令 $Z_i = L_i (x - \mu_i)$，则

$$d^2(x, G_i) = (x - u_i)^T L_i^T L_i (x - u_i) = Z_i^T Z_i$$

用这样的方法来算就比较方便。

第二节　费希尔判别

费希尔判别的思想是用多维数据投影到某个方向上，投影的原则是将总体与总体之间尽可能分开，然后再选择合适的判别准则，将待判的样品进行分类判别。下面我们以两个总体的情形为例，说明费希尔判别的思想。

设有两个总体 G_1，G_2，其均值分别为 μ_1 和 μ_2，协方差阵为 Σ_1 和 Σ_2，并假定 $\Sigma_1 = \Sigma_2 = \Sigma$，我们考虑线性组合：

$$y = l^T x$$

通过寻求合适的 l 向量，使得来自两个总体的数据间的距离大，而来自同一个总体的数据间的变异比较小，为达到此目的，可以证明，当选 $l = c\Sigma^{-1}(\mu_1 - \mu_2)$，其中 $c \neq 0$ 时，所得的投影即满足要求。从而称 $c=1$ 时的线性函数 $y = l^T x = (\mu_1 - \mu_2)^T \Sigma^{-1} x$ 为费希尔线性判别函数。其判别准则为：

$$\begin{cases} 当 y \geq m \text{ 时,判 } x \in G_1 \\ 当 y < m \text{ 时,判 } x \in G_2 \end{cases}$$

其中，m 为两个总体均值在投影方向上的中点，即

$$m = \frac{l^T \mu_1 + l^T \mu_2}{2} = \frac{1}{2}(\mu_1 - \mu_2)^T \Sigma^{-1}(\mu_1 + \mu_2)$$

当 μ_1，μ_2，Σ 未知时，可由总体 G_1 和 G_2 中分别抽出 n_1 和 n_2 个样品，计算相应的样本均值和协方差作为 μ_1，μ_2，Σ 估计。

例 8 – 1[①]　1991 年全国城镇居民月平均消费状况可划分为两类：序号 1 到 20 为第一类 G_1，序号 21 到 27 为第二类 G_2，分类后的数据见表 8 – 1。试建立费希尔线性判别函数，并将三个待判省区西藏、上海、广东（序号 28 到 30）进行归类。

（1）计算总体 G_1，G_2 各判别变量的均值

$\overline{x}_1 = (8.383, 32.056, 7.151, 9.321, 16, 520, 10375, 1.761, 11.762)^T$

$\overline{x}_2 = (9.263, 50.027, 7.339, 12.181, 15.739, 13.106, 1.987, 14.329)^T$

$\overline{x}_1 - \overline{x}_2 = (-0.880 \ -17.971, \ -0.188, \ -2.860, \ 0.781, \ -2.731,$

---

① 参见何晓群编著《现代统计分析方法与应用》，中国人民大学出版社，1998，第 255 页。

$-0.226, -2.567)^T$

$\bar{x}_1 + \bar{x}_2 = (17.646, 82.083, 14.490, 21.502, 32.259, 23.481,$

$3.748, 26.091)^T$

表 8-1　1991 年 30 个省、直辖市、自治区城镇居民月平均消费类型划分数据

x_1:人均粮食支出(元/人)	x_5:人均衣着商品支出(元/人)
x_2:人均副食支出(元/人)	x_6:人均日用品支出(元/人)
x_3:人均烟、酒、茶支出(元/人)	x_7:人均燃料支出(元/人)
x_4:人均其他副食支出(元/人)	x_8:人均非商品支出(元/人)

序号	省份	x_1	x_2	x_3	x_4	x_5	x_6	x_7	x_8
1	山 西	8.35	23.53	7.51	8.62	17.42	10.00	1.04	11.21
2	内蒙古	9.25	23.75	6.61	9.19	17.77	10.84	1.72	10.51
3	吉 林	8.19	30.50	4.72	9.78	16.28	7.60	2.52	10.32
4	黑龙江	7.73	29.20	5.42	9.43	19.29	8.49	2.52	10.00
5	河 南	9.42	27.93	8.20	8.14	16.17	9.42	1.55	9.76
6	甘 肃	9.16	27.98	9.01	9.32	15.99	9.10	1.82	11.35
7	青 海	10.06	28.64	10.52	10.05	16.18	8.39	1.96	10.81
8	河 北	9.09	28.12	7.40	9.62	17.26	11.12	2.49	12.65
9	陕 西	9.14	28.20	5.77	10.80	16.36	11.56	1.53	12.17
10	宁 夏	8.70	28.12	7.21	10.53	19.45	13.30	1.66	11.96
11	新 疆	6.93	29.85	5.54	9.49	16.62	10.65	1.88	13.61
12	湖 北	8.67	36.05	7.31	7.75	16.67	11.68	2.38	12.88
13	云 南	9.98	37.69	7.01	8.94	16.15	11.08	0.83	11.67
14	湖 南	6.77	38.69	6.01	8.82	14.79	11.44	1.74	13.23
15	安 徽	8.14	37.75	9.61	8.49	13.15	9.76	1.28	11.28
16	贵 州	7.67	7.67	8.04	8.31	15.13	7.76	1.41	13.25
17	辽 宁	7.90	7.90	8.49	12.94	19.27	11.05	2.04	13.29
18	四 川	7.18	7.18	7.32	8.94	17.60	12.75	1.14	14.80
19	山 东	8.82	33.70	7.59	10.98	18.82	14.73	1.78	10.10
20	江 西	6.25	35.02	4.72	6.28	10.03	7.15	1.93	10.39
21	福 建	10.60	52.41	7.70	9.98	12.53	11.70	2.31	14.69
22	广 西	7.27	52.65	3.84	9.16	13.03	15.26	1.98	14.57
23	海 南	13.45	13.45	5.50	7.45	9.55	9.25	2.21	16.30
24	天 津	10.85	10.85	7.32	14.51	17.13	12.08	1.26	11.57
25	江 苏	7.21	45.79	7.66	10.36	16.56	12.86	2.25	11.69
26	浙 江	7.68	50.37	11.35	13.30	19.25	14.59	2.75	14.87
27	北 京	7.78	48.44	8.00	20.51	22.12	15.73	1.15	16.61
28	西 藏	7.94	39.65	20.97	20.82	22.52	12.41	1.75	7.90
29	上 海	8.28	64.34	8.00	22.22	20.06	15.52	0.72	22.89
30	广 东	12.47	76.39	5.52	11.24	14.52	22.00	5.46	25.50

（2）计算协方差阵 Σ 的估计值 S_p 的逆阵

$$S_p^{-1} = \begin{pmatrix} 0.54 & 0.04 & -0.11 & 0.00 & 0.09 & 0.06 & 0.18 & -0.05 \\ 0.04 & 0.08 & -0.04 & 0.03 & -0.11 & -0.05 & -0.04 & -0.12 \\ -0.11 & -0.04 & 0.39 & -0.01 & -0.14 & 0.06 & 0.07 & 0.06 \\ 0.00 & -0.03 & -0.01 & 0.62 & -0.05 & 0.12 & 0.63 & -0.08 \\ 0.09 & 0.11 & -0.14 & -0.50 & 0.71 & -0.33 & -0.58 & -0.01 \\ 0.06 & -0.05 & 0.06 & 0.12 & -0.33 & 0.50 & 0.43 & -0.08 \\ 0.18 & -0.04 & 0.07 & 0.63 & -0.58 & 0.43 & 4.78 & -0.02 \\ -0.05 & -0.12 & 0.06 & -0.08 & -0.01 & -0.08 & -0.02 & 0.65 \end{pmatrix}$$

（3）计算费希尔样品判别函数

$$y = (\bar{x}_1 - \bar{x}_2)^T S_p^{-1} x = -1.264 x_1 - 0.883 x_2 +$$
$$0.312 x_3 - 1.974 x_4 + 1.084 x_5 - 1.017 x_6 - 3.888 x_7 + 1.011 x_8$$

（4）计算两个一元总体均值的中点 m 的估计值 $\hat{m}$

$$\hat{m} = \frac{1}{2}(\bar{x}_1 - \bar{x}_2)^T S_p^{-1}(\bar{x}_1 + \bar{x}_2)$$
$$= \frac{1}{2}(-109.8501)$$
$$= -54.9251$$

（5）计算统计检验量 F 值

马氏距离

$$D^2 = (\bar{x}_1 - \bar{x}_2)^T S_p^{-1}(\bar{x}_1 - \bar{x}_2) = 24.4800$$

F 检验统计量

$$\hat{\Sigma}^{-1}(\bar{\mu}_1 - \bar{\mu}_2)^T = (-1.264, -0.883, 0.312,$$
$$-1.974, 1.084, -1.017, -3.888, 1.011)^T$$

从而判别函数为

$$W(x) = (x - \bar{\mu})^T \hat{\Sigma}^{-1}(\bar{\mu}_1 - \bar{\mu}_2)$$
$$= -1.264 x_1 - 0.883 x_2 + 0.312 x_3 - 1.974 x_4 + 1.084 x_5$$
$$- 1.017 x_6 - 3.888 x_7 + 1.011 x_8 - 54.91$$

将原 27 个样品（序号 1 到 27）的事后回判结果及 3 个待判结果列于表 8 - 2 和表 8 - 3。事后回判误判率为零，西藏、上海、广东三个省区应归属于高消费的总体 G_2。

表 8 – 2　已知样品回判结果

样品序号	原属类号	最小距离及归类		正误判标志（正 = 0；误 = 1）
1	1	8. 301	1	0
2	1	3. 462	1	0
3	1	8. 016	1	0
4	1	11. 056	1	0
5	1	2. 932	1	0
6	1	2. 922	1	0
7	1	6. 326	1	0
8	1	5. 693	1	0
9	1	5. 354	1	0
10	1	3. 518	1	0
11	1	6. 006	1	0
12	1	4. 202	1	0
13	1	8. 257	1	0
14	1	3. 445	1	0
15	1	8. 131	1	0
16	1	6. 933	1	0
17	1	7. 721	1	0
18	1	9. 169	1	0
19	1	11. 187	1	0
20	1	12. 264	1	0
21	2	2. 567	2	0
22	2	8. 501	2	0
23	2	14. 390	2	0
24	2	8. 040	2	0
25	2	7. 217	2	0
26	2	9. 903	2	0
27	2	14. 488	2	0

表 8 – 3　未知样品判别结果

序号	最小距离及归类	
1	87. 047	2
2	49. 657	2
3	161. 457	2

　　这里要指出，事后回判的误判率并不是"误判概率"，而且前者通常要小些，事后回判情况仅供使用时参考。

第三节　贝叶斯判别

此前讨论的判别分析方法，计算简单，结论明确，很实用。但它也有缺点，一是判别方法与两个总体各自出现的概率的大小完全无关；二是判别方法与错判之后造成的损失无关，则是不尽合理的。贝叶斯判别则是为了考虑这两个因素而提出的一种判别方法。

设有 k 个总体 G_1，G_2，$\cdots$，G_k，其 m 维分布密度函数分别为 $f_1(X)$，$f_2(X)$，$\cdots$，$f_k(X)$，各总体出现的先验概率分别为 q_1，q_2，$\cdots$，q_k，$\sum_{i=1}^{k} q_i = 1$，对于样品 $X = (x_1, x_2, \cdots, x_m)^T$，需判定 X 归属哪一个总体。把 X 看成是 m 维欧氏空间 R^m 的一个点，那么贝叶斯判别准则期望对样本空间实现一个划分：R_1，R_2，$\cdots$，R_k，这个划分既考虑各总体出现的概率又考虑使误差的可能性最小，这个划分就成了一个判别准则，即若 X 落入 R_i（$i = 1, 2, \cdots, K$），则 $X \in G_i$。

据贝叶斯公式，样品 X 来自 G_i 的条件概率（后验概率）为：

$$P\left(\frac{G_i}{X}\right) = \frac{q_i f_i(X)}{\sum_{j=1}^{k} q_i f_i(X)}$$

若 X 属于 G_i，而被误判为 G_j（$i \neq j$）的概率为 $1 - P(G_i/X)$。当因误判而产生的损失函数为 $L(j/i)$，那么错判的平均损失为：

$$E(i/X) = \sum_{j \neq i} \left[\frac{g_i f_i(X)}{\sum_{j=1}^{k} g_i f_i(X)} \cdot L(j/i) \right]$$

它表示了本属于第 i 个总体的样品被错判为第 j 个总体的损失。判别一个样品属于哪一类，自然既希望属于这一类的验后概率大，又希望错判为这一类的平均损失小。在实际应用中确定损失函数比较困难，故常假设各种错判的损失一样，即 $L(j/i)$ 恒为 1（j/i）。此时，要使 $P(G_i/X)$ 最大与 $E(i/X)$ 最小是等价的。这样，建立判别函数就只需使 $P(G_i/X)$ 最大，它等价于应使 $q_i f_i(X)$ 最大，故判别函数为：

$$y_i(X) = q_i f_i(X) \qquad (i = 1, 2, \cdots, k)$$

判别准则为：当 X 落入 R_i，则 $X \in G_i$，其中：

$$R_i = \left\{ X : y_i(X) = \max_{1 \leqslant j \leqslant k} y_j(X) \right\}$$

或者说，对于 X，若 $y_i(X) = \max\limits_{1 \leqslant j \leqslant k} y_j(X)$，则 $X \in G_i$。

当 $G_i \sim N_m(\mu_i, \Sigma_i)$ 时有

$$y_i(X) = q_i(2\pi)^{-\frac{m}{2}} \left| \sum_i \right|^{-\frac{1}{2}} \exp\left\{ -\frac{1}{2}(X - \mu_i)^T \sum_i^{-1} (X - \mu_i) \right\}$$

为方便计，令 $z_i(X) = \ln\left[(2\pi)^{-\frac{m}{2}} y_i(X) \right]$，则判别函数为：

$$z_i(X) = \ln q_i - \frac{1}{2}\ln \left| \sum_i \right| - \frac{1}{2}X^T \sum_i^{-1} X + X^T \sum_i^{-1} \mu_i - \frac{1}{2}\mu_i^T \sum_i^{-1} \mu_i$$

其中，$i = 1, 2, \cdots, k$，判别准则为

若 $\qquad Z_i(X) = \max\limits_{1 \leqslant j \leqslant k} Z_j(X)$，则 $X \in G_i$

这时的后验概率为

$$P(G_i/X) = \exp\{Z_i(X)\} \Big/ \sum_{j=1}^{k} \exp\{Z_j(X)\}$$

当 $\Sigma = \Sigma_1 = \Sigma_2 = \cdots = \Sigma_k$ 时，由于判别函数 $Z_i(X)$ 中第二、三项与 i 无关，故判别函数可简化为：

$$Z_i(X) = \ln q_i - \frac{1}{2}\mu_i^T \sum_i^{-1} \mu_i + X^T \sum_i^{-1} \mu_i (i = 1, 2, \cdots, k)$$

而判别准则不变。

可以证明，当 $k = 2$ 时，若 $q_1 = q_2$ 且两总体的误判概率相等时，贝叶斯判别与距离判别等价。

当总体参数未知时，可通过各总体的典型样本来估计。设 G_i 的典型样本容量为 n_i，均值为 $\overline{X}^i$，离差阵为 $L_{xx}^{(i)}$，$i = 1, 2, \cdots, k$，$\sum\limits_{i=1}^{k} n_i = n$，$\sum\limits_{i=1}^{k} L_{xx}^{(i)} = L_{xx}$，则 $S = \hat{\Sigma} = \dfrac{1}{n-k} L_{xx}$。

判别函数为

$$Z_i(X) = \ln q_i - \frac{1}{2}[\overline{X}^{(i)}]^T S^{-1} \overline{X}^{(i)} + [X^{(i)}]^T S^{-1} \overline{X}^{(i)}$$

$$= \ln q_i + c_{0i} + c_{1i}x_1 + c_{2i}x_2 + \cdots + c_{mi}x_m = \ln q_i + c_{0i} + C_i^T X$$

其中

$$q_i = \frac{n_i}{n}, C_i = (c_{1i}, c_{2i}, \cdots, c_{mi})^T = S^{-1} \overline{X}^{(i)}, c_{0i} = -\frac{1}{2} [\overline{X}^{(i)}]^T S^{-1} \overline{X}^{(i)}$$

同样判别准则不变。判别函数建立后，即可按原判别准则对任一样品判别归属。

但在贝叶斯判别准则之前，设 $G_i \sim N_m(\mu_i, \Sigma_i)$，有必要进行统计检验

$$H_{01}: \mu_1 = \mu_2 = \cdots = \mu_k$$

可以证明，$\sum\limits_{i=1}^{m} L_{xx}^i \sim W_m(n-k, \Sigma)$，$B \sim W_m(k-1, \Sigma)$，且它们相互独立，所以有维尔克斯统计量

$$\Lambda(m, n-k, k-1) = \frac{\|L_{xx}\|}{|L_{xx} + B|}$$

其中，$n = \sum\limits_{i=1}^{k} n_i$。这样

$$V = -(n-1-\frac{m+k}{2}) \ln\Lambda(m, n-k, k-1)$$

近似服从 $\chi^2[m(k-1)]$。用它可以检验 H_{01}。

当 H_{01} 被接受，说明 k 个总体是一样的，也就没有必要建立判别函数；但若 H_{01} 被拒绝，就需要检验每两个总体之间的差异的显著性，即要检验

$$H_{02}: \mu_i = \mu_j (i, j = 1, 2, \cdots, k, i \neq j)$$

使用统计量为

$$F_{ij} = \frac{(n-m-k+1)n_i n_j}{m(n-k)(n_i+n_j)} d_{ij}^2 \sim F(m, n-m-k+1)$$

其中，d_{ij}^2 为两个总体之间的马氏距离：

$$d_{ij}^2 = [\overline{X}^{(i)} - \overline{X}^{(j)}]^T c(c^T \hat{\Sigma} c)^{-1} c^T [\overline{X}^{(i)} - \overline{X}^{(j)}]$$

其中

$$\hat{\Sigma} = \frac{L_{xx}}{n-k}$$

经检验若某两个总体差异不显著，则将这两个总体合并成一个总体，由剩下的互不相同的总体重新建立判别函数。

若 $c^T \hat{\Sigma} c = 1$，则：

$$d_{ij}^2 = [c^t \overline{X}^{(i)} - \overline{X}^{(j)}]^2$$

但对费希尔判别来说，由其判别函数看到，它对总体分布并无限制，只要总体的均值与总体的协方差阵存在且总体的协方差阵存在可逆即可。因此，应用费希尔判别之前，通常不进行上述检验。一般的，检验样品回判率大于 80% 就可以使用费希尔判别。

例 8 - 2[①]　从经验得知，可以用病人心电图中的两个指标 x_1 和 x_2 来区分健康人（G_1）、主动脉硬化患者（G_2）及冠心病患者（G_3）三类人。其经验数据如表 8 - 4 所示，试找出判别函数。在一个病人的心电图中，$x_1 = 267.88$，$x_2 = 10.66$，试问该病人应归入哪一类。

表 8 - 4　数据表

经验分类	样本号	x_1	x_2	计算结果	
				归类	验后概率
	1	261.01	7.36	1	0.68388
	2	185.39	5.99	1	0.93312
	3	249.58	6.11	1	0.69033
	4	137.13	4.35	1	0.97891
	5	231.34	8.79	1	0.72031
G_1	6	231.38	8.35	1	0.74868
	7	260.25	10.02	1	0.50058
	8	259.51	9.79	1	0.53827
	9	273.84	8.79	1	0.60745
	10	303.59	8.35	2	0.43481
	11	231.03	6.15	1	0.80795
	均值	238.5509	7.6736		
	1	308.9	8.49	2	0.4917
	2	258.69	7.16	1	0.69095
	3	355.54	9.43	2	0.7419
G_2	4	476.69	11.32	2	0.97794
	5	316.12	8.17	2	0.61052
	6	274.57	9.67	1	0.52557
	7	409.42	10.49	2	0.89521
	均值	342.8471	9.2471		

---

①　见袁志发、周静芋编著《多元统计分析》，科学出版社，2003，第 232 页。

续表

经验分类	样本号	x_1	x_2	计算结果	
				归类	验后概率
	1	330.34	9.61	2	0.48986
	2	331.47	13.72	3	0.93397
G_3	3	352.5	11	3	0.43083
	4	347.31	11.19	3	0.51059
	5	189.56	6.94	1	0.90803
	均值	310.2360	10.4920		

（1）数据准备

$$L_{xx} = \sum_{i=1}^{3} L_{xx}^{(i)} = \begin{bmatrix} 74980.23886 & 1680.49968 \\ 1680.49968 & 69.39288 \end{bmatrix}$$

$$|L_{xx}| = 2379015.554, n = 23$$

$$S = \begin{bmatrix} 3749.01194 & 84.02498 \\ 84.02498 & 3.46964 \end{bmatrix}$$

$$S^{-1} = \begin{bmatrix} 0.0005834 & -0.0141277 \\ -0.0141277 & 0.6303483 \end{bmatrix}$$

$$B = \begin{bmatrix} 50324.27884 & 970.77484 \\ 970.77484 & 29.64169 \end{bmatrix}$$

$$|L_{xx} + B| = 5380222.449$$

（2）统计检验

①H_{01}： $\mu_1 = \mu_2 = \mu_3$

$$\Lambda(2,20,2) = \frac{|L_{xx}|}{|L_{xx} + B|} = 0.44217$$

$$V = -(22 - \frac{2+3}{2})\ln\Lambda = 15.9132 > \chi_{0.01}^2(4) = 13.277$$

故否定 H_{01}。

②H_{02}： $\mu_i = \mu_j$, $j > i$, $j = 1$，2，3

$$\begin{bmatrix} c_{11} & c_{12} & c_{13} \\ c_{21} & c_{22} & c_{23} \end{bmatrix}$$

$$= \begin{bmatrix} 0.00058338 & -0.0141277 \\ -0.0141277 & 0.6303483 \end{bmatrix} \begin{bmatrix} 238.5509 & 342.8471 & 310.236 \\ 7.6736 & 9.2471 & 10.492 \end{bmatrix}$$

$$= \begin{bmatrix} 0.03075 & 0.06937 & 0.03276 \\ 1.46689 & 0.98525 & 2.23069 \end{bmatrix}$$

$$d_{12}^2 = (c_{11} - c_{12}, c_{21} - c_{22}) \begin{bmatrix} \overline{x}_1^{(1)} - \overline{x}_1^{(2)} \\ \overline{x}_2^{(1)} - \overline{x}_2^{(2)} \end{bmatrix}$$

$$= (-0.03862 \quad 0.48164) \begin{bmatrix} -104.2962 \\ -1.5735 \end{bmatrix} = 3.26953$$

$$F_{12} = \frac{(23 - 2 - 3 + 1) \times 11 \times 7}{2(23 - 3)(11 + 7)} d_{12}^2 = 6.64349 > F_{0.05}(2, 19) = 3.52$$

同样计算可得

$$d_{13}^2 = 2.29621, F_{13} = 3.74928 > F_{0.05}(2, 19) = 3.52$$
$$d_{23}^2 = 2.74430, F_{23} = 3.80200 > F_{0.05}(2, 19) = 3.52$$

故否定 $\mu_i = \mu_j$, $j > i$, $j = 1$, 2, 3。

（3）计算判别函数

$$c_{01} = -\frac{1}{2} [c_{11} \overline{x}_1^{(1)} + c_{21} \overline{x}_2^{(1)}] = -9.2959$$

$$c_{02} = -\frac{1}{2} [c_{12} \overline{x}_1^{(2)} + c_{22} \overline{x}_2^{(2)}] = -16.4467$$

$$c_{03} = -\frac{1}{2} [c_{13} \overline{x}_1^{(3)} + c_{23} \overline{x}_2^{(3)}] = -16.7832$$

故判别函数为

$$Z_1(X) = \ln \frac{11}{23} - 9.2959 + 0.03075x_1 + 1.46689x_2$$

$$Z_2(X) = \ln \frac{7}{23} - 16.4467 + 0.06937x_1 + 0.98525x_2$$

$$Z_3(X) = \ln \frac{5}{23} - 16.7832 + 0.03276x_1 + 2.23068x_2$$

检验样本的回判结果见数据表的最后一列。符合率为 $\frac{18}{23} = 78.3\%$。

（4）样品归类

由 $x_1 = 267.88$, $x_2 = 10.66$ 计算出 $Z_1 = 13.94104$, $Z_2 = 11.44956$, $Z_3 = 14.24548$, 故该病人归入第三类, 即患有冠心病者。

上面介绍了三种判别分析的方法。理论上可以说明贝叶斯线性判别函数在总体是非正态时也适用, 只不过不具备正态性时, 贝叶斯判别法具有的平均错判率最小的性质就不一定存在。当不考虑先验概率 q_1, q_2, …, q_k 的影响, 在等协方差阵的条件下的贝叶斯判别法、距离判别法、费希尔判别法三者是等价的。

第四节 逐步判别分析

在判别问题中，对判别能力产生影响的变量往往很多，但是影响有大有小，如果将其中最主要的变量忽略了，由此建立的判别函数其效果不一定好，当判别变量个数较多时，如果不加选择地一概采用来建立判别函数，不仅计算量大，还由于变量之间的相关性，可能使求解逆矩阵的计算进度下降，建立的判别函数不稳定。因此适当地筛选变量的问题就成为一个很重要的事情。凡是有筛选变量能力的判别分析方法统称为逐步判别法。与通常的判别分析一样，逐步判别也有许多不同的原则，从而产生各种方法。本节所讨论的逐步判别分析方法是在多组判别分析的基础上发展起来的一种方法，判别准则为贝叶斯判别函数，其基本思路与逐步回归分析类似，采用"有进有出"的算法，变量按其是否重要逐步引入，原引入的变量，也可能由于其后新变量的引入使之丧失重要性而被剔除，每步引入或剔除变量，都作相应的统计检验，使最后的贝叶斯判别函数仅保留"重要"的变量。

实现逐步判别分两大步。

一 挑选变量

（一）数据准备

设观测数据为 $x_{jt}^{(i)}$，$i = 1, 2, \cdots, k$，k 为分类数（k 个总体），$t = 1, 2, \cdots, m$，m 为指标（变量）个数，$j = 1, 2, \cdots, n_i$，n_i 为第 i 类观测样本数。

计算各类均值 $\overline{X}^{(i)} = [\overline{x}_1^{(i)}, \overline{x}_2^{(i)}, \cdots, \overline{x}_m^{(i)}]^T$ 和总均值 $\overline{X} = (\overline{x}_1, \overline{x}_2, \cdots, \overline{x}_m)^T$。

$$\overline{x}_t^{(i)} = \frac{1}{n_i} \sum_{j=1}^{n_i} x_{jt}^{(i)} \quad (t = 1, 2, \cdots, m, i = 1, 2, \cdots, k)$$

$$\overline{x}_t = \frac{1}{n} \sum_{i=1}^{k} \sum_{j=1}^{n_i} x_{jt}^{(i)} \quad (t = 1, 2, \cdots, m)$$

计算变量的组内离差矩阵 L_{xx} 和总的离差矩阵 W

$$L_{xx} = \sum_{i=1}^{k} L_{xx}^{(i)} = (l_{st})_{m \times m}$$

其中

$$l_{st} = \sum_{i=1}^{k} \sum_{j=1}^{n_i} \left[x_{sj}^{(i)} - \overline{x}_s^{(i)} \right] \left[x_{tj}^{(i)} - \overline{x}_t^{(i)} \right]$$

$$W = (w_{st})_{m \times m}$$

其中

$$w_{st} = \sum_{i=1}^{k} \sum_{j=1}^{n_i} \left[x_{sj}^{(i)} - \overline{x}_s \right] \left[x_{tj}^{(i)} - \overline{x}_t \right]$$

（二）逐步计算（选入和剔除变量）

为了叙述方便，将原始数据计算的 L_{xx} 和 W 均记为 L_{xx0} 和 W_0，其元素均记为 $l_{ij}^{(0)}$ 和 $w_{ij}^{(0)}$。

（1）算出全部变量的判别能力。用 $U_{i(+)} = \dfrac{l_{ii}^{(0)}}{w_{ii}^{(0)}}$（$i = 1, \cdots, m$）表示 x_i 对 k 类区分的重要性，谁最小谁的判别能力最强，为不失一般性，可设 $U_{l(+)}$ 最小，即先选 x_l 进入判别函数，并计算

$$F_{l(+)} = \frac{1 - U_{l(+)}}{U_{l(+)}} \cdot \frac{n - k}{k - 1} \sim F(k - 1, n - k)$$

若 $F_{l(+)} > F_{(+)\alpha}$，则说明应选入，否则说明原分类无意义。若入选，接着对 L_{xx0} 和 W_0 分别作紧凑变换，记作 $L_l L_{xx0} = L_{xx1} = \left[l_{ij}^{(1)} \right]$，$L_l W_0 = W_1 = \left[w_{ij}^{(1)} \right]$，其规则如下

$$l_{ij}^{(1)} = \begin{cases} \dfrac{1}{l_{ij}^{(0)}} (i = l, j = l) \\[2ex] \dfrac{l_{ij}^{(0)}}{l_{ll}^{(0)}} (i = l, j \neq l) \\[2ex] -\dfrac{l_{il}^{(0)}}{l_{ll}^{(0)}} (i \neq l, j = l) \\[2ex] l_{ij}^{(0)} - \dfrac{l_{il}^{(0)} l_{lj}^{(0)}}{l_{ll}^{(0)}} (i \neq l, j \neq l) \end{cases}$$

我们称 $l_{ll}^{(0)}$ 为主元，$w_{ij}^{(0)}$ 变为 $w_{ij}^{(1)}$ 用同样规则。

第一个变量引入后不考虑剔除，而考虑下一个变量的引入。此时计算

$$U_{i(+)} = \frac{l_{ii}^{(1)}}{w_{ii}^{(1)}} (i \neq l)$$

若 $U_{k(+)}$ 最小，并计算

$$F_{k(+)} = \frac{1 - U_{k(+)}}{U_{k(+)}} \cdot \frac{n - k - 1}{k - 1} \sim F(k - 1, n - k - 1)$$

若 $F_{k(+)} \leqslant F_{(+)\alpha}$ 说明判别函数只应有一个变量；否则引入 x_k。这时分别以 $l_{kk}^{(1)}$ 和 $w_{kk}^{(1)}$ 为主元对和 W_1 作紧凑变换，$L_k L_{xx1} = L_{xx2} = [l_{ij}^{(2)}]$，$L_k W_1 = W_2 = [w_{ij}^{(2)}]$。

由于先后引入 x_l 和 x_k，故应考虑在 x_l 与 x_k 中有无变量剔除，此时计算

$$U_{l(-)} = \frac{w_{ll}^{(2)}}{l_{ll}^{(2)}}, U_{k(-)} = \frac{w_{kk}^{(2)}}{l_{kk}^{(2)}}$$

二者谁大，谁有可能被剔除。若 $U_{l(-)}$ 大，则计算

$$F_{l(-)} = \frac{1 - U_{l(-)}}{U_{l(-)}} \cdot \frac{n - k - 1}{k - 1} \sim F(k - 1, n - k - 1)$$

若 $F_{l(-)} > F_{(-)\alpha}$，则 x_l 和 x_k 都保留，若 $F_{l(-)} \leqslant F_{(-)\alpha}$，则应把 x_l 剔除，此时分别以 $l_{ll}^{(2)}$ 和 $w_{ll}^{(2)}$ 为主元，对 L_{xx2} 和 W_2 进行紧凑变换得 L_{xx3} 和 W_3。

（2）不失普便性：假若经过 P 次运算，在判别函数中已引入了 P 个变量 x_{r_1}, x_{r_2}, $\cdots$, x_{r_p}，且得到 L_{xxp} 和 W_p。这时计算这 P 个变量的判别能力 $U_{r_i(-)}$

$$U_{r_i(-)} = \frac{w_{r_i r_i}^{(p)}}{l_{r_i r_i}^{(p)}}, r_i = r_1, r_2, \cdots, r_p$$

若

$$U_{r_k(-)} = \max_{r_1 \leqslant r_k \leqslant r_p} \{U_{r_i(-)}\}$$

利用

$$F_{r_k(-)} = \frac{1 - U_{r_k(-)}}{U_{r_k(-)}} \cdot \frac{n - k - (p - 1)}{k - 1} \sim F(k - 1, n - k - p + 1)$$

来检验 x_{r_k} 是否应被剔除，若

$$F_{r_k(-)} > F_{(-)\alpha}$$

说明判别能力最小的变量 x_{r_k} 不应剔除，即无变量可剔除，然后转入（3）；若

$$F_{r_k(-)} \leqslant F_{(-)\alpha}$$

该将 x_{r_k} 从判别函数中剔除出去。这时分别以 $l_{r_k r_k}^{(p)} w_{r_k r_k}^{(p)}$ 为主元，对 $L_{(xxp)}$ 和 W_p 作紧凑变换，得到 $L_{xx(p+1)}$，W_{p+1}。然后重复（2）中的计算，直到判别

函数无变量被剔除为止，然后转向（3）。

（3）计算未引入判别函数的 $m - p$ 变量 $x_{r_{p+1}}$，$x_{r_{p+2}}$，$\cdots$，x_{r_m} 的判别能力 $U_{r_{i(+)}}$

$$U_{r_{i(+)}} = \frac{l_{r_i r_i}^{(p)}}{w_{r_i r_i}^{(p)}}, (r_i = r_{p+1}, \cdots, r_{p+m})$$

若

$$U_{r_{g(+)}} = \min_{r_{p+1} \leqslant r_i \leqslant r_{p+m}} \{U_{r_{i(+)}}\}$$

利用

$$F_{r_{g(+)}} = \frac{1 - U_{r_{g(+)}}}{U_{r_{g(+)}}} \cdot \frac{n - k - p}{k - 1} \sim F(k - 1, n - k - p)$$

来检验变量 x_{r_g} 是否应引入判别函数。若

$$F_{r_{g(+)}} < F_{(+)\alpha}$$

说明 x_{r_g} 不能引入判别函数，故再无变量可引入。挑选变量的工作到此结束，然后转向第二大步，若

$$F_{r_{g(+)}} \geqslant F_{(+)\alpha}$$

将变量 x_{r_g} 引入判别函数，这时分别以 $l_{r_g r_g}^{(p)}$，$w_{r_g r_g}^{(p)}$ 为主元，对 L_{xxp}，W_p 作紧凑变换，得到 $L_{xx(p+1)}$ 和 W_{p+1} 然后再转向（2）。直到凡已引入判别函数的变量均无可剔除的，而未引入判别函数的变量都不能再引入为止。

第二大步：利用已入选的变量建立判别函数。不失普遍性，若引入判别函数的变量为 x_{r_1}，x_{r_2}，$\cdots$，x_{r_p}（$1 \leqslant r_p < m$），且得到 L_{xxp} 和 W_p，现将 L_{xxp}，W_p 中未入选变量所对应的主元所在的行和列的元素全部删去，剩下的元素依原来顺序排成的矩阵记为 $\tilde{L}_{xxp}$，$\tilde{W}_p$，那么 $\tilde{L}_{xxp}$，$\tilde{W}_p$ 分别是 $\tilde{L}_{xx}$，$\tilde{W}$ 的逆矩阵，其中 $\tilde{L}_{xx}$，$\tilde{W}$ 分别是变量 x_{r_1}，x_{r_2}，$\cdots$，x_{r_p} 构成的组内离差阵和总离差阵。这时 $\tilde{S}^{-1} = (n - k)\tilde{L}_{xxp}$，其中 $\tilde{S}$ 是入选变量的协方差矩阵。然后应用贝叶斯方法建立线性判别函数，以后的计算过程与前一节相同，不再重复。

例 8-3[①]　例 8-2，取了 x_1，x_2，x_3，x_4，x_5 五个指标，其数据如表 8-5所示：

[①] 见袁志发、周静芋编著《多元统计分析》，科学出版社，2003，第 238 页。

表 8 - 5　数据表

	样本号	x_1	x_2	x_3	x_4	x_5
G_1	1	8.11	261.01	13.23	5.46	7.36
	2	9.36	185.39	9.02	5.66	5.99
	3	9.85	249.58	15.61	6.06	6.11
	4	2.55	137.13	9.21	6.11	4.35
	5	6.01	231.34	14.27	5.21	8.79
	6	9.64	231.38	13.03	4.88	8.53
	7	4.11	260.25	14.72	5.36	10.02
	8	8.90	259.51	14.16	4.91	9.79
	9	7.71	273.84	16.01	5.15	8.79
	10	7.51	303.59	19.14	5.70	8.53
	11	8.06	231.03	14.41	5.72	6.15
G_2	1	6.80	308.90	15.11	5.52	8.49
	2	8.68	258.69	14.02	4.79	7.16
	3	5.67	355.54	15.13	4.97	9.43
	4	8.10	476.69	7.38	5.32	11.32
	5	3.71	316.12	17.12	6.04	8.17
	6	5.37	274.57	16.75	4.98	9.67
	7	9.89	409.42	19.47	5.19	10.49
G_3	1	5.22	330.34	18.19	4.96	9.61
	2	4.71	331.47	21.16	4.30	13.72
	3	4.71	352.50	20.79	5.07	11.00
	4	3.26	347.31	17.90	4.65	11.19
	5	8.27	189.56	12.74	5.46	9.64

　　逐步判别，为方便计，设最后可能进入两个变量，则可设 $F_{(+)} \sim F(2, 18)$，$F_{(-)} \sim F(2, 19)$，取 $\alpha = 0.10$，可近似取 $F_{(+)0.01} = 2.62$，$F_{(-)0.01} = 2.61$，每步可不再查表计算 $F_{(+)\alpha}$ 和 $F_{(-)\alpha}$。

　　（1）第一大步

$$L_{xx0} = \begin{bmatrix} 95.28702 & 315.76995 & -12.41189 & -2.95104 & -4.88656 \\ 315.76995 & 74980.23886 & 1181.09276 & -127.46817 & 1680.49968 \\ -12.41189 & 1181.09276 & 215.54843 & -5.60936 & -50.13791 \\ -2.95104 & -127.46817 & -5.60936 & 3.58864 & -10.40349 \\ -4.88656 & 1688.49968 & 50.13791 & -10.40349 & 69.39288 \end{bmatrix}$$

$$w_0 = \begin{bmatrix} 111.76937 & -168.96595 & -44.71654 & 1.42973 & -25.58778 \\ -168.96595 & 125304.51172 & 2143.69217 & -285.03710 & 2651.27452 \\ -44.71654 & 2143.69217 & 278.90650 & -14.21090 & 90.85595 \\ 1.42973 & -285.03710 & -14.21019 & 4.77646 & -16.196626 \\ -25.58778 & 2651.27452 & 90.85595 & -16.19626 & 99.03457 \end{bmatrix}$$

（2）计算

$$U_{1(+)} = \frac{95.28702}{111.76937}$$

$$U_{2(+)} = \frac{74980.23886}{125304.51772} = 0.5983841（最小）$$

$$U_{3(+)} = \frac{215.54843}{278.90650}$$

$$U_{4(+)} = \frac{3.58864}{4.77646}$$

$$U_{5(+)} = \frac{69.39288}{99.03457}$$

$$F_{2(+)} = \frac{1 - 0.5983841}{0.5983841} \cdot \frac{23 - 3}{3 - 1} = 6.71167 > 2.6,引入 x_2$$

$$L_2 L_{xx0} = L_{xx1} = \begin{bmatrix} 93.95720 & -0.00421 & -17.38592 & -2.41422 & -11.96377 \\ -0.00421 & 0.00001 & 0.01575 & 0.00170 & 0.02241 \\ -17.38592 & -0.01575 & 196.94379 & -3.60147 & 23.66659 \\ -2.41422 & -0.00170 & -3.60147 & 3.37194 & -7.54660 \\ -11.96377 & -0.2241 & 23.66659 & -7.54660 & 31.72856 \end{bmatrix}$$

$$W_1 = L_2 W_0 = \begin{bmatrix} 111.53152 & 0.00135 & -41.82590 & 1.04537 & -22.01269 \\ -0.00135 & 0.00001 & 0.01711 & -0.00227 & 0.02116 \\ -41.82590 & -0.01711 & 242.23251 & -9.33381 & 45.49832 \\ 1.04537 & 0.00227 & -9.33381 & 4.12807 & -10.16526 \\ -22.01269 & -0.02116 & 45.49832 & -10.16526 & 42.93708 \end{bmatrix}$$

（3）判别函数经检验只引入了一个 x_2，故不必考虑剔除，现考虑引入第二个变量

由 L_{xx1} 与 W_1 计算

$$U_{1(+)} = \frac{93.95720}{111.53152}$$

$$U_{3(+)} = \frac{196.94379}{242.23251}$$

$$U_{4(+)} = \frac{3.37194}{4.12807}$$

$$U_{5(+)} = \frac{31.72856}{42.93718} = 0.738953（最小）$$

$$F_{5(+)} = \frac{1 - 0.738953}{0.738953} \cdot \frac{23 - 3 - 1}{3 - 1} = 3.3622932 > 2.62，x_5 \text{ 应引入。}$$

$$L_5 L_{xx1} = L_{xx2} = \begin{bmatrix} 89.44606 & -0.01266 & -8.46204 & -5.25979 & 0.37707 \\ 0.01266 & 0.00003 & -0.00097 & 0.00363 & -0.00071 \\ -8.46204 & 0.00097 & 179.29069 & 2.02760 & -0.74591 \\ -5.25979 & -0.00363 & 2.02760 & 1.57699 & 0.23785 \\ -0.37707 & -0.00071 & 0.74591 & -0.23785 & 0.03152 \end{bmatrix}$$

$$L_5 W_1 = W_2 = \begin{bmatrix} 100.24624 & -0.00950 & -18.50019 & -4.16607 & 0.51267 \\ 0.00950 & 0.00002 & -0.00531 & 0.00273 & -0.00049 \\ -18.50019 & 0.00531 & 194.02029 & 1.43779 & -1.05965 \\ -4.16607 & -0.00273 & 1.43779 & 1.72148 & 0.23675 \\ -0,51267 & -0.00049 & 1.05965 & -0.23675 & 0.02329 \end{bmatrix}$$

由于 x_5 进入，考虑是否剔除 x_2 和 x_5。由 L_{xx2} 和 W_2 计算

$$U_{2(-)} = \frac{0.00002}{0.00003} = 0.666667$$

$$U_{5(-)} = \frac{0.02329}{0.03152} = 0.7388959（大）$$

$$F_{5(-)} = \frac{1 - 0.7388959}{0.7388959} \cdot \frac{23 - 3 - 1}{3 - 1} = 3.3622932 = F_{5(+)} > 2.61$$

故 x_5 与 x_2 均不应剔除。

（4）由 L_{xx2} 和 W_2 计算 $U_{(+)}$，考虑选第三个变量

$$U_{1(+)} = \frac{89.44606}{100.24624} = 0.8922634（最小）$$

$$U_{3(+)} = \frac{179.29069}{194.02029}$$

$$U_{4(+)} = \frac{1.57699}{1.72148}$$

$$F_{1(+)} = \frac{1 - 0.8922634}{0.8922634} \cdot \frac{23 - 3 - 2}{3 - 1} = 1.0867 < 2.62$$

说明再无变量进入。结论：只有 x_2 和 x_5 进入判别函数。

第二大步：由 x_2 和 x_5 所计算的

$$L_{xx}^{-1} = \begin{bmatrix} 0.00003 & -0.00071 \\ -0.00071 & 0.03152 \end{bmatrix}$$

$$S^{-1} = (23 - 3) L_{xx}^{-1} = \begin{bmatrix} 0.0006 & -0.0142 \\ -0.0142 & 0.6304 \end{bmatrix}$$

这就是例 8 - 2 中所述情况，其最后结果可看例 8 - 2。

第九章　主成分分析

辩证法告诉我们，处理任何问题都要分清主要矛盾和次要矛盾，并抓住主要矛盾，其他问题就迎刃而解。在实际中，影响因素很多。如果在这众多因素中，每一个因素都不能成为主要因素，并且与其他因素相关，此时，就需要把这众多因素综合为若干不相关的主要因素。主成分分析为我们提供了方法，它是把多个指标化为少数几个综合指标的一种统计分析方法。

第一节　主成分分析的基本原理

一　主成分分析的作用

在实际问题中，研究多指标（变量）问题是经常遇到的，然而在多数情况下，不同指标之间是有一定的相关性。由于指标较多再加上指标之间有一定的相关性，势必增加分析问题的复杂性。主成分分析就是设法将原来的指标重新组合成一组新的相互无关的几个综合指标来代替原来指标，同时根据实际需要从中取较少的几个综合指标尽可能多地反映原来指标的信息的方法。这种将多个指标化为少数相互无关的综合指标的统计方法叫做主成分分析。

如建立发电量需求模型时，原来选取影响发电需求量的指标有 11 个，采用主成分分析处理，选取两个主成分（第一主成分和第二主成分），它将提取全部信息量的 95.18%，这样将 11 个指标简化为 2 个彼此独立的综合指标，使统计分析系统结构得以简化。

一般说，利用主成分分析得到的主成分和原始变量之间有如下基本关系：（1）每一个主成分都是各原始变量的线性组合；（2）主成分的数目大大少于原始变量的数目；（3）主成分保留了原始变量绝大多数信息；（4）各主成分之间互不相关。

通过主成分分析，可以从事物之间错综复杂的关系中找出一些主要成分，从而能有效利用大量统计数据进行定量分析，揭示变量之间的内在关系，得到对事物特征及其发展规律的一些深层次的启发，把研究工作引向深入。

二 主成分分析的基本原理

1. 基本原则

设对某一事物的研究涉及 p 个指标，分别用 X_1，X_2，$\cdots$，X_p 表示，这 p 个指标构成的 p 维随机向量为 $X = (X_1, X_2, \cdots, X_p)^T$。设随机向量 X 的均值为 μ，协方差矩阵为 Σ。

对 X 进行线性变换，可以形成新的综合变量，用 Y 表示，也就是说，新的综合变量可以由原来的变量线性表示，即满足下式：

$$\begin{cases} Y_1 = u_{11}X_1 + u_{21}X_2 + \cdots + u_{p1}X_p \\ Y_2 = u_{12}X_1 + u_{22}X_2 + \cdots + u_{p2}X_p \\ \quad \cdots \cdots \cdots \cdots \\ Y_p = u_{1p}X_1 + u_{2p}X_2 + \cdots + u_{pp}X_p \end{cases}$$

由于可以任意地对原始变量进行上述线性变换，由不同的线性变换得到的综合变量 Y 的统计特征也不尽相同。因此为了取得较好的效果，

记

$$u_i = (u_{1i}, \cdots, u_{pi})^T$$
$$U = (u_1, \cdots, u_p)$$

则上式成为矩阵形式

$$Y = U^T X$$

我们总是希望 $Y_i = u_i^T X$ 的方差尽可能大且各 Y_i 之间互相独立。记 Σ 为 X 的协方差阵，由于

$$\mathrm{var}(Y_i) = \mathrm{var}(u_i^T X) = u_i^T \Sigma u_i$$

而对任给的常数 c，有

$$\mathrm{var}(cu_i^T X) = cu_i^T \Sigma u_i c = c^2 u_i^T \Sigma u_i$$

因此对 u_i 不加限制时，可使 var（Y_i）任意增大，问题将变得没有意义。我们将线性变换约束在下面的原则之下：

（1）$u_i^T u_i = 1$，即 $u_{1i}^2 + u_{2i}^2 + \cdots + u_{pi}^2 = 1$ 或 $u_{i1}^2 + u_{i2}^2 + \cdots + u_{ip}^2 = 1$（$i = 1$，2，$\cdots$，$p$）；

（2）Y_i 与 Y_j 相互无关（$i \neq j$；i，$j = 1$，2，$\cdots$，p）；

（3）Y_1 是 X_1，X_2，$\cdots$，X_p 的一切满足原则（1）的线性组合中方差最

大者；Y_2 是与 Y_1 不相关的 X_1，X_2，$\cdots$，X_p 所有线性组合中方差最大者；$\cdots$，Y_p 是与 Y_1，Y_2，$\cdots$，Y_{p-1} 都不相关的 X_1，X_2，$\cdots$，X_p 的所有线性组合中方差最大者。

基于以上三条原则决定的综合变量 Y_1，Y_2，$\cdots$，Y_p 分别称为原始变量的第一，第二，$\cdots$，第 p 个主成分。其中，各综合变量在总方差中占的比重依次递减，在实际研究工作中，通常只挑选前几个方差最大的主成分，从而达到简化系统结构、抓住问题实质的目的。

2. 主成分的几何意义

从代数学观点看主成分就是 p 个变量 X_1，X_2，$\cdots$，X_p 的一些特殊的线性组合，而在几何上这些线性组合正是把 X_1，X_2，$\cdots$，X_p 构成的坐标系旋转产生的新坐标系，新坐标轴通过样品方差最大的方向（或说具有最大的样品方差）。下面以最简单的二元正态变量来说明主成分的几何意义。

设有 n 个样品，每个样品有 p 个变量，记为 X_1，X_2，$\cdots$，X_p，它们的综合变量记为 F_1，F_2，$\cdots$，F_p。当 $p = 2$ 时，原变量是 X_1，X_2，设 $X = (X_1, X_2)^T \sim N(\mu, \Sigma)$，它们有图 9 - 1 的相关关系：

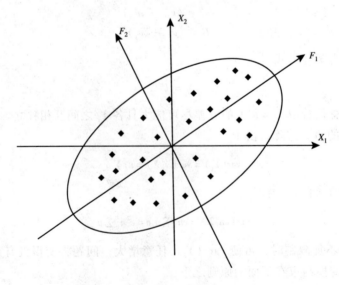

图 9 - 1　几何意义

对于二元正态分布变量，n 个点的散布大致为一个椭圆，若在椭圆长轴方向取坐标轴 F_1，在短轴方向取 F_2，这相当于在平面上作一个坐标变

换，即按逆时针方向旋转 θ 角度，根据旋转变换公式，新老坐标之间的关系如下

$$\begin{cases} F_1 = X_1\cos\theta + X_2\sin\theta \\ F_2 = -X_1\sin\theta + X_2\cos\theta \end{cases}$$

我们看到 F_1，F_2 是原变量 X_1 和 X_2 的线性组合，用矩阵表示是

$$\begin{pmatrix} F_1 \\ F_2 \end{pmatrix} = \begin{pmatrix} \cos\theta & \sin\theta \\ -\sin\theta & \cos\theta \end{pmatrix}\begin{pmatrix} X_1 \\ X_2 \end{pmatrix} \underline{\Delta} U \cdot X$$

显然 $U^T = U^{-1}$ 且是正交矩阵，即 $U^T U = I$。

从图 9-1 还容易看出二维平面上的 n 个点的波动（可用方差表示）大部分可以归结为在 F_1 轴上的波动，而在 F_2 轴上的波动是较小的。如果图 9-1 的椭圆是相当扁平的，我们可以只考虑 F_1 方向上的波动，忽略 F_2 方向上的波动。这样一来，二维可以降为一维了，只取第一个综合变量 F_1 即可。而 F_1 是椭圆的长轴。

一般情况，p 个变量组成 p 维空间，n 个样品就是 p 维空间的 n 个点，对 p 元正态分布变量来说，找主成分的问题就是找 p 维空间中椭球体的主轴问题。

第二节　主成分及其性质

一　预备知识

在下面的推导过程中，要用到线性代数中的两个结论。

（1）若 A 是 $p \times p$ 阶实对称阵，则一定可以找到正交阵 U 使 $U^{-1}AU = \begin{pmatrix} \lambda_1 & & 0 \\ & O & \\ 0 & & \lambda_p \end{pmatrix}$，其中 λ_1，λ_2，$\cdots$，λ_p 是 A 的特征根。

（2）若上述矩阵 A 的特征根所对应的单位特征向量为 u_1，u_2，$\cdots$，u_p $[u_i = (u_{1i}, \cdots, u_{pi})^T]$

$$\text{令 } U = (u_1, u_2, \cdots, u_p) = \begin{pmatrix} u_{11} & u_{12} & \cdots & u_{1p} \\ u_{21} & u_{22} & \cdots & u_{2p} \\ \vdots & \vdots & & \vdots \\ u_{p1} & u_{p2} & \cdots & u_{pp} \end{pmatrix}$$

则实对称 A 属于不同特征根所对应的特征向量是正交的即 $u_i^T \cdot u_j = 0$，所以 $UU^T = U^T U = I$。

二 主成分的推导

设 $F = a_1 X_1 + a_2 X_2 + \cdots + a_p X_p \underline{\underline{\Delta}} a^T X$，

其中，$a = (a_1, a_2, \cdots, a_p)^T$，$X = (X_1, X_2, \cdots, X_p)^T$，求主成分就是寻找 X 的线性函数 $a^T X$ 使相应的方差在 $a^T a = 1$ 时尽可能地大，即使

$$
\begin{aligned}
Var(a^T X) &= E[a^T X - E(a^T X)][a^T X - E(a^T X)]^T \\
&= a^T E(X - EX)(X - EX)^T a \\
&= a^T \sum a
\end{aligned}
$$

达到最大值（式中 $\sum$ 为 X 的协差阵）。

设协差阵 $\sum$ 的特征根为 $\lambda_1 \geqslant \lambda_2 \geqslant \cdots \geqslant \lambda_p > 0$，相应的单元特征向量为 u_1，u_2，$\cdots$，u_p。

$$
\underset{(p \times p)}{令 U} = (u_1, u_2, \cdots, u_p) = \begin{pmatrix} u_{11} & u_{12} & \cdots & u_{1p} \\ u_{21} & u_{22} & \cdots & u_{2p} \\ \vdots & \vdots & & \vdots \\ u_{p1} & u_{p2} & \cdots & u_{pp} \end{pmatrix}
$$

由前面线性代数定理可知：$UU^T = U^T U = I$，且

$$
\sum = U \begin{pmatrix} \lambda_1 & & & \\ & \lambda_2 & & 0 \\ 0 & & O & \\ & & & \lambda_p \end{pmatrix} U^T = \sum_{i=1}^p \lambda_i u_i u_i^T
$$

因此

$$
a^T \sum a = \sum_{i=1}^p \lambda_i a^T u_i u_i^T a = \sum_{i=1}^p \lambda_i (a^T u_i)(a^T u_i)^T = \sum_{i=1}^p \lambda_i (a^T u_i)^2
$$

所以

$$
a^T \sum a \leqslant \lambda_i \sum_{i=1}^p (a^T u_i)^2 = \lambda_i (a^T U)(a^T U)^T = \lambda_1 a^T U U^T a = \lambda_1 a^T a = \lambda_1
$$

而且当 $a = u_1$ 时有

$$
u_1^T \sum u_1 = u_1^T \left(\sum_{i=1}^p u_i u_i^T \right) u_1 = \sum_{i=1}^p \lambda_i u_1^T u_i u_i^T u_1 = \lambda_1 (u_1^T u_1)^2 = \lambda_1
$$

因此，$a = u_1$ 使 $Var\ (a^T X)\ = a^T \sum a$ 达到最大值，且

$$Var(u_1^T X)\ = u_1^T \sum u_1\ = \lambda_1$$

同理

$$Var(u_i^T X)\ = \lambda_i(i\ = 1,\cdots,p)$$

而且

$$Cov(u_i^T X, u_j^T X)\ = u_i^T \sum u_j\ = u_i^T \left[\sum_{i=1}^{p} \lambda_\alpha u_\alpha u_\alpha^T \right] u_j$$

$$= \sum_{i=1}^{p} \lambda_\alpha (u_j^T u_\alpha)(u_\alpha^T u_i)\ = 0, i \neq j$$

上述推导表明：X_1，X_2，$\cdots$，X_p 的主成分就是以 $\sum$ 的特征向量为系数的线性组合，它们互不相关，其方差为 $\sum$ 的特征根。

由于 $\sum$ 的特征根 $\lambda_1 \geqslant \lambda_2 \geqslant \cdots \geqslant \lambda_p > 0$，所以有：$VarF_1 \geqslant VarF_2 \geqslant \cdots \geqslant VarF_p > 0$。了解了这一点，也就可以明白为什么主成分的名次是按特征根取值大小的顺序排列的。

在解决实际问题时，一般不是取 p 个主成分，而是根据累计贡献率的大小取前 k 个。第一，第一主成分的贡献率为 $\lambda_1 / \sum_{i=1}^{p} \lambda_i$，由于 $Var\ (F_1)\ = \lambda_1$，所以 $\lambda_1 / \sum_{i=1}^{p} \lambda_i = \dfrac{Var\ (F_i)}{\sum Var\ (F_i)}$。因此第一主成分的贡献率就是第一主成分的方差在全部方差 $\sum_{i=1}^{p} \lambda_i$ 中的比值。这个值越大，表明第一主成分综合 X_1，$\cdots$，X_p 信息就越多。

第二，类似的第 k 个主成分的贡献率为 $\lambda_k \bigg/ \sum_{i=1}^{p} \lambda_i$。

第三，前 k 个主成分的累计贡献率 $\left[\ (\lambda_1 + \cdots + \lambda_k)\ \bigg/ \sum_{i=1}^{p} \lambda_i\right]$ 达到 85%，表明取前 k 个主成分基本包括了全部测量指标所具有的信息，这样既减少了变量的个数又便于对实际问题进行分析和研究。

值得指出的是：当协差阵 $\sum$ 未知时，可用其估计值 S（样本协差阵）来代替。

$$X\ = \begin{pmatrix} x_{11} & x_{12} & \cdots & x_{1p} \\ x_{21} & x_{22} & \cdots & x_{2p} \\ \vdots & \vdots & & \vdots \\ x_{n1} & x_{n2} & \cdots & x_{np} \end{pmatrix}$$

则 $S = (s_{ij})$，其中 $s_{ij} = \dfrac{1}{n}\sum\limits_{\alpha=1}^{n}(x_{\alpha i} - \bar{x}_i)(x_{\alpha j} - \bar{x}_j)$

而相关系数阵

$$R = (r_{ij}),\text{其中 } r_{ij} = \frac{s_{ij}}{\sqrt{s_{ii}}\sqrt{s_{jj}}}$$

显然当原始变量 $X_1, \cdots, X_p$ 标准化后，则

$$S = R = \frac{1}{n}X^T X$$

实际应用时，往往指标的纲量不同，所以在计算之前先消除纲量的影响，而将原始数据标准化，这样一来 S 和 R 相同。因此一般求 R 的特征根和特征向量，并且不妨取 $R = X^T X$。因为这时的 R 与 $\dfrac{1}{n}X^T X$ 只差一个系数，显然 $X^T X$ 与 $\dfrac{1}{n}X^T X$ 的特征根相差 n 倍，但它们的特征向量不变，它并不影响求主成分。

三　主成分的主要性质

性质 1　F 的协差阵为对角阵……

证明：记 $\Sigma = (\sigma_{ij})_{p\times p}$，$UU^T = I_p$

显然　$\mathrm{Var}(F) = U^T \Sigma U = \cdots$

性质 2　$\sum\limits_{i=1}^{p}\sigma_{ii} = \sum\limits_{i=1}^{p}\lambda_i$

证明：$\sum\limits_{i=1}^{p}\sigma_{ii} = tr(\Sigma) = tr(\Sigma UU^T)$

$\qquad\qquad = tr(U^T \Sigma U) = tr\cdots$

$\qquad\qquad = \sum\limits_{i=1}^{p}\lambda_i$

性质 3　$\rho(F_k, X_i) = \dfrac{u_{ki}\sqrt{\lambda_k}}{\sqrt{\sigma_{ii}}}$，$i, k = 1, \cdots, p$

证明：$\Theta\,\mathrm{Var}(F_k) = \lambda_k$，$\mathrm{Var}(X_i) = \sigma_{ii}$

$$\mathrm{Cov}(F_k, X_i) = \mathrm{Cov}(u_k^T X, e_i^T X)$$
$$= u_k^T \mathrm{Cov}(X, X) e_i$$
$$= u_k^T \sum e_i = e_i^T \sum u_k = e_i^T(\sum u_k)$$
$$= e_i^T(\lambda_k u_k) = \lambda_k u_{ki}$$

其中，$e_i = (0, \cdots, 0, 10, \cdots, 0)^T$ 为单位向量第 i 个分量为 1，其余为 0。

所以

$$\rho(F_k, X_i) = \frac{\mathrm{Cov}(F_k, X_i)}{\sqrt{\mathrm{Var} F_k} \sqrt{\mathrm{Var} X_i}} = \frac{u_{ki} \sqrt{\lambda_k}}{\sqrt{\sigma_{ii}}}$$

四 计算步骤及实例

设有 n 个样品，每个样品观测 p 个指标，将原始数据写成矩阵

$$X = \begin{pmatrix} x_{11} & x_{12} & \cdots & x_{1p} \\ x_{21} & x_{22} & \cdots & x_{2p} \\ \vdots & \vdots & & \vdots \\ x_{n1} & x_{n2} & \cdots & x_{np} \end{pmatrix}$$

有四个步骤：

第一步：将原始数据标准化。

这里为书写方便，不妨设上面的矩阵已标准化了。

第二步：建立变量的相关系数阵：

$$R = (r_{ij})_{p \times p} \qquad 不妨设 R = X^T X$$

第三步：求 R 的特征根 $\lambda_1 \geqslant \lambda_2 \geqslant \cdots \geqslant \lambda_p > 0$ 及相应的单位特征向量

$$a_1 = \begin{bmatrix} a_{11} \\ a_{21} \\ \vdots \\ a_{p1} \end{bmatrix}, a_2 = \begin{bmatrix} a_{12} \\ a_{22} \\ \vdots \\ a_{p2} \end{bmatrix}, \cdots, a_p = \begin{bmatrix} a_{1p} \\ a_{2p} \\ \vdots \\ a_{pp} \end{bmatrix}$$

第四步：写出主成分

$$F_i = a_{1i} X_1 + a_{2i} X_2 + \cdots + a_{pi} X_p \qquad i = 1, \cdots, p$$

例 9 - 1[①]　对全国 30 个省、直辖市、自治区经济发展基本情况的八项指标主成分分析，原始数据如表 9 - 1。

---

① 见于秀林、任雪松编著《多元统计分析》，中国统计出版社，2002，第 163 页。

表 9－1　全国 30 个省、直辖市、自治区经济发展基本情况的八项指标

省　份	GDP X_1	居民消费水平 X_2	固定资产投资 X_3	职工平均工资 X_4	货物周转量 X_5	居民消费价格指数 X_6	商品零售价格指数 X_7	工业总产值 X_8
北　京	1394.89	2505	519.01	8144	373.9	117.3	112.6	843.43
天　津	920.11	2720	345.46	6501	342.8	115.2	110.6	582.51
河　北	2849.52	1258	704.87	4839	2033.3	115.2	115.8	1234.85
山　西	1092.48	1250	290.90	4721	717.3	116.9	115.6	697.25
内蒙古	832.88	1387	250.23	4134	781.7	117.5	116.8	419.39
辽　宁	2793.37	2397	387.99	4911	1371.1	116.1	114.0	1840.55
吉　林	1129.20	1872	320.45	4430	497.4	115.2	114.2	762.47
黑龙江	2014.53	2334	435.73	4145	824.8	116.1	114.3	1240.37
上　海	2462.57	5343	996.48	9279	207.4	118.7	113.0	1642.95
江　苏	5155.25	1926	1434.95	5943	1025.5	115.8	114.3	2062.64
浙　江	3524.79	2249	1006.39	6619	754.4	116.6	113.5	916.59
安　徽	2003.58	1254	474.00	4609	908.3	114.8	112.7	824.14
福　建	2160.52	2320	533.97	5857	609.3	115.2	114.4	433.67
江　西	1205.11	1182	282.84	4211	411.7	116.9	115.9	571.84
山　东	5002.34	1527	1229.55	5145	1196.6	117.6	114.2	2207.69
河　南	3002.74	1034	670.35	4344	1574.4	116.5	114.9	1367.92
湖　北	2391.42	1527	571.68	4685	849.0	120.0	116.6	1220.72
湖　南	2195.70	1408	422.61	4797	1011.8	119.0	115.5	843.83
广　东	5381.72	2699	1639.83	8250	656.5	114.0	111.6	1396.35
广　西	1606.15	1314	382.59	5105	556.0	118.5	116.4	554.97
海　南	364.17	1814	198.35	5340	232.1	113.5	111.3	64.33
四　川	3534.00	1261	822.54	4645	902.3	118.5	117.0	1431.81
贵　州	630.07	942	150.84	4475	301.1	121.4	117.2	324.72
云　南	1206.68	1261	334.00	5149	310.4	121.3	118.1	716.65
西　藏	55.98	1110	17.87	7382	4.2	117.3	114.9	5.57
陕　西	1000.03	1208	300.27	4396	500.9	119.0	117.0	600.98
甘　肃	553.35	1007	114.81	5493	507.0	119.8	116.5	468.79
青　海	165.31	1445	47.76	5753	61.6	118.0	116.3	105.80
宁　夏	169.75	1355	61.98	5079	121.8	117.1	115.3	114.40
新　疆	834.57	1469	376.95	5348	339.0	119.7	116.7	428.76

资料来源：1996 年《中国统计年鉴》。

解：

按主成分分析方法，分三步完成。

第一步：将原始函数标准化。

第二步：建立指标之间的相关系数阵 R 如表 9－2。

表 9 - 2　相关系数阵 **R**

	X_1	X_2	X_3	X_4	X_5	X_6	X_7	X_8
X_1	1.000	0.267	0.951	0.191	0.617	-0.274	-0.264	0.874
X_2	0.267	1.000	0.426	0.718	-0.151	-0.234	-0.593	0.363
X_3	0.951	0.426	1.000	0.400	0.431	-0.282	-0.359	0.792
X_4	0.191	0.718	0.400	1.000	-0.356	-0.134	-0.539	0.104
X_5	0.617	-0.151	0.431	-0.356	1.000	-0.255	0.002	0.659
X_6	-0.274	-0.234	-0.282	-0.134	-0.255	1.000	0.760	-0.126
X_7	-0.264	-0.593	-0.359	-0.539	0.022	0.760	1.000	-0.192
X_8	0.874	0.363	0.792	0.104	0.659	-0.126	-0.192	1.000

第三步：求 **R** 的特征值和特征向量，见表 9 - 3。

表 9 - 3　**R** 的特征值和特征向量

主成分	特征值	方差贡献率	累计贡献率
1	3.755	46.943	46.943
2	2.195	27.443	74.386
3	1.214	15.178	89.564
4	0.403	5.033	94.596
5	0.213	2.660	97.256
6	0.139	1.737	98.993
7	$6.594E-02$	0.824	99.817
8	$1.462E-02$	0.183	100.000

从表 9 - 3 中看到，前 3 个特征值累计贡献率已达 89.564%，说明前 3 个主成分基本包含了全部指标具有的信息，我们取前 3 个特征值，并计算相应的特征向量，见表 9 - 4。

表 9 - 4　第一、二、三特征值向量

第一特征向量 a_1	第二特征向量 a_2	第三特征向量 a_3
0.470641	0.107995	0.192410
0.456708	0.258512	0.109819
0.424712	0.287536	0.192410
-0.319440	0.400931	0.397525
0.312729	-0.404310	0.245050
0.250802	0.498801	-0.247770
0.240481	-0.488680	0.332179
-0.262670	0.167392	0.723351

因而前三个主成分为：

第一主成分：$F_1 = 0.470641X_1 + 0.456708X_2 + 0.424712X_3$
$$- 0.31944X_4 + 0.312729X_5 + 0.250802X_6$$
$$+ 0.240481X_7 - 0.26267X_8$$

第二主成分：$F_2 = 0.107995X_1 + 0.258512X_2 + 0.287536X_3$
$$+ 0.400931X_4 - 0.40431X_5 + 0.498801X_6$$
$$- 0.48868X_7 + 0.167392X_8$$

第三主成分：$F_3 = 0.19241X_1 + 0.109819X_2 + 0.19241X_3$
$$+ 0.397525X_4 + 0.24505X_5 - 0.24777X_6$$
$$+ 0.332179X_7 + 0.723351X_8$$

在第一主成分的表达式中第一、二、三项指标的系数较大，这三个指标起主要作用，我们可以把第一主成分看成是由 GDP、固定资产投资和居民消费水平所刻画的反映经济发展状况的综合指标。

在第二主成分中，第四、五、六、七项指标的影响大，且第六、七项指标的影响尤其大，可将之看成是反映居民消费价格指数、职工平均工资和货物周转量的综合指标。

在第三主成分中，第八项指数影响最大，远超过其他指标的影响，可单独看成是工业总产值的影响。

可见，为了解决实际问题，主成分方法是在众多影响因素中通过有序不相关综合指标（全部因素线性组合）所确定的主成分寻找主要因素的，同时兼顾其他因素，但这些主要因素可能是相关的。

第十章 因子分析

第九章介绍的主成分分析，把众多的因素综合为若干不相关的主成分。由于各因素（指标）是可测的，但主成分是不可测的，至多说是间接可测的，即计算出来的。因此，对于解决实际问题是不够的。要解决问题，需要把主成分还原为原来的因素。这就是因子分析方法，是对主成分分析的发展。

第一节 因子分析原理

因子分析是研究相关矩阵的内部依赖关系，它将多个变量综合为少数几个"因子"，以再现原始变量与"因子"之间的相关关系。在统计学领域内，它属于多元分析的范畴。

因子分析主要是由心理学家发展起来的，1904 年，Chales Spearman 提出这种方法用来解决智力测验得分的统计分析。目前，因子分析在心理学、社会学、经济学、人口学、地质学、生理学，甚至在化学和物理学中都取得了成功的应用。它的主要应用有两个方面，一是寻求基本结构、简化观测系统。给定一组变量或观测数据，我们要问，变量的维数是否一定需要这么多，是否存在一个子集来解释整个问题。通常采用因子分析的方法将维数众多的变量减少为几个新因子，以再现它们之间的内在联系；二是用于分类，将变量或者样品进行分类，根据因子得分值，在因子轴所构成的空间中进行分类处理。

一 因子分析的基本思想

因子分析的基本思想是根据相关性大小把原始变量分组，使得同组内的变量之间相关性较高，而不同组的变量间的相关性则较低。每组变量代表一个基本结构，并用一个不可观测的综合变量表示，这个基本结构就称为公共因子。对于所研究的某一具体问题，原始变量就可以分解成两部分之和的形式，一部分是少数几个不可测的所谓公共因子的线性函数，另一部分是与公共因子无关的特殊因子。在经济统计中，描述一种经济现象的指标可以有很多，比如要反映物价的变动情况，对各种商品的价格做全面调查固然可以达到目的，但这样做显然耗时耗力，为实际工作者所不取。实际上，某一类商品中很多商品的价格之间存在明显的相关性或相互依赖性，只要选择几种主要商品的价格或进而对这几种主要商品的价格进行综合，得到某一种假想的"综合商品"的价格，就足以反映某一类物价的变动情况，这里，"综合商品"的价格就是提取出来的因子。这样，对各类商品物价或仅对主要商品类别的物价进行类似分析然后加以综合，就可以反映物价的整体变动情况。这一过程也就是从一些有错综复杂关系的经济现象中找出少数几个主要因子，每一个主要因子就代表经济变量间相互依赖的一种经济作用。抓住这些主要因子就可以帮助我们对复杂的经济问题进行分析和解释。

二 因子分析的数学模型

1. 数学模型（正交因子模型）

R 型因子分析数学模型

$$
\begin{cases}
X_1 = a_{11}F_1 + a_{12}F_2 + \cdots + a_{1m}F_m + \varepsilon_1 \\
X_2 = a_{21}F_1 + a_{22}F_2 + \cdots + a_{2m}F_m + \varepsilon_2 \\
\qquad\qquad\qquad \vdots \\
X_p = a_{p1}F_1 + a_{p2}F_2 + \cdots + a_{pm}F_m + \varepsilon_p
\end{cases}
$$

用矩阵表示

$$
\begin{bmatrix} X_1 \\ X_2 \\ \vdots \\ X_p \end{bmatrix}
=
\begin{bmatrix}
a_{11} & a_{12} & \cdots & a_{1m} \\
a_{21} & a_{22} & \cdots & a_{2m} \\
\vdots & \vdots & & \vdots \\
a_{p1} & a_{p2} & \cdots & a_{pm}
\end{bmatrix}
\begin{bmatrix} F_1 \\ F_2 \\ \vdots \\ F_m \end{bmatrix}
+
\begin{bmatrix} \varepsilon_1 \\ \varepsilon_2 \\ \vdots \\ \varepsilon_p \end{bmatrix}
$$

简记为 $\underset{(p\times1)}{X} = \underset{(p\times m)}{A}\ \underset{(m\times1)}{F} + \underset{(p\times1)}{\varepsilon}$

且满足

（1） $m \leqslant p$；

（2） $\mathrm{Cov}\,(F,\ \varepsilon) = 0$，　即 F 和 ε 是不相关的；

（3） $D\,(F) = \begin{pmatrix} 1 & & & 0 \\ & 1 & & \\ & & \ddots & \\ 0 & & & 1 \end{pmatrix} = I_m$，即 $F_1,\ \cdots,\ F_m$ 不相关且方差皆为 1。

$$D(\varepsilon) = \begin{pmatrix} \sigma_1^2 & & & 0 \\ & \sigma_2^2 & & \\ 0 & & \ddots & \\ & & & \sigma_p^2 \end{pmatrix}, 即 \varepsilon_1, \cdots, \varepsilon_m 不相关，且方差不同。$$

其中，$X = (X_1, \cdots, X_p)^T$ 是可实测的 p 个指标所构成 p 维随机向量，$F = (F_1, \cdots, F_m)^T$ 是不可观测的向量，F 称为 X 的公共因子或潜因子，即前面所说的综合变量，可以把它们理解为在高维空间中的互相垂直的 m 个坐标轴；a_{ij} 称为因子载荷，它是第 i 个变量在第 j 个公共因子上的负荷，如果把变量 X_i 看成 m 维因子空间中的一个向量，则 a_{ij} 表示 X_i 在坐标轴 F_j 上的投影，矩阵 A 称为因子载荷矩阵；ε 称为 X 的特殊因子，通常理论上要求 ε 的协方差阵是对角线，ε 中包括了随机误差。

由上述模型满足的条件可知：$F_1, F_2, \cdots, F_m$ 是不相关的。若 $F_1, F_2, \cdots, F_m$ 相关时，则 $D(F)$ 就不是对角阵，这时的模型称为斜交因子模型，本章将不讨论这种模型。

类似的，Q 型因子分析数学模型为

$$\begin{cases} X_1 = a_{11}F_1 + a_{12}F_2 + \cdots + a_{1m}F_m + \varepsilon_1 \\ X_2 = a_{21}F_1 + a_{22}F_2 + \cdots + a_{2m}F_m + \varepsilon_2 \\ \qquad\qquad\qquad \vdots \\ X_n = a_{n1}F_1 + a_{n2}F_2 + \cdots + a_{nm}F_m + \varepsilon_n \end{cases}$$

此时，$X_1, X_2, \cdots, X_n$ 表示 n 个样品。

因子分析的目的就是通过模型 $X = AF + \varepsilon$ 以 F 代替 X，由于 $m < p$，$m < n$，从而达到简化变量维数的愿望。

因子分析和主成分分析有很多相似之处，在求解过程中二者都是从一个协方差阵（或相似系数阵）出发，但这两种模型是有区别的，主成分分析的数学模型实质上是一种变换，而因子分析模型是描述原指标 X 协方差阵 Σ 结构的一种模型，当 $m = p$ 时，就不能考虑 ε，此时因子分析也对应于一种变量变换，但在实际应用中，m 都小于 p，且越小越好。另外，在主成分分析中每个主成分相应的系数 a_{ij} 是唯一确定的，与此相反的因子分析中每个主成分相应的系数不是唯一的，即因子载荷阵不是唯一的，若 Γ 为任一个 $m \times m$ 阶正交阵，则因子模型 $X = AF + \varepsilon$ 可写成：$X = (A\Gamma)(\Gamma^T F) + \varepsilon$，仍满足约束条件，即

$$D(\Gamma^T F) = \Gamma^T D(F)\Gamma = I_m, \mathrm{Cov}(\Gamma^T F, \varepsilon) = \Gamma^T \mathrm{Cov}(F, \varepsilon) = 0$$

所以，$\Gamma^T F$ 也是公共因子，$A\Gamma$ 也是因子载荷阵。因子载荷这个不唯一性，从表面上看是不利的，但后面将会看到当因子载荷阵 A 的结构不够简化时，可对 A 实行变换以达到简化的目的，使新的因子更具有鲜明的实际意义。从因子分析的数学模型上看，它与多变量回归分析也有类似之处，但本质的区别是因子分析模型作为"自变量"的 F 是不可观测的。

2. 因子模型中公共因子、因子载荷和变量共同度的统计意义

为了便于对因子分析计算结果做解释，将因子分析数学模型中各个量的统计意义加以说明是十分必要的。

（1）因子载荷

假定因子模型中，各个变量以及公共因子、特殊因子都已经是标准化（均值为 0，方差为 1）的变量。

已知模型

$$X_i = a_{i1}F_1 + a_{i2}F_2 + \cdots + a_{ij}F_j + \cdots + a_{im}F_m + \varepsilon_i$$

两端各乘 F_j 得

$$X_iF_j = a_{i1}F_1F_j + a_{i2}F_2F_j + \cdots + a_{ij}F_jF_j + \cdots + a_{im}F_mF_j + \varepsilon_iF_j$$

于是

$$E(X_iF_j) = a_{i1}E(F_1F_j) + a_{i2}E(F_2F_j) + \cdots + a_{ij}E(F_jF_j) + \cdots + a_{im}E(F_mF_j) + E(\varepsilon_iF_j)$$

由于在标准化下有

$$E(F) = 0, E(\varepsilon) = 0, Var(\varepsilon_i) = 1, E(X_i) = 0, Var(X_i) = 1$$

因此

$$E(X_iF_j) = r_{X_iF_j}, E(F_iF_j) = r_{F_iF_j}, E(\varepsilon_iF_j) = r_{\varepsilon_iF_j}$$

所以上式可写成

$$r_{X_iF_j} = a_{i1}r_{F_1F_j} + a_{i2}r_{F_2F_j} + \cdots + a_{ij}r_{F_jF_j} + \cdots + a_{im}r_{F_mF_j} + r_{\varepsilon_iF_j}$$
$$= a_{ij}（因为各因子不相关，所以相关系数为 0）$$

故因子载荷 a_{ij} 的统计意义就是第 i 个变量与第 j 个公共因子的相关系数，即表示 X_i 依赖 F_j 的分量（比重）。因此，用统计学的术语应该叫做权，但由于历史的原因，心理学家将它叫做载荷，即表示第 i 个变量在第 j 个公共因子上的负荷，它反映了第 i 个变量在第 j 个公共因子上的相对重要性。

（2）变量共同度的统计意义

所谓变量 X_i 的共同度定义为因子载荷阵 A 中第 i 行元素的平方和，即

$$h_i^2 = \sum_{j=1}^m a_{ij}^2 \qquad i = 1, \cdots, p$$

为了说明它的统计意义，将下式两边求方差，即

$$X_i = a_{i1}F_1 + a_{i2}F_2 + \cdots + a_{ij}F_j + \cdots + a_{im}F_m + \varepsilon_i$$

$$Var(X_i) = a_{i1}^2 Var(F_1) + a_{i2}^2 Var(F_2) + \cdots + a_{im}^2 Var(F_m) + Var(\varepsilon_i)$$

$$= a_{i1}^2 + a_{i2}^2 + \cdots + a_{im}^2 + \sigma_i^2$$

$$= h_i^2 + \sigma_i^2$$

由于 X_i 已标准化了，所以

$$1 = h_i^2 + \sigma_i^2$$

此式说明变量 X_i 的方差由两部分组成：第一部分为共同度 h_i^2，它刻画全部公共因子对变量 X_i 的总方差所作的贡献，h_i^2 越接近 1，说明该变量的几乎全部原始信息都被所选取的公共因子说明了，如 $h_i^2 = 0.97$ 则说明 X_i 的 97% 的信息被 m 个公共因子说明了，也就是说由原始变量空间转为因子空间转化的性质越好，保留原来信息量越多，因此 h_i^2 是 X_i 方差的重要组成部分。当 $h_i^2 \approx 0$ 时，说明公共因子对 X_i 的影响很小，主要由特殊因子 ε_i 来描述。第二部分 σ_i^2 是特定变量所产生的方差，称为特殊因子方差，仅与变量 X_i 本身的变化有关，它是使 X_i 的方差为 1 的补充值。

（3）公因子 F_j 的方差贡献的统计意义

将因子载荷矩阵中的各列元素的平方和记为

$$S_j = \sum_{i=1}^p a_{ij}^2 \qquad j = 1, \cdots, m$$

称 S_j 为公共因子 F_j 对 X 的贡献，即 S_j 表示同一公共因子 F_j 对诸变量所提供的方差贡献之总和，它是衡量公共因子相对重要性的指标。

第二节　因子载荷的求解

因子分析可以分解为确定因子载荷、因子旋转及计算因子得分三个步骤。首要的步骤是确定因子载荷或是根据样本数据确定因子载荷矩阵 A。有很多方法可以完成这项工作，如主成分法、主轴因子法、最小二乘法、极大似然法、α 因子提取法等。用这些方法求解因子载荷的出发点不同，所得的结果也不完全相同。下面我们着重介绍比较常用的主成分法、主轴因子法与极大似然法。

一　主成分法

用主成分法确定因子载荷是在进行因子分析之前先对数据进行一次主成分分析，然后把前面几个主成分作为未旋转的公因子。相对于其他确定因子载荷的方法而言，主成分法比较简单。但是由于用这种方法所得的特殊因子 ε_1，ε_2，$\cdots$，ε_p 之间并不相互独立，因此，用主成分法确定因子载荷不完全符合因子模型的假设前提，也就是说所得的因子载荷并不完全正确。但是当共同度较大时，特殊因子所起的作用较小，因而由特殊因子之间的相关性所带来的影响就几乎可以忽略。事实上，很多有经验的分析人员在进行因子分析时，总是先用主成分法进行分析，然后再尝试其他的方法。

用主成分法寻找公因子的方法如下：假定从相关系数矩阵出发求解主成分，设有 p 个变量，则我们可以找出 p 个主成分。将所得的 p 个主成分按由大到小的顺序排列，记为 Y_1，Y_2，$\cdots$，Y_p，则主成分与原始变量之间存在如下关系式

$$
\begin{cases}
Y_1 = \gamma_{11}X_1 + \gamma_{12}X_2 + \cdots + \gamma_{1p}X_p \\
Y_2 = \gamma_{21}X_1 + \gamma_{22}X_2 + \cdots + \gamma_{2p}X_p \\
\quad\cdots\cdots\cdots \\
Y_p = \gamma_{p1}X_1 + \gamma_{p2}X_2 + \cdots + \gamma_{pp}X_p
\end{cases}
$$

式中，γ_{ij} 为随机向量 X 的相关矩阵的特征值所对应的特征向量的分量，因为特征向量之间彼此正交，从 X 到 Y 的转换关系是可逆的，很容易得出由 Y 到 X 的转换关系为

$$
\begin{cases}
X_1 = \gamma_{11}Y_1 + \gamma_{21}Y_2 + \cdots + \gamma_{p1}Y_p \\
X_2 = \gamma_{12}Y_1 + \gamma_{22}Y_2 + \cdots + \gamma_{p2}Y_p \\
\quad\cdots\cdots\cdots \\
X_p = \gamma_{1p}Y_1 + \gamma_{2p}Y_2 + \cdots + \gamma_{pp}Y_p
\end{cases}
$$

我们对上面每一等式只保留前 m 个主成分而把后面的部分用 ε_i 代替，则得到

$$
\begin{cases}
X_1 = \gamma_{11}Y_1 + \gamma_{21}Y_2 + \cdots + \gamma_{m1}Y_m + \varepsilon_1 \\
X_2 = \gamma_{12}Y_1 + \gamma_{22}Y_2 + \cdots + \gamma_{m2}Y_m + \varepsilon_2 \\
\quad\cdots\cdots\cdots \\
X_p = \gamma_{1p}Y_1 + \gamma_{2p}Y_2 + \cdots + \gamma_{mp}Y_m + \varepsilon_p
\end{cases}
$$

它在形式上已经与因子分析数学模型相一致，且 Y_i（$i = 1$，2，$\cdots$，m）之

间相互独立，为了把 Y_i 转化成合适的公因子，现在要做的工作只是把主成分 Y_i 变成方差为 1 的变量。为完成此变换，必须将 Y_i 除以其标准差。由主成分分析可知其标准差即为特征根的平方根 $\sqrt{\lambda_i}$，并且 $r_{ji}\sqrt{\lambda_j} = a_{ij}$，$a_{ij}$ 为 X_i 与 F_j 的相关系数，由主成分性质可知这个相关系数为 $\dfrac{r_{ji}\sqrt{\lambda_j}}{\sqrt{\sigma_{ii}}} = r_{ji}\sqrt{\lambda_j}$，所以

$a_{ij} = r_{ji}\sqrt{\lambda_j}$，将它代入上式，记 $F_j = \dfrac{Y_j}{\sqrt{\lambda_j}}$，得到

$$
\begin{cases}
X_1 = a_{11}F_1 + a_{12}F_2 + \cdots + a_{1m}F_m + \varepsilon_1 \\
X_2 = a_{21}F_1 + a_{22}F_2 + \cdots + a_{2m}F_m + \varepsilon_2 \\
\qquad\qquad\qquad\vdots \\
X_p = a_{p1}F_1 + a_{p2}F_2 + \cdots + a_{pm}F_m + \varepsilon_p
\end{cases}
$$

这与因子分析数学模型完全一致，这样，就得到了载荷 A 矩阵和一组初始公因子（未旋转）。

一般设 $\lambda_1 \geqslant \lambda_2 \geqslant \cdots \geqslant \lambda_p$ 为样本相关阵 R 的特征根，γ_1，γ_2，$\cdots$，γ_p 为对应的标准正交化特征向量。设 $m < p$，则因子载荷矩阵 A 的一个解为

$$
\hat{A} = (\sqrt{\lambda_1}\gamma_1, \sqrt{\lambda_2}\gamma_2, \cdots, \sqrt{\lambda_m}\gamma_m)
$$

共同度的估计为

$$
\hat{h}_i^2 = \hat{a}_{i1}^2 + \hat{a}_{i2}^2 + \cdots + \hat{a}_{im}^2
$$

那么，如何确定公因子的数目呢？一般而言，这取决于问题研究者本人，对于同一问题进行因子分析时，不同的研究者可能会给出不同的公因子数；当然，有时候由数据本身的特征可以很明确地确定因子的数目。当用主成分法进行因子分析时，也可以借鉴确定主成分个数的准则，如所选取的公因子的信息量的和达到总体信息量的一个合适比例为止。但对这些准则不应生搬硬套，应具体问题具体分析，总之要使所选取的公因子能够合理地描述原始变量相关系数矩阵的结构，同时要有利于因子模型的解释。

二　主轴因子法

主轴因子法也比较简单，且在实际应用中比较普通。用主轴因子法求解因子载荷矩阵的思路与主成分法有类似的地方，两者均是从分析矩阵的结构入手；两者不同的地方在于，主成分法是在所有的 p 个主成分能解释标

准化原始变量所有方差的基础之上进行分析的，而主轴因子法中，假定 m 个公共因子只能解释原始变量的部分方差，利用公因子方差（或共同度）来代替相关系数矩阵主对角线上的元素 1，并以新得到的这个矩阵（称之为调整相关系数矩阵）为出发点，对其分别求解特征根与特征向量并得到因子解。

在因子分析数学模型中，不难得到如下关于 X 的相关系数矩阵 R 的关系式

$$R = AA^T + \sum{}_{\varepsilon}$$

式中，A 为因子载荷矩阵；$\sum_{\varepsilon}$ 为一对角阵，其对角元素为相应特殊因子的方差。则称 $R^* = R - \sum_{\varepsilon} = AA^T$ 为调整相关系数矩阵，显然 R^* 的主对角元素不再是 1，而是共同度 h_i^2。分别求解 R^* 的特征值与标准正交特征向量，进而求出因子载荷矩阵 A。此时，R^* 有 m 个正的特征值。设 $\lambda_1^* \geqslant \lambda_2^* \geqslant \cdots \geqslant \lambda_m^*$ 为 R^* 的特征根，γ_1^*，γ_2^*，$\cdots$，γ_m^* 为对应的标准正交化特征向量。$m < p$，则因子载荷矩阵 A 的一个主轴因子解为

$$\hat{A} = (\sqrt{\lambda_1^*}\gamma_1^*, \sqrt{\lambda_2^*}\gamma_2^*, \cdots, \sqrt{\lambda_m^*}\gamma_m^*)$$

注意到，上面的分析是以首先得到调整相关系数矩阵 R^* 为基础的，而实际上，R^* 与共同度（或相对的剩余方差）都是未知的，需要我们先进行估计。一般我们先给出一个初始估计，然后估计出载荷矩阵 A 后再给出较好的共同度或剩余方差的估计。初始估计的方法有很多，可尝试对原始变量先进行一次主成分分析，给出初始估计值。

三　极大似然法

如果假定公共因子 F 和特殊因子 ε 服从正态分布，则我们能够得到因子载荷公共因子和特殊因子方差的极大似然估计。设 X_1，X_2，$\cdots$，X_p 为来自正态总体 $N(\mu, \Sigma)$ 的随机样本，其中 $\Sigma = AA^T + \Sigma_{\varepsilon}$。从似然函数的理论知

$$L(\mu, \Sigma) = \frac{1}{(2\pi)^{\frac{np}{2}} |\Sigma|^{\frac{n}{2}}} e^{\frac{-1}{2tr[\Sigma^{-1}\sum_{j=1}^{n}(x_j-\bar{x})(x_j-\bar{x})' + n(\bar{x}-\mu)(\bar{x}-\mu)']}}$$

它通过 Σ 依赖于 A 和 Σ_{ε}。但上式并不能唯一确定 A，为此，添加如下条件

$$A^T \Sigma_{\varepsilon}^{-1} A = \cdots$$

这里…是一个对角阵，用数值极大化的方法可以得到极大似然估计 $\overline{A}$ 和 $\hat{\Sigma}_\varepsilon$。极大似然估计 $\hat{A}$，$\hat{\Sigma}_\varepsilon$ 和 $\hat{\mu} = \overline{X}$，将使 $\hat{A}^T \hat{\Sigma}_\varepsilon^{-1} \hat{A}$ 为对角阵，且使 L（μ，Σ）达到最大。

第三节　因子旋转与因子得分

一　因子旋转

建立因子分析模型的目的不仅是找出主因子，更重要的是知道每个主因子的意义，以便对实际问题进行分析。然而用上述方法求出的主因子解，各主因子的典型代表变量不很突出，容易使因子的意义含糊不清，不便于对实际问题进行分析。由线性代数知道，一个正交变换对应坐标系的旋转，而且主因子的任一解均可由上述已求得的 A 经过旋转（右乘一正交阵）而得。经过旋转后，公共因子对 x_i 的贡献 h_i^2 并不改变，但公共因子本身可能有较大变化。从而可通过适合的旋转得到比较满意的公共因子。这种变换因子载荷矩阵的方法称为因子轴旋转。因子旋转有方差最大正交旋转和斜交旋转，下面只介绍方差最大正交旋转。

先考虑两个因子的平面正交旋转，设因子载荷矩阵为

$$A = \begin{pmatrix} a_{11} & a_{12} \\ a_{21} & a_{22} \\ \vdots & \vdots \\ a_{p1} & a_{p2} \end{pmatrix}, \Gamma = \begin{pmatrix} \cos\varphi & -\sin\varphi \\ \sin\varphi & \cos\varphi \end{pmatrix}$$

Γ 为正交矩阵。

记

$$\begin{aligned} B &= A\Gamma \\ &= \begin{pmatrix} a_{11}\cos\varphi + a_{12}\sin\varphi & -a_{11}\sin\varphi + a_{12}\cos\varphi \\ \vdots & \vdots \\ a_{p1}\cos\varphi + a_{p2}\sin\varphi & -a_{p1}\sin\varphi + a_{p2}\cos\varphi \end{pmatrix} \\ &\overset{\Delta}{=} \begin{pmatrix} b_{11} & b_{12} \\ \vdots & \vdots \\ b_{p1} & b_{p2} \end{pmatrix} \end{aligned}$$

这样做的目的是希望所得结果能使载荷矩阵的每一列元素按其平方值说尽可能大或者尽可能小，即向 1 和 0 两极分化，或者说因子的贡献越分

散越好。这实际上是希望将变量 x_1，x_2，$\cdots$，x_p 分成两部分，一部分主要与第一因子有关，另一部分要与第二因子有关，这也就是要求 $(b_{11}^2$，$\cdots$，$b_{p1}^2)$，$(b_{12}^2$，$\cdots$，$b_{p2}^2)$ 这两组数据的方差要尽可能地大，考虑各列的相对方差

$$V_\alpha = \frac{1}{p} \sum_{i=1}^{p} \left(\frac{b_{i\alpha}^2}{h_i^2}\right)^2 - \left(\frac{1}{p} \sum_{i=1}^{p} \frac{b_{i\alpha}^2}{h_i^2}\right)^2$$

$$= \frac{1}{p^2} \left[p \sum_{i=1}^{p} \left(\frac{b_{i\alpha}^2}{h_i^2}\right)^2 - \left(\sum_{i=1}^{p} \frac{b_{i\alpha}^2}{h_i^2}\right)^2 \right]$$

$\alpha = 1$，2。这里取 $b_{i\alpha}^2$ 是为了消除 $b_{i\alpha}$ 符号不同的影响，除以 h_i^2 是为了消除各个变量对公共因子依赖程度不同的影响。现在要求总的方差达到最大，即要求使

$$G = V_1 + V_2$$

达到最大值，于是考虑 G 对 φ 的导数，利用 B、V_α，经过一些计算，可证明要使 $\frac{\partial G}{\partial \varphi} = 0$，就是要取 φ 满足

$$
\begin{cases}
tg4\varphi = \dfrac{D - 2AB/p}{C - \dfrac{(A^2 - B^2)}{p}} \\[3mm]
记\ \mu_i = \left(\dfrac{a_{j1}}{h_j}\right)^2 - \left(\dfrac{a_{j2}}{h_j}\right)^2, V_j = 2\dfrac{a_{j1}a_{j2}}{h_j h_j} = \dfrac{2a_{j1}a_{j2}}{h_j^2} \\[3mm]
则\ A = \sum_{j=1}^{p} \mu_j, B = \sum_{j=1}^{p} \nu_j \\[3mm]
C = \sum_{j=1}^{p} (\mu_j^2 - \nu_j^2), D = \sum_{j=1}^{p} \mu_j \nu_j
\end{cases}
$$

如果公共因子数多于 2 个，我们可以逐次对每 2 个进行上述旋转，当公共因子 $m > 2$ 时，可以每次取 2 个，全部配对旋转，旋转时总是对 A 阵中第 α 列、β 列两列进行，此时上式中只需将 $a_{j1} \rightarrow a_{j\alpha}$，$a_{j2} \rightarrow a_{j\beta}$ 就行了。共需进行 $C_m^2 = \frac{m}{2}(m+1)$ 次旋转，但是旋转完毕后，并不能认为就已经达到目的，还可以重新开始，进行第二轮 C_m^2 次配对旋转。于是每经过一次旋转，A 矩阵就发生变化。

$$A \xrightarrow{\text{第一次旋转}} A^{(1)} \xrightarrow{\text{第二次旋转}} A^{(2)} \rightarrow \cdots \rightarrow A^{(i)} \rightarrow A^{(i+1)} \rightarrow \cdots$$

从 $A^{(i)} \rightarrow A^{(i+1)}$，$A^{(i+1)}$ 的各列相应的相对方差之和只会比 $A^{(i)}$ 的大，记 $G^{(i)}$ 为

$A^{(i)}$ 各列相对方差之和，则 $G^{(1)} \le G^{(2)} \le \cdots \le G^{(i)} \le G^{(i+1)} \le \cdots$，这是一个单调上升的序列，而它又是有界的，因此它一定会收敛到某一极限。经过若干次旋转后，它的总方差的改变不大了，就可停止旋转。

二 因子得分

因子分析是将变量表示为公共因子的线性组合。由于公因子能充分反映原始变量的相关关系，用公因子代表原始变量，更有利于描述研究对象的特征。因而，反过来将公共因子表示为变量的线性组合（如同主成分分析一样），即用

$$F_j = \beta_{j1}x_1 + \beta_{j2}x_2 + \cdots + \beta_{jp}x_p (j = 1,2,\cdots,m)$$

来计算各个样品的公因子得分。上式为因子得分函数。

由于上式中方程的个数少于变量个数，因此，只能在最小二乘意义下对因子得分进行估计。汤姆森（Thomson，1939）假设因子可以对 p 个变量作回归，即建立回归方程：

$$\hat{F}_j = b_{j0} + b_{j1}x_1 + b_{j2}x_2 + \cdots + b_{jp}x_p (j = 1,2,\cdots,m)$$

由于变量和主因子均已标准化，所以有

$$b_{j0} = 0$$

由最小二乘估计有

$$\hat{F} = A^T R^{-1} X$$

这里 $R = \begin{pmatrix} r_{x_1x_1} & r_{x_1x_2} & \cdots & r_{x_1x_p} \\ r_{x_2x_1} & r_{x_2x_2} & \cdots & r_{x_2x_p} \\ \cdots\cdots & & & \\ r_{x_px_1} & r_{x_px_2} & \cdots & r_{x_px_p} \end{pmatrix}$

为原变量的相关系数矩阵。

$$A^T = (a_{ij})_{m \times p}$$

当因子正交时，A^T 为旋转后的因子载荷矩阵 A 的转置，当因子斜交时，A^T 为因子结构矩阵的转置。

$$\hat{F} = (\hat{F}_1, \hat{F}_2, \cdots, \hat{F}_m)^T$$
$$X = (X_1, X_2, \cdots, X_p)^T$$

第四节　计算步骤

因子分析有六个步骤。

设原始数据资料如表 10 - 1。

表 10 - 1　数据资料

地区 \ 变量	X_1	X_2	...	X_p
1	x_{11}	x_{12}	...	x_{1p}
2	x_{21}	x_{22}	...	x_{2p}
⋮	⋮	⋮		⋮
n	x_{n1}	x_{n2}	...	x_{np}

第一步：将原始数据标准化，为书写方便仍记为 x_{ij}。

第二步：建立变量的相关关系数阵 $R = (r_{ij})_{p \times p}$。
其中

$$r_{ij} = \frac{\sum_{\alpha=1}^{n} (x_{\alpha i} - \bar{x}_i)(x_{\alpha j} - \bar{x}_j)}{\sqrt{\sum_{\alpha=1}^{n} (x_{\alpha i} - \bar{x}_i)^2} \cdot \sqrt{\sum_{\alpha=1}^{n} (x_{\alpha j} - \bar{x}_j)^2}}$$

$$= \frac{1}{n} \sum_{\alpha=1}^{n} x_{\alpha i} x_{\alpha j}$$

若作 Q 型因子分析，则建立样品的相似系数阵 $Q = (Q_{ij})_{n \times n}$
其中，

$$Q_{ij} = \frac{\sum_{\alpha=1}^{n} x_{\alpha i} x_{\alpha j}}{\sqrt{\sum_{\alpha=1}^{n} x_{\alpha i}^2} \cdot \sqrt{\sum_{\alpha=1}^{n} x_{\alpha j}^2}} \qquad i,j = 1, \cdots, n$$

以下步骤类似，只是将相关阵 R 改成相似阵 Q 即可。

第三步：求 R 的特征根及相应的单位特征向量，分别记为 $\lambda_1 \geqslant \lambda_2 \geqslant \cdots \geqslant \lambda_p > 0$ 和 $u_1, u_2, \cdots, u_p$，记

$$U = (u_1, u_2, \cdots, u_p) = \begin{pmatrix} u_{11} & u_{12} & \cdots & u_{1p} \\ u_{21} & u_{22} & \cdots & u_{2p} \\ \vdots & \vdots & & \vdots \\ u_{p1} & u_{p2} & \cdots & u_{pp} \end{pmatrix}$$

第四步：根据累计贡献率的要求，比如 $\dfrac{\sum\limits_{i=1}^{m}\lambda_i}{\sum\limits_{i=1}^{p}\lambda_i}\geqslant 85\%$，取前 m 个特征根

及相应的特征向量写出因子载荷阵：

$$A=\begin{pmatrix} a_{11} & a_{12} & \cdots & a_{1m} \\ a_{21} & a_{22} & \cdots & a_{2m} \\ \vdots & \vdots & & \vdots \\ a_{p1} & a_{p2} & \cdots & a_{pm} \end{pmatrix}=\begin{pmatrix} u_{11}\sqrt{\lambda_1} & u_{12}\sqrt{\lambda_2} & \cdots & u_{1m}\sqrt{\lambda_m} \\ u_{21}\sqrt{\lambda_1} & u_{22}\sqrt{\lambda_2} & \cdots & u_{2m}\sqrt{\lambda_m} \\ \vdots & \vdots & & \vdots \\ u_{p1}\sqrt{\lambda_1} & u_{p2}\sqrt{\lambda_2} & \cdots & u_{pm}\sqrt{\lambda_m} \end{pmatrix}$$

第五步：对 A 进行方差最大正交旋转。

第六步：计算因子得分。

例 10 - 1　①利用 1995 年的数据对我国社会发展状况进行综合考察，原始数据如表 10 - 2。

表 10 - 2　1995 年我国社会发展状况

地　区	人均 GDP（元）X_1	新增固定资产投资（亿元）X_2	城镇居民人均年可支配收入（元）X_3	农村居民家庭人均纯收入（元）X_4	高等学校数（所）X_5	卫生机构数（个）X_6
北　京	10265	30.81	6235	3223	65	4955
天　津	8164	49.13	4929	2406	21	3182
河　北	3376	77.76	3921	1668	47	10266
山　西	2819	33.97	3305	1206	26	5922
内蒙古	3013	54.51	2863	1208	19	4915
辽　宁	6103	124.02	3706	1756	61	6719
吉　林	3703	28.65	3174	1609	43	3891
黑龙江	4427	48.51	3375	1766	38	7637
上　海	15204	128.93	7191	4245	45	5286
江　苏	5785	101.09	4634	2456	67	12039
浙　江	6149	41.88	6221	2966	37	8721
安　徽	2521	55.74	3795	1302	35	6593
福　建	5386	18.35	4506	2048	30	4537
江　西	2376	26.28	3376	1537	31	5423

---

①　见于秀林、任雪松编著《多元统计分析》，中国统计出版社，2002，第 188 页。

续表

地 区	人均 GDP（元）X_1	新增固定资产投资（亿元）X_2	城镇居民人均年可支配收入（元）X_3	农村居民家庭人均纯收入（元）X_4	高等学校数（所）X_5	卫生机构数（个）X_6
山 东	4473	102.54	4264	1715	48	10463
河 南	2475	71.36	3299	1231	50	7661
湖 北	3341	37.75	4028	1511	56	9744
湖 南	2701	43.10	4699	1425	47	9137
广 东	6380	51.82	7438	2699	42	8848
广 西	2772	32.52	4791	1446	27	5571
海 南	4820	5.35	4770	1519	5	1653
四 川	2516	80.97	4002	1158	64	18885
贵 州	1553	22.07	3931	1086	22	3934
云 南	2490	48.48	4085	1010	26	6395
陕 西	2344	26.31	3309	962	46	6215
甘 肃	1925	14.84	3152	880	17	4131
青 海	2910	4.16	3319	1029	7	1176
宁 夏	2685	7.94	3382	998	7	1028
新 疆	3953	26.65	4163	1136	21	3932

注：当时重庆市属四川省。

资料来源：《中国统计年鉴》，1996 年。

第一步：将数据标准化。

第二步：建立指标间相关系数阵 R 如表 10 - 3。

表 10 - 3 相关系数阵 R

	X_1	X_2	X_3	X_4	X_5	X_6
X_1	1.00	0.46	0.76	0.93	0.29	- 0.06
X_2	0.46	1.00	0.26	0.45	0.66	0.57
X_3	0.76	0.26	1.00	0.85	0.25	0.13
X_4	0.93	0.45	0.85	1.00	0.39	0.09
X_5	0.29	0.66	0.25	0.39	1.00	0.75
X_6	- 0.06	0.57	0.13	0.09	0.75	1.00

第三步：求 R 的特征值和累计贡献率，如表 10-4 所示。

表 10-4　R 的特征值和累计贡献率

序号	特征值	方差贡献率	累计贡献率
1	3.324650	55.4108	55.41084
2	1.790678	29.84463	85.2555
3	0.492583	8.20972	93.4652
4	0.263991	4.39985	97.8650
5	0.088465	1.47442	99.3395
6	0.039633	0.66054	100.0000

第四步：建立因子载荷阵。

由于前三个特征值的累计贡献率已达 93.46%，故取前三个特征值建立因子载荷阵如表 10-5 所示。

表 10-5　因子载荷阵

指标＼因子	第一因子	第二因子	第三因子
	1	2	3
1	0.912657	-0.141217	0.284904
2	0.240291	0.314504	0.888718
3	0.920468	0.158874	-0.007896
4	0.953077	0.033665	0.190316
5	0.189462	0.502540	0.307010
6	-0.030776	0.928865	0.252020

第五步：将因子载荷阵实行方差最大正交旋转，得正交因子表如表 10-6 所示。

表 10-6　正交因子表

指标＼因子	第一因子	第二因子	第三因子
	1	2	3
X_1	0.953927	-.018684	0.188985
X_2	0.339698	0.566074	0.750912
X_3	0.900450	0.108737	-0.133105
X_4	0.974914	0.131773	0.054662
X_5	0.259744	0.884824	0.086750
X_6	-0.024689	0.962015	0.049149

第六步：将六个指标按高载荷分成三类，并结合专业知识对各因子给此命名如表 10 - 7 所示。

表 10 - 7　高载荷分类

	高载荷指标	因子命名
1	人均 GDP 城镇居民人均年可支配收入 农村居民家庭人均纯收入	收入因子
2	高等学校数 卫生机构数	社会因子
3	新增固定资产投资	投资因子

严格讲，此时应根据 $\hat{F} = A^T R^{-1} X$ 计算因子得分进行分类。此时 $\hat{F}$ 为 3×1 阶矩阵，A^T（正交旋转后的因子载荷矩阵 A 的转置）为 3×6 阶矩阵，R^{-1}（相关系数矩阵 R 的逆阵）为 6×6 阶矩阵，X 为 6×1 阶矩阵。

第十一章 对应分析

如第十章所述，因子分析分为 R 型和 Q 型两大类。通常情况下，指标的个数不会太多，但样品的个数会很多，此时，R 型分析的工作量较小，而 Q 型分析的工作量随着样品个数呈级数增长。对应分析就是通过揭示并建立 R 型和 Q 型之间的关系，从而通过 R 型分析实现 Q 型分析。

第一节 方法原理

对应分析（Correspondence Analysis）又称为 R - Q 型分析，它是在 R 型和 Q 型因子分析的基础上发展起来的一种多元统计分析方法，首先由法国的 Benzeci 于 1970 年提出。因子分析方法是用最少的几个公共因子去提取研究对象的绝大部分信息，既减少了因子的数目，又把握住了研究对象之间的相互关系。在因子分析中，根据研究对象的不同，分为 R 型和 Q 型两大类，如果研究的对象是变量，则采用 R 型因子分析，这两种分析通常是对立的概念，它们是分别进行处理，如果要考察变量的作用条件和典型样品之间的关系，因子分析就比较困难，难于揭示变量和样品之间的内在联系。另外，在处理实际问题的过程中，样品的个数远远大于变量的个数。比如有 100 个样品，每个样品测 10 项指标，要作 Q 型因子分析，就要计算（100 × 100）阶相似系数阵的特征根和特征向量，以一般小型计算机的容量和速度都是难以胜任的。

此外，进行数据处理时，为了将数量级相差很大的变量进行比较，需要对变量进行标准化处理，然而这种标准化处理对于变量和样品是非对等的，这给寻找 R 型和 Q 型之间的联系带来一定的困难。

对应分析就是为了克服因子分析的上述缺点而发展起来的。

对应分析是将 R 型因子分析与 Q 型因子分析结合起来进行统计分析，它从 R 型因子分析出发，而直接获得 Q 型因子分析的结果，克服了因样品容量大，作 Q 型分析所带来的计算上的困难。另外，根据 R 型和 Q 型分析的内在联系，可将指标（变量）和样品同时反映到相同坐标轴（因子轴）的一张图形上，便于对问题的分析。比如在图形上邻近的一些样品点则表

示它们的关系密切，归为一类，同样邻近的一些变量点则表示它们的关系
密切，归为一类，而且属于同一类型的样品点，可用邻近的变量点来表征。
因此，对应分析概括起来可提供如下三方面的信息：（1）变量间的关系：在
以因子轴为坐标轴的图形上，相邻近的一些变量点表示这些变量的相关性密
切。（2）样品点之间的关系：邻近的样品点具有相似性质，属于同一类。（3）
变量与样品之间的关系：同一类型的样品点将为邻近的变量所表征。

上述三种信息可以在同一张图上表示出来，从而可以进行分类和统计
推断解释。

为了确保表示变量的数量大小与表示样品的数量大小有同样的意义，
需要对原始数据进行标度，其标度方法如下：

设有 N 个样品，p 个变量。

原始数据观测矩阵为 $X = (x_{ij})_{p \times n}$ （$i = 1, 2, \cdots, p$；$j = 1, 2, \cdots, N$）。

标度的方法是：对每个样品，考虑它的各个变量的相对比度，从而将
原始数据矩阵 X 按行、按列求和，即

$$
\begin{array}{cccc|l}
x_{11} & x_{12} & \cdots & x_{1N} & \displaystyle\sum_{j=1}^{N} x_{1j} = x_{10} \\
x_{21} & x_{22} & \cdots & x_{2N} & \displaystyle\sum_{j=1}^{N} x_{2j} = x_{20} \\
\vdots & \vdots & & \vdots & \quad\vdots \\
x_{p1} & x_{p2} & \cdots & x_{pN} & \displaystyle\sum_{j=1}^{N} x_{pj} = x_{p0} \\
\hline
\displaystyle\sum_{i=1}^{p} x_{i1} & \displaystyle\sum_{i=1}^{p} x_{i2} & \cdots & \displaystyle\sum_{i=1}^{p} x_{iN} & \displaystyle\sum_{i=1}^{p}\sum_{j=1}^{N} x_{ij} = T \\
\| & \| & \cdots & \| & \\
x_{01} & x_{02} & & x_{0N} &
\end{array}
$$

其中

$$
x_{i0} = \sum_{j=1}^{N} x_{ij} \quad (i = 1, 2, \cdots, p)
$$

$$
x_{0j} = \sum_{i=1}^{p} x_{ij} \quad (j = 1, 2, \cdots, N)
$$

$$
T = \sum_{i=1}^{p} \sum_{j=1}^{N} x_{ij}
$$

T 为 $(p \times N)$ 个数据 x_{ij} 的总和。

用 T 去除 X 中的每一个元素，将原始数据矩阵 X 变换为新矩阵。即：

$$\frac{1}{T}X = P = \begin{pmatrix} p_{11} & p_{12} & \cdots & p_{1N} \\ p_{21} & p_{22} & \cdots & p_{2N} \\ \cdots & \cdots & \cdots \\ p_{p1} & p_{p2} & \cdots & p_{pN} \end{pmatrix} \begin{matrix} p_{10} \\ p_{20} \\ \vdots \\ p_{p0} \end{matrix}$$
$$\qquad\qquad p_{01} \quad p_{02} \qquad p_{0N}$$

其中

$$p_{ij} = \frac{x_{ij}}{T} = x_{ij} \bigg/ \left(\sum_{i=1}^{p} \sum_{j=1}^{N} x_{ij} \right) \quad \begin{pmatrix} i = 1, 2, \cdots, p \\ j = 1, 2, \cdots, N \end{pmatrix}$$

上式中，p_{ij} 表示每个元素出现的概率（以频率估计），$p_{i0} = \sum_{j=1}^{N} x_{ij}$ 为变量 i 的边缘概率，$p_{0j} = \sum_{i=1}^{p} x_{ij}$ 为变量 j 的边缘概率。

一 对应于 R 型分析情况

对应分析的实质是把 p 维空间中研究样品点的关系转变成研究变量间的关系。

将标定后的矩阵 P 中各个元素按列分别除以样品边缘概率 p_{0j}（$j = 1$, 2, $\cdots$, N），得到矩阵

$$\begin{pmatrix} \dfrac{p_{11}}{p_{01}} & \dfrac{p_{12}}{p_{02}} & \cdots & \dfrac{p_{1N}}{p_{0N}} \\ \dfrac{p_{21}}{p_{01}} & \dfrac{p_{22}}{p_{02}} & \cdots & \dfrac{p_{2N}}{p_{0N}} \\ \vdots & \vdots & & \vdots \\ \dfrac{p_{p1}}{p_{01}} & \dfrac{p_{p2}}{p_{02}} & \cdots & \dfrac{p_{pN}}{p_{0N}} \end{pmatrix}$$

上式表示的矩阵称为 N 个样品点的坐标矩阵，矩阵中每一个样品点的坐标是各个变量在该样品中的相对比例。这样，对 N 个样品之间相互关系的研究就归结为对 N 个样品点在空间（R^p）中相对位置的研究，通常以距离表示其相对位置，即两样品点 L 与 M 之间的距离为

$$D(L, M) = \sqrt{\sum_{i=1}^{p} \left(\frac{p_{iL}}{p_{0L}} - \frac{p_{iM}}{p_{0M}} \right)^2}$$

为了统一量纲，需将样品点坐标矩阵进行变换处理，即对矩阵的各个元素用该行变量的边缘概率平方根的倒数加权，即将矩阵中各元素乘以

$\dfrac{1}{\sqrt{P_{i0}}}$（$i = 1$，2，$\cdots$，p），得概率加权后的样品点坐标矩阵：

$$
\begin{pmatrix}
\dfrac{p_{11}}{p_{01}\sqrt{p_{10}}} & \dfrac{p_{12}}{p_{02}\sqrt{p_{10}}} & \cdots & \dfrac{p_{1N}}{p_{0N}\sqrt{p_{10}}} \\[2mm]
\dfrac{p_{21}}{p_{01}\sqrt{p_{10}}} & \dfrac{p_{22}}{p_{02}\sqrt{p_{10}}} & \cdots & \dfrac{p_{2N}}{p_{0N}\sqrt{p_{10}}} \\[2mm]
\cdots & \cdots & & \vdots \\[2mm]
\dfrac{p_{p1}}{p_{01}\sqrt{p_{10}}} & \dfrac{p_{p2}}{p_{02}\sqrt{p_{10}}} & \cdots & \dfrac{p_{pN}}{p_{0N}\sqrt{p_{10}}}
\end{pmatrix}
$$

经变换后，L 和 M 两样品点间的距离表为：

$$
D(L,M) = \sqrt{\sum_{i=1}^{p}\left(\frac{p_{iL}}{p_{0L}\sqrt{p_{10}}} - \frac{p_{iM}}{p_{0M}\sqrt{p_{10}}}\right)^{2}}
$$

虽然通过距离计算可对样品进行分类，但不能用图像直观地表示期间的关系，因此仍采用因子分析模型处理，而以两主成分的距离来近似代替 $D(L,M)$，两主成分可用平面二维直角坐标上的点表示，这样绘图方便，可直观地表示变量与样品之间的关系。

为此，计算样品点坐标矩阵中样品点的方差—协方差矩阵。首先第 i 个变量的均值（数学期望）为

$$
\sum_{j=1}^{N}\frac{p_{ij}}{p_{0j}\sqrt{p_{i0}}}p_{j0} = \frac{1}{\sqrt{p_{i0}}}\sum_{j=1}^{N}p_{ij} = \frac{p_{i0}}{\sqrt{p_{i0}}} = \sqrt{p_{i0}}
$$

其次，对第 i 个变量与第 j 个变量的协方差为

$$
\begin{aligned}
&\sum_{\alpha=1}^{N}\left(\frac{p_{i\alpha}}{p_{0\alpha}\sqrt{p_{i0}}} - \sqrt{p_{i0}}\right)\left(\frac{p_{j\alpha}}{p_{0\alpha}\sqrt{p_{j0}}} - \sqrt{p_{j0}}\right)p_{i\alpha} \\
&= \sum_{\alpha=1}^{N}\left(\frac{p_{i\alpha}}{\sqrt{p_{0\alpha}}\sqrt{p_{i0}}} - \sqrt{p_{i0}}\sqrt{p_{0\alpha}}\right)\left(\frac{p_{j\alpha}}{\sqrt{p_{0\alpha}}\sqrt{p_{j0}}} - \sqrt{p_{j0}}\sqrt{p_{0\alpha}}\right) \\
&= \sum_{\alpha=1}^{N}\left(\frac{p_{i\alpha} - p_{i0}p_{0\alpha}}{\sqrt{p_{i0}p_{0\alpha}}}\right)\left(\frac{p_{j\alpha} - p_{j0}p_{0\alpha}}{\sqrt{p_{j0}p_{0\alpha}}}\right) \\
&= \sum_{\alpha=1}^{N}w_{i\alpha}w_{j\alpha} \\
&= a_{ij}
\end{aligned}
$$

记 $A = (a_{ij})_{p \times p}$
则 A 为变量的协方差矩阵，a_{ij} 为第 i 个变量与第 j 个变量的协方差。

记

$$W = (w_{i\alpha})_{p \times N}$$

$$w_{i\alpha} = \frac{p_{i\alpha} - p_{i0}p_{0\alpha}}{\sqrt{p_{i0}p_{0\alpha}}}$$

则有

$$A = WW^T$$

而

$$w_{i\alpha} = \frac{p_{i\alpha} - p_{i0}p_{0\alpha}}{\sqrt{p_{i0}p_{0\alpha}}}$$

$$= \frac{\dfrac{x_{i\alpha}}{T} - \dfrac{x_{i0}}{T}\dfrac{x_{0\alpha}}{T}}{\sqrt{\dfrac{x_{i0}}{T}\dfrac{x_{0\alpha}}{T}}}$$

$$DW = \frac{x_{i\alpha} - \dfrac{x_{i0}x_{0\alpha}}{T}}{\sqrt{x_{i0}x_{0\alpha}}}$$

记

$$\frac{x_{i\alpha} - \dfrac{x_{i0}x_{0\alpha}}{T}}{\sqrt{x_{i0}x_{0\alpha}}} = z_{i\alpha}$$

则有

$$\underset{(p \times N)}{W} = \underset{(p \times N)}{Z}$$

所以有

$$A = ZZ^T$$

为此，只需从上式出发进行 R 型因子分析即可。因子轴是矩阵 A 的特征向量与其对应的特征值的方根的乘积，即

$$F_{\alpha} = (u_{1\alpha}u_{2\alpha}\cdots u_{p\alpha})^T \sqrt{\lambda_{\alpha}}$$
$$(\alpha = 1, 2, \cdots, r; r < p)$$

λ_a 为矩阵 A 的特征值，$(u_{1\alpha}u_{2\beta}\cdots u_{p\alpha})^T$ 为相应于 λ_{α} 的特征向量，并且 λ_{α} 为第 α 个因子在总方差中所占的比例（或对总方差的贡献）。

利用方差—协方差矩阵 A 求出其特征值和特征向量后，进而求出因子载荷矩阵。

二　对应于 Q 型分析情况

仿照 R 型做法，可得到 p 个变量点的概率加权坐标矩阵为

$$
\begin{pmatrix}
\dfrac{p_{11}}{p_{01}\sqrt{p_{10}}} & \dfrac{p_{21}}{p_{20}\sqrt{p_{01}}} & \cdots & \dfrac{p_{p1}}{p_{p0}\sqrt{p_{01}}} \\[3mm]
\dfrac{p_{12}}{p_{10}\sqrt{p_{02}}} & \dfrac{p_{22}}{p_{02}\sqrt{p_{02}}} & \cdots & \dfrac{p_{p2}}{p_{p0}\sqrt{p_{02}}} \\[1mm]
\cdots & \cdots & & \\[1mm]
\dfrac{p_{1N}}{p_{10}\sqrt{p_{0N}}} & \dfrac{p_{2N}}{p_{20}\sqrt{p_{0N}}} & \cdots & \dfrac{p_{pN}}{p_{p0}\sqrt{p_{0N}}}
\end{pmatrix}
$$

给每个变量点以 p_{i0} 的权，则在 R^N 空间中 p 个变量点的第 j 个样品的平均数为

$$
\sum_{i=1}^{p} p_{i0}\, \frac{p_{ij}}{p_{i0}\sqrt{p_{0j}}} = \sqrt{p_{0j}}
$$

设任意两样品 k、l 间的协方差矩阵为

$$
B = (b_{kl})_{N\times N}
$$

其中

$$
\begin{aligned}
b_{ki} &= \sum_{i=1}^{p}\left(\frac{p_{ik}}{p_{i0}\sqrt{p_{0k}}} - \sqrt{p_{0k}}\right)\left(\frac{p_{il}}{p_{i0}\sqrt{p_{0l}}} - \sqrt{p_{0l}}\right)p_{i0} \\
&= \sum_{i=1}^{p}\left(\frac{p_{ik}}{\sqrt{p_{i0}p_{0k}}} - \sqrt{p_{i0}}\sqrt{p_{0k}}\right)\left(\frac{p_{il}}{\sqrt{p_{i0}p_{0l}}} - \sqrt{p_{i0}}\sqrt{p_{0l}}\right) \\
&= \sum_{i=1}^{p}\left(\frac{p_{ik}-p_{i0}p_{0k}}{\sqrt{p_{i0}p_{0k}}}\right)\left(\frac{p_{il}-p_{i0}p_{0l}}{\sqrt{p_{i0}p_{0l}}}\right) \\
&= \sum_{i=1}^{p}\left(\frac{\dfrac{x_{ik}}{T}-\dfrac{x_{i0}}{T}\dfrac{x_{0k}}{T}}{\sqrt{\dfrac{x_{i0}}{T}\dfrac{x_{0k}}{T}}}\right)\left(\frac{\dfrac{x_{il}}{T}-\dfrac{x_{i0}}{T}\dfrac{x_{0l}}{T}}{\sqrt{\dfrac{x_{i0}}{T}\dfrac{x_{0l}}{T}}}\right) \\
&= \sum_{i=1}^{p}\left(\frac{x_{ik}-\dfrac{x_{i0}p_{0k}}{T}}{\sqrt{x_{i0}x_{0k}}}\right)\left(\frac{x_{il}-\dfrac{x_{i0}x_{0l}}{T}}{\sqrt{x_{i0}x_{0l}}}\right) \\
&= \sum_{i=1}^{p} z_{ik}z_{il}
\end{aligned}
$$

即

$$B = Z^T Z$$

由 $A = ZZ^T$ 与 $B = Z^T Z$ 看出，A 与 B 两矩阵存在着简单的对应关系，即将原始数据 x_{ij} 经过协方差变换处理后变为 z_{ij}，而 z_{ij} 对变量和样品具有对等性。

为了进一步说明 R 型与 Q 型的对应关系，有如下结论：

对变量和样品的协方差矩阵 A 与 B 的非零特征值相同。

因为

（1）设 λ_1，λ_2，$\cdots$，λ_k 是矩阵 $A = ZZ^T$ 的非零特征值，则有向量 U_1，U_2，$\cdots$，U_k，使得

$$ZZ^T U_i = \lambda_i U_i \quad (i = 1,2\cdots,k)$$

等式两边左乘以 Z^T 有

$$Z^T ZZ^T U_i = \lambda_i Z^T U_i \quad (i = 1,2\cdots,k)$$

即 λ_i 为 $Z^T Z$ 的特征值，其相应的特征向量为 $Z^T U_i$。

（2）又如果 λ 是 ZZ^T 的 r 重特征值，即存在 r 个线性无关的向量 V_1，V_2，$\cdots$，V_r，使得

$$ZZ^T V_i = \lambda V_i \quad (i = 1,2,\cdots,r)$$

则 $Z^T V_1$，$Z^T V_2$，$\cdots$，$Z^T V_r$ 也是线性无关的。

如若不然，必存在一组不全为 0 的 c_i，使得

$$\sum_{i=1}^{r} c_i Z^T V_i = 0$$

则

$$ZZ^T \left(\sum_{i=1}^{r} c_i V_i \right) = \lambda \sum_{i=1}^{r} c_i V_i$$

由 $\sum_{i=1}^{r} c_i Z^T V_i = 0$ 有

$$ZZ^T \left(\sum_{i=1}^{r} c_i V_i \right) = Z \left(\sum_{i=1}^{r} c_i Z^T V_i \right) = 0$$

所以有 $\sum_{i=1}^{r} c_i Z^T V_i = 0$，即 V_1，V_2，$\cdots$，V_r 线性相关，这与 V_1，V_2，$\cdots$，V_r 线性无关矛盾，故 $Z^T V_1$，$Z^T V_2$，$\cdots$，$Z^T V_r$ 是相应于 λ 的 r 个线性无关的特征向量。

（3）同样对 $B = Z^T Z$ 的特征值、特征向量与 $A = ZZ^T$ 有类似于（1）和（2）的关系。

所以 A 与 B 有相同的非零特征值。

上述结论说明了如果 U 是 $Z^T Z$ 的特征向量，则 ZU 是 ZZ^T 的特征向量；如果 V 是 ZZ^T 的特征向量，则 $Z^T V$ 是 $Z^T Z$ 的特征向量。它建立了因子分析中 R 型和 Q 型的关系，借此，我们可以从 R 型因子分析出发直接获得 Q 型因子分析的结果。

由于 A 和 B 矩阵有相同的特征值，而这些特征值表示各个因子所提供方差的贡献，因此在变量空间（R^p）中的第一因子、第二因子……直至第 K 个因子与样品空间（R^N）中相对应的各个因子的总方差所占的百分比完全相同，从几何意义上说，（R^p）中诸样品点与（R^p）中各个因子轴的距离和（R^N）中诸变量点与（R^N）中相对应的各因子轴的距离完全相同，由于这样，我们可以用相同的因子轴同时表示变量和样品，即将 R 型和 Q 型因子分析的结果同时反映在具有相同坐标轴的因子平面上。

为此，假设对 R 型，从 ZZ^T 出发求出最大和次大的两个特征值 λ_1 与 λ_2，以及相应的特征向量 U_1 与 U_2；对 Q 型而言，矩阵 $Z^T Z$ 的最大和次大特征值也为 λ_1，λ_2，其相应的特征向量为 $V_1 = Z^T U_1$，$V_2 = Z^T U_2$，把 U_1，U_2 及 $Z^T U_1$，$Z^T U_2$ 单位化后，在（R^p）空间中以 $U_1 \sqrt{\lambda_1}$，$U_2 \sqrt{\lambda_2}$ 分别记为 F_1，F_2；在（R^N）空间中，把 $Z^T U_1 \sqrt{\lambda_1}$，$Z^T U_2 \sqrt{\lambda_2}$ 分别记为 G_1，G_2。于是每一个变量 x_i 在因子平面 $F_1 - F_2$ 的直角坐标系中有两个投影值，它正好对应于 $F_1 - F_2$ 平面上的一点，记为 P_i，同样，每一个样品 $x_{(\alpha)}$ 在 $G_1 - G_2$ 平面上的一点，记为 $G_{(\alpha)}$。由于 $F_1 - F_2$ 平面与 $G_1 - G_2$ 平面的两条直角坐标轴重合，这样，可在一个因子平面上表征变量和样品间的相互关系，以利于统计判断解释。

第二节　计算步骤

进行对应分析，有三个步骤：

第一步：由原始资料阵 X 出发，计算规格化的概率矩阵 $P = (p_{ij}) = \left(\dfrac{x_{ij}}{T} \right)$；

第二步：计算过渡矩阵 $Z = (z_{ij})$；

其中

$$z_{ij} = \frac{x_{ij} - \dfrac{x_{i \cdot} x_{\cdot j}}{T}}{\sqrt{x_{i \cdot} x_{\cdot j}}} \qquad \begin{array}{l} i = 1, \cdots, n \\ j = 1, \cdots, p \end{array}$$

第三步：进行因子分析：

（1）R 型因子分析

①计算协差阵 $A = Z^T Z$ 的特征根 $\lambda_1 \geqslant \lambda_2 \geqslant \cdots \geqslant \lambda_p$，按其累计百分比 $\dfrac{\sum\limits_{\alpha=1}^{m} \lambda_\alpha}{\sum\limits_{\alpha=1}^{p} \lambda_\alpha} \geqslant 85\%$，取前 m 个特征根 λ_1，λ_2，$\cdots$，λ_m，并计算相应的单位特征向量记为 u_1，u_2，$\cdots$，u_m，从而得到因子载荷阵：

$$F = \begin{pmatrix} u_{11}\sqrt{\lambda_1} & u_{12}\sqrt{\lambda_2} & \cdots & u_{1m}\sqrt{\lambda_m} \\ u_{21}\sqrt{\lambda_1} & u_{22}\sqrt{\lambda_2} & \cdots & u_{2m}\sqrt{\lambda_m} \\ \vdots & \vdots & & \vdots \\ u_{p1}\sqrt{\lambda_1} & u_{p2}\sqrt{\lambda_2} & \cdots & u_{pm}\sqrt{\lambda_m} \end{pmatrix}$$

②在两维因子轴平面上作变量点图。

（2）Q 型因子分析

①对上述所求的 m 个特征根 $\lambda_1 \geqslant \lambda_2 \geqslant \cdots \geqslant \lambda_m$ 计算其对应于矩阵 $B = ZZ^T$ 的单位特征向量 $Zu_1 = V_1$，$Zu_2 = V_2$，$\cdots$，$Zu_m = V_m$，从而得到 Q 型因子载荷阵：

$$G = \begin{pmatrix} V_{11}\sqrt{\lambda_1} & V_{12}\sqrt{\lambda_2} & \cdots & V_{1m}\sqrt{\lambda_m} \\ V_{21}\sqrt{\lambda_1} & V_{22}\sqrt{\lambda_2} & \cdots & V_{2m}\sqrt{\lambda_m} \\ \vdots & \vdots & & \vdots \\ V_{n1}\sqrt{\lambda_1} & V_{n2}\sqrt{\lambda_2} & \cdots & V_{nm}\sqrt{\lambda_m} \end{pmatrix}$$

②在与 R 型相应的因子平面上作样品点图。

例 11 -1[①]　用对应分析研究我国部分省市的农民居民家庭人均消费支出结构。

选取 7 个变量：X_1——食品支出比重、X_2——衣着支出比重、X_3——居住支出比重、X_4——家庭设备及服务支出比重、X_5——医疗保健支出比重、X_6——交通和通信支出比重、X_7——文教娱乐用品及服务支出比重。

样品为 10 个，即山西、内蒙古、辽宁、吉林、黑龙江、海南、四川、贵州、甘肃、青海。原始数据如表 11 -1 所示。

---

① 见于秀林、任雪松编著《多元统计分析》，中国统计出版社，2002，第 208 页。

表 11 - 1　数据表

地区＼变量	X_1	X_2	X_3	X_4	X_5	X_6	X_7
山 西	0.583910	0.114800	0.092473	0.050073	0.038193	0.018803	0.079946
内蒙古	0.581218	0.081315	0.112380	0.042396	0.043280	0.040004	0.083339
辽 宁	0.565036	0.100121	0.123970	0.041121	0.043429	0.031328	0.078919
吉 林	0.530918	0.105360	0.116952	0.045064	0.043735	0.038508	0.095256
黑龙江	0.555201	0.096500	0.143498	0.037566	0.052111	0.026267	0.072829
海 南	0.654952	0.047852	0.095238	0.047945	0.022134	0.018519	0.096844
四 川	0.640012	0.061680	0.116677	0.048471	0.033529	0.017439	0.072043
贵 州	0.725239	0.056362	0.073262	0.044388	0.016366	0.01572	0.057261
甘 肃	0.67863	0.058043	0.088316	0.0381	0.039794	0.015167	0.067999
青 海	0.665913	0.088508	0.096899	0.038191	0.039275	0.019243	0.033801

资料来源：《中国统计年鉴 1997》。

首先求出协差阵 $A = Z^T Z$：

$$
A = \begin{bmatrix}
0.00562 & -0.00461 & -0.0037 & -4.9E-05 & -0.00312 & -0.00345 \\
-0.00461 & 0.0062 & 0.002374 & -7E-05 & 0.003012 & 0.002502 \\
-0.0037 & 0.002374 & 0.003629 & -0.00032 & 0.002474 & 0.002066 \\
-4.9E-05 & -7E-05 & -0.00032 & 0.000456 & -0.00054 & -0.00014 \\
-0.00312 & 0.003012 & 0.002474 & -0.00054 & 0.00284 & 0.001775 \\
-0.00345 & 0.002502 & 0.002066 & -0.00014 & 0.001775 & 0.003389 \\
-0.00278 & 0.000511 & 0.001199 & 0.000712 & 0.000291 & 0.00181
\end{bmatrix}
$$

并计算其特征值如下：

顺序号	特征值	方差贡献	累计值
1	0.01732	0.656	0.656
2	0.00486	0.184	0.840
3	0.00232	0.088	0.928
4	0.00128	0.049	0.976
5	0.00053	0.020	0.996
6	9.70E-05	0.004	1.000
7	2.23E-06	0.000	1.000

前两个方差的累积贡献率已达 84%，因此选前两个特征值分别计算 R 型与 Q 型的因子载荷阵如下：

$$F = \begin{pmatrix} 0.258 & -0.042 \\ 0.082 & -0.629 \\ 0.108 & -0.413 \\ 0.044 & 0.020 \\ 0.038 & -0.630 \\ 0.025 & -0.829 \\ 0.075 & -0.305 \end{pmatrix} \qquad G = \begin{pmatrix} 0.182 & 0.042 \\ 0.532 & 0.114 \\ 0.975 & 0.006 \\ 0.886 & 0.058 \\ 0.721 & 0.057 \\ 0.425 & 0.560 \\ 0.396 & 0.060 \\ 0.948 & 0.001 \\ 0.776 & 0.003 \\ 0.183 & 0.798 \end{pmatrix}$$

其中矩阵上方分别标有 $F_1\ F_2$ 与 $G_1\ G_2$。

在因子轴平面上变量点和样品点图 11－1。

根据图 11－1，可将变量点和样品点分为为两类：

Ⅰ类：变量为 X_2，X_3，X_5，X_6，X_7

　　　样品点为 1，2，3，4，5

Ⅱ类：变量为 X_1，X_4

　　　样品点为 6，7

在第Ⅰ类中，变量为衣着、居住、医疗保健、交通和通信以及文教娱乐用品和服务支出占总支出的比重；省份有：山西、内蒙古、辽宁、吉林、黑龙江，它们位于我国东部和北部地区，说明这五个省份的消费支出结构相似。

在第Ⅱ类中，变量为食品和家庭设备及服务支出比重；省份有海南、四川、贵州、甘肃及青海，它们位于我国西部和南部地区，说明这五个省份的消费支出结构相似。

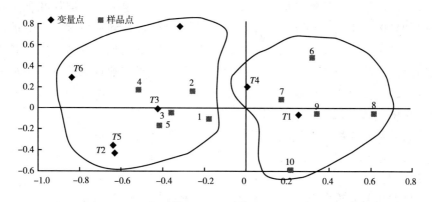

图 11－1　分类图

第十二章 典型相关分析

典型相关分析（canonical correlation analysis）是研究两组变量之间相关关系的多元分析方法。它借用主成分分析降维思想，分别对两组变量提取主成分，且使从两组变量提取的主成分之间的相关程度达到最大，而从同一组内部提取的各主成分之间互不相关，用从两组之间分别提取的主成分的相关性来描述两组变量整体的线性相关关系。典型相关分析的思想首先由霍特林（Hotelling）于 1936 年提出，计算机的发展解决了典型相关分析在应用中计算方面的困难，目前成为普遍应用的进行两组变量之间相关性分析的技术。

第一节　典型相关分析的基本思想

在一元统计分析中，研究两个随机变量之间的线性相关关系，可用相关系数（称为简单相关系数）；研究一个随机变量与多个随机变量之间的线性相关关系，可用复相关系数（称为全相关系数）。1936 年霍特林首先将它推广到研究多个随机变量与多个随机变量之间的相关关系的讨论中，提出典型相关分析。

实际问题中，两组变量之间具有相关关系的问题很多，例如几种主要产品如猪肉、牛肉、鸡蛋的价格（作为第一组变量）和相应这些产品的销售量（作为第二组变量）有相关关系；投资性变量（如劳动者人数、货物周转量、生产建设投资等）与国民收入变量（如工农业国民收入、运输业国民收入、建筑业国民收入等）具有相关关系；患某种疾病的病人的各种症状程度（第一组变量）和用物理化学方法检验的结果（第二组变量）具有相关关系；运动员的体力测试指标（如反复横向跳、纵跳、背力、握力等）与运动能力测试指标（如耐力跑、跳远、投球等）之间具有相关关系等。

典型相关分析研究两组变量之间整体的线性相关关系，它是将每一组变量作为一个整体来进行研究而不是分析每一组变量内部的各个变量。所研究的两组变量可以是一组变量为自变量，而另一组变量为因变量的情况，两组变量也可以处于同等的地位，但典型相关分析要求两组变量都至少是间隔尺度的。

典型相关分析是借助于主成分分析的思想，对每一组变量分别寻找线性组合，使生成的新的综合变量能代表原始变量大部分的信息，同时，与由另一组变量生成的新的综合变量的相关程度最大，这样一组新的综合变量称为第一对典型相关变量，同样的方法可以找到第二对、第三对……使得各对典型相关变量之间互不相关，典型相关变量之间的简单相关系数称为典型相关系数。典型相关分析就是用典型相关系数衡量两组变量之间的相关性。

一般的，设 $x = (X_1\ X_2 \cdots X_p)^T$，$y = (Y_1\ Y_2 \cdots Y_q)^T$ 是两个相互关联的随机向量，利用主成分分析的思想，分别在两组变量中选取若干有代表性的综合变量 U_i，V_i，使每一个综合变量都是原变量的一个线性组合，即

$$U_i = a_{i1}X_1 + a_{i2}X_2 + \cdots + a_{ip}X_p = a^T x$$
$$V_i = b_{i1}Y_1 + b_{i2}Y_2 + \cdots + b_{iq}Y_q = b^T y$$

我们可以只考虑方差为 1 的 x，y 的线性函数 $a^T x$ 与 $b^T y$，求使它们相关系数达到最大的这一组，若存在常向量 a_1，b_1，使得

$$\rho(a_1^T x, b_1^T y) = \max\rho(a^T x, b^T y)$$
$$\mathrm{VAR}(a^T x) = \mathrm{VAR}(b^T y) = 1$$

则称 $a^T x$，$b^T y$ 是 x，y 的第一对典型相关变量，求出第一对典型相关变量之后，可以用类似的方法去求第二对、第三对……使得各对之间互不相关。这些典型相关变量就反映了 x，y 之间的线性相关的情况。也可以按照相关系数绝对值的大小来排列各对典型相关变量之间的先后次序，使得第一对典型相关变量相关系数的绝对值最大，第二对次之……更重要的是我们可以检验各对典型相关变量相关系数的绝对值是否显著大于零，如果是，这一对综合变量就真的具有代表性，如果不是，这一对变量就不具有代表性，不具有代表性的变量就可以忽略。这样就可通过对少数典型相关变量的研究，代替原来两组变量之间的相关关系的研究，从而容易抓住问题的本质。在研究实际问题时，可以通过典型相关分析找出几对主要的典型相关变量，根据典型相关变量的相关程度及各典型相关变量线性组合中原变量系数的大小，即核对所研究实际问题的定性分析，给出较为深刻的分析结果。

第二节　总体典型相关和典型变量

设随机向量 $x = (X_1\ X_2 \cdots X_p)^T$，$y = (Y_1\ Y_2 \cdots Y_q)^T$，$x$，$y$ 的协方差矩阵为：

$$\mathrm{COV}\binom{x}{y} = \sum = \begin{pmatrix} \sum_{11} & \sum_{12} \\ \sum_{21} & \sum_{22} \end{pmatrix}$$

不失一般性，假设 $p < q$。$\sum_{11}$ 是 $p \times p$ 阶的矩阵，它是第一组变量的协差阵；$\sum_{22}$ 是 $q \times q$ 阶的矩阵，它是第二组变量的协差阵。而 $\sum_{12} = \sum_{21}^T$ 是第一组变量与第二组变量之间的协差阵。且当 $\sum$ 是正定阵时，$\sum_{11}$，$\sum_{22}$ 也是正定阵。

为了研究两组变量 x 与 y 的相关关系，我们考虑它们的线性组合。

$$\begin{cases} u_1 = a^T x = a_{11}x_1 + a_{12}x_2 + \cdots + a_{1p}x_p \\ v_1 = b^T y = b_{11}y_1 + b_{12}y_2 + \cdots + b_{1q}y_q \end{cases}$$

其中 $a = (a_{11},\ a_{12},\ \cdots,\ a_{1p})^T$，$b = (b_{11},\ b_{12},\ \cdots,\ b_{1q})^T$ 为任意非零常数向量，我们希望在 x，y 及 $\sum$ 给定条件下，选取 a，b，能使 u_1 与 v_1 间的相关系数达到最大。

$$\begin{aligned} \rho &= \frac{\mathrm{COV}(u_1,\ v_1)}{\sqrt{\mathrm{VAR}(u_1)\,\mathrm{VAR}(v_1)}} \\ &= \frac{\mathrm{COV}(a^T x,\ b^T y)}{\sqrt{\mathrm{VAR}(a^T x)\,\mathrm{VAR}(b^T y)}} \end{aligned}$$

由于随机变量 u_1，v_1 乘以任意常数并不改变它们之间的相关系数，故不妨限定取标准化的随机变量 u_1 及 v_1，即规定 u_1 及 v_1 的方差均为 1，即

$$\begin{cases} \mathrm{VAR}(u_1) = \mathrm{VAR}(a^T x) = a^T \sum_{11} a = 1 \\ \mathrm{VAR}(v_1) = \mathrm{VAR}(b^T y) = b^T \sum_{22} b = 1 \end{cases}$$

所以 $\rho = \mathrm{COV}(a^T x,\ b^T y) = a^T \mathrm{COV}(x,\ y)\, b = a^T \sum_{12} b$。

于是，问题是在 $a^T \sum_{11} a = 1$、$b^T \sum_{22} b = 1$ 的约束下，求 $a \in R^p$，$b \in R^q$，使得 $\rho = a^T \sum_{12} b$ 达到最大。由拉格朗日乘数法，等价于求 a 和 b，使

$$G = a^T \sum_{12} b - \frac{\lambda}{2}(a^T \sum_{11} a - 1) - \frac{\mu}{2}(b^T \sum_{22} b - 1)$$

达到最大。其中 λ，μ 为拉格朗日乘数因子。将 G 分别对 a 及 b 求偏导数，并令其为 0，得方程组

$$\begin{cases} \dfrac{\partial G}{\partial a} = \sum_{12} b - \lambda \sum_{11} a = 0 \\ \dfrac{\partial G}{\partial b} = \sum_{21} a - \mu \sum_{22} b = 0 \end{cases}$$

以 a^T 和 b^T 分别左乘上两式，则有

$$\begin{cases} a^T \sum_{12} b = \lambda a^T \sum_{11} a = \lambda \\ b^T \sum_{21} a = \mu b^T \sum_{22} b = \mu \end{cases}$$

但 $\left(a^T \sum_{12} b\right)^T = b^T \sum_{21} a$，所以 $\mu = b^T \sum_{21} a = \left(a^T \sum_{12} b\right)^T = \lambda$。

也就是说，λ 恰好等于线性组合 u 与 v 之间的相关系数。于是上两式可写为

$$\begin{cases} \sum_{12} b - \lambda \sum_{11} a = 0 \\ \sum_{21} a - \lambda \sum_{22} b = 0 \end{cases}$$

或写成

$$\begin{pmatrix} -\lambda \sum_{11} & \sum_{12} \\ \sum_{21} & -\lambda \sum_{22} \end{pmatrix} \begin{pmatrix} a \\ b \end{pmatrix} = 0$$

而上式有非零解的充要条件是

$$\begin{vmatrix} -\lambda \sum_{11} & \sum_{12} \\ \sum_{21} & -\lambda \sum_{22} \end{vmatrix} = 0$$

可以证明只要取最大的 λ_1，则 u_1 与 v_1 具有最大的相关系数。令 a_1，b_1 为上式的解，且按 VAR (u_1) = VAR $(a^T x)$、VAR (v_1) = var $(b^T y)$ 进行了正规化，这时 $u_1 = a_1^T x$ 与 $v_1 = b_1^T y$ 分别为 x 与 y 的正规化的线性组合，且具有最大的相关系数 λ_1。

综上所述，有如下定义：

定义 12 – 1　在一切使方差为 1 的线性组合 $a^T x$ 与 $b^T y$ 中，其中两者相关系数最大的 $u_1 = a_1^T x$ 与 $v_1 = b_1^T y$ 称为第一对典型变量，它们的相关系数 λ_1 称为第一典型相关系数。

一般的，在已定义了第 $i - 1$ 对典型变量后，在一切使方差为 1 且与前

$i-1$ 对典型变量都不相关的线性组合 $u_i = a_i^T x$，$v_i = b_i^T y$ 中，其两者相关系数最大者称之为第 i 对典型相关变量，其间的相关系数称为第 i 对典型相关系数。

由上推导，我们进一步有：求 x 与 y 间的第 i 个典型相关系数即求方程

$$\begin{vmatrix} -\lambda \sum_{11} & \sum_{12} \\ \sum_{21} & -\lambda \sum_{22} \end{vmatrix} = 0$$ 的第 i 个最大根 λ_i，而第 i 对典型变量即为 $u_i = a_i^T x$，

$v_i = b_i^T y$，其中 a_i 及 b_i 为方程 $\begin{pmatrix} -\lambda \sum_{11} & \sum_{12} \\ \sum_{21} & -\lambda \sum_{22} \end{pmatrix} \begin{pmatrix} a \\ b \end{pmatrix} = 0$，当 $\lambda = \lambda_i$ 是所求

得的解。

典型变量有以下两个性质：

（1）由 x_1，x_2，$\cdots$，x_p 所组成的典型变量 u_1，u_2，$\cdots$，u_p 互不相关，同样由 y_1，y_2，$\cdots$，y_q 所组成的典型变量 v_1，v_2，$\cdots$，v_q 也互不相关，且它们的方差都等于 1，即

$$\text{COV}(u_i, u_j) = \begin{cases} 1 & \text{当 } i = j \\ 0 & \text{当 } i \neq j \end{cases}$$

$$\text{COV}(v_i, v_j) = \begin{cases} 1 & \text{当 } i = j \\ 0 & \text{当 } i \neq j \end{cases}$$

（2）同一对典型变量 u_i 及 v_i 间的相关系数为 λ_i，不同对的典型变量 u_i 与 v_i（$i \neq j$）间互不相关，即

$$\begin{cases} \text{COV}(u_i, v_i) = \lambda_i \neq 0 & i = 1, 2, \cdots, p \\ \text{COV}(u_i, v_j) = 0 & i \neq j \end{cases}$$

第三节 样本典型相关和典型变量

上一节的讨论都是基于总体情况已知的情形进行的，而实际研究中总体协方差阵 Σ 常常是未知的，我们只获得了样本数据，必须根据样本数据对 Σ 进行估计。

设 $\begin{bmatrix} x_i \\ y_i \end{bmatrix}$（$i = 1$，2，$\cdots$，$n$）是来自正态总体 $N_{p+q}(\mu, \Sigma)$ 的容量为 n

的样本，则总体协方差阵 Σ，$\Sigma = \begin{bmatrix} \sum_{11} & \sum_{12} \\ \sum_{21} & \sum_{22} \end{bmatrix}$，$\Sigma_{(p+q) \times (p+q)}$ （$\Sigma > 0$）

的极大似然估计为

$$\hat{\Sigma} = A = \frac{1}{n} \begin{bmatrix} A_{11} & A_{12} \\ A_{21} & A_{22} \end{bmatrix}$$

其中

$$A_{11} = \sum_{i=1}^{n} (x_i - \bar{x})(x_i - \bar{x})^T$$

$$A_{22} = \sum_{i=1}^{n} (y_i - \bar{y})(y_i - \bar{y})^T$$

$$A_{12} = \sum_{i=1}^{n} (x_i - \bar{x})(y_i - \bar{y})^T = A_{21}^T$$

当 $n > p + q$ 时，在正态情况下，$p(\hat{\Sigma} > 0) = 1$，且由 Σ 所定义的 Σ_{11}^{-1} $\Sigma_{12} \Sigma_{22}^{-1} \Sigma_{21}$ 和 $\Sigma_{22}^{-1} \Sigma_{21} \Sigma_{11}^{-1} \Sigma_{12}$ 的非零特征根以概率为 1 互不相同，故有极大似然估计的性质得，$\hat{\Sigma}$ 所产生的 $\hat{\Sigma}_{11}^{-1} \hat{\Sigma}_{12} \hat{\Sigma}_{22}^{-1} \hat{\Sigma}_{21} = A_{11}^{-1} A_{12} A_{22}^{-1} A_{21}$ 是 Σ_{11}^{-1} $\Sigma_{12} \Sigma_{22}^{-1} \Sigma_{21}$ 的极大似然估计。$A_{22}^{-1} A_{21} A_{11}^{-1} A_{12}$ 是 $\Sigma_{22}^{-1} \Sigma_{21} \Sigma_{11}^{-1} \Sigma_{12}$ 的极大似然估计。$A_{11}^{-1} A_{12} A_{22}^{-1} A_{21}$ 和 $A_{22}^{-1} A_{21} A_{11}^{-1} A_{12}$ 的非零特征根 $\hat{\lambda}_1^2 \geqslant \hat{\lambda}_2^2 \geqslant \cdots \geqslant \hat{\lambda}_k^2$ ($k = rank(A)$) 是 λ_1^2，λ_2^2，$\cdots$，λ_K^2 的极大似然估计，相应的特征向量 $\hat{a}_1$，$\cdots$，$\hat{a}_k$，为 a_1，$\cdots$，a_k 的极大似然估计，$\hat{b}_1$，$\cdots$，$\hat{b}_k$，是 b_1，$\cdots$，b_k 的极大似然估计。所以对应于总体的讨论，$\hat{\lambda}_1$，$\cdots$，$\hat{\lambda}_p$ 叫做样本的典型相关系数，$(\hat{a}_1^T x, \hat{b}_1^T y)$，$\cdots$，$(\hat{a}_k^T x, \hat{b}_k^T y)$ 叫做典型相关变量。

如果将样本 (x_i, y_i) ($i = 1, 2, \cdots, n$) 代入典型变量 $\hat{u}_i$ 及 $\hat{v}_i$ 中，求得的值称为第 i 对典型变量的得分。利用典型变量的得分可以绘出样本的典型变量的散点图，类似因子分析可以对样品进行分类研究。

第四节　典型相关系数的显著性检验

在作两组变量 $X^{(1)}$，$X^{(2)}$ 的典型相关分析之前，首先应检验两组变量是否相关，如果不相关，即 $\text{Cov}[X^{(1)}, X^{(2)}] = 0$，则讨论两组变量的典型相关就毫无意义。

设总体 X 的两组变量 $X^{(1)} = (X_1, \cdots, X_{P_1})^T$，$X^{(2)} = (X_{P_1+1}, \cdots, X_{P_1+P_2})^T$，且 $X = [X^{(1)}, X^{(2)}]^T \sim N_{P_1+P_2}(\mu, \Sigma)$。

$$H_0: \text{Cov}[X^{(1)}, X^{(2)}] = \sum_{12} = 0$$

检验统计量为

$$\wedge = \prod_{i=1}^{p_1} (1 - \hat{\lambda}_i^2)$$

其中，$\hat{\lambda}_i^2$ 是 $A = R_{11}^{-1} R_{12} R_{22}^{-1} R_{21}$ 的特征根，按大小次序排列为 $\hat{\lambda}_1^2 \geqslant \hat{\lambda}_2^2 \geqslant \cdots \geqslant \hat{\lambda}_{P_1}^2 \geqslant 0$，当 $n \gg 1$ 时，在 H_0 成立下 $Q_0 = -m\ \ell n\ \wedge$ 近似服从 χ_f^2 分布，这里 $f = p_1 = p_2$，$m = n - 1 - \dfrac{1}{2}(p_1 + p_2 + 1)$，因此在给定检验水平 α 之下，若由样本算出的 $Q_0 > \chi^2$ 临界值，则否定 H_0，也就是说第一对典型变量 $\hat{u}_1$，$\hat{v}_1$ 具有相关性，其相关系数为 $\hat{\lambda}_1$，即至少可以认为第一个典型相关系数 $\hat{\lambda}_1$ 为显著的。将它除去之后，在检验其余 $P_1 - 1$ 个典型相关系数的显著性，这时计算

$$\wedge_1 = (1 - \hat{\lambda}_2^2)(1 - \hat{\lambda}_3^2) \cdots (1 - \hat{\lambda}_{P_1}^2) = \prod_{i=2}^{p_1} (1 - \hat{\lambda}_i^2)$$

则统计量

$$Q_1 = -\left[n - 2 - \frac{1}{2}(p_1 + p_2 + 1) \right] \ln \wedge_1$$

近似地服从 $(p_1 - 1)(p_2 - 1)$ 个自由度的 χ^2 分布，如果 $Q_1 > \chi_a^2$ 则认为 $\hat{\lambda}_2$ 显著，即第二对典型变量 $\hat{u}_2$，$\hat{v}_2$ 相关，以下逐个进行检验，直到某一个相关系数 $\hat{\lambda}_k$ 检验为不相关时截止。这时我们就找出反映两组变量相关关系的 $k - 1$ 对典型变量。

一般，检验第 r 个（$r < k$）典型相关系数的显著性时，作统计量

$$Q_{r-1} = -\left[n - r - \frac{1}{2}(p_1 + p_2 + 1) \right] \ln \wedge_{r-1}$$

它近似服从 $(p_1 - r + 1)(p_2 - r + 1)$ 个自由度的 χ^2 分布。
其中

$$\wedge_{r-1} = (1 - \hat{\lambda}_r^2)(1 - \hat{\lambda}_{r+1}^2) \cdots (1 - \hat{\lambda}_{P_1}^2) = \prod_{i=r}^{p_1} (1 - \hat{\lambda}_i^2)$$

注：上述检验的统计量是用似然比方法在 $X = \left[X^{(1)}, X^{(2)} \right]^T \sim N_{P_1 + P_2}$（$\mu$，$\Sigma$）和 H_0 成立下导出的统计量，为 $\wedge = \dfrac{|S|}{|S_{11}||S_{22}|}$，其中样本离差阵 $S = \begin{bmatrix} S_{11} & S_{12} \\ S_{21} & S_{22} \end{bmatrix}$，由于：$|S| = |S_{22}||S_{11} - S_{12}S_{22}^{-1}S_{21}| = |S_{22}||S_{11}||I - S_{11}^{-1}S_{12}S_{22}^{-1}S_{21}|$，所以：

$$\wedge = |I - S_{11}^{-1} S_{12} S_{22}^{-1} S_{21}| = \left| \begin{pmatrix} 1 & 0 \\ 0 & 1 \end{pmatrix} - \begin{bmatrix} \lambda_1^2 & & 0 \\ & \ddots & \\ 0 & & \lambda_{p_1}^2 \end{bmatrix} \right|$$

$$= \left| \begin{bmatrix} 1 - \lambda_1^2 & & \\ & \ddots & \\ & & 1 - \lambda_{p_1}^2 \end{bmatrix} \right| = \prod_{i=1}^{p_1} (1 - \lambda_i^2)$$

该统计量 1936 年霍特林、1939 年吉尔希克（Girshik）和 1958 年安德森（Anderson）都给出过精确分布，但形式很复杂，又不易找到该分布的临界值表，所以通常采用由巴特利特（Bartlett）给出的在 H_0 成立及大样本情况下，它近似服从 χ^2 分布。

第五节 典型相关分析步骤

一 典型相关分析计算步骤

设 $X_{(1)}, \cdots, X_{(n)}$ 取自正态总体的样本（实际上，相当广泛的情况下也对），每个样品测量两组指标，分别记为 $X^{(1)} = (X_1, \cdots, X_{p_1})^T$，$X^{(2)} = (X_{p_1+1}, \cdots, X_{p_1+p_2})^T$，原始资料矩阵为

$$X = \begin{bmatrix} x_{11} & x_{12} & \cdots & x_{1n} \\ x_{21} & x_{22} & \cdots & x_{2n} \\ \vdots & \vdots & & \vdots \\ x_{p_1 1} & x_{p_1 2} & \cdots & x_{p_1 n} \\ x_{p_1+1,1} & x_{p_1+1,2} & \cdots & x_{p_1+1,n} \\ \vdots & \vdots & & \vdots \\ x_{p1} & x_{p2} & \cdots & x_{pn} \end{bmatrix}$$

记 $p_1 + p_2 = p$，不妨设 $p_1 \leqslant p_2$。

第一步：计算相关系数阵 R，并将 R 剖分为

$$R = \begin{bmatrix} R_{11} & R_{12} \\ R_{21} & R_{22} \end{bmatrix}$$

其中，R_{11}，R_{22} 分别为第一组变量和第二组变量的相关系数阵，$R_{12} = R_{21}^T$ 为第一组与第二组变量的相关系数。

第二步：求典型相关系数及典型变量。

首先求 $\hat{A} = R_{11}^{-1} R_{12} R_{22}^{-1} R_{21}$ 的特征根 $\hat{\lambda}_i^2$，特征向量 $S_1 \hat{l}^{(i)}$；$\hat{B} = R_{22}^{-1} R_{21} R_{11}^{-1} R_{12}$ 的特征根 $\hat{\lambda}_i^2$，特征向量 $S_2 \hat{m}^{(i)}$。

$$\hat{l}^{(i)} = S_1^{-1} [S_1 \hat{l}^{(i)}], \hat{m}^{(i)} = S_2^{-1} [S_2 \hat{m}^{(i)}]$$

写出样本的典型变量为

$$\hat{U}_1 = \hat{l}^{(1)T} X^{(1)}, \hat{V}_1 = \hat{m}^{(1)T} X^{(2)}$$

$$\hat{U}_2 = \hat{l}^{(2)T} X^{(1)}, \hat{V}_2 = \hat{m}^{(2)T} X^{(2)}$$

$$\cdots \cdots \cdots$$

$$\hat{U}_{p_1} = \hat{l}^{(p_1)T} X^{(1)}, \hat{V}_{p_1} = \hat{m}^{(p_1)T} X^{(2)}$$

第三步：典型相关系数 λ_i 的显著性检验。

例 12-1[①] 全国 30 个省、直辖市、自治区农村居民收入和支出的典型相关分析。

反映农村居民收入的变量取 4 个：X_1——劳动者报酬（元），X_2——家庭经营收入（元），X_3——转移性收入（元），X_4——财产性收入（元）。

反映农村居民生活费支出的变量取 8 个：X_5——食品支出（元），X_6——衣着支出（元），X_7——居住支出（元），X_8——家庭设备及服务支出（元），X_9——医疗保健支出（元），X_{10}——交通和通信支出（元），X_{11}——文教、娱乐用品及服务支出（元），X_{12}——其他商品及服务支出（元）。原始数据如表 12-1 所示。

表 12-1　数据表

序号	地 名	X_1	X_2	X_3	X_4	X_5	X_6	X_7	X_8	X_9	X_{10}	X_{11}	X_{12}
1	北 京	1715.04	1220.86	171.18	116.57	1183.39	229.50	224.96	196.24	107.27	91.65	246.33	56.28
2	天 津	1012.18	1297.73	41.20	55.27	911.43	129.53	212.46	66.45	62.10	37.29	97.84	31.30
3	河 北	441.23	1149.50	36.82	40.93	627.43	89.62	165.41	58.15	40.93	33.47	73.04	16.25
4	山 西	367.19	780.84	37.40	22.87	586.03	103.02	77.62	42.95	31.09	14.05	62.80	10.43
5	内蒙古	98.62	1035.96	18.97	54.83	704.70	86.16	157.02	50.01	48.49	22.39	97.45	14.24
6	辽 宁	486.17	1161.85	38.15	70.60	887.11	138.38	169.88	60.12	48.57	35.58	107.28	25.01
7	吉 林	165.59	1277.47	21.17	145.37	841.85	134.03	189.80	64.91	57.86	33.11	138.33	34.76
8	黑龙江	130.27	1534.15	21.40	80.45	813.40	139.64	228.97	56.44	74.84	34.15	113.71	18.69

---

① 见于秀林、任雪松编著《多元统计分析》，中国统计出版社，2002，第231页。

续表

序号	地 名	X_1	X_2	X_3	X_4	X_5	X_6	X_7	X_8	X_9	X_{10}	X_{11}	X_{12}
9	上 海	2733.99	1183.35	173.44	154.83	1491.40	252.31	761.06	284.37	72.56	159.03	256.04	110.27
10	江 苏	821.85	1544.44	65.01	25.56	1061.42	126.78	344.62	132.95	49.07	52.31	139.18	31.68
11	浙 江	1109.76	1696.61	97.37	62.45	1197.97	157.06	442.30	147.83	103.20	76.50	163.91	89.61
12	安 徽	234.21	980.74	52.49	35.38	625.42	70.56	165.63	57.23	34.07	21.29	79.45	16.99
13	福 建	520.54	1295.96	113.16	118.93	1093.45	99.17	212.45	83.05	44.39	70.61	148.72	41.84
14	江 西	319.69	1161.47	41.69	14.51	774.61	70.27	167.60	57.87	39.48	32.30	93.48	20.47
15	山 东	408.98	1230.56	46.77	28.78	748.68	102.03	208.63	73.68	40.25	43.05	106.08	16.06
16	河 南	163.51	1004.19	35.82	28.45	544.26	77.07	131.94	43.76	34.43	17.37	63.53	17.03
17	湖 北	192.36	123.87	47.51	33.48	753.91	81.11	147.08	55.29	34.90	30.54	128.28	13.99
18	湖 南	268.00	1095.89	46.16	15.11	823.91	73.51	192.42	68.79	35.78	28.29	128.84	17.76
19	广 东	712.24	1756.74	180.30	50.06	1228.00	91.31	345.65	140.54	67.51	82.08	245.16	54.76
20	广 西	202.10	1158.06	74.54	11.44	760.26	49.17	139.49	51.98	29.04	27.33	127.69	17.95
21	海 南	53.57	1307.86	83.97	74.31	737.21	48.06	92.23	49.15	24.58	16.98	92.54	19.71
22	四 川	208.58	860.44	67.92	21.35	718.31	63.52	127.64	50.72	29.35	18.38	75.36	10.00
23	贵 州	146.34	871.37	52.63	16.28	661.85	55.64	78.67	42.61	16.28	13.97	49.27	12.30
24	云 南	120.84	792.04	41.09	57.00	602.92	60.77	133.94	54.29	32.04	21.49	58.07	17.58
25	西 藏	79.17	1022.18	52.95	46.01	667.08	92.72	44.98	61.61	6.41	8.49	6.37	9.14
26	陕 西	186.04	723.15	36.41	17.29	542.02	61.82	136.91	41.59	41.30	15.11	65.14	9.84
27	甘 肃	91.68	734.00	36.40	18.26	649.29	45.50	93.39	30.90	29.18	13.54	45.92	7.53
28	青 海	96.71	908.23	21.85	2.98	593.90	85.49	88.76	34.29	34.70	22.49	33.74	20.47
29	宁 夏	188.78	767.21	20.23	22.53	617.67	84.43	144.86	59.76	41.50	28.39	72.4	14.15
30	新 疆	64.47	967.59	39.09	65.30	471.54	119.90	121.22	56.26	47.96	35.69	64.90	24.11

解 （1）计算相关系数阵。

收入变量间相关系数阵为 R_{11}：

	X_1	X_2	X_3	X_4
X_1	1.0000	0.3682	0.7418	0.5701
X_2	0.3682	1.0000	0.4752	0.3811
X_3	0.7418	0.4752	1.0000	0.4828
X_4	0.5701	0.3811	0.4828	1.0000

支出变量间相关系数阵为 R_{22}：

	X_5	X_6	X_7	X_8	X_9	X_{10}	X_{11}	X_{12}
X_5	1.0000	0.7193	0.8492	0.8837	0.6948	0.8985	0.8980	0.8772
X_6	0.7193	1.0000	0.7273	0.8328	0.7864	0.8144	0.6825	0.7846
X_7	0.8492	0.7273	1.0000	0.8980	0.6447	0.9150	0.7766	0.9073
X_8	0.8837	0.8328	0.8980	1.0000	0.6838	0.9553	0.8446	0.9080
X_9	0.6948	0.7864	0.6447	0.6838	1.0000	0.7071	0.7530	0.7475
X_{10}	0.8985	0.8144	0.9150	0.9553	0.7071	1.0000	0.8739	0.9307
X_{11}	0.8980	0.6825	0.7766	0.8446	0.7530	0.8739	1.0000	0.7981
X_{12}	0.8772	0.7846	0.9073	0.9080	0.7475	0.9307	0.7981	1.0000

收入与支出的相关系数阵为 R_{12}：

	X_5	X_6	X_7	X_8	X_9	X_{10}	X_{11}	X_{12}
X_1	0.8394	0.8526	0.8642	0.9452	0.6704	0.9196	0.7675	0.8737
X_2	0.7007	0.4117	0.5364	0.4742	0.5999	0.5147	0.6632	0.5553
X_3	0.8134	0.5256	0.6417	0.8239	0.5093	0.8138	0.8242	0.7513
X_4	0.6115	0.7269	0.5385	0.6062	0.5615	0.6602	0.6027	0.6543

（2）求 $\hat{A} = R_{11}^{-1} R_{12} R_{22}^{-1} R_{21}$ 的特征根，从而求出典型相关系数及典型变量。

表 12 – 2　典型相关系数及典型变量

序号	典型相关系数	典型变量
1	$\hat{\lambda}_1 = 0.984$	$\hat{U}_1 = -0.598X_1 - 0.182X_2 - 0.252X_3 - 0.162X_4$ $\hat{V}_1 = -0.312X_5 - 0.139X_6 + 0.207X_7 - 0.352X_8 + 0.049X_9$ $\quad - 0.222X_{10} - 0.088X_{11} - 0.180X_{12}$
2	$\hat{\lambda}_2 = 0.913$	$\hat{U}_2 = 0.941X_1 + 0.397X_2 - 1.532X_3 + 0.285X_4$ $\hat{V}_2 = 0.204X_5 + 1.532X_6 + 1.714X_7 - 1.672X_8 + 0.018X_9$ $\quad - 0.881X_{10} - 0.238X_{11} - 0.329X_{12}$
3	$\hat{\lambda}_3 = 0.718$	$\hat{U}_3 = 0.580X_1 - 1.053X_2 - 0.053X_3 + 0.162X_4$ $\hat{V}_3 = -1.311X_5 + 0.417X_6 - 0.508X_7 + 1.189X_8 - 0.475X_9$ $\quad + 1.158X_{10} - 0.612X_{11} - 0.047X_{12}$
4	$\hat{\lambda}_4 = 0.595$	$\hat{U}_4 = -0.991X_1 - 0.220X_2 + 0.274X_3 + 1.195X_4$ $\hat{V}_4 = -0.548X_5 + 1.489X_6 - 1.318X_7 - 2.406X_8 - 1.221X_9$ $\quad + 0.462X_{10} - 1.596X_{11} - 1.900X_{12}$

（3）典型相关系数检验的计算结果如表 12 - 3。

表 12 - 3　计算结果

A_i	Q_i	df（自由度）	$\chi^2_{0.05}$（临界值）
0.002	144.084	32	44.5
0.052	66.385	21	32.7
0.313	26.136	12	21
0.646	9.841	5	11.1

　　由表 12 - 3 看出：对应前三个典型相关系数计算出的统计量值 $Q_i >$ $\chi^2_{0.05}$，所以前三个典型相关系数显著，即前三对典型变量有意义；而第四个典型相关系数计算出的统计量值 $Q_i < \chi^2_{0.05}$，所以第四个典型相关系数不显著。

　　（4）结果分析。

　　第一对典型变量中，$\hat{U}_1$ 主要受劳动者报酬影响，$\hat{V}_1$ 主要受食品支出与家庭设备及服务支出的影响；第二对典型变量中 $\hat{U}_2$ 主要受转移性收入的影响，$\hat{V}_2$ 主要受衣着支出、居住支出、家庭设备及服务支出的影响；第三对典型变量中，$\hat{U}_3$ 主要受家庭经营收入的影响，$\hat{V}_3$ 主要受食品支出、家庭设备及服务支出、交通和通信支出的影响。

　　总之，典型相关分析是对相关分析的发展，并且综合应用了主成分分析和因子分析方法。

第十三章 非参数统计方法

在利用参数估计推断总体参数时，需要已知总体的分布类型。但在实际中，往往我们并不知道总体的分布类型，此时如何估计总体的未知的参数呢？非参数估计为我们提供了一种行之有效的方法。

第一节 非参数统计方法的意义

一 参数统计与非参数统计

在数理统计中，统计检验的种类很多，而每一种统计检验都与一种模型和一种测量要求相联系，只有在一定的条件下，某种统计检验才是有效的，而模型和测量要求则具体规定了那些条件。对那些其总体分布族或称统计模型只依赖于有限个实参数的问题，通称为"参数统计问题"，也就是说，总体分布服从正态分布或总体分布已知条件下的统计检验，称为参数检验，研究这一问题的统计分支称为参数统计。参数统计的大部分方法要求所分析的数据至少是定距尺度测量的结果。如统计学中的 t 检验、F 检验等，都属于参数检验。

当总体分布不能由有限个实参数所刻画时的统计检验，称为非参数检验，也就是说，统计检验的正确、有效并不依赖于总体的一个特定的统计模型即并不取决于总体分布时，称为非参数检验。非参数检验具有总体分布不要求遵从正态分布或总体分布未知条件下的统计检验功能，研究这一问题的分支称为非参数统计。非参数统计方法可以适用于定距尺度测量的数据。

非参数检验的假定条件要比参数检验宽松得多，不仅对总体分布，而且对数据的测量层次。因而，其对应的范围要比参数检验广泛。

二 非参数统计的优点

非参数统计是相对于参数统计而出现的，其优点也应在与参数统计的对比中加以考察。

第一，适用面广。非参数统计方法的适用面较参数统计广。它不仅可以用于定距、定比尺度的数据，进行定量资料的分析研究，还可以用于定类、定序尺度的数据，对定性资料进行统计分析研究。如利用问卷调查资料，进行居民对某几中商品质量满意程度是否相等的分析研究；利用民意测验，分析研究居民对几种房改方案的支持率是否有差异等。而这些方面的研究是参数统计方法所不能及的，只有应用非参数统计方法。

第二，假定条件少。经典的参数统计要求被分析的数据的总体遵从正态分布，或至少要遵从某一特定分布且为已知。而非参数统计假设条件比较少，并不要求总体分布遵守什么具体形式，有时甚至不需要什么假定，因此更适合一般的情况。

第三，具有稳健性。稳健性反映这样一种性质：当真实模型与假定的理论模型有不大的偏离时，统计方法仍能维持较为良好的性质，至少不会变得很坏。参数统计方法是建立在严格的假设条件基础上的，一旦假定条件不符合，推断的正确性就会不存在。非参数统计方法由于都是带有最弱的假设，对模型的限制很少，因而天然地具有稳健性。这是非参数统计方法常被使用的一个理由。

三　非参数统计的缺点

当定距或定比尺度测量的数据能够满足参数统计的所有假设时，非参数统计方法虽然也可以使用，但效果远不如参数统计方法。这时，如果要采用非参数统计方法，唯一可以补救的办法就是增大样本容量，用大样本弥补由于采用非参数统计方法而带来的损失。譬如说，通过 90 次独立观察获取的数据足以保证参数统计所要达到的精度，而若用非参数统计方法，可能至少需要 100 次独立观察以获取数据。

在一些定距或定比尺度测量的数据中可以广泛地应用的参数统计方法并没有与其相应的非参数统计方法。由于参数统计方法对数据有较强的假定条件，因而当数据满足这些条件时，参数统计方法能够从其中广泛而充分地提取有关信息。非参数统计方法对数据的限制较为宽松，因而只能从其中提取一般的信息。当数据资料允许使用参数统计方法时，采用非参数统计方法会浪费信息。

第二节　单样本非参数检验

一　χ^2 检验

χ^2 检验属于拟合优度检验，它可以用来检验样本内每一类别的实际观察数目与某种条件下的理论期望频数是否有显著差异。

若一个事件只有两个可能的结果，如产品或合格或不合格，对某房改方案或赞成或反对，那么通常可以用参数检验的方法判定其观察频数是否显著地背离期望频数。但当一个事件可能有两个以上，如 K 个结果出现时，采用 χ^2 检验是最合适的。若样本分为 K 类，每类实际观察频数为 f_1，f_2，…，f_k，与其相对应的期望频数为 e_1，e_2，…，e_k，则统计量 Q 可以测度观察频数与期望频数之间的差异。其计算公式为：

$$Q = \sum_{i=1}^{k} \frac{(f_i - e_i)^2}{e_i}$$

很显然，观察频数与期望频数越接近，Q 值就越小，若 $Q = 0$，则上式中分子的每一项都必须是 0，这意味着 K 类中每一类观察频数与期望频数完全一样，即完全拟合。Q 统计量可以用来测度实际观察频数与理论频数之间的紧密程度即拟合程度。

若零假设为观察频数充分地接近期望频数，即对于 $i = 1$，2，…，k，f_i 与 e_i 无显著差异，则由于样本容量，则 $df = k - 1$ 的 χ^2 分布，因而，可以根据给定的显著性水平 α，查 χ^2 分布表得相应的 $\chi^2_\alpha (k - 1)$。若 $Q \geqslant \chi^2_\alpha (k - 1)$，则拒绝 H_0，否则不能拒绝 H_0。或根据计算的 Q 统计量在 χ^2 分布表中，查到相应的 p 值，即发生的概率，将 p 与 α 比较，若 $p < \alpha$，则拒绝 H_0，否则，不能拒绝 H_0。

χ^2 检验运用的领域很多，在单样本问题中大致可以用来解决诸如检验某个已知比例的假设、检验某种已知比例的假设和检验总体是否为某一分布等问题。

例 13 - 1 某企业大批量连续生产某产品，要求不合格品率不大于 5%。现从产品总体中，抽取 100 个进行检查，不合格品有 12 个，试以 5% 的显著性水平检验该批产品的不合格品率是否为 5%。

分析：因为检验的是产品不合格品率是否为 5% 这一已知比例，因此是双尾检验。建立假设为

$$H_0 : P = 0.05$$
$$H_1 : P \neq 0.05$$

在这批产品中的不合格品数为 $100 \times 0.05 = 5$，合格品的期望数为 95，即 $f_1 = 12$，$f_2 = 88$，$e_1 = 5$，$e_2 = 95$。于是由上式计算的 Q 统计量为

$$Q = (12 - 5)^2/5 + (88 - 95)^2/95 = 10.316$$

根据显著性水平 $\alpha = 0.05$，自由度 $df = k - 1 = 1$，查 χ^2 分布表，得到 $\chi^2_{0.05} = 3.841$。由于 $Q = 10.316 > \chi^2_{0.05} = 3.841$，则拒绝 H_0。这表明在 5% 的显著性水平上，不能认为该批产品合格率为 95%，即不合格品率为 5%。

如果样本一开始就为两类，而其中一类的期望频数小于 5，那么最好不用 χ^2 检验而才采用二项检验。

例 13 - 2　某金融机构的贷款偿还类型有 A、B、C、D 四种，各种的预期偿还比率为 80%、12%、7% 和 1%。在一段时间的观察记录中，A 型按时偿还的有 380 笔，B 型有 69 笔，C 型有 43 笔，D 型有 8 笔。问在 5% 显著性水平上，这些结果与预期的是否一致。

分析：这个问题属于要检验每一类型的出现概率与预期概率是否相等，即

$H_0 : P_i = P_{i0}$ 对于一切 $i = 1, 2, \cdots, k$

$H_1 : P_i \neq P_{i0}$ 对于一些 $i = 1, 2, \cdots, k$

其中，$P_1 + P_2 + P_3 + \cdots + P_K = 1$

可采用 χ^2 检验，通过实际观察频数与理论期望频数是否有显著差异作出判断。

$H_0 :$ A：B：C：D 类型偿还贷款的标准比率为 80：12：7：1

$H_1 :$ 偿还贷款是一些其他比率

在观察的已偿还的 500 笔贷款中，A 的预期偿还数为 $500 \times 0.8 = 400$，其他的以此类推。表 13 - 1 给出了计算 Q 统计量的过程及结果。

表 13 - 1　Q 统计量计算表

类型	f_i	e_i	$f_i - e_i$	$(f_i - e_i)^2$	$(f_i - e_i)^2 / e_i$
A	380	400	- 20	400	1.00
B	69	60	9	81	1.35
C	43	35	8	64	1.83
D	8	5	3	9	1.80
合计	500	500	—	—	5.98

根据给定的显著性水平 $\alpha = 0.05$，自由度 $df = k - 1 = 4 - 1 = 3$，查 χ^2 分布表，得到 $\chi^2_{0.05} = 7.82$。由于 $Q = 5.98 < \chi^2_{0.05} = 7.82$，则不能拒绝 H_0。这表明在 5% 的显著性水平上，不能拒绝 H_0，即观察比例与期望比例很一致。

二　科—斯检验

科—斯（科尔莫哥洛—斯米尔洛夫）检验也简写为 $K - S$（**Kolmogorov-**

Smiynov）检验。它是一种拟合优度检验。它涉及一组样本数据的实际分布与某一理论分布间相符合程度的问题，用来检验所获取的样本数据是否来自具有某一理论分布的总体。

科—斯检验是用两个俄罗斯数学家的名字命名的，他们对这种非参数统计技术的发展作出了贡献。若 $S_n(x)$ 表示一个 n 次观察的随机样本观察值的累积概率分布函数，$S_n(x) = \dfrac{i}{n}$，i 是等于或小于 x 的所有观察结果的数目，$i = 1, 2 \cdots, n$。$F_0(x)$ 表示一个特定的累积概率分布函数，也就是说，对于任一 x 值，$F_0(x)$ 值代表小于或等于 x 值的那些预期结果所占的比例。于是，可以定义 $S_n(x)$ 与 $F_0(x)$ 之间的差值，即

$$D = \max |S_n(x) - F_0(x)|$$

其中，$S_n(x)$ 为经验分布函数，$F_0(x)$ 为理论分布函数，若对每一个 x 值来说，$S_n(x)$ 与 $F_0(x)$ 十分接近，也就是差异很小，则表明经验分布函数与特定分布函数的拟合程度很高，有理由认为样本数据来自具有该理论分布的总体。科—斯检验集中考察的是 $|S_n(x) - F_0(x)|$ 中那个最大的偏差，即利用统计量

$$D = \max |S_n(x) - F_0(x)|$$

作出判定。

科—斯检验的步骤为

建立假设

$$H_0: S_n(x) = F_0(x) \quad 对所有 x$$
$$H_1: S_n(x) \neq F_0(x) \quad 对一些 x$$

计算 D 统计量

$$D = \max |S_n(x) - F_0(x)|$$

查找临界值；根据给定的显著性水平 α，样本数据个数 n，查 $K-S$ 检验表可以得到临界值 d_α（双尾检验）。

作出判定：若 $D < d_\alpha$，则在 α 的水平上，不能拒绝 H_0；若 $D \geq d_\alpha$，则在 α 的水平上，拒绝 H_0。

在许多实际问题中，检验确定某一组数据是否来自某一特定分布的总体，对于进一步研究其变化规律，作出判断、预测极为重要。

例 13－3 公共交通设施适合性的研究——公共汽车到达时间是否服从

正态分布。

公共汽车按计划每 15 分钟通过一个商店。然而，由于交通条件、乘客数目等的影响，汽车实际到达的时间有很大的不同。通过一天随机的观察，获得的数据如表 13 - 2 所示。比计划提前到达的为负值，取大的整数，如提前 1 分 10 秒到达，记作 - 1；比计划晚到的为正值，也取大的整数，如迟到 1 分 10 秒，记作 + 2。公共汽车到达时间是否服从 $\sigma = 3$ 的正态分布。

表 13 - 2 汽车到达时间统计表

到达时间(x)	- 5	- 3	- 1	0	1	2	4	7	8
观测频率(f)	1	1	2	1	5	5	3	1	1

分析：正态分布是一个常用的概率模型，如果公共汽车到达时间被证明是服从正态分布的，就为进一步的研究提供了一个方便使用的模型。这里 $F_0(x)$ 是累积的正态分布函数，因为其是连续的，因此使用科—斯检验是合适的。

$$H_0 : S_n(x) = F_0(x) \quad 对所有 x$$
$$H_1 : S_n(x) \neq F_0(x) \quad 对一些 x$$

这里 $F_0(x)$ 是标准正态分布 $\Phi(Z)$，要计算 μ，它的最好估计值是样本平均数 $\bar{x}$，$\bar{x} = \dfrac{\sum xf}{\sum f} = 1.6$。借助 $Z = (x - \mu)/\sigma$ 将数据标准化，计算过程如表 13 - 3 所示。表中 Z 的概率一列，是根据 Z 的绝对值查正态分布表得到的。

$F_0(x) = \Phi(Z)$ 一列的数值是依据 Z 和 Z 的概率，若 Z 为正值，则 $\Phi(Z)$ 是 1 减去 Z 的概率那列的相应数值的结果。

表 13 - 3 $F_0(x)$ 的计算表

x	$Z = (x - 1.6)/3$	Z 的概率	$F_0(x) = \Phi(Z)$
- 5	- 2. 20	0.0139	0.0139
- 3	- 1. 53	0.0630	0.0630
- 1	- 0. 87	0.1922	0.1922
0	0. 53	0.2981	0.2981
1	- 0. 20	0.4207	0.4207
2	0. 13	0.4483	0.5517
4	0. 80	0.2119	0.7881
7	1. 80	0.0359	0.9641
8	2. 13	0.0166	0.9834

正态分布表是左尾 $-\infty$ 到 $-Z$，右尾 $+Z$ 到 $+\infty$ 的概率，$Z=0$ 的概率 $P=0.50$。因此，利用正态分布表查出 Z 的概率后，计算累积概率时，凡 Z 为正值时，均应用 1 减去 Z 的概率那一列的数值。$\varPhi(Z)$ 的值也可以利用标准正态分布表，根据 Z 值查找得到，由于标准正态分布表是 $\varPhi(-Z) = 1 - \varPhi(Z)$，故当 Z 为负值时，$\varPhi(-Z)$ 的应由 $1 - \varPhi(Z)$ 得到。$F_0(x)$ 是观察数据的理论分布函数，其实际分布函数可以由观察数据 x 的累积频率被 20 除得到。如相对于 $x = -5$ 的 $S_n(x) = 1/20 = 0.05$，相对于 $x = -1$ 的 $S_n(x) = (1+1+2)/20 = 0.20$，如此可以得到 $S_n(x)$。计算 $S_n(x)$ 与 $F_0(x)$ 的差值。得到最大差值 D，即可作出判定。计算过程如表 13-3 所示。

$$D = \max|S_n(x) - F_0(x)| = 0.1983$$

根据显著性水平 $\alpha = 0.05$，$n = 20$，$K-S$ 检验表，得到 $d_\alpha = 0.29$ 因为 $D = 0.1983 < d_\alpha = 0.29$，所以不能拒绝 H_0。表明实际分布与理论分布是一致的，即可以认为公共汽车到达时间近似于正态分布。之所以是近似，是因为参数 μ 是利用观察数据估计的，并没有理论上的值。正态概率模型对这一问题是适用的，但也许会有更好的其他概率模型。

表 13-4 D 的计算

x	$S_n(x)$	$F_0(x)$	$|S_n(x) - F_0(x)|$
-5	0.0500	0.0139	0.0361
-3	0.1000	0.0630	0.0370
-1	0.2000	0.1922	0.0078
0			
1	0.2500	0.2981	0.0481
2	0.5000	0.4207	0.0793
4	0.7500	0.5517	0.1983
7	0.9000	0.7881	0.1119
8	0.9500	0.9641	0.0141
	1.0000	0.9843	0.0166

x^2 检验与科—斯检验均属于拟合优度检验，但 x^2 检验常用于定类尺度测量数据，科—斯检验还用于定序尺度测量数据。当预期频数较小时，x^2 检验常需要合并邻近的类别才能计算，科—斯检验则不需要，因此它能比

x^2 检验保留更多的信息。对于特别小的样本数目，x^2 检验不能应用，而科—斯检验则不受限制。因此，科—斯检验的功效比 x^2 检验更强。

三 符号检验

符号检验（Sign Test）利用正、负号的数目对某种假设作出判定的非参数统计方法。

如果所研究的问题，可以看做只有两种可能：成功或失败，并且成功或失败的出现被假定遵从二项式分布，以 + 表示成功， - 表示失败，那么随机抽取的样本就有两个参数：成功的概率 P_+，失败的概率 P_-。这样，就可以构造一个假设：

$$H_0 : P_+ = P_-$$
$$H_1 : P_+ \neq P_-$$

这是双侧检验，对备择假设 H_1 来说，不要求 P_+ 是否大于 P_-。如果所研究的问题，要求考虑 P_+ 是否大还是 P_- 比较大，则需用单侧备择假设，即

$$H_0 : P_+ = P_- \qquad H_0 : P_+ = P_-$$
$$H_+ : P_+ > P_- \qquad H_- : P_+ < P_-$$

这里 H_+ 表示 P_+ 是比较大的，H_- 被用来说明 P_- 是比较大的。

为了检验上面的假设，普通的符号检验所定义的检验统计量为 S_+ 和 S_-。S_+ 表示为正符号的数目，S_- 表示为负符号的数目，$S_+ + S_- = n$，n 是符号的总数目。

要对假设作出判定，需要找到一个 P 值。因为对于 S_+ 和 S_- 来说，抽样分布是一个带有 $\theta = 0.5$（θ 表示成功的概率）的二项式分布，所以如果 H_0 为真，从检验表中能够根据 n、S_+ 或 S_- 查到 P 值。若 P 值很小，表明 H_0 为真的可能性很小，数据不支持 H_0，而支持 H_1。

当样本的观察数据 $n \leq 20$ 时，可以利用上面的方法找到 P 值作出判定。若样本的观察数据 $n > 20$，可以利用正态近似办法，根据下式计算 Z 值，查正态分布表得到相应的 P 值。

$$Z_{+,R} = \frac{S_+ - 0.5 - 0.5n}{0.5\sqrt{n}}$$

$$Z_{-,R} = \frac{S_- - 0.5 - 0.5n}{0.5\sqrt{n}}$$

普通的符号检验其判定可以归纳如表 13 - 5 所示。

表 13 - 5　普通的符号检验判定指导表

备择假设	P 值
$H_+ : P_+ > P_-$ $H_- : P_+ < P_-$ $H_1 : P_+ \neq P_-$	S_+ 的右尾概率　S_- 的左尾概率 S_+ 的左尾概率　S_- 的右尾概率 S_+ 和 S_- 中大者　S_+ 和 S_- 中小者 右尾概率的 2 倍　左尾概率的 2 倍
$H_+ : P_+ > P_-$ $H_- : P_+ < P_-$ $H_1 : P_+ \neq P_-$	$Z_{+,R}$ 的右尾概率 $Z_{-,R}$ 的右尾概率 $Z_{+,R}$ 和 $Z_{-,R}$ 中大者 右尾概率 2 倍

在实际问题的研究中，常常会遇到难以用数值确切表达的问题，而采用符号检验可以帮助解决这类问题的研究。

例 13 - 4　顾客对咖啡、茶的喜好是否有差异。若有差异，是否更喜欢茶。

为了解顾客对咖啡、茶的喜好情况，在某商店随机抽取 15 名顾客进行调查，结果有 12 名顾客更喜欢茶，2 名顾客更喜欢咖啡，1 名对两者同样爱好。

分析：顾客对咖啡、茶的喜好调查，其目的只是为了比较两者中哪个更受欢迎，并无定量的数值，因而可以采用符号检验。在咖啡、茶中更喜欢茶为"成功"，反之为"失败"，故可建立假设

$$H_0 : P_+ = P_-$$
$$H_1 : P_+ \neq P_-$$

这一假设仅判定对二者喜欢程度有无差异。由调查结果知：$S_+ = 12$，$S_- = 2$，$n = 14$。查符号检验表，$n = 14$ 时，S_+ 与 S_- 中大者 $S_+ = 12$ 右尾概率的 2 倍是 $2 \times 0.0065 = 0.0130$。显然 $P = 0.0130$ 很小，以显著性水平 $\alpha = 0.05$，P 足够小，故这批数据不支持 H_0，即顾客对咖啡和茶的喜爱有显著差异。判断是否更喜欢茶，建立单侧备择假设

$$H_0 : P_+ = P_-$$
$$H_+ : P_+ > P_-$$

根据上面的分析，$n = 14$，$S_+ = 12$ 时，符号检验表显示的 P 值为 0.0065。对于 $\alpha = 0.05$，P 值也足够小，故数据不支持 H_0，而支持 H_+。顾客在咖啡和茶中更喜欢茶。

四　游程检验

游程检验亦称连贯检验，是一种随机性检验方法，应用范围很广。例如生产过程是否需要调整，即不合格产品是否随机产生；奖券的购买是否随机；期货价格的变化是否随机等。若事物的发生并非随机，即有某种规律，则往往可寻找规律，建立相应的模型，进行分析，作出适宜的决策。

通常所说的随机性是指样本中所有的数据都可以看做是独立同分布的观察值，一般说来有升降趋势的数据不是随机的，有周期性变化的数据也不是随机的。当数据正相关时，大的或小的数据往往有聚在一起的倾向。负相关时，则正相反。在此我们主要考虑二元数据的观察值（如 Bernoulli 试验的结果），它们总可以用 0 和 1 来表示。在一个随机的观察值序列中，0 或 1 的集中度有一定的范围，我们因此引进游程的概念来描述这种集中程度。在一个由 0 和 1 组成的序列中，一串不间断的 0 或 1 称为一个游程（run），一个游程中数字"0"或"1"的个数，称为该游程的长度。游程个数 R 太多，则说明 0 和 1 不集中或游程太短（负相关）；如游程个数太少，则说明 0 和 1 较集中或游程太长（正相关）。通过上面的分析，我们知道随机性假设的拒绝域应为 $\{R \leqslant c_1\} \cup \{R \geqslant c_2\}$，$(c_1 < c_2)$。比如 0 和 1 的序列

$$1\ 1\ 0\ 0\ 0\ 1\ 1\ 0\ 0\ 1\ 1\ 1\ 0$$

有 6 个游程，用 $R = 6$ 表示；其中有 3 个是由 0 组成的（长度分别为 3，2，1），用 $m = 6$ 表示数字 0 的个数；3 个是有 1 组成的（长度分别为 2，2，3），用 $n = 7$ 表示数字 1 的个数，在零假设下（随机性），R 的分布依赖于出现 1 的未知概率 p。但是，在给定 m 和 n 的条件下，R 的任何一种可能的概率都是 $\dfrac{1}{\binom{N}{n}}$，$(N = m + n)$。因而有

$$P(R = 2k) = \frac{2\binom{m-1}{k-1}\binom{n-1}{k-1}}{\binom{N}{n}}$$

及

$$P(R = 2k + 1) = \frac{\binom{m-1}{k-1}\binom{n-1}{k} + \binom{m-1}{k}\binom{n-1}{k-1}}{\binom{N}{n}}$$

这个表示很简单实用，并且斯维德（Swed）和艾森哈特（Eisenhart）于1943年依此构造了 R 的零分布表〔游程检验 $P(R \leqslant c_1) \leqslant \alpha$，$P(R \geqslant c_2) \leqslant \alpha$ 表〕。对于大样本来说，当 $n \to \infty$ 而 $\dfrac{m}{n} \to \gamma$ 时，则有

$$\frac{R - \dfrac{2m}{1+\gamma}}{\sqrt{\dfrac{4\gamma m}{(1+\gamma)^3}}}$$

渐近趋于标准正态分布，于是当样本容量很大时，可近似地取临界值为

$$c_1 = \frac{2mn}{m+n}\left[1 + \frac{Z_{\frac{\alpha}{2}}}{\sqrt{m+n}}\right], c_2 = 1 + \frac{2mn}{m+n}\left[1 - \frac{Z_{\frac{\alpha}{2}}}{\sqrt{m+n}}\right]$$

上面我们仅讲了二元数据随机性的游程检验，而实际中遇到的数据未必都是二元数据，此时，我们就要把数据转化成二元数据，以利用上面的游程检验。事实上，如取 $Y_i = 1(X_i - X_{med} > 0)$，则可以把检验 $X_1, \cdots, X_n$ 的随机性问题转化成 $Y_1, \cdots, Y_n$ 的随机性问题。当然，这种转化不是完全等价的，这是 Mood 于1940年给出的，我们称这种方法为中位数法。

例 13 – 5 对某型号电缆进行耐压试验，测得其20根的数据如下：

156.0，225.5，132.0，246.7，200.8，867.9，110.6，125.4，117.6，201.9，207.2，189.8，321.5，153.1，565.4，511.0，567.0，222.3，141.5，216.7

根据这些数据能否认为这些电缆受到了非随机因素的干扰？或者说，能否认为生产这种电缆的机器不正常？

对于本例，我们利用上述中位数法，计算样本中位数为204.6，相应的 Y 样本为：

0，1，0，1，0，1，0，0，0，0，1，0，1，0，1，1，1，1，0

则 $m = n = 10$，$R = 13$，对于 $\alpha = 0.1$，由检验表查得 $c_1 = 6$，$c_2 = 16$，因为 $6 < 13 < 16$，则认为这些数据符合随机性假设。

五　威斯康星符号秩检验

威斯康星（Wilcoxon）符号秩检验，是对符号检验的一种改进。符号检验只利用关于样本的差异方向上的信息，并未考虑差别的大小。Wilcoxon 符号秩检验弥补了符号检验的这一不足。

与符号检验的条件类似，Wilcoxon 符号秩检验也要求总体的分布是连续

的，但增加了一条：总体关于其真实的中位数 M 是对称的。若假定的中位数是一个特定的数 M_0，那么考察真实中位数 M 与特定的数 M_0 是否有差异，可以建立下面的假设组。

双侧备择假设

$$H_0 : M = M_0$$
$$H_1 : M \neq M_0$$

单侧备择假设

$$H_0 : M = M_0 \quad H_0 : M = M_0$$
$$H_+ : M > M_0 \quad H_- : M < M_0$$

为了对假设作出判定，需要从总体中随机抽取一个样本得到 $|D_i|$ 观察值。这 n 个数据至少是定距尺度测量，若是定序尺度测量，则检验所需的等级、符号都应能被得到。n 个观察值记作 x_1，x_2，$\cdots$，x_n，它们分别与 M_0 的差值为 D_i，$D_i = x_i - M_0 (i = 1, 2, \cdots, n)$。如果 H_0 为真，那么观察值围绕 M_0 分布，即 D_i 关于 0 对称分布。这时，对于 D_i 来说，正的差值和负的差值应近似地相等。为了借助等级大小作判定，先忽略 D_i 的符号，而取绝对值 $|D_i|$。对 $|D_i|$ 按大小顺序分等级，等级 1 是最小的 $|D_i|$，等级 2 是第二小的 $|D_i|$，以此类推，等级 n 是最大的 $|D_i|$。按 D_i 本身符号的正、负分别加总它们的等级即秩次，得到正等级的总和与负等级的总和。虽然等级本身都是正的，$|D_i|$ 的等级和称为正等级的总和。为了区别，将 D_i 符号为正的，$|D_i|$ 的等级和称作正等级的总和，反之为负等级的总和。H_0 为真时，正等级的总和与负等级的总和应该近似相等。如果正等级的总和远远大于负等级的总和，表明大部分大的等级是正的差值，即 D_i 为正的等级大。这时，数据支持备择假设 $H_+ : M > M_0$。类似的，如果负等级的总和远远大于正等级的总和，表明大部分大的等级是负的差值，即 D_i 为负的等级大。这时，数据支持备择假设 $H_- : M < M_0$。因为正等级和负等级总和之和是个恒定的值，即 $1 + 2 + \cdots + n = n (n + 1) / 2$。

因此对于双侧备择 H_1 来说，两个总和中无论哪一个太大，都可以被支持。

检验统计量。Wilcoxon 符号秩检验所定义的检验统计量为 T_+ 和 T_-。

$$T_+ : 正等级的总和$$
$$T_- : 负等级的总和$$

这里，T_+ 和 T_- 都是非负的整数，并且 $T_+ + T_- = n (n + 1) / 2$，它们的取值范围是从 0 到 $n (n + 1) / 2$。

P 值的确定。由于 T_+ 和 T_- 的对称性，加上 $T_+ + T_- = n(n+1)/2$，因而，T_+ 和 T_- 的抽样分布完全一样，且关于对称性 $n(n+1)/4$ 对称。Wilcoxon 符号检验表给出了一个累计的概率，根据 n，查 T_+ 的右尾概率或 T_- 的右尾概率，得到 P 值。依据 P 与显著性水平 α 比较，可以对数据是否支持 H_0 作出判定。表 13-6 是 $n \leqslant 15$ 时的判定指导表。

表 13-6　Wilcoxon 符号秩检验判定指导表

备择假设	P 值（Wilcoxon 符号秩检验）
$H_+ : M > M_0$	T_+ 的右尾概率
$H_- : M < M_0$	T_- 的右尾概率
$H_1 : M \neq M_0$	T_+ 或 T_- 大者右尾概率的 2 倍

当 n 很大时，T_+，T_- 的标准化值近似于正态分布。T_+，T_- 的标准化可以借助于减去均值 $n(n+1)/4$，除以标准差 $\sqrt{n(n+1)(2n+1)/24}$ 做到。按下式计算出 Z_+,R，Z_-,R，查正态分布表，可以得到相应的 P 值。表 13-7 是 $n > 15$ 时的判定指导表。

$$Z_+,R = \frac{T_+ - 0.5 - n(n+1)/4}{\sqrt{n(n+1)(2n+1)/24}}$$

$$Z_-,R = \frac{T_- - 0.5 - n(n+1)/4}{\sqrt{n(n+1)(2n+1)/24}}$$

表 13-7　Wilcoxon 符号秩检验判定指导表

备择假设	P 值（正态分布表）
$H_+ : M > M_0$	Z_+,R 的右尾概率
$H_- : M < M_0$	Z_-,R 的右尾概率
$H_1 : M \neq M_0$	Z_+,R 或 Z_-,R 大者右尾概率的 2 倍

Wilcoxon 符号秩检验也可以用来检验关于总体平均数的假设，因为关于中位数的对称性分布，其中位数与平均数相等。

例 13-6　铸件的机加工是否应转包出去。

某钢铁公司订购了一批铸件，在使用前进行机加工。这一任务可由公司承担，也可以转包给他人。公司为减少加工费用，所确定的原则是：若铸件重量的中位数超过 25 公斤，就转包出去；等于或小于 25 公斤则不转包。从这批 100 件中随机抽取了 8 件进行测算，每件重量分别为：24.3，

25.8，25.4，24.8，25.2，25.1，25.0，25.5。使用这些数据，能否作出这批铸件是否转包的决定。

分析：这个问题中，公司采用的是以重量为基础的标准，而且关系到中位数，又因为样本大数量很小，因而宜采用 Wilcoxon 符号秩检验。在这里假定铸件重量是对称性分布似乎比正态分布更合理。由于考虑是否转包，因而备择假设应是单侧，建立的假设为

$$H_0: M = 25$$
$$H_+: M > 25$$

为作出判定，需要计算 T_+、T_-，计算过程见表 13 - 8。表中第 7 个数字与假定中位数正好相等，因此 $D = 0$。由于 0 无法给出正号或负号，因而在对 $|D|$ 排等级时也就被忽略不计。当 $|D_i| = |D_j|$ 时，在排列分等级过程中，其秩取这些等级的简单平均数。$|D_4| = 0.2 = |D_5|$，按 $|D|$ 数值从小到大排等级应是第 2 级和第 3 级，取 （2 + 3）/2 为其秩，即 $|D_4|$、$|D_5|$ 的秩均为 2.5。根据表 13 - 8 中 D 的符号和 $|D|$ 的秩，可以计算得到

$$T_- = 6 + 2.5 = 8.5$$
$$T_+ = n(n + 1)/2 - T_- = 19.5$$
$$或 T_+ = 7 + 4 + 2.5 + 1 + 5 = 19.5$$

根据 $n = 7$，$T_+ = 19$ 和 20 查 Wilcoxon 符号秩检验表，得到 T_+ 右尾概率为 0.234 和 0.188。与 $T_+ = 19.5$ 相对应的右尾概率即 $P = 0.211$ 相对于显著性水平 $\alpha = 0.05$ 已足够大，因此调查数据支持 H_0，即该公司订购的这批铸件，从减少加工费用角度还是不转包为好。

表 13 - 8　秩次和计算表

编　号	重量(x)	$D = x - 25$	$|D|$	$|D|$的秩	D的符号
1	24.3	- 0.7	0.7	6	-
2	25.8	0.8	0.8	7	+
3	25.4	0.4	0.4	4	+
4	24.8	- 0.2	0.2	2.5	-
5	25.2	0.2	0.2	2.5	+
6	25.1	0.1	0.1	1	+
7	25.0	0	0		
8	25.5	0.5	0.5	5	+

Wilcoxon 符号秩检验大量地应用于配对样本。若 M_D 表示两个随机变量差值总体的中位数，M_0 是某一特定的数，那么可以建立的假设为

$$H_0 : M_D = M_0$$
$$H_1 : M_D \neq M_0$$
$$H_0 : M_D = M_0 \qquad H_0 : M_D = M_0$$
$$H_+ : M_D > M_0 \qquad H_- : M_D < M_0$$

应用 Wilcoxon 符号秩检验的数据应含有 n 对观察值 (x_1, y_1)，(x_2, y_2)，…，(x_n, y_n)，或有一组 n 个差值 d_1，d_2，…，d_n，即 $d_i = x_i - y_i$，且假定差值 d_i 的总体是连续的，关于中位数 M_D 是对称的。差值 D_i 可以通过观察值 x_i，y_i 计算得到，也可以是直接被观察到，即每一单个 x_i，y_i 不一定知道，但它们的差值 $x_i - y_i = d_i$ 可以被观察到。一般说来，这些差值至少是定距尺度测量的，若是定序尺度，则为检验所需的等级，符号都应确定。对假设作出判定的方法基本与单样本相同，只是 D 不再是 $x_i - M_0$，而应是 $x_i - y_i - M_0$，即 $d_i - M_0$。

例 13 – 7 新配方是否有助于防晒黑。

某防晒美容霜制造者，欲了解一种新配方是否有助于防晒黑，对 7 个志愿者进行了试验。在每人脊椎一侧涂原配方的美容霜，另一侧涂新配方的美容霜。背部在太阳下曝晒后，按预先给定的标准测定晒黑程度如表 13 – 9。

表 13 – 9 两种配方晒黑程度测量结果

编号	原配方(y)	新配方(x)	编号	原配方(y)	新配方(x)
1	42	38	5	44	33
2	51	53	6	55	49
3	31	36	7	48	36
4	61	52			

分析：这一问题是配对样本，同一个人使用两种不同配方的美容霜，以检验两种配方对防晒黑的作用是否有显著不同，可以应用 Wilcoxon 符号秩检验。新配方的晒黑程度记作 x，原配方的为 y，则差值 $d_i = x_i - y_i$。假定 d_i 的总体中应是 0，即 $M_0 = 0$ 为检验新配方是否优于原配方，则应建立的假设为

$$H_0 : M_D = 0$$
$$H_1 : M_D < 0$$

为对假设作出判定，要计算 T_+、T_-，计算过程如表 13 – 10 所示。

表 13 – 10　检验统计量计算

编号	X	Y	$D = x - y$	$\lvert D \rvert$	$\lvert D \rvert$ 的秩	D 的符号
1	38	42	– 4	4	2	–
2	53	51	2	2	1	+
3	36	31	5	5	3	+
4	52	61	– 9	9	5	–
5	33	44	– 11	11	6	–
6	49	55	– 6	6	4	–
7	36	48	– 12	12	7	–

由表 13 – 10 可知

$$T_+ = 1 + 3 = 4$$
$$T_- = n(n + 1)/2 - T_+ = 7(7 + 1)/2 - 4 = 24$$

根据 $n = 7$，$T_- = 24$ 查 Wilcoxon 符号秩检验表，得到 T_- 右尾概率 $P = 0.055$。这个概率对于显著性水平 $\alpha = 0.05$ 来说已够大。一般在样本较小时，宜取稍大些的显著性水平，以避免犯第二类的错误，即"存伪"的错误。取显著性水平 $\alpha = 0.05$，则该调查数据支持 H_0，即两种配方对防晒黑的作用没有什么显著差异。若对于显著性水平 $\alpha = 0.10$，该次调查结果则不支持 H_0，即调查足以说明新配方对防晒黑的效果优于原配方。若希望同时减少犯两类错误的可能性，应增加样本数目。

第三节　两个相关样本的非参数检验

一　符号检验

设有两个连续总体 X，Y，累计的分布函数分别为 $F(x)$，$F(y)$。随机地分别从两个总体中抽取数目为 n 的样本数据 $(x_1, x_2, \cdots, x_n)$ 和 $(y_1, y_2, \cdots, y_n)$，将它们配对得到 (x_1, y_1)，(x_2, y_2)，$\cdots$，(x_n, y_n)。若研究的问题是它们是否具有相同的分布，即 $F(x) = F(y)$ 是否成立。由于 X，Y 的总体分布未知，而研究也并不关心它们的具体分布形式，只是关心分布是否相同。因而，可以采用位置参数进行判断。若两个样本的总体具有相同分布，则中位数应相同，即在 n 个数对中，x_i 大于 y_i 的个数应相差不多。若 P 表示概率，则建立的假设为

$$H_0 : P(x_i > y_i) = P(x_i < y_i) \quad 对所有 i$$
$$H_1 : P(x_i > y_i) \neq P(x_i < y_i) \quad 对某一 i$$

如果关心的是某一总体中位数是否大于另一总体中位数，则可建立单侧备择，假设为

$$H_0 : (x_i > y_i) = P(x_i < y_i) \quad H_0 : P(x_i > y_i) = P(x_i < y_i)$$
$$H_+ : P(x_i > y_i) > P(x_i < y_i) \quad H_- : P(x_i > y_i) < P(x_i < y_i)$$

在 H_+ 下，x_i 有大于 y_i 的趋向，在 H_- 下，y_i 有大于 x_i 的趋向。

为对假设作出判定，所需的数据至少是定序尺度测量。与单样本的符号检验相同，两个相关样本的符号检验也定义 S_+，S_- 为检验统计量。$S_+ + S_- = n$。若 H_0 为真，$x_i > y_i$ 的配对数目与 $x_i < y_i$ 的排队数目相等，也就是 S_+ 与 S_- 的数值相等。由于 S_+，S_- 的抽样分布是二项分布 $B\left(n, \dfrac{1}{2}\right)$，$n$ 是配对数目，$\dfrac{1}{2}$ 是各自出现的概率，因而合适的 P 值能够在二项分布表中查找到。若 P 值相对于显著性水平 α 很小，则数据不支持 H_0。当 $n \leqslant 20$ 时，查找二项分布表找到 P 值作出判定。若样本的观察数据 $n > 20$，可以利用正态近似办法，计算出 Z_+，R 值，查找正态分布表得到相应的 P 值。

例 13 – 8 教学参考资料对于指导学生自学是否有效。

为帮助学生通过自学提高对知识的掌握，编辑了符合教学大纲的教学大纲的教学参考资料。针对某一概念的掌握进行实验，随机选取了 15 名学生，他们在使用参考资料之前的得分如表 13 – 11 所示。学习参考资料后，重新对这一概念进行测试，得分也列在表 13 – 11 中。检验这部参考资料是否促进学生掌握知识。

表 13 – 11　学生两次测试成绩

学生编号	1	2	3	4	5	6	7	8	9	10	11	12	13	14	15
第一次成绩	2	2	2	2	3	3	3	3	3	3	2	3	3	2	3
第二次成绩	3	4	2	3	2	3	4	4	2	4	4	3	4	4	4

分析：由于关心的是学生使用参考资料后是否对概念的掌握更好了，因此应建立单侧备择，假设为

$$H_0 : P(x_i > y_i) = P(x_i < y_i)$$
$$H_- : P(x_i > y_i) < P(x_i < y_i)$$

x_i 为第一次检查的成绩，y_i 为第二次测试的成绩。由表中的分数可知，$S_+ = 2$，$S_- = 10$，有 3 对差值为 0，无法记 + 或 – 号，因此，符号总数目 $n = S_+ + S_- = 12$，而不是 15。在 $K - S$ 检验表中查找，$n = 12$，$S_- = 10$ 的右尾概率 $P = 0.0193$，对于显著性水平 $\alpha = 0.05$，显然 P 值够小，因而数据不支持 H_0，即学生通过自学参考资料对提高知识有益，表明教学参考资料对促进学生掌握知识是有效的。

例 13 – 9　母亲是否比父亲更强烈地认识到父亲教育孩子的重要。

在研究父亲对儿童发展的影响作用时，进行了一项调查。随机抽取 17 对夫妇，其家庭均因两地分居，在孩子出生时，由母亲一人抚养。一年后团聚。针对父亲的教育对孩子影响较大这一问题询问，结果如表 13 – 12 所示。表中是对父、母态度的评分，5 分代表最强烈的认识，2 分、1 分表示相对较弱，x_i 是父亲的态度，y_i 是母亲的态度。

表 13 – 12　父母对父亲教育孩子重要的认识

编号	x_i	y_i	编号	x_i	y_i	编号	x_i	y_i
1	2	4	7	3	5	13	5	4
2	3	4	8	3	3	14	2	5
3	3	5	9	2	1	15	5	5
4	3	5	10	3	5	16	3	5
5	3	3	11	2	5	17	1	5
6	3	2	12	2	5			

分析：这是一个配对样本的例子，例 13 – 9 是将研究对象自身作为对照者，形成两个相关样本。此例是采取夫妇配对，讨论同一孩子和同一家庭的情况，因而配对有意义，符合符号检验的条件。由于关心的是母亲比父亲更强烈地认识到父亲教育孩子重要，因此是单侧检验，建立的假设为

$$H_0 : P(x_i > y_i) = P(x_i < y_i)$$
$$H_- : P(x_i > y_i) < P(x_i < y_i)$$

因为预言母亲比父亲的感受更强烈，因而评分应是母亲比父亲更高，故 $x_i - y_i < 0$ 的数目应较多，备择假设选择了 H_-。由表 13 – 12 可知，其中 3 对夫妇的态度是一样的，分数相等，差值为 0，不记符号，因此，$n = 14$，$S_+ = 3$，$S_- = 11$。查 $K - S$ 检验表知，$n = 14$，$S_- = 11$ 右尾概率 $P = 0.0287$，对于显著性水平 $\alpha = 0.05$，显然 P 值够小，因而数据不支持 H_0，调查结果表明，母亲确实比父亲更强烈地感到父亲教育孩子重要。

二 Wilcoxon 符号秩检验

两个相关样本的 Wilcoxon 符号秩检验也是用来检验配对样本是否有差异的方法。它不仅借助于两个样本差值的符号，而且利用了差值的大小，因此，它比符号检验有更精确的判断。

设 X、Y 是两个连续总体，且均具有对称的分布，随机地分别从两个总体中抽取 n 个观察值，组成 n 个数对 (x_1, y_1)，(x_2, y_2)，$\cdots$，(x_n, y_n)。记 $D_i = x_i - y_i$，若 X 与 Y 具有相同的分布，则等式

$$P(D_i > 0) = P(D_i < 0)$$

成立，即 x_i 大于 y_i 的概率与 x_i 小于 y_i 的概率相等。这也意味着全部差值 D_i 的中位数等于 0。因此，零假设也可以是

$$H_0 : D_i \text{ 的中位数} = 0$$

这与配对样本的符号秩检验是一致的，当研究的问题关心两个总体的分布是否相同，或说两个总体中位数是否相同时，采用双侧备择；若 X、Y 之间的相互关系中，存在某中趋势，则应建立单侧备择。如果认为 x_i 的大多数值大于相应的值 y_i，那么单侧备择为

$$H_+ : P(D_i > 0) > P(D_i < 0)$$

或

$$H_+ : D_i \text{ 的中位数} > 0$$

如果认为 y_i 的值大多数大于相应的 x_i 的值，则单侧备择为

$$H_- : P(D_i > 0) < P(D_i < 0)$$

或

$$H_- : D_i \text{ 的中位数} < 0$$

若将差值 D_i 的总体中位数记作 M_D，那么，两个相关样本的 Wilcoxon 符号秩检验与配对样本位置的符号秩检验基本方法相同，判定假设是否成立的原则也一样，确定 P 值也可以按秩检验判断指导表的原则去做。

例 13 - 10 幼儿园的生活对孩子的社会知识是否有影响。

有人认为儿童上幼儿园有助于其认识社会，有人则认为儿童在家一样可以获得社会知识。为了解它们是否存在差异，对 8 对同性孪生儿童进行实验，随机选定 8 对中一个上幼儿园，另一个则在家。经过一个时

期后，通过对他们询问，给他们分别作出评价。评分结果如表 13 − 13
所示。

表 13 − 13　8 对儿童的社会知识成绩

配对号	上幼儿园儿童	在家儿童	配对号	上幼儿园儿童	在家儿童
1	78	62	5	76	80
2	70	58	6	72	73
3	67	63	7	85	82
4	81	77	8	83	78

　　分析：虽然可以相信得分多的孩子比得分少的孩子社会知识要多，但
由于是定距尺度测量，无绝对零值，因此不能认为得 80 分的孩子社会知识
是得 40 分的孩子的 2 倍，也不能认为 80 分与 60 分的社会知识之差一定是
60 分与 50 分之差的 2 倍。但是，可以肯定，80 分与 60 分所代表的社会知
识之差一定大于 60 分和 50 分之间的差。所以将分数差值的绝对值排序是有
意义的，这样就能够运用 Wilcoxon 符号秩检验判定在家和上幼儿园对孩子
的社会知识是否有影响。由于只关心两组儿童的社会知识是否有差异。因
此应建立双侧备择。假设为

$$H_0：D_i \text{ 的中位数} = 0$$
$$H_1：D_i \text{ 的中位数} \neq 0$$

用文字表述为

$$H_0：\text{在家和上幼儿园的儿童社会知识没有差异}$$
$$H_1：\text{在家和上幼儿园的儿童社会知识有差异}$$

根据表 13 − 13 的数据计算 $|D|$ 及 T_+，T_-，计算过程如表 13 − 14。

表 13 − 14　检验统计量计算表

x	y	$D = x - y$	$|D|$	$|D|$ 的秩	D 的符号
78	62	4	4	5	+
70	58	12	12	8	+
67	63	44	5	5	+
81	77	4	4	5	+
76	78	− 2	2	2	−
72	73	− 1	1	1	−
85	82	3	3	3	+
83	78	5	5	7	+

由表 13 – 14 可知

$$T_+ = 5 + 8 + 5 + 5 + 3 + 7 = 33$$
$$T_- = 3$$

根据 $n = 8$，T_+ 与 T_- 中较大者 $T_+ = 33$，在 Wilcoxon 检验表中查找相应 P 值，得到 $T_+ = 33$ 右尾概率 $P = 0.02$，这一概率的 2 倍为 0.04，对于显著性水平 $\alpha = 0.05$，显然 P 值较小，故调查不支持 H_0。这表明在 5% 的显著性水平上，拒绝零假设，在家和上幼儿园对儿童的社会知识有影响。从计算结果看出，$+$ 大大多于 $-$，表明上幼儿园的儿童社会知识成绩普遍高于在家的儿童。

第四节　两个独立样本的非参数检验

一　两个样本的 x^2 检验

单样本的 χ^2 检验方法可以推广到两个独立样本的总体差异性的检验。

若分别从两个分布函数为 $F_1(x)$ 和 $F_2(x)$ 的总体中，随机抽取 n_1 和 n_2 个样本数据，利用样本值推断两个总体是否具有某种差异，可以建立假设

$$H_0: F_1(x) = F_2(x) \quad \text{对所有 } x$$
$$H_1: F_1(x) \neq F_2(x) \quad \text{对所有 } x$$

在具体研究某种特性的差异时，零假设和备择假设可以具体化，如检验不同性别的大学生对电视节目的偏好是否有差异，检验不同年龄段的职工平均收入状况是否有显著不同等。也可以用文字表述零假设和备择假设。

为了对假设作出判定，所需要的数据是两个样本，测量层次最低可为定类尺度。对每一个样本的数据都可以分为 r 个组，$r \geq 2$。若第一个样本数据各个组的观察频数分别记作 f_{11}，f_{21}，$\cdots$，f_{r1}；若第二个样本数据各个组的观察频数分别记作 f_{12}，f_{22}，$\cdots$，f_{r2}，那么，任一样本某组的观察频数可以用 f_{ij} 表示，其中 $i = 1, 2, \cdots, r$，$j = 1, 2$。第一个样本的观察值数目 $\sum f_1 = n_1$，第二个样本观察值数目 $\sum f_2 = n_2$，两个样本观察值总数目 $N = n_1 + n_2$。两个总体中与两个样本观察频数相对应的期望频数分别记作 e_{11}，e_{21}，$\cdots$，e_{r1} 和 e_{12}，e_{22}，$\cdots$，e_{r2}。第 i 组两个样本的观察频数和记作 $f_{i.}$，那么 $f_{i.} = f_{i1} + f_{i2}$；如果 H_0 为真，那么第一个样本第 i 组的期望频数为

$$e_{i1} = n_1 \frac{f_{i.}}{N}$$

第二个样本第 i 组的期望频数为

$$e_{i2} = n_2 \frac{f_{i.}}{N} = (N - n_1) \frac{f_{i.}}{N} = \frac{f_{i.}}{N} - e_{i1}$$

于是，两个样本的各组观察频数与相应的期望频数可以归纳如表 13 - 15 所示。

表 13 - 15　χ^2 检验频数表

组	观察	频数	合计	期望	频数
	f_1	f_2		e_1	e_2
1	f_{11}	f_{12}	$f_{1.}$	$n_1 f_{1.} / N$	$f_{1.} - e_{11}$
2	f_{21}	f_{22}	$f_{2.}$	$n_1 f_{2.} / N$	$f_{2.} - e_{21}$
…	…	…	…	…	…
r	f_{r1}	f_{r2}	$f_{r.}$	$n_1 f_{r.} / N$	$f_{r.} - e_{r1}$
合计	n_1	n_2	N	n_1	n_2

若 H_0 为真，观察频数 f_{ij} 与期望频数 e_{ij} 应相等。因此，f_{ij} 与 e_{ij} 越接近，即其差值越小，表明 H_0 为真的可能性越大。对于两个独立样本，可以用 $\frac{(f_{i1} - e_{i1})^2}{e_{i1}}$ 和之和的大小来判定是否拒绝 H_0。

检验统计量。两个独立样本的 χ^2 拟合优度检验的检验统计量定义为 Q。它由下式计算

$$Q = \sum_{i=1}^{r} \frac{(f_{i1} - e_{i1})^2}{e_{i1}} + \sum_{i=1}^{r} \frac{(f_{i2} - e_{i2})^2}{e_{i2}}$$

$$= \sum_{i=1}^{r} \sum_{j=1}^{2} \frac{(f_{ij} - e_{ij})^2}{e_{ij}}$$

确定 P 值。Q 统计量近似地服从 $\chi^2 (r-1)$ 分布。根据自由度和给定的显著性水平 α，查 χ^2 分布表得到相应的临界值 $\chi_{\alpha}^2 (r-1)$。若 $Q \geqslant \chi_{\alpha}^2 (r-1)$，则统计量落入拒绝域，即在显著性水平 α 上拒绝 H_0。反之，若 $Q < \chi_{\alpha}^2 (r-1)$，则不能拒绝 H_0。

例 13 - 11　已婚和独身妇女年内没有工作日数的分布是否不同。为验证二者是否不同，现随机地分别从两个总体中抽取 100 人和 200 人进行调查，结果如表 13 - 16。

表 13 – 16　已婚和独身妇女年内无工作日数

无工作日数分组（天）	已婚妇女（人）	独身妇女（人）
0 ~ 3	60	130
4 ~ 7	21	50
8 ~ 11	11	10
12 ~ 15	4	6
16 以上	4	4
合　计	100	200

分析：根据所研究的问题，建立如下假设：

H_0：已婚和独身妇女年内无工作日数分布相同

H_1：已婚和独身妇女年内无工作日数分布有差异

已婚妇女作为第一个样本，独身妇女作为第二个样本，x 表示没有工作的天数。利用 χ^2 检验考察是否存在差异。Q 统计量计算过程如表 13 – 17。

表 13 – 17　Q 统计量计算表

x	f_1	f_2	f_i	e_1	e_2	$\dfrac{(f_1 - e_1)^2}{e_1}$	$\dfrac{(f_2 - e_2)^2}{e_2}$
0 ~ 3	60	130	190	63.33	126.67	0.1751	0.0875
4 ~ 7	21	50	71	23.67	47.33	0.3012	0.1506
8 ~ 11	11	10	21	7.00	14.00	2.2857	1.1429
12 ~ 15	4	6	10	3.33	6.67	0.1348	0.0673
16 以上	4	4	8	2.57	5.33	0.6625	0.3319
合计	100	200	300			3.5593	1.7802

则 $Q = 3.5593 + 1.7802 = 5.8395$。

Q 服从自由度为 $(5 - 1) = 4$ 的 χ^2 分布，查 χ^2 分布表得 $\chi^2_{0.05}(4) = 9.49$。很显然，$Q < \chi^2_{0.05}(4) = 9.49$，即在显著性水平为 0.05 的情况下，我们不能拒绝 H_0，已婚和独身妇女年内没有工作的天数的分布没有什么不同。

二　两个样本的科—斯检验

单样本的 $K - S$ 检验也可以应用于两个独立样本。两样本的 $K - S$ 检验与 χ^2 检验类似，也可以用于检验总体分布是否相同。

对于两个连续总体，具有累积概率分布分别为 $F_1(x)$ 和 $F_2(x)$，要检验两个总体分布是否相同，建立如下假设：

$$H_0: F_1(x) = F_2(x) \quad 对所有 x$$
$$H_1: F_1(x) \neq F_2(x) \quad 对所有 x$$

为对假设作出判定，应从两个总体中随机地抽取两个独立的样本，数据大小分别记作 m、n。数据的测量层次至少在定距尺度上，若是定序尺度，需能确定两个样本观察值相对差值的大小，两个样本的经验分布函数分别记作 $S_1(x)$ 和 $S_2(x)$。其中

$$S_1(x) = 第一个样本观察值小于等于 x 的数目 /m$$
$$S_2(x) = 第二个样本观察值小于等于 x 的数目 /n$$

因而，对任意的 x 来说，$S_1(x)$ 和 $S_2(x)$ 都是一个比例，是样本观察值中大小不超过 x 的数目与观察值总数目的比。如果两个样本从相同的总体抽选出来，即 H_0 为真，则对于所有的 x，$S_1(x)$ 和 $S_2(x)$ 之间应该有一个较小的差值。因此，$|S_1(x) - S_2(x)|$ 可以作为 $S_1(x)$ 和 $S_2(x)$ 之间差异大小的一个度量。

双侧检验对于总体分布的任何一种差异，位置差异（集中趋势）、离散度差异等，都是敏感的。$K-S$ 检验的单侧检验则用来检验某一总体值是否大于或小于另一总体的值，单侧检验的假设为

$$H_0: F_1(x) = F_2(x) \quad 对所有 x$$
$$H_+: F_1(x) > F_2(x) \quad 对所有 x$$

或

$$H_0: F_1(x) = F_2(x) \quad 对所有 x$$
$$H_-: F_1(x) < F_2(x) \quad 对所有 x$$

$S_1(x)$ 和 $S_2(x)$ 的绝对差值同样可以反映两个总体之间差异的方向。

检验统计量。两个样本的 $K-S$ 拟合优度检验的统计量是 $S_1(x)$ 和 $S_2(x)$ 差值的最大值。双侧检验是 D

$$D = \max |S_1(x) - S_2(x)|$$

单侧检验是

$$D_+ = \max |S_1(x) - S_2(x)|$$
$$D_- = \max |S_1(x) - S_2(x)|$$

当备择假设为 H_+ 时，采用 D_+ 统计量，相应地，备择假设 H_- 的检验统计量为 D_-。

确定 P 值。若两个总体是连续的，检验统计量 D 的抽样分布已知，当 H_0 为真时，D 应该很小，与其相应的概率 P 在两样本的 K - S 检验统计量表中可以查到。当 $2 \leqslant m \leqslant n \leqslant 12$ 或 $m + n \leqslant 16$ 时，表中第一部分给出了准确的右尾概率。对于 D_+ 或 D_- 应取 P/2。当 $9 \leqslant m = n \leqslant 20$ 时，从该表第二部分可以查到相应的 P 值。表的最后是大样本的近似临界值。

例 13 - 12 两个地区（A、B）从事工业生产的青年在文化程度上的分布是否存在差别。

青年人按文化程度的高低可以分为 6 组。为检验两地区从事工业生产的青年人在文化程度的分布上是否存在差异，随机地分别从这两个地区从事工业生产的青年人中抽取了 236 人和 274 人，调查结果如表 13 - 18。

表 13 - 18　两地区青年人文化程度分组

文化程度分组	A 地区	B 地区
识字不多或文盲	58	31
小学	51	46
初中	47	53
高中或中专	44	73
大专	22	51
大专以上	14	20
合　　计	236	274

分析：由于该问题没有预测差异的方向，只需考虑两地区是否有差异，因而建立双侧备择。假设为

$$H_0 : F_1(x) = F_2(x) \quad 对所有 x$$
$$H_1 : F_1(x) \neq F_2(x) \quad 对所有 x$$

或用文字表述为

H_0：两地区从事工业生产青年人在文化程度的分布上不存在差异

H_1：两地区青年人的文化程度分布有差异

由于两个地区抽取的样本可视为独立的，且数据是四个以上定序资料组，易于应用 K - S 检验。两个样本的大小不等，因为 A 地区的样本数目较

少，作为第一个样本 $m = 236$，则 B 地区为第二个样本，$n = 274$。计算检验统计量 D 的过程如表 13 – 19 所示。

表 13 – 19　检验统计量 D 的计算表

	绝对频数		累计频数		经验分布函数		
	f_1	f_2	Σf_1	Σf_2	$S_1(x) = \Sigma f_1 / m$	$S_2(x) = \Sigma f_2 / n$	$\lvert S_1(x) - S_2(x) \rvert$
识字不多 或文盲	58	31	38	31	0.2458	0.1131	0.1327
小学	51	46	109	77	0.4619	0.2810	0.1809
初中	47	53	156	130	0.6610	0.4745	0.1865
高中或中专	44	73	200	203	0.8475	0.7409	0.1066
大专	22	51	222	254	0.9408	0.9270	0.0138
大专以上	14	20	236	274	1.0000	1.0000	1.0000
合计	236	274					

$D = \max \lvert S_1(x) - S_2(x) \rvert = 0.1865$

由于 m，n 均较大，为大样本，在两样本 $K - S$ 检验统计量表中需先计算 $\sqrt{N/mn}$ 方可查到合适的 P 值。$m = 236$，$n = 274$，$N = m + n = 510$，$\sqrt{N/mn} = 0.0888$。

当 $P = 0.010$ 时，临界值是 $1.63 \sqrt{N/mn} = 1.63 (0.0888) = 0.1448$

因为 $D = 0.1865$，大于这个临界值。所以，渐近的近似值是 $P < 0.01$。显然对于显著性水平 $\alpha = 0.05$（或 0.01）P 值小，因而数据不支持 H_0。检验结果表明，两个地区青年人的文化程度分布存在着明显的差异。

第十四章　非线性回归模型

现实中非线性变量关系是绝对、普遍的，而线性变量关系是相对、特殊的。因此，非线性回归模型是不可替代的，本章研究几种非线性回归模型。

第一节　非线性回归建模的方法

到目前为止还没有一种非线性回归模型建模方法，理论上讲，最小二乘法可以作为非线性回归建模的方法，但实际上因难以求解而不被使用，而通常使用线性化的思想，把可线性化的非线性回归模型转化为线性回归模型。然而，这种非线性线性化已经被证明在变量替换涉及参数的情形下是不成立的。[①] 本节引入压缩函数，建立极小量化准则，提出一种非线性模型建模方法。

一　极小量化法

这种方法的基本思想是将非线性回归转化为线性回归[②]，即将原始样本数据进行极小量化处理，直至得到的新的数据在给定的显著性水平下具有显著的线性相关关系为止。

设原始的样本数据为 (x_i, y_i) $(i=1, 2, \cdots, n)$，定义压缩函数为函数值小于其对应的自变量值的函数。经压缩函数 $X = X(x_i. y_i)$ 和 $Y = Y(x_i, y_i)$ 将原始数据极小量化，得到新的数据 (X_i, Y_i) $(i=1, 2, \cdots, n)$。在给定的显著性水平 α 下，Y 关于 X 线性相关。即

$$Y = A + BX \quad [\,|\,\gamma(X,Y)\,|\, > \gamma(\alpha)\,]$$

---

①　见本书第十五章第四节。

②　此时的非线性转化不同于非线性回归模型转化，前者是在没有模型设定的前提下数据的转化，而后者是在模型设定情形下模型的转化。

式中 A, B 为相关系数，γ $(X$, $Y)$ 为 X 与 Y 的相关系数。

因此，原始数据 y 关于 x 的回归模型为

$$Y(x,y) = AX(x,y) + B$$

二　极小量化法准则

现在的问题是，对原始数据 $(x_i$, $y_i)$ $(i = 1$, 2, $\cdots$, $n)$ 进行极小量化处理到什么程度为止呢？设 $(X_i$, $Y_i)$ $(i = 1$, 2, $\cdots$, $n)$ 为极小量化后的新的数据，记

$$X_1^* = \max\{X_i\}, X_2^* = \min\{X_i\}; Y_1^* = \max\{Y_i\}, Y_2^* = \min\{Y_i\} X_3^* = \overline{X} \quad Y_3^* = \overline{Y}$$

它们组成平面 XOY 上的一组新的数据，又记其线性相关系数为 $(X^*$, $Y^*)$。如果在给定的显著性水平 α 下，有

$$|\gamma(X^*,Y^*)| > \gamma(\alpha)$$

则终止对数据的极小量化处理。并且由于回归平方和具有随样本个数增加而增加的性质，所以对 Y 与 X 的相关系数 γ $(X$, $Y)$ 有

$$|(X,Y)| > |\gamma(X^*,Y^*)|$$

从而

$$|\gamma(X,Y)| > |\gamma(X^*,Y^*)| > \gamma(\alpha)$$

这表示在给定的显著性水平 α 下，Y 关于 X 线性相关。

三　建模方法

通过以上分析，回归模型的建模方法有三种[①]：

（1）如果原始的数据对 $(x_i$, $y_i)$ $(i = 1$, $\cdots$, $n)$ 存在着明显的线性相关关系，则可直接建立线性回归模型 $y_i = a + bx_i$。[②]

（2）如果原始的数据对 $(x_i$, $y_i)$ $(i = 1$, $\cdots$, $n)$ 存在着明显的非线性相关关系（如相关系数为 a 和 b），则使用变量替换能将其转换成新的线性相关关系 $Y_i = A + BX_i$。但新的线性回归有两种情况，一是回归系数不发生变化，即新的回归系数与原来的回归系数一样 $(A = a$, $B = b)$。此时，建模就是通常所指的非线性回归线性化的方法；二是回归系数发生变化了，即

[①] 葛新权：《回归建模的极小量化法》，《数量经济技术经济研究》2002 年第 3 期。

[②] 线性回归作为一种特殊情况，这种建模方法对于非线性回归具有更大的价值。

新的回归系数与原来的回归系数不一样（$A \neq a$ 或 $B \neq b$）。此时，建模就不能使用非线性回归线性化的方法。[①]

（3）对于一般的原始的数据对 (x_i, y_i)（$i = 1, \cdots, n$），不存在任何明显的非线性相关关系。通常数据还比较大，适合于使用极小量化法。即用压缩函数 $X = X(x, y)$ 和 $Y = Y(x, y)$ 将原始的数据对进行极小量化，得到新的数据对 (X_i, Y_i)（$i = 1, \cdots, n$），并且在给定的显著性水平 α 下线性相关。此时，回归模型为 $Y(x, y) = A + BX(x, y)$。

极小量化法本质上是，通过压缩函数将不存在明显的特征的相关关系的数据对转变成显著相关的新的数据对，因此它不涉及回归系数是否变化的问题。对非线性回归线性化的第二种情形，可以放弃已知的相关类型，使用极小量化法估计回归方程。

第二节　三角函数回归模型

众所周知，经济现象的发展不仅受长期趋势支配，还受到周期波动和随机扰动的影响，从而呈现出以趋势线为中心的变动轨迹。这是经济现象非线性的本质表现，为此我们建立三角函数回归模型，从而能够提高拟合优度，降低预测误差。

一　三角函数回归预测模型

为方便起见，设 Y 关于 X 的回归预测模型为

$$Y = A + BX \tag{14.1}$$

将含三角函数回归预测模型设定为

$$Y = a + bX + a\cos(2\pi X/L) + \beta\sin(2\pi X/L) \tag{14.2}$$

式中，$a + bX$ 为趋势线[②]，$a\cos(2\pi X/L) + \beta\sin(2\pi X/L)$ 为周期波动，L 值待定。

对不同的 L 值，拟合（14.2），比较它们的平均绝对误差 MAE 和均方误差 MSE，选择 MAE 和 MSE 最小时的 L 值。

现取 Y 为城镇居民家庭人均年消费性支出，X 为城镇居民家庭人均年全

部收入，样本为 1981～1986 年①，分别对 $L = 2$，3，$\cdots$，12 拟合（14.2）式，计算 MAE 和 MSE，结果见表 14-1 所示。

从表 14-1 中可见，$L = 9$ 时 MAE 和 MSE 均最小，所以取 $L = 9$ 时的模型为含三角函数回归预测模型：

表 14-1　MAE 和 MSE

L	MAE	MSE
2	21.33	26.69
3	19.82	27.85
4	23.21	29.00
5	24.98	36.85
6	22.00	27.06
7	22.06	27.52
8	22.56	27.90
9	16.82	25.54
10	21.22	29.03
11	25.13	27.91
12	23.23	27.48

$$Y = 55.6295 + 0.8030X - 7.6562\cos(2\pi X/9) + 25.6139\sin 2(X\pi 9)$$
$$\quad (13.8473)\ (120.4725)\ (-0.6347)\qquad (2.0788) \tag{14.3}$$
$$R = 0.99, S.E = 29.4890, D.W = 1.8096, F = 6927.5920$$

同样，Y_1 为农村居民家庭人均年生活消费支出，X_1 为农村居民家庭人均年纯收入，样本为 1981～1986 年，分别对 $T = 2$，3，$\cdots$，12 拟合（14.2）式。由于 $T = 11$ 时 MAE 和 MSE 最小，所以 Y_1 关于 X_1 的含三角函数回归预测模型为：

$$Y_1 = 0.6558X_1 + 0.2051Y_1(-1) - 6.9710\cos(2\pi X_1/11) - 7.4319\sin(2\pi X_1/11)$$
$$\quad (12.5373)(2.5776)\qquad (-1.3395)\qquad (-1.4772)$$
$$R = 0.99, S.E = 14.0163, D.W = 1.6843, F = 3764.5530$$
$$MAE = 10.31, MSE = 12$$

$$\tag{14.4}$$

式中，$Y_1(-1)$ 为 Y_1 的一阶滞后值，下同。

————————

① 考虑到本书主要探讨模型技术以及使用的年度数据，为了体现周期性波动，使用了现价数据，并且在模型中没有设定价格因素，下同。

二 比较分析与预测

为比较起见，我们分别给出 Y 关于 X 和 Y_1 关于 X_1 普通的回归预测模型：

$$Y = 67.4752 + 0.8002X$$
$$(5.1162)(33.3035)$$
$$R = 0.999, S.E = 31.8877, D.W = 1.4994, F = 1776.984 \tag{14.5}$$
$$MAE = 23.29, MSE = 29.83$$

和

$$Y_1 = 0.6791X_1 + 0.2209Y_1(-1)$$
$$(12.3104)(2.7847)$$
$$R = 0.998, S.E = 15.2267, D.W = 1.1895, F = 9565.874 \tag{14.6}$$
$$MAE = 11.81, MSE = 14.17$$

可见，含三角函数回归预测模型（14.3）的 MAE 和 MSE 分别比原回归预测模型（14.5）降低了 27.1% 和 14.4%；含三角函数回归预测模型（14.4）的 MAE 和 MSE 分别比原回归预测模型（14.6）降低了 12.7% 和 15.32%，大大地提高了拟合优度。

考虑到 1981～1997 年城镇居民家庭平均每人全部年收入和农村居民家庭平均每人年纯收入变化较大，前者 1997 年的值是 1981 年的 10.37 倍，后者 1997 年的值是 1981 年的 9.35 倍，我们简单地以 1995～1997 年的增长速度分别来预测它们 1997～2000 年的值。

然后，利用含三角函数的回归预测模型（14.3）和（14.4），分别预测 Y 和 Y_1，结果见表 14-2 所示。

表 14-2 预测结果

单位：元

年 份	城 镇		农 村	
	X	Y	X_1	Y_1
1997	5187.54	4245.1	2090.13	1694.96
1998	5707.40	4612.7	2403.60	1924.46
1999	6277.10	5120.1	2764.20	2196.65
2000	6905.90	5583.6	3177.8	2537.86

表 14-2 中 1997 年的 X 和 X_1 是实际值，Y 和 Y_1 是预测值，预测相对误差分别为 1.42% 和 4.81%。

第三节　周期变动回归模型

在实际中，应用最小二乘法建立的普通回归方程进行测试时，误差往往是很大的，这是很自然的。因为普通的回归方程只是趋势线，而引起被预测经济变量变动的还有周期因素，所以仅利用趋势线外推进行预测就会产生较大的误差。下面的包含周期因素变动的回归模型，提高了拟合度和预测精度。

一　周期变动的回归方程

设被预测经济变量 y 与变量 x 相关，应用最小二乘法建立普通的回归方程为：

$$\hat{y} = a + bx \tag{14.7}$$

在假定随机误差为 $\varepsilon \sim N(0, \sigma^2)$ 条件下，式（14.7）仅表示 y 关于 x 的趋势变动，但是不包含 y 的周期变动。下面，我们将建立一种包含 y 的周期变动的回归方程。

由因素分析法知，影响 y 的因素有 y 关于 x 的长期趋势 y_t，周期因素 y_c 以及随机因素 ε，因此 y 的数学模型为：

$$y = y_t + y_c + \varepsilon \quad \varepsilon \sim N(0, \sigma^2) \tag{14.8}$$

也就是说，被分解成为趋势分量、周期分量和随机分量。

关于式（14.8）的回归方程为：

$$\hat{y} = \hat{y}_t + \hat{y}_c \tag{14.9}$$

式中，$\hat{y}$，$\hat{y}_t$ 和 $\hat{y}_c$ 分别是 y，y_t 和 y_c 的估计值或回归值。并且

$$\hat{y}_t = a + bx_t \tag{14.10}$$

即 $\hat{y}_t$ 是不包含周期变动，即普通的 y 关于 x 的回归方程的回归值。关键的问题是如何估计周期分量的估计值 $\hat{y}_c$，有两种方法。一是假定周期分量 y_c 的振幅为常数 A：

$$\begin{aligned}
\hat{y}_c &= A\cos\left(\frac{2\pi}{L}T + \theta\right) \\
&= \alpha\cos\left(\frac{2\pi}{L}T\right) + \beta\sin\left(\frac{2\pi}{L}T\right)
\end{aligned} \tag{14.11}$$

式中，L 为周期长度，T 为时间变量。

二是假定周期分量 y_c 的振幅与趋势分量的估计值 $\hat{y}_t$ 成正比

$$\hat{y}_c = \hat{y}_t \left[A'\cos\left(\frac{2\pi}{L}T + \theta'\right) \right]$$

$$= \hat{y}_t \left[\alpha'\cos\left(\frac{2\pi}{L}T\right) + \beta'\sin\left(\frac{2\pi}{L}T\right) \right] \tag{14.12}$$

对给定周期的 L，使用最小二乘法分别估计 $y - \hat{y}_t$ 和 $\dfrac{y}{\hat{y}_t}$ 关于 $\cos\left(\dfrac{2\pi}{L}T\right)$ 和 $\sin\left(\dfrac{2\pi}{L}T\right)$ 的回归方程，就得到 α、β 和 α'、β'。因此在第一种方法中的包含周期变动的回归方程为

$$\hat{y} = a + bx + \alpha\cos\left(\frac{2\pi}{L}T\right) + \beta\sin\left(\frac{2\pi}{L}T\right) \tag{14.13}$$

第二种方法中包含周期变动的回归方程为

$$\hat{y} = (a + bx)\left[1 + \alpha'\cos\left(\frac{2\pi}{L}T\right) + \beta'\sin\left(\frac{2\pi}{L}T\right) \right] \tag{14.14}$$

值得注意的是，式（14.13）和式（14.14）均分两步估计，第一步先估计出 $\hat{y}_t$，第二步再估计出 $\hat{y}_c$。

二 我国城镇居民消费周期变动的回归模型

现在，我们利用第一种方法估计我国城镇居民年人均消费性支出 y 关于城镇居民年人均全部收入 x 的包含周期变动的回归方程。样本为 1981 ~ 1996 年，周期 L 分别取 7、8、9、10、11、12、13、14、15。它们的平均绝对误差 MAE 和均方根误差 MSE 见表 14 - 1 所示。从表 14 - 1 中看到，所有包含周期变动的回归方程的 MAE 和 MSE 均比普通的回归方程减少，MAE 下降了 2.79 ~ 33.01 个百分点，MSE 下降了 7.41 ~ 26.67 个百分点。因此包含周期变动的回归方程提高了拟合度。

另外，我们还发现包含周期变动回归方程 MAE 和 MSE 归于周期 L 的变化呈 U 形，即随 L 增加，MAE 和 MSE 减少，达到最小后增加。在表 14 - 1 中，$L = 11$ 时，$MAE = 15.6629$，最小；$L = 10$ 时，$MSE = 21.8733$，最小。

将 $L = 11$ 和 $L = 10$ 时的包含周期变动回归方程

$$\hat{y}_{L=11} = 67.4682 + 0.8002x - 26.279\sin\left(\frac{2\pi}{11}T\right)$$

$$\hat{y}_{L=10} = 67.4682 + 0.8002x + 9.09915\cos\left(\frac{2\pi}{10}T\right) - 26.9498\sin\left(\frac{2\pi}{10}T\right)$$

进行比较，见表 14 – 3 所示。

从表 14 – 3 中可见：

（1）普通回归方程 1982 年、1984 年、1988 年三年的相对误差大于 5%，其余均小于 5%；$L = 11$ 的含周期变动的回归方程的相对误差，仅有 1988 年大于 5%，其余均小于 5%；$L = 10$ 的含周期变动的回归方程的相对误差全部小于 5%。

（2）与普通的回归方程的相对误差相比，$L = 11$ 的含周期变动的回归方程的相对误差中有 12 个下降，4 个上升；$L = 10$ 的含周期变动的回归方程的相对误差中有 7 个下降，9 个上升。

表 14 – 3　包含周期变动的回归方程 *MAE* 和 *MSE*

L	*MAE*		*MAE*	
	数值	下降的百分点	数值	下降的百分点
7	22. 7285	2. 79	27. 3202	7. 41
8	19. 8405	15. 14	25. 2923	15. 21
9	17. 4529	25. 36	22. 9835	22. 94
10	16. 1967	30. 81	21. 8733	26. 67
11	15. 6629	33. 01	22. 3844	24. 95
12	16. 1748	30. 82	23. 2171	22. 16
13	16. 4578	29. 61	24. 0358	19. 42
14	16. 8369	27. 99	24. 6379	17. 40
15	17. 7966	19. 61	25. 8974	13. 18

注：（1）不包含周期变动的回归方程的 *MAE* = 23. 3817，*MSE* = 29. 8273；（2）只列出通过 *t* 检验的 *L*；（3）下降的百分点指与不包含周期变动的回归方程的 *MAE* 和 *MSE* 相比下降的百分点；（4）$L = 8$ 和 15，$sin\left(\frac{2\pi}{L}T\right)$ 没有通过 *t* 检验，$\hat{y}_c$ 仅由 $cos\left(\frac{2\pi}{L}T\right)$ 解释；（5）$L = 11$，$cos\left(\frac{2\pi}{L}T\right)$ 没有通过 *t* 检验，$\hat{y}_c$ 仅由 $sin\left(\frac{2\pi}{L}T\right)$ 解释。

（3）普通的回归方程的总相对误差为 1.59%，$L = 11$ 和 $L = 10$ 的含周期变动的回归方程的总相对误差分别为 1.07% 和 1.10%，分别比普通回归方程的 1.59% 减少了 0.52% 和 0.49% 个百分点。

从以上的分析，$L = 11$ 和 $L = 10$ 的含周期变动的回归方程拟合优度差别不是很大。下面我们选择 $L = 11$ 的含周期变动的回归方程为预测模型：

$$\hat{y} = 67.4682 + 0.8002x - 26.2679\sin\left(\frac{2\pi}{11}T\right)$$

$$(1981 \sim 1996)$$

（14.15）

式中，时间变量为 T：1981 年取 1，1982 年取 2，以下类推。

为了预测城镇居民年人均消费性支出 y 的值，需要知道预测其城镇居民年人均全部收入 x 的值。为此我们估计出城镇居民年人均全部收入回归预测模型：

$$\hat{x} = -130.4594 + 1.1034x(-1) + 28.9342T$$
$$(1981 \sim 1996) \tag{14.16}$$

式中，x（-1）为 x 的一阶滞后值。

利用式（14.15）和式（14.16）时，得到 1997～2000 年我国城镇居民年人均全部收入和年人均消费性支出的预测值，见表 14－4 所示。

表 14－4　我国城镇居民年人均消费性支出预测值

单位：元

年　份	1997	1998	1999	2000
城镇居民年人均全部收入	5707.22	6687.79	7797.69	9053.42
城镇居民年人均消费性支出	4630.40	5414.81	6303.53	7312.01

从表 14－4 中看到，1996～2000 年我国城镇居民年人均消费性支出年均增长 16.86%，比 1981～2000 年我国城镇居民年人均全部收入年均增长高。这一增长率也高于 1981～1996 年我国城镇居民年人均全部收入增长，而 1996～2000 年仅高于 0.06 个百分点，将减少城镇居民储蓄存款过多、利息负担过重的压力。

第四节　自回归异方差模型

自回归异方差模型也是一种刻画非线性的参数非线性时间序列模型。

一　ARCH 模型

恩格尔（Engel，1982，1983）和克拉格（Clarke，1982）发现，时间序列模型中的扰动方差稳定性比通常假设的要差，并且预测误差的方差取决于后续扰动项的大小。为此，他们建议使用自回归条件异方差（ARCH）模型：

$$y_t = \beta^T x_t + \varepsilon_t$$
$$\varepsilon_t = \mu_t \sqrt{\alpha_0 + \alpha_1 \varepsilon_{t-1}^2}$$

其中，μ_t 是标准正态的。恩格尔证明，模型服从古典假设，且普通最小二乘是 β 的最有效线性估计量。

具体分四步完成：

（1）运用最小二乘法，估计 y 关于 x 的回归方程，得到 b 和 e；

（2）作 ε_t^2 关于 ε_{t-1}^2 的回归，得到 α_0 和 α_1 初始估计值。记 $\alpha = (\alpha_0, \alpha_1)'$；

（3）计算 $f_t = \alpha_0 + \alpha_1 \varepsilon_{T-1}^2$，然后计算渐进有效估计

$$\hat{\alpha} = \alpha + \alpha_g$$

其中，α_g 为 $\dfrac{\varepsilon_t^2}{f_t} - 1$ 关于 $\dfrac{1}{f_t}$ 和 $\dfrac{\varepsilon_{t-1}^2}{f_t}$ 的回归最小二乘系数向量；

（4）运用 $\hat{\alpha}$，重新计算 $f_t = \alpha_0 + \alpha_1 \varepsilon_{T-1}^2$，再计算

$$r_t = \sqrt{1/f_t + 2(\hat{\alpha}_1 \varepsilon_t / f_{t+1})2}$$
$$s_t = 1/f_t - \hat{\alpha}_1 / f_{t+1} (\varepsilon_{t+1}^2 / f_{t+1} - 1)$$

α_g 是 $\dfrac{\varepsilon_t s_t}{r_t}$ 对 $x_t r_t$ 回归的最小二乘系数向量

$$\beta = b + \alpha_g$$

二　城镇居民人均年支出关于城镇居民人均年收入的 ARCH 模型

这里，应用 ARCH 模型研究城镇居民人均年支出关于城镇居民人均年收入的数量关系。记

城镇居民人均年支出——y；

城镇居民人均年收入——x；

样本为：1977～2000 年。

1. 普通最小二乘估计

$y = -1217.5883 + 3.6909413x$

$(-6.1220)(55.6801)$

$R^2 = 0.993, S.E = 630.3989, D.W = 0.3063, F = 3100.722, SUM = 8345459$

$b = (-1217.5883, 3.6909413)$

计算

$$e_t = y_t + 1217.5883 - 3.6909413x_t$$

2. e_t^2 关于 e_{t-1}^2 的回归

$e_t^2 = 143047.35 + 0.8184144 e_{t-1}^2$

$(1.109)　(2.4969)$

$R^2 = 0.376, S.E = 520813.3, D.W = 1.2807, F = 6.234261, SUM = 5.42E + 12$

$\alpha = (143047.35, 0.8184144)$

3. 计算 $f_t = \alpha_0 + \alpha_1 \varepsilon_{T-1}^2$，$\dfrac{\varepsilon_t^2}{f_t} - 1$ 关于 $\dfrac{1}{f_t}$ 和 $\dfrac{\varepsilon_{t-1}^2}{f_t}$ 的回归

$$\frac{\varepsilon_t^2}{f_t} - 1 = -130772.61 \frac{1}{f_t} + 0.6426638 \frac{\varepsilon_{t-1}^2}{f_t}$$

$$(-2.0806) \quad (1.4845)$$

$R^2 = 0.1633, S.E = 1.037533, D.W = 1.5684, F = 3.903924, SUM = 21.52949$，得到：

$\alpha_g = (-130772.61, 0.6426638)$

$\hat{\alpha} = (12275.74, 1.4610782)$

4. 运用 $\hat{\alpha}$，重新计算 $f_t = \alpha_0 + \alpha_1 \varepsilon_{T-1}^2$，再计算

$$r_t = \sqrt{\frac{1}{f_t} + 2\left(\frac{\hat{\alpha}_1 \varepsilon_t}{f_{t+1}}\right)2}$$

$$s_t = 1/f_t - \hat{\alpha}_1/f_{t+1}(\varepsilon_{t+1}^2/f_{t+1} - 1)$$

作 $\dfrac{\varepsilon_t s_t}{r_t}$ 对 $x_t r_t$ 回归

$$\frac{\varepsilon_t s_t}{r_t} = 0.2691714 - 0.0619167 x_t r_t$$

$$(0.7273) \quad (-1.5541)$$

$R^2 = 0.1128, S.E = 0.887927, D.W = 1.3426, F = 2.415105, SUM = 14.97989$，得到

$\alpha_\beta = (0.2691714, -0.0619167)$

$\hat{\beta} = b + \alpha_\beta = (-1217.319129, 3.6290246)$

三 与普通最小二乘模型的比较分析

普通最小二乘模型和 ARCH 模型的绝对误差和均方误差如下：

普通 OLS——b ARCH——$\hat{\beta}$

绝对误差 $MAE = 481.0684$，绝对误差 $MAE = 465.0408$

均方误差 $MSE = 602.3670$ 均方误差 $MSE = 630.3075$

从中，我们得到以下结论：

（1）OLS 的 D.W 值小，作 ARCH 是有意义的；

（2）但由于 ARCH 是线性模型，所以普通 OLS 的 MSE 小于 ARCH 的 MSE 是正常的。但 ARCH 的 MAE 小于 OLS 的 MAE，说明 ARCH 比 OLS 有改进，拟合度提高了；

（3）问题是，ARCH 模型的检验值无法给出，不能从理论上充分说明它优于 OLS。

四　广义自回归条件异方差性模型

广义自回归条件异方差性（RAGCH）模型为：

$$y_t = \beta^T x_t + \varepsilon_t$$

其中，ε_t 为以时间 t 上的一个信息集合 φ_t 为条件正态分布：

$$\varepsilon_t / \varphi_t \sim N(0, \sigma_t^2)$$

条件方差是

$$\sigma_t^2 = \alpha_0 + \alpha_1 \varepsilon_{t-1}^2 + \cdots + \alpha_q \varepsilon_{t-q}^2 + \delta_1 \sigma_{t-1}^2 + \cdots + \delta_p \sigma_{t-p}^2 \qquad (14.17)$$

可见，它是由关于修正项 ε_t^2 的 ARMA（p，q）过程来定义的。

GARCH 模型的最大似然估计法分两步：第一步：基于 BHHH 算法估计条件方差，得到 α_0，α_1，$\cdots$，α_q；δ_1，$\cdots$，δ_p；第二步：基于双限制自回归，估计 $y_t = \beta^T x_t + \varepsilon_t$，得到斜率向量 β^T。

举例说明，P_t——商品零售价格指数（以 1978 年为 100），样本长度为 1978 ~ 2000 年。

为说明问题起见，生成 $\pi_t = 100 \log\left(\dfrac{P_t}{P_{t-1}}\right)$，并应用广义自回归条件异方差性模型于 π_t。为了比较，给出以下三个模型：

第一个模型（古典模型）

$$\pi_t = 4.8716 + 0.9920\pi_{-1} - 0.7295\pi_{-2} + 0.2689\pi_{-3} - 0.2680\pi_{-4}$$
$$(1.7714) \quad (3.6158) \quad (-1.9550) \quad (0.7290) \quad (-0.9512)$$
$$R^2 = 0.58, S.E = 5.0992, D.W = 1.8283, SUM = 337.0357, F = 4.6067$$
$$\sigma^2 = 0.26$$
$$(1.279)$$

第二个模型 ［ARCH（8）］

$$\pi_t = 2.4308 + 0.7808\pi_{-1} - 0.6367\pi_{-2} + 0.3076\pi_{-3} - 0.1341\pi_{-4}$$
$$(1.8580)(3.6246)(-1.7865) \quad (0.9648)(-0.8795)$$
$$\sigma_t^2 = 0.1242 + 0.8678 \sum_{t=1}^{8} \left(\frac{9-i}{36}\right) \varepsilon_{t-i}^2$$
$$(1.8675)(0.9863)$$

第三个模型 ［GARCH（1，1）］

$$\pi_t = 3.1247 + 0.8395\pi_{-1} - 0.4625\pi_{-2} + 0.2896\pi_{-3} - 0.1012\pi_{-4}$$
$$(1.8598) \quad (3.6245) \quad (-1.7563) \quad (1.1264) \quad (-0.8810)$$

$$\sigma_t^2 = 0.0823 + 0.1260\varepsilon_{t-1}^2 + 0.6540\sigma_{t-1}^2$$
$$(1.9623) \quad (1.4562) \quad (1.3876)$$

比较三个模型，我们看到，在这种情形下，广义自回归条件异方差性模型是可取的。

第五节　非正态分布模型

在回归模型中，假定了随机误差项服从正态分布。如果随机误差项服从非正态分布，此时我们提出的和模型也是一种刻画非线性的时间序列模型。

一　理论基础分析

对于多元线性回归模型

$$y_i = \left(\alpha + \sum_{j=1}^{m}\beta_j x_{ji}\right) + \varepsilon_i \quad (i = 1,2,\cdots,n)$$

其中，y 是因变量或被解释变量；x_j（$j = 1, 2, \cdots, m$）是自变量或解释变量；ε 是随机干扰项。

它有五个基本假定：①零均值 $E\varepsilon_i = 0$；②同方差 $\mathrm{Var}(\varepsilon_i) = \sigma^2$；③无自相关 $\mathrm{Cov}(\varepsilon_i, \varepsilon_j) = 0$；④无多重共线性 $\mathrm{Cov}(x_i, x_j) = 0$；⑤非随机变量 x_i（所有 i），如 x_i 是随机变量，则要求：$\mathrm{Cov}(x_i, \varepsilon_i) = 0$。

还有的假设，如① x_i 值变异性和② n（一般情况下都是成立的）。另外，在理论上要求"模型无设定偏误"。

特别要指出的是，在基本假设中并没有要求"$\varepsilon_i \sim N(0, \sigma^2)$，即随机干扰项服从正态分布"。但实际中，正态性的假定对于确切表达估计的特性和假设检验过程是有用的，对其他结果并无关系。若干扰项服从正态分布，则 $\{\varepsilon_i\}$，亦即 $\{y_i\}$ 是独立的随机变量序列。

从表面上，是因假定 $\{\varepsilon_i\}$ 决定了 $\{y_i\}$。但本质上则是研究 $\{y_i\}$ 决定了 $\{\varepsilon_i\}$。

我们知道，不相关与独立是两种不同的概念。对于正态变量来说，两者等同。但对于非正态变量来说：独立一定不相关，但不相关未必独立。因此，讨论以下两种情况。

首先，由于非正态性，$\{\varepsilon_i\}$ 未必独立（也可以独立）。由多元线性回归模型，我们可以得到 y 的随机序列：y_1，y_2，$\cdots$，y_n，并且

$$Ey_i = \alpha + \sum_{j=1}^m \beta_j x_{ji}, Var(y_i) = \sigma^2$$

由 Cov $(y_i, y_j) = Ey_iEy_j$，此时，未必有 $Ey_iy_j = Ey_iEy_j$。并且它一般不为 0，则说明 y_i 与 y_j 是相关的。因此，在这种情况下，建立包含诸如 y_{i-1} 等作为解释变量的模型是有意义的。

其次，由于正态性，$\{\varepsilon_i\}$，亦即 $\{y_i\}$ 独立。此时，建立包含诸如 y_{i-1} 等作为解释变量的模型是没有意义的。因为，按正态性假设，y_i 与 y_{i-1} 独立，但同样因 y_{i-1} 的系数不为 0，y_i 与 y_{i-1} 是相关的，从而不是独立的，两者矛盾。然而，这一点往往被人们忽视，犯这种错误已经习以为常了。

可见，就建模来讲，第二种情况比较简单，排除自回归，直接应用最小二乘原理。但第一种情况就比较复杂，目前还没有解决办法。因此，寻找一种新的建模技术是本书提出的问题。它的实际意义是显而易见的，如就目前的文献来说，在所有研究股价的模型中都假定了"股价残差服从正态分布"（为使用最小二乘方法进行估计），但所有的研究者都认为，股价残差不服从正态分布。我们认为，解决这种问题有两种思路。一种思路是直接建模的方法，对于已知的非正态分布建立一种全新的模型技术；另一种思路是间接建模的方法，把非正态分布转换成正态分布后，应使用最小二乘方法。

可见，第一种思路难度很大，到目前为止还没有突破。例如，即使已经知道残差服从某一个非正态分布，如均匀分布、指数分布、t 分布、χ^2 分布、F 分布等，我们也不可能像按照残差服从正态分布时的方法来进行回归分析。

而第二种思路不失为一种可行而有效的方法。这个问题是本节首次提出来的，也是本节的创新与贡献所在。

具体地讲，在应用最小二乘方法时，一般有一个最基本的"残差，即被解释变量 y_i 服从正态分布"假设[①]：

$$y_i - (\alpha + \sum_j \beta_j x_{ji}) = \varepsilon_i, \varepsilon_i \sim N(0, \sigma^2)$$

为了研究方便，可以假定 $\alpha + \sum_j \beta_j x_{ji} = 0$，亦即

$$y_i = \varepsilon_i, \varepsilon_i \sim N(0, \sigma^2)$$

---

① 当然，还有其他的假设，这里不一一列出。

根据假设"$E(\varepsilon_i\varepsilon_j)=0$，$i\neq j$"，说明 $\{\varepsilon_i\}$ 是独立的正态随机变量序列（对于正态分布来说，"不相关"等同于"独立"），从而 $\{y_i\}$ 也是独立的正态随机变量序列。[①]

也就是说，只要"残差不服从正态分布"，则不能直接使用最小二乘方法；换言之，此时则需要间接使用最小二乘方法。我们认为，对于大样本来说，可以应用中心极限定理把"残差不服从正态分布"的随机变量（被解释变量或因变量）转化成为"残差服从正态分布"的随机变量后，利用最小二乘法。

当然，对于第一思路，如果把非正态分布转化为正态分布，则可以使用最小二乘法。总之，如果 y_i 服从正态分布，则可直接使用最小二乘法进行回归分析；反之，则不能直接，而需要间接使用最小二乘法进行回归分析。

二 基于非正态分布的和模型

考虑到残差服从非正态分布的特点，应用统计分布规律，有必要研究一种新的、具有一般建模技术的回归模型，我们称之为基于非正态分布的和模型。[②]

下面，假定 y_i "不服从正态分布"进行分析。由中心极限定理，设独立随机变量序列 y_1，y_2，$\cdots$，y_n，$\cdots$服从相同的分布（非正态分布），但数学期望和方差都存在，$Ey_i=\mu$，$Vary_i=\sigma^2$，则和 $Y(n)=\sum_1^n y_i$ 的极限分布是正态分布。

在实际应用中，对于大样本（$n\geqslant n_0=30$），则可以认为：和 $Y(n)=\sum_1^n y_i$ 近似正态分布。按照这种思想，我们就能够间接进行回归分析。

1. 均值与方差不变

设独立随机变量序列 y_1，y_2，$\cdots$，y_n，$\cdots$服从相同的分布（非正态分布），但数学期望和方差都存在，$Ey_i=\mu$，$Vary_i=\sigma^2$，当 $n\geqslant n_0=30$，和 $Y(n)=\sum_1^n y_i$ 服从正态分布，且 $EY(n)=n\mu$，$VarY(n)=n\sigma^2$。

在实际中，基于非正态分布模型有两种形式。

（1）逐期移动模型

由 y_1，y_2，$\cdots$，y_n，$\cdots$，按照逐期移动的思想生成的和：

---

① 在实际中，建立诸如自回归模型"$y_i=\alpha+\beta y_{i-1}+\varepsilon_i$"（$\beta\neq0$），从理论上讲是矛盾的。因为，按假设 y_i 与 y_{i-1} 是独立的，但同样（因 $\beta\neq0$）y_i 与 y_{i-1} 是相关的，即不是独立的。本书在此提出这个问题，有待于今后研究。

② 葛新权：《基于非正态分布的泡沫经济模型研究》，《数量经济技术经济研究》2008年第4期。

$$Y_i = \frac{1}{n_0} \sum_{j=i}^{n_0+i-1} y_j$$

即得到一个新的序列：Y_1，Y_2，…，Y_n，…。

虽然假定了 $\{y_i\}$ 的独立性，但此时一定存在 i，j（$i \neq j$），在 EY_iY_j 中至少有一个 k，$E(y_ky_k) \neq Ey_kEy_k$。也就是说，$EY_iY_j \neq EY_iEY_j$，所以 $\{Y_i\}$ 不是独立的。但 Y_i 服从正态分布，以及 $EY_i = \mu$，$VarY_i = \sigma^2$。至此，对于随机变量序列 Y_1，Y_2，…，Y_n，…，可以应用最小二乘方法，得到回归值 $\hat{Y}_i$。

利用这些回归值 $\hat{Y}_i$ 就可以得到的 y_i 的估计值 $\hat{y}_i$，并对 y_i 进行预测。此时

$$\hat{y}_{n_0+i} = n_0\hat{Y}_{i+1} - n_0\hat{Y}_i + \hat{y}_i, i = 1, 2, \cdots$$

值得注意的是，这里需要初始值假定：$\hat{y}_i = y_i$（$i \leqslant n_0$）。这也是取大样本（$n \geqslant n_0 = 30$）的结果。

（2）累计移动模型

由 y_1，y_2，…，y_n，…，按照累计移动的思想生成的和：

$$Y_i = \frac{1}{n_0 + i - 1} \sum_{j=1}^{n_0+i-1} y_j$$

即得到一个新的序列：Y_1，Y_2，…，Y_n，…。

同样，如上所述 $\{Y_i\}$ 不是独立的。但 Y_i 服从正态分布，以及 $EY_i = \mu$，$VarY_i = \frac{1}{n_0 + i - 1}\sigma^2 \leqslant \sigma^2$。至此，对于随机变量序列 Y_1，Y_2，…，Y_n，…，可以应用最小二乘方法，得到回归值 $\hat{Y}_i$。

利用这些回归值 $\hat{Y}_i$ 得到的 y_i 的估计值 $\hat{y}_i$，并对 y_i 进行预测。此时

$$\hat{y}_{n_0+i} = (n_0 + i)\hat{Y}_{i+1} - (n_0 + i - 1)\hat{Y}_i, i = 1, 2, \cdots$$

可见，对于 y_1，y_2，…，y_{n_0} 来说，没有估计值。这也是选择大样本（$n \geqslant n_0 = 30$）的结果，但可以说对预测 $\hat{y}_{n_0+1}$，$\hat{y}_{n_0+2}$，…，没有什么影响。

2. 均值与方差变化

设独立随机变量序列 y_1，y_2，…，y_n，…是服从相同的非正态分布，且存在有限的 $Ey_i = \mu_i$，$Vary_i = \sigma_i^2 \leqslant \sigma_{max}^2$，则当 $n \geqslant n_0 = 30$，$Y(n) = \sum_1^n y_i$ 服从正态分布，且 $EY(n) = \sum_{j=1}^n \mu_j$，$VarY(n) = \sum_{j=1}^n \sigma_j^2$。

同样，有逐期移动模型与累计移动模型。

（1）逐期移动模型

由 y_1，y_2，$\cdots$，y_n，$\cdots$，按照逐期移动的思想生成的和

$$Y_i = \frac{1}{n_0} \sum_{j=i}^{n_0+i-1} y_j$$

即得到一个新的序列：Y_1，Y_2，$\cdots$，Y_n，$\cdots$。

由于假定了 $\{y_i\}$ 的独立性，所以 $\{Y_i\}$ 也是独立的。并且 Y_i 服从正态分布，以及 $EY_i = \frac{1}{n_0} \sum_{j=i}^{n_0+i-1} \mu_j = \mu$（样本均值估计总体均值），$VarY_i = \frac{1}{n_0^2}$ $\sum_{j=i}^{n_0+i-1} \sigma_j^2 \leqslant \frac{1}{n_0} \sigma_{max}^2$。至此，对于独立随机变量序列 Y_1，Y_2，$\cdots$，Y_n，$\cdots$，可以应用最小二乘方法，得到回归值 $\hat{Y}_i$。

利用这些回归值 $\hat{Y}_i$ 得到的 y_i 的估计值 $\hat{y}_i$，并对 y_i 进行预测。此时

$$\hat{y}_{n_0+i} = n_0 \hat{Y}_{i+1} - n_0 \hat{Y}_i + \hat{y}_i, i = 1,2,\cdots$$

值得注意的是，这里需要初值假定：$\hat{y}_i = y_i$（$i \leqslant n_0$）。这也是取大样本（$n \geqslant n_0 = 30$）的结果。

（2）累计移动模型

由 y_1，y_2，$\cdots$，y_n，$\cdots$，按照累计移动的思想生成的和

$$Y_i = \frac{1}{n_0+i-1} \sum_{j=1}^{n_0+i-1} y_j$$

即得到一个新的序列：Y_1，Y_2，$\cdots$，Y_n，$\cdots$。

由于假定了 $\{y_i\}$ 的独立性，所以 $\{Y_i\}$ 也是独立的。并且 Y_i 服从正态分布，以及 $EY_i = \frac{1}{n_0+i-1} \sum_{j=1}^{n_0+i-1} \mu_j = \mu$（样本均值估计总体均值），$VarY_i = \frac{1}{(n_0+i-1)^2} \sum_{j=1}^{n_0+i-1} \sigma_j^2 \leqslant \frac{1}{n_0+i-1} \sigma_{max}^2 \leqslant \sigma_{max}^2$。至此，对于独立随机变量序列 Y_1，Y_2，$\cdots$，Y_n，$\cdots$，可以应用最小二乘方法，得到回归值 $\hat{Y}_i$。

利用这些回归值 $\hat{Y}_i$ 得到的 y_i 的估计值 $\hat{y}_i$，并对 y_i 进行预测。此时

$$\hat{y}_{n_0+i} = (n_0+i) \hat{Y}_{i+1} - (n_0+i-1) \hat{Y}_i, i = 1,2,\cdots$$

可见，对于 y_1，y_2，$\cdots$，y_{n_0} 来说，没有估计值。这也是选择大样本（$n \geqslant n_0 = 30$）的结果，但可以说对预测 $\hat{y}_{n_0+1}$，$\hat{y}_{n_0+2}$，$\cdots$，没有什么影响。

第十五章 经济统计模型
设定与创新

数量经济学不仅是研究经济问题的方法论，它还是一门经济学理论。随着 30 年来数量经济学的研究与应用，已经形成了一个具有中国特色的经济统计模型体系。本书基于对数量经济学的认识，研究了经济统计模型的设定与创新，提出了新的见解与方法，对经济统计模型研究与应用具有重要的参考价值。

第一节 经济统计模型——数量经济学的灵魂

随着 1978 年我国对外改革开放，我国学者继 20 世纪 50 年代之后又一次走出国门赴西方发达国家学习经济计量学，并于 1979 年成立了中国数量经济学会。1980 年 7 月以诺贝尔经济学奖得主，美国宾夕法尼亚大学劳伦斯·罗伯特·克莱茵教授为团长的美国七位经济学家代表团应中国社会科学院之邀，在北京颐和园举办了为期七周的"经济计量学讲习班"，有 100 多名中国经济学工作者得到了经济计量学理论和应用方面的培训。这个讲习班（后被称为"颐和园讲习班"）对刚刚诞生的中国数量经济学发展起到了实质性的推动作用。可以讲，数量经济学是引进"经济计量学"这个"舶来品"与我国实际需求结合起来的产物。

我国数量经济学 30 年的发展历程与取得的成就，以及对经济学科发展与对政府决策所作出的贡献，充分说明了数量经济学不可或缺，大有作为。我们认为，数量经济学是我国老一辈学者在引进、消化、吸收经济计量学的基础上，结合我国实际需要创建所形成的一门新的、跨学科的经济学分支，具有鲜明的中国特色。它紧密结合实际经济现象的特点，把经济学与数学、统计学与计算机科学（以下统称为"数学工具"）有机集成，建立经济统计模型研究经济问题，通过揭示经济现象内涵的相关经济变量的数量关系，实现认识经济现象的规律性。因此，经济统计模型是基于经济问题，把研究问题的思路、方法、技术路径方法与数学工具有机结合起来所得到的模型。用知识经济学的观点，经济统计模型是一种科学、有效的知识挖掘（发现）思想、方法与工具，对于揭示、认识与把握经济规律具有不可替代的作用。

与其他经济学分支相比，经济统计模型是数量经济学最显著的本质特征。我们把所有的经济统计模型称为"模型工具"。显然，"模型工具"不同于"数学工具"。"数学工具"只是一种工具，但"模型工具"是"数学工具"与经济现象结合的产物，不仅仅是一种工具，同时还是一种思想。这种思想代表着数量经济学的灵魂。也就是说，经济统计模型具有认识经济现象的正向作用，也具有再认识经济现象的反向作用。前者体现为一种服务于经济现象认识思路的不可替代的定量工具（不同于数学工具），揭示对经济现象的认识（包括验证、修正与完善认识）；后者则体现为一种分析思路，揭示对经济现象的再认识（新的认识）。因此，经济统计模型不仅是认识经济现象、研究经济问题的定量工具，而且是分析思想。

正是这种分析思想的作用，把数量经济学与其他经济学分支区分开来，也把数量经济学者与其他学者区分开来。其他学者只能停留在"数学工具"或"定量工具"层面上，而数量经济学者能够也应该达到"模型工具"层面，把"定量工具"与"分析思想"完美地结合起来。这也确定了数量经济学作为经济学一个独立的分支存在的科学性、客观性与必要性，也充分体现了数量经济学的发展空间与强大的生命力。因此，数量经济学不仅是一门研究经济问题的方法论，重要的它还是一门经济学理论。

与国际比较，数量经济学是一个更大的学科领域。张守一教授把数量经济学划分为三大类：①数理经济分析，包括经济数学、经济博弈论、经济控制论等，用数学函数分析经济现象机制、行为，来认识其规律；②经济计量分析，包括回归分析、投入产出理论、神经网络理论、复杂系统理论等，依据经济理论，通过经济统计数据拟合经济现象，来分析、揭示与认识其特征与规律；③经济实验分析，包括经济仿真（模拟）与实验经济学分析，依据经济理论，用人或机器生成的经济数据模拟经济现象，来揭示与认识其规律。

那么，实际中怎样应用数量经济学呢？我们认为，应用数量经济学研究经济问题有四个步骤：第一，根据经济理论与业务知识分析经济现象，以及现象中相关经济变量及其变量关系，确定研究思路、路径与目标；第二，基于样本数据，在对可能适合的数学工具进行比较的基础上确定采用何种数学工具，进而在对所有可能的经济统计模型比较的基础上确定采用何种经济统计模型；第三，依据源自经济现象的样本估计经济统计模型中的参数，并结合理论与实际对估计结果进行分析；第四，基于结果分析，结合经济现象分析的认识与所揭示的经济变量关系分析，形成对经济现象规律的认识（验证原有的认识或比较理论认识与实际认识差距修正和完善原有的认识）与再认识（揭示对经济现象新的认识），找到解决经济问题的思路与办法。[1]

可见，在数量经济学应用中，经济统计模型成为关键。鉴于经济现象非均衡、非线性、非对策性的复杂性，在实际应用中需要把相关模型结合起来，建立经济统计模型体系。根据上述数量经济学的分类，把经济统计模型划分为数理经济统计模型、经济计量模型、经济实验模型。[2] 数理经济统计模型在经济现象内在机制、机理与制度设计研究中具有鲜明的优势，博弈论模型抓住了经济问题的利益博弈的本质，最适合研究经济问题，发展方兴未艾；经济计量模型把经济现象的历史与经济理论有机地结合起来，具有可操作性的优势，发展非常成熟；实验经济学模型通过实验来认识经济现象，揭示人心理行为差异对经济现象决策的影响，发展呈现出强大的生命力。[3]

经济问题是一个利益问题，所以解决经济问题是利益各方的一个博弈过程，也是一个心理行为选择的过程，也还是一个识别、选择风险的过程。人们依据经济规律，以及各方实际现状，会尽可能多地收集、分析相关信息，并且考虑各方的心理行为特点、状况与反应，以及他们的风险偏好作出自己的决策，这正是实验经济学模型的优势。

鉴于数理经济统计模型的特点，在实际中推广博弈论模型应用是一个十分漫长而困难的过程。利用仿真模型是一个途径，但它不能反映经济系统利益各方心理行为和决策能力差异对实验的影响，事实上它的作用有限。然而，实验经济学模型让我们看到光明与前景。针对实际利益冲突的问题，利用实验方法能够把博弈论思想转变成为有效的机制、制度与政策，从而化解矛盾，实现多赢。

一般地讲，计量经济学模型是基于"经济人"的经济理论设定数学模

---

[1] 可见，数量经济学应用的四个步骤包含六个基本要素：内容、变量、工具、模型、估计、认识，它们不仅具有逻辑性，还具有反馈性。

[2] 还有许多其他分类，如宏观模型与微观模型，或世界模型、国家模型、地区模型、产业模型、企业模型；静态模型与动态模型；均衡模型与非均衡模型；线性模型和非线性模型；等等。

[3] 葛新权：《论统计经济统计模型建模与创新》，2010 年 3 月 2 日《中国社会科学报》。

型，通过拟合样本数据估计模型中的未知参数。也就是说，经济规律是事先设定的，要估计的只是这种规律内含的参数，进而对过去的经济现象作出解释。这里，存在两个问题：一是由于经济环境的变化，所设定的经济规律已经不符合现实，从而导致估计的参数不能解释现象或给出不符合实际的解释；二是即使所设定的规律是符合实际的，但拟合不同的样本将得到不同的参数估计值，结果对现象的解释就会不同，甚至差异很大。而实验经济学模型没有事先设定的模型，也不需要样本，只需要通过实验来认识经济现象，从而揭示人心理行为差异对经济现象决策的影响。实际中，对任何一个经济决策来讲，决策者不仅遵从经济规律，也受自己的心理、情绪、态度等的影响，还要受其他所有利益方决策者的心理、情绪、态度等的影响，还受经济利益各方识别、收集、拥有、加工与使用信息的能力（概括为决策能力）差异的影响。也就是说，如果我们仅按经济规律进行决策，那么犯决策错误的可能性是非常大的。可见，实验经济学模型通过实验把这两个问题一并解决。

总之，已有的定量分析模型都是基于对经济主体既定和规范的行为、以特定模型代表的经济运行规律和历史或现有数据进行分析，而实验经济学模型的理念和做法是，尽可能获取与现实环境一致情况下主体的真实行为，并以此为基础研究经济活动和决策规律。这就是实验经济学与传统理论和方法的本质区别，也是实验经济学蓬勃发展的根本原因。实验经济学模型基于经济规律，利用计算机网络实现了心理因素、风险态度、实时博弈的集成，丰富和发展了计量经济统计模型，也为以博弈模型为代表的数理经济统计模型走向应用提供一种可行的方法。

值得强调的是，应用心理实验方法研究经济问题有十分合理的一面。如对于如（横向统一时点）心理行为、风险偏好等不可量化的因素，又如对于可以量化，但不易采集数据的因素，如细分的数据，利用实验采集数据是最佳的选择。但决定经济现象趋势的经济规律，以及经济现象波动的内部因素与外部环境因素（纵向连续时点）是不能依据实验来表述的，也就是说，只利用实验方法是不能正确地解决经济问题的。要做到这一点，就必须与经济理论、其他经济统计模型与方法结合起来。这就是我们强调实验经济学的心理学与经济学结合的重要性的原因。毫无疑问，实验经济学模型正处于发展阶段，还应有待实践的检验。但不可否认的是，实验经济学的兴起和发展，必然能够丰富经济学研究思想与工具，拓宽理论研究视野。

下面主要研究经济统计模型的设定与创新。

第二节　经济统计模型的作用

作为数量经济学的核心，经济统计模型在经济学研究中具有重要的作用，表现为以下的理解与认识。

一　经济统计模型是经济学理论创新的源泉之一

数量经济学因经济统计模型成为一门经济学分支。如前所述，经济统计模型不是"数学工具"，也不仅仅是"定量工具"，而是嵌入分析思想的"模型工具"。它可以验证、修正、完善经济理论（认识），更重要的是可以发现新的经济理论（再认识）。在经济环境发生变化的情况下，少数个样本的估计不支持经济理论，并不能否定理论。但如果足够多个样本的估计都不支持理论，那么该理论就受到很大的质疑，失去价值，或被修正或完善，进一步产生新的理论。

二　经济统计模型是制定经济政策的实验室

经济现象不具有重复性，即使可以试验，成本也是很高的，破坏性也是很大的。一项经济政策（措施）的出台实施，不取决于它能够解决的问题、实现的预期目标。更重要的是，在出台实施之前，要认识到这项政策的不利影响，以及最坏的负面结果，并制定预案，采取有效措施最大限度地减弱不利影响，以及最坏的负面结果。否则，贸然实施这项政策的后果不堪设想（这是不以人的意志而转移的）。正如一个近似公式的价值，不在于公式自身，而在于它的误差公式（最大误差）。如果我们不知道一个近似公式的误差公式，那么这个近似公式就没有价值。我们知道，这就是抽样调查（推断）优于重点调查、典型调查的缘由。抽样推断是一种最科学、最客观、最优化、最完美的推断方法。这就是经济统计模型在研究经济问题中的特殊重要意义。

三　经济统计模型是制度经济学分析不可或缺的方法

制度是重要的，有作用，但制度本身存在着成本，也有负面作用。没有制度是不行的，但制度越完善，成本越大，副作用越大。在实际中，人们为了弥补制度的漏洞，不断对制度"打补丁"，结果制度因厚的补丁越来越"胖"，反倒失去作用。因此，追求完美制度最终的结果是走进死胡同，这种教训是惨重的。因此，制度本身应是不完全的，应从宏观角度把握重要本质原则。也就是说，制度应留有缺口，并通过营造文化解决缺口问题。我们认为，制度（作用）的边际收益是递减的，而文化（作用）的边际收益是递增的。制度建立及其作用可以"立竿见影"，但文化营造及其作用则需要长期积累凝练形成。利用经济统计模型，研究制度的不完全程度或缺口程度是最基本有效的方法。

四 经济统计模型是宏观经济调控有效的工具

宏观经济调控涉及调控方向和调控力度两个方面，一般说来，针对宏观经济要实现的目标、实际运行状态，以及出现或可能出现的问题，根据经济理论与业务关系，比较容易确定调控方向，选择变量作为调控的切入点，但调控力度不易把握，力度小，达不到调控的目的；力度大，会带来较大的负面作用。如对于生产过剩问题，需要提高银行贷款利率，抑制生产，刺激消费。但利率提高多少，才能实现调控目标，就不那么简单，需要建立经济统计模型确定。在我国改革开放 30 年不同时期的宏观经济调控方面，数量经济学，以及经济统计模型都发挥了重要的、不可替代的决策服务作用。[①]

五 经济统计模型是政策分析与经济预测的手段

在应用经济统计模型中，严格地讲，经济统计模型有两个不同的形式：一是估计前的经济统计模型（可以称为母体模型）；二是估计后的经济统计模型（可以称为样本模型或样本方程，在经济计量学中称为回归方程）。母体模型是具随机性的相关关系，它描述了变量之间严格意义上精确的数量关系，而样本模型是具确定性的函数关系，它描述了变量之间平均意义上近似的数量关系。在给定的研究问题、任务与目的，以及样本数据条件下，先确定母体模型，利用样本数据估计母体模型中的参数就得到样本模型。可见，母体模型相当于函数关系，样本相当于自变量，而样本模型相当于函数值。所谓抽样推断，就是利用样本估计母体模型的未知参数，得到一个反映被解释变量的均值与解释变量之间函数关系的样本模型，来逼近母体模型，用于近似反映被解释变量与解释变量之间的相关关系。重要的是，由抽样分布定理，这种逼近或近似所产生的误差被我们所认识与控制。

因此，应用经济统计模型进行政策分析或预测实质上是指应用样本模

---

① 张守一：《中国数量经济学的发展》，《重庆商学院学报》2001 年第 4 期；乌家培：《中国数量经济学的昨天、今天和明天》，《重庆工商大学学报》2008 年第 1 期。

型（方程）进行政策分析或预测。为了便利，在不混淆的前提下，我们使用"应用经济统计模型进行政策分析与经济预测"。

相比较而言，应用经济统计模型进行预测不易做，鉴于确定外生变量本身又是一个预测问题（所谓的意想值的产生），做好，即使做到满意或可以接受，也相当不易，甚至不可能。它不仅取决于模型技术，还取决于艺术，即预测者综合收集、加工、提取、应用相关知识与信息的能力，对经济现象过去、现状的感觉，以及未来趋势的判断与把握。而应用经济统计模型进行政策分析似乎易做，但做到位也是不易的。这取决于对政策利弊、政策间关系的判断与把握，以及政策走向与现象发展轨迹相关性的认识，这些都需要我们在"干中学"。[①]

第三节　经济统计模型设定原则

经济统计模型在研究经济问题中的独特性与不可替代性已经形成共识，关键的是如何设定模型。一个好的模型取决于变量的选择和技术的选择，相比较而言，技术的选择难于变量的选择，这也是研究的重点。当然，在给定的变量前提下，技术的选择成为关键。无疑，建立经济统计模型应遵循经济学原理，并切合经济现象的特点。因此，经济统计模型因变量与技术两个因素具有多样性。这些模型从不同的角度分析与研究不同的宏观经济问题，尤其是在分析与研究经济系统的非线性、非均衡、非对称（完全信息）的行为中，发挥了不可替代的作用。

基于不同核算口径或统计口径数据的模型所产生的后果是很严重的。[②]这里，我们只讨论相同的核算口径或统计口径下经济统计模型的设定问题。

以上分析说明，针对实际问题，基于文献分析与可能的"模型工具"，在经济统计模型设定时，应遵循以下基本原则。否则，经济统计模型设定是错误的。

一　基于实际问题

无论作为经济研究者，还是实际工作者，都应时时关注与思考经济运行中发生的各种经济现象，发现存在的问题，探究产生的原因，揭示或应用经济规律，提出解决问题的对策。明确要解决的问题，是我们对经济统

---

① 张守一：《市场经济与经济预测》，社会科学文献出版社，2000，第 427～436 页。

② 葛新权：《宏观经济统计模型技术研究》，经济科学出版社，2007，第 21～24 页。

计模型需求，也是经济统计模型设定源自实际问题的必然选择。任何脱离或背离实际问题所设定的经济统计模型都是没有价值的。

二　经济理论基础

经济统计模型应基于经济理论，否则经济统计模型没有经济意义。在文献分析与调研的基础上，经济理论，以及与实际问题结合所形成解决问题的思路、方法与技术路径决定了模型设定。值得一提的是，任何经济理论都是在实践认识基础上整合、提升而成的，反过来指导实际经济活动。虽然经济理论具有历史条件性，与未来的实际有差距，但这不影响指导实际的作用。然而随着时间的推移，经济环境发生了巨大的变化，决定了原来历史形成的理论与实际偏离越来越大，最终导致不能解释现实经济问题，失去指导作用。这是不依人的意志为转移的客观规律，即理论与实践之间的辩证关系。此时，通过经济统计模型在对实际不断认识的基础上整合、升华的新的理论，是原来理论的飞跃发展。

三　模型体系选择

任何一个或一种经济统计模型在研究经济问题中都有有利的一面，也有不利的一面，经济系统的复杂性也决定了模型的结合或模型体系的应用。因此，在模型设定中，应根据实际问题、文献分析与可能的"模型工具"，选择模型体系。把回归模型与混沌模型结合起来使用是非常有效的。首先，利用分支技术判断非线性回归模型预测的可能性。在利用回归模型外推预测时，如果非线性回归函数在外推点处的一阶导数（即切线的斜率）的绝对值小于1，则可以进行预测；如果外推点处的一阶导数的绝对值大于1，则不能进行预测。其次，利用混沌模型判断回归模型建模的可能性。如果混沌模型的模拟结果表明系统落在混沌状态，则不能建立回归模型，此时则用方程组的迭代求解，对初始值具有敏感性，不收敛。最后，混沌模型侧重描述系统的状态及其变化，回归模型则侧重描述系统内的内生变量及其变化，前者是全局，后者是局部，两者可以结合起来。

四　模型应用选择

作为经济统计模型应用来说，需要考虑模型的经济含义与拟合度。因此，在模型设定中，如果用于政策分析，一定强调经济统计模型（参数）的经济意义，否则没有价值。纵使拟合度很高，也没有意义。也就是说，模型中参数具有经济意义，是所设定模型能被用于政策分析的关键[①]；但如果用于预测分析，则一定强调模型的拟合度，否则误差会很大。因此，在实际模型设定中，有时还需要兼顾经济意义和拟合度，这是很难的事情。

五 模型形式选择

虽然经济系统是非线性的，但仍可以使用线性模型来逼近描述经济系统，此时形式是唯一的，只是变量的选择问题。理论上讲，应使用非线性模型来描述经济系统，但此时除同样存在变量选择问题外，模型形式的选择就是一个十分困难的问题。因为非线性千变万化，不是唯一的。在设定中，非线性模型设定有两个致命的问题。一是形式难于确定；二是模型发散快。对于第一个问题，最简单与通常的做法是，通过线性化解决非线性问题。固然这样能解决一些非线性问题，但这种线性化处理是存在风险的[②]，且不能解决本质的非线性问题。然而，非线性最小二乘回归的发展与应用有赖于非线性方程组的数值求解，难于在实际中应用，且发散快也是无法解决的。我们认为，解决非线性问题的出路是选择高级时间序列模型、混沌模型、协整模型等系统动力学模型。

六 模型变量选择

通常有两种办法，即逐步剔除法和逐步引入法。变量选择的思路是，基于经济理论，进行定性分析，打开思路；列出所有可选变量，并按影响程度排序。此时，可使用经济理论以及业务知识选择变量和排序，或利用相关系数大小进行排序。变量选定和排序以后，要把重要的变量选择出来用于建立模型的备选变量，而把非重要的变量放弃（实际上，尚没认识到的因素被视为不变，其影响作用体现在模型的常数项中。如果没有常数项，则它们被视为已经纳入随机项中。所谓随机项就是许多其自身以及它们的综合影响都很小的因素的全体）。所谓逐步剔除是指，先把所有备选变量都纳入模型，通过比较检验值，把最不显著的变量剔除；然后，再把余下的

---

① 这里，需要区分数理模型与计量模型。数理模型是在对大量数据分析、模拟、提炼的基础上，发现数据的规律。这种规律能够解释原来的理论所不能解释的某种经济现象。再经过反复验证，最后得到新的经济理论。它不是对样本数据简单的再现，而是分析的升华，因此它与实际数据有差距，但这不妨碍它解释、分析和指导实际的意义。但计量模型是在成熟的理论下，利用样本数据，估计模型参数，进行政策分析。

② 葛新权：《实验经济学需要与其他经济学理论结合》，2010 年 7 月 29 日《中国社会科学报》。

备选变量纳入模型，通过比较检验值，再把最不显著的变量剔除……一直
到没有不显著变量被剔除为止。所谓逐步引入是指，先把最重要（相关系
数最大）的那一个备选变量纳入模型，然后把余下的变量分别引入模型，
通过比较这些模型的检验值，把那个重要的变量引入模型；然后把余下的
变量再分别引入模型，通过比较这些模型的检验值，把那个重要的变量引
入模型……一直到没有变量被引入为止。当然，无论是剔除还是引入变量，
都不能太机械，还必须考虑经济含义。

七　数据统计口径

对于数据来说，统计口径是它的一个重要特征。所有的数据不仅真实、
可靠，而且应来自统一的国民经济核算体系。

在模型设定中，数据具有否定性作用。错误的数据只产生错误的设定，
这是一个非常重要的问题，如果因核算体系与统计口径，或调查收集数据
有误导致数据不真实、可靠，则一方面误导模型设定，也使模型失去价值。

因此，在数据收集整理中，要做到认认真真，实事求是，真实可靠；
对基于经济理论所选择的变量，要做到：（1）尽量采用相同核算或统计口
径的数据，哪怕是估算的数据，也比替代的数据要好。[①]（2）模型中变量之
间的逻辑关系应与国民经济核算中相应变量之间的逻辑关系一致。（3）为
了可比性，在提供模型的同时，提供模型来自的数据。模型的结果不仅能
够再现，而且能够拟合新的样本。以确保模型估计结果的真实性。（4）数
据口径详细说明。对每一指标：①不仅给出它的数据，而且还要给出它的
名称、核算单位、核算方法、核算范围、核算时间。②说明是现价核算，
还是不变价核算以及是哪一年的不变价。③说明它是时期数据，还是时点
数据。④它是流量，还是存量。⑤它是逐期数，还是累计数。⑥它是定基
数，还是环比数。⑦它是绝对数，还是相对数。⑧它是绝对数平均，还是
相对数平均。⑨它是什么类型的指数。（5）对于数据，要给出出处；对于
生成的数据，要给出生成公式；对于估算的数据，要给出估算的依据和方
法（公式）。

在实际中，存在的问题往往是，经济变量的名称一样，但核算或统计
口径不一样。也就是在宏观经济研究，尤其经济统计模型设定中，同一可
比的国民经济核算是首要的基础工作。否则，再好的研究结果也毫无价值。
在国内外比较分析中，这一点更为重要。

---

① 因为它符合理论，而具有正确的经济含义。剩下的是估算数据的问题。

八　样本数据分析

对于所确定的样本数据，结合实际问题与理论基础，分析样本数据的结构特征，样本数据与经济理论的符合性对于模型设定起着重要作用。特别的，对于奇异的数据，应根据经济理论对样本数据进行分析。

九　估计检验分析

基于样本数据，对所设定的模型进行估计后，进行统计检验。只有通过检验的模型才有意义，可用于政策分析或预测。对于检验不显著的模型，则需要对模型设定进行分析，重新设定。

十　持续改进分析

对于通过检验的模型，还需要利用相关信息把基于样本数据的实证分析与实际现象进行对比分析，获得新的认识、见解或观点和有价值的结论。否则，还需要重新考虑设定问题。

可见，模型设定是一项系统工程。当然，以上这些问题不是孤立的，而是一个有联系的整体。因此，应同时考虑这些问题，才能建立一个有价值的经济统计模型。同时，基于以上原则所设定的模型，都是模型设定的创新，但要获得模型设定的原始创新是一件难度大并具有挑战性的工作。

第四节　经济统计模型设定

回归模型设定是一个难度大的重要问题，它一般涉及回归模型（回归方程）形式、（随机）误差项设定两个方面，还与剩余平方和、样本（变量）数据有关。在误差项服从 $N(0, \sigma^2)$ 的情形下，回归方程就是回归模型的数学期望。因此，在模型设定时，应全面综合考虑这些因素，否则就会错误地设定模型，而产生伪回归问题。如当剩余平方和度量发生变化时，即使在随机误差项服从 $N(0, \sigma^2)$ 的情形下，回归方程仍然是回归模型的期望，其结构也不变。

但回归系数是变化的，决定了回归方程的不同。国内外相关研究成果比较多，海外学者侧重模型设定检验的理论研究，如 2010 年 6 月 24～25 日由厦门大学王亚南经济研究院举办的 TEST 2010 会议中交流的论文大都是这一类；而国内学者侧重模型设定实证分析，如李子奈教授就总体回归模型设定提出了唯一性、一般性、现实性、统计检验必要性和经济系统动力学关系导向原则；他还就截面数据、时间序列数据和面板数据研究了模型设定对数据、数据质量、数据关系、外生想定数据的依赖性。这些成果从总体模型设定与检验方面进行了一般理论与方法论讨论，具有重要的指导价值。本章基于最小二乘原理，仅从具有时序特性的样本数据、新的剩余平方和度量、对数线性模型的随机误差项三种特殊情形，提出了具体的模型设定思路与方法，为消除伪回归、提高模型拟合度提供新的途径。

一　基于样本数据时序特性的模型设定

基于最小二乘原理，样本数据及其时序性是模型设定的一个重要因素。下面，我们研究样本数据具有时序特性的回归模型设定。

1. 样本数据的时序性

在线性回归分析中，我们总结应用最小二乘法时有三个基本要素：样本数据[①]、散点图、回归方程（在通常最小二乘误差项假定下，它就是回归模型的数学期望。也就是说，此时回归模型设定与回归方程设定是等同的，但回归系数可能是变化的）。以一元线性回归为例，设 y 为因变量，x 是自变量，每个变量有 n 个观察值，则样本数据是 (x_t, y_t)，$t = 1, 2, \cdots, n$；散点图是样本数据在二维空间 (x, y) 中的 n 个点。

依据最小二乘法，回归模型设定为

$$y_t = \alpha_0 + \alpha_1 x_t + \varepsilon_t, \varepsilon_t \sim N(0, \sigma^2) \tag{15.1}$$

式（15.1）中，α_0 和 α_1 为未知参数。此时回归方程设定为

$$\hat{y}_t = a_0 + a_1 x_t \tag{15.2}$$

式（15.2）中，a_0 和 a_1 分别是 α_0 和 α_1 的估计值，称为回归系数，它们是样本数据的函数（完全由样本数据确定）。

具体的，a_0 和 a_1 满足剩余平方和最小，即 $\min \sum_{t=1}^{n} (y_t - \hat{y}_t)^2$。

因此，最小二乘法是一种认识相关变量之间的相关关系的方法，即利用数学期望的思想，用 $\hat{y}$ 关于 x 的函数关系［回归方程（15.2）］（逼近）认识 y 关于 x 的真实的相关关系（15.1）。

现在，我们讨论样本数据、散点图、回归方程这三者的关系。鉴于样本数据具有大小与时序的双重性，我们需要引入样本数据的时序性，并且

---

① 指一个样本的数据组，此时自变量与因变量都是确定的。

完全由样本数据中的自变量 x 的时序特征表达。把样本数据 (x_t, y_t)，$t =$ 1，2，$\cdots$，n，按自变量 x 时序排列①就得到二维空间 (x, y) 中一个散点图。显然，散点图具有与样本数据相同的时序性，它与样本数据是一一对应的。但最小二乘法作为一种方法，只与样本数据大小有关，而与样本数据时序性无关，对于同一且不同时序的样本数据与散点图，都得到同一个回归方程。也就是说，在通常应用最小二乘法时，回归方程与样本数据和散点图不是一一对应的。这也就是最小二乘法本身所固有的特点：只与样本数据大小有关，与样本数据时序无关。

最小二乘法的这种特点会产生什么问题呢？对于具有时序性的样本数据和散点图，按最小二乘法，就可能得不到真实的回归方程，将误导我们的分析与预测。

具体来讲，当自变量数据 x 大小与时序一致，即 $x_t \leqslant x_{t+1}$ 或 $x_t \geqslant x_{t+1}$ 时，使用最小二乘法设定、估计所得到的回归方程 $\hat{y}_t = a_0 + a_1 x_t$ 没有问题。但当自变量数据 x 大小与时序不一致，即 $x_t \leqslant x_{t+1}$ 或 $x_t \geqslant x_{t+1}$ 不全成立时，使用最小二乘法设定、估计所得到的回归方程 $\hat{y}_t = a + b x_t$ 就有问题。

究其原因，一是人们没有注意到样本数据大小与时序的双重性，默认它们是一致的，导致错误估计；二是人们误解"散点图是由样本数据按大小排列的"，导致错误的散点图；三是最小二乘法本身忽略了时序性，埋下了伪回归的种子。显然，第一、第二种错误是一个认识问题，容易克服。下面只讨论第三种错误，克服这种错误需要必要的思路与方法。为此，我们认为，最小二乘法本身就是一种优化的数学方法，无时序性可言。因此最小二乘法本身没有问题，问题在于所设定的回归模型（方程）没有考虑样本数据与散点图的时序性，结果出现了回归方程与样本数据和散点图不一一对应的问题。因此，解决问题的出路在于，将样本数据与散点图的时序性，也就是将自变量数据 x 的时序性引入回归模型（方程），或者说回归模型（方程）设定应体现与样本数据和散点图一样的时序性是唯一选择。

2. 模型设定

如果样本数据的自变量 x 时序特性是顺时增加或减少的，则使用最小二乘法设定回归模型（15.1），并直接利用样本数据估计得到回归方程（15.2）。

假定样本数据的自变量 x 时序特性不全是顺时增加或减少的，此时不能

---

① 鉴于经济现象本身，以及经济现象分析与预测都具有时序性，所以在应用最小二乘法研究经济统计模型时，由样本数据按自变量 x_t 时序排列得到散点图才有意义。通常按自变量 x_t 大小排列得到散点图是不正确的。

像通常利用最小二乘法设定回归模型（15.1），并直接估计得到回归方程（15.2）（如直接应用最小二乘法设定、估计就得到伪回归），而必须将自变量 x 时序性引入回归模型（方程）设定中，再使用最小二乘法估计得到这个具有时序性的回归方程，并且它与样本数据和散点图有相同的时序性，与它们一一对应。因此，在克服第一、第二种错误，并把样本时序性引入回归方程的思路下，所得到的具有样本时序性的回归方程与样本数据、散点图三者就一一对应。

此时，回归模型设定的最简单的方法是引入时间变量 t 表达样本数据时序性[①]

$$y_t = \alpha_0 + \alpha_1 x_t + \alpha t + \varepsilon_t, \varepsilon_t \sim N(0, \sigma^2) \tag{15.3}$$

回归方程设定为

$$\hat{y}_t = a_0 + a_1 x_t + at[②] \tag{15.4}$$

然后，利用样本数据进行估计。

值得说明一点，出现"自变量 x 时序特性不全是顺时增加或减少的"情形不多或可能只是个别或若干个值，如果没有其他的方法[③]，就应使用本书提出的思路与方法进行回归分析，这样才得到真实的回归方程，而避免使用伪回归方程。

还有一点要说明，协整建模方法是消除伪回归的一种高级通用的好方法，但它要求样本数据是季度数据。对于年度数据，本书的方法不失为一种简单有效的方法。

这种设定方法可以推广到多元线性回归[④]、非线性回归[⑤]。值得注意的是，如果自变量时序特性是顺时增加或减少的，或者回归方程已经体现了样本数据时序性就不要画蛇添足引入时间变量。对于生产函数 $y_t = Ae^{rt}L_t^{\alpha}K_t^{R}$[⑥]来说，由于表示技术进步速率已经引入时间变量 t，体现了样本数据的时序

---

① 模型设定与变量选择有关，当然可以把时间作为一个变量使用。这里，我们还是把时间作为刻画样本（变量）数据的时序性的因素。

② 此时，引入时序性是必要的。当然没有统一的方法，应根据实际情况使用其他方法。

③ 如此的方法也值得我们研究。

④ 对于多元回归来说，只要有一个自变量数值时序不全是顺时增加或减少（出现这种情形可能性就大些），伪回归就可能发生。此时应使用本书提出的方法进行回归更有实际意义。

⑤ 此时，选择与样本数据相同时序性的回归方程的方法更是多种多样的，应根据实际情况而定。

⑥ 对于生产函数来说，也有回归模型和回归方程，但它们的关系不像线性回归那样简单，这个问题本书下面将研究。

性，就不需要再引入时间变量。

对于非线性回归来说，有加法模型、乘法模型和混合模型。每一个自变量都是相加关系的模型是加法模型，全部自变量相乘关系的模型是乘法模型，加法与乘法模型的组合是混合模型，即在全部自变量中，一些是相加的关系，另一些是相乘的关系。对于非线性乘法模型中的对数线性模型，则像生产函数那样在模型设定中把 e^u 引入就可以克服伪回归，而其他模型的设定则需要视具体情况确定；对于非线性加法模型，则在模型设定中引入时间变量 t 即可，如回归模型 $y_t = \alpha_0 + \alpha_1 x_t + \alpha_2 x_t^2 + \alpha t + \varepsilon_t$ [$\varepsilon_t \sim N$ (0, σ^2)]，对应的回归方程为：$\hat{y}_t = a_0 + a_1 x_t + a_2 x_t^2 + at$。

值得说明一点，出现"自变量 x 时序特性不全是顺时增加或减少的"情形不多或可能只是个别或若干个值，如果没有其他的方法[①]，就应使用本节提出的思路与方法进行回归分析，这样才得到真实的回归方程，而避免使用伪回归方程。

以我国 1979 ~ 2005 年第一产业国内生产总值关于第一产业劳动力回归为例。这里自变量劳动力不是时序增加或减少的，劳动力由 1979 年上升到 1983 年，但 1984 年下降后 1985 年又上升至 1991 年，但 1992 年下降至 1996 年，1997 年又上升至 2002 年，2003 年又下降至 2005 年。记 GDP_{1t} 为 t 年第一产业国内生产总值，LA_{1t} 为 t 年第一产业劳动力人数，T 为时间变量。

回归方程 I：（不含时间变量）

$GDP_{1t} = -35339.22 + 1.294522 LA_{1t}$　样本：1979 ~ 2005 年

回归方程 II：（含时间变量）

$GDP_{1t} = 15276.46 - 0.635922 LA_{1t} + 1008.307 T$　样本：1979 ~ 2005 年

回归方程 I 就是通常的回归方程，用我们的观点来说它就是伪回归。图 15 - 1 中自变量第一产业劳动力是按时序排列的，但实际上图 15 - 1 的拟合值并不是回归方程 I 所确定的（这一点过去被我们忽视或认为是想当然的），回归方程 I 则是基于按自变量第一产业劳动力大小排列估计的，没有反映自变量的时序特性。

回归方程 I 的残差和均方误差分别是回归方程 II 的 17 倍和 4 倍。从回归方程预测值来看，回归方程 I 的预测值的相对误差至少是回归方程 II 的 10 倍。因此，在自变量数据不是时序增加或减少时，正确使用回归模型十分重要，否则会得到错误的结果。

---

① 如此的方法也值得我们研究。

二 基于直边剩余平方和的模型设定

在实际应用回归模型中，最重要也是最难的是模型设定。最小二乘模型设定实现了剩余平方和最小，而不是剩余绝对值和最小。因此，模型设定应追求剩余绝对值和最小，从而追求拟合度最高。本书提出了直边剩余平方和的概念，并把模型设定要求直边剩余平方和最小，从而实现降低剩余绝对值和，提高拟合度。

1. 基础思想

首先，考虑一元线性回归模型。设有相关变量 x 和 y 的 n 组观测值 (x_t, y_t) $(t = 1, 2, \cdots, n)$，y 关于 x 的回归模型设定为

$$y_t = \alpha_0 + \alpha_1 x_t + \varepsilon_t, \varepsilon_t \sim N(0, \sigma^2) \tag{15.5}$$

回归方程设定为

$$\hat{y}_{1t} = a_0 + a_1 x_t \quad (t = 1, 2, \cdots, n) \tag{15.6}$$

式中，回归值 $\hat{y}_{1t}$ 是 y_t 的估计值，回归系数 a_0，a_1 分别是未知参数 α_0，α_1 的估计值。

回归实质是最小二乘原理，选择回归系数 a_0，a_1 估计回归参数 α_0，α_1 使剩余平方和 $S_剩 = \sum (y_i - \hat{y}_{1i})^2$ 最小。

现在分析它的几何意义。在平面直角坐标系 XOY 中（见图 15 - 1），过点 A (x_t, y_t) 向横轴引垂线与回归直线 L 相交于点 C $(x_t, \hat{y}_{1t})$，向回归直线引垂线相交于点 B，A，B，C 三点组成一个直角三角形，AC 为斜边，AB 为直角边。AC 的长为 $|y_t - \hat{y}_{1t}|$，AB 的长为 $|y_t - \hat{y}_{1t}| / \sqrt{(1 - a_1^2)}$。

可见，回归的几何解释为使斜边（长）AC 最小。

受直角三角形启发，新回归模型设定的基本思想是使直角边（对应图 15 - 1 中的 AB）长最小，即点（对应图 15 - 1 中的 A 点）到回归线（对应图 15 - 1 中的 L）的距离最短。

可见，新回归模型设定不变，回归方程结构不变，但回归系数变化。因此，新的回归方程成为

$$\hat{y}_{2t} = b_0 + b_1 x_t \quad (t = 1, 2, \cdots, n) \tag{15.7}$$

显然，它是一条不同于图 15 - 1 中 L 的回归线。回归系数 b_0，b_1 满足剩余平方和 $S_剩^* = |y_t - \hat{y}_{2t}| / \sqrt{(1 - b_1^2)}$，即 $S^* = \dfrac{1}{(1 + b_1^2)} \sum (y_1 - b_0 - b_1 x_1)^2$ 最小。

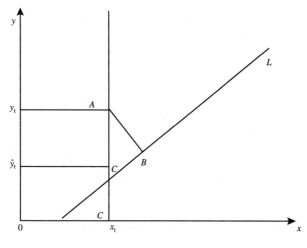

图 15 – 1 几何意义

为了区别起见，分别把 $S_剩$ 和 $S_剩^*$ 称为斜边剩余平方和与直边剩余平方和。

通常的线性回归的实质是将最小二乘法应用于斜边剩余平方和，使其最小估计回归系数。本书提出的设定方法则是将最小二乘法应用于直边剩余平方和，使其最小估计回归系数。

从上面的分析可以看到，两种回归设定都不能使它们各自的剩余（离差）绝对值和 $s = \sum | y_t - \hat{y}_{1t} | = | y_t - a_0 - a_1 x_t |$ 或 $s^* = \sum | y_t - \hat{y}_{2t} | = | y_t - b_0 - b_1 x_t |$ 最小（达到最小值的回归难度很大，甚至不可能，但接近最小值的回归是存在的），但直观上我们不难发现，新回归剩余绝对值和 s^* 要比原回归剩余绝对值和 s 小。这是因为新回归使直角边最小，而原回归则使斜边最小。因此，新回归的拟合度要比原回归高。

比较新回归斜边剩余平方和与原回归直边剩余平方和，容易发现原回归的回归系数由一个简单的线性方程组求解确定，而新回归因直边剩余平方和中分母含回归系数 b_1，决定了其回归系数由一个难度大的非线性方程组求解确定。

2. 系数估计

从上面的分析可知，两种回归的模型设定是相同的，但剩余平方和度量不同，即最小二乘法应用的对象不同，决定了它们的回归系数不同，表现为回归方程不同。下面，我们给出新回归的回归系数的估计量。

对于新回归方程（15.7），回归系数 b_0 和 b_1 满足 $\min S_剩^*$。解得新回归方程（15.7）的回归系数（计算过程省略）：

$$\begin{cases} b_1 = \dfrac{\left(\dfrac{\sigma_x}{\sigma_y} - \dfrac{\sigma_y}{\sigma_x}\right) + \sqrt{\left(\dfrac{\sigma_x}{\sigma_y} - \dfrac{\sigma_y}{\sigma_x}\right)^2 + 4r^2}}{2r} \\ b_0 = \overline{y} - b_1 \overline{x_1} \end{cases} \tag{15.8}$$

式中

$$\sigma_x^2 = \frac{1}{n} \sum (x_t - \overline{x})^2, \sigma_{xy}^2 = \frac{1}{n} \sum (x_t - \overline{x})(y_t - \overline{y}), \sigma_y^2 = \frac{1}{n} \sum (y_t - \overline{y})^2$$

$r = \dfrac{\sigma_{xy}}{\sigma_x \sigma_y}$ 为原回归的相关系数。

3. 判别系数

现在，考虑新回归方程（15.7）的判别系数 R^{*2}。记 $S_{总} = \sum (y_t - \overline{y})^2$，$S_{回} = \sum (\hat{y}_{1t} - \overline{y})^2$，$S_{剩} = \sum (y_t - \hat{y}_{1t})^2$ 分别表示原回归的总离差平方和、回归平方和、剩余平方和，并且 $S_{总} = S_{剩} + S_{回}$；R^2 表示原回归的判别系数，并且 $R^2 = S_{回}/S_{总} = r^2$。

显然，在新回归意义下，关于 y 的总离差平方和 $S_{总}^*$ 是不变的

$$S_{总}^* = S_{总} = \sum (y_t - \overline{y})^2$$

但新回归的剩余平方和为

$$S_{剩}^* = \frac{1}{(1 + b_1^2)} \sum (y_1 - \hat{y}_{2t})^2$$

因此新回归的总离差平方和 $S_{总}^*$ 分解（过程省略）为

$$S_{总}^* = \frac{(1 - b_1^2)}{(1 + b_1^2)} \sum (y_t - \hat{y}_{2t})^2 + \sum (\hat{y}_{2t} - \overline{y})^2$$

定义新回归的回归平方和为

$$S_{回}^* = \sum (\hat{y}_{2t} - \overline{y})^2$$

则有新回归总离差平方和分解

$$S_{总}^* = (1 - b_1^2) S_{剩}^* + S_{回}^* \tag{15.9}$$

由此可知，总离差平方和可分解两部分：$\sum (\hat{y}_{2t} - \overline{y})^2$ 是回归值 $\hat{y}_{2t}$ 与 y 的平均值 $\overline{y}$ 之差的平方和，它反映了自变量 x 的变化所引起的对 y 的波动，它的大小在误差相比的意义下反映了自变量 x 的重要程度，所以称之为回归

平方和；$\dfrac{1}{(1+b_1^2)}\sum(y_t-\hat{y}_{2t2t})^2$ 是 y 的实际值与回归值 $\hat{y}_{2t}$ 之差的平方和，它是由观测误差以及未加控制的因素引起的，它的大小观测误差及其他因素对观测结果的影响，所以称这为剩余平方和。

由式（15.9），若 $|\,b_1\,|>1$，则 $S_{回}^*>S_{总}^*$，进而比值 $S_{回}^*/S_{总}^*>1$；若 $|\,b_1\,|<1$，则 $S_{回}^*<S_{总}^*$，进而比值 $S_{回}^*/S_{总}^*<1$；若 $|\,b_1\,|=1$，则 $S_{回}^*=S_{总}^*$，进而比值 $S_{回}^*/S_{总}^*=1$。

从回归平方和与剩余平方和的意义可知，当 $|\,b_1\,|>1$ 时，比值 $S_{回}^*/S_{总}^*$ 越接近于1，说明 $S_{剩}^*$ 越接近于0，则回归效果越好；反之，比值 $S_{回}^*/S_{总}^*$ 越远离1，说明 $S_{剩}^*$ 越大，则回归效果越不好。当 $|\,b_1\,|<=1$ 时，比值 $S_{回}^*/S_{总}^*$ 越接近于1，说明 $S_{剩}^*$ 越接近于0，则回归效果越好；反之，比值 $S_{回}^*/S_{总}^*$ 越接近于0，说明 $S_{剩}^*$ 越大，则回归效果不太好。因此，可以使用比值 $S_{回}^*/S_{总}^*$ 衡量新回归的效果。比值越接近1，相关性越显著；比值等于1，回归直线通过所有的观测点；比值越接近0或趋于无穷大，表示越不相关。因此，把这一比值称为判别系数。

$$R^{*2}=\frac{S_{回}^*}{S_{总}^*}=\frac{\sum(\hat{y}_{2t}-\bar{y})^2}{\sum(y_t-\bar{y})^2} \tag{15.10}$$

或

$$R^{*2}=1-(1-b_1^2)\frac{S_{剩}^*}{S_{总}^*}=1-\frac{(1-b_1^2)}{(1+b_1^2)}\frac{\sum(y_1-\hat{y}_{2t})^2}{\sum(y_t-\bar{y})^2} \tag{15.11}$$

进一步得到（过程省略）

$$R^{*2}=b_1^2\left(\frac{\sigma_x}{\sigma_y}\right)^2 \tag{15.12}$$

$$R^{*2}=1-(1-b_1^2)\left(1-b_1r\frac{\sigma_x}{\sigma_y}\right) \tag{15.13}$$

式（15.12）便于计算，式（15.13）便于分析。并且，定义 $r^*=\pm\sqrt{R^{*2}}$ 为新回归的相关系数，显然它不同于原回归的相关系数 r。

由于式（15.12）和式（15.13），如果 $|\,b_1\,|>1$，则 $R^{*2}>1$；如果 $|\,b_1\,|<1$，则 $R^{*2}<1$；如果 $b_1=0$，则 $R^{*2}=0$；如果 $|\,b_1\,|=1$，则 $R^{*2}=1$。因此，在新回归意义下，$r^*=0$ 表示 y 与 x 不相关；$|\,r^*\,|$ 越接近1，y 与 x 相关性越显著；$|\,r^*\,|$ 越接近0或无穷大，y 与 x 相关性越不显著；$|\,r^*\,|=$

1，y 与 x 完全相关。

新回归方程显著性检验方差分析表（过程省略）如表 15 – 1 所示。

表 15 – 1　方差分析

来源	平方和	自由度	均方和	F 比
回归	$S_{回}^2 = \sum (\hat{y}_{2t} - \bar{y})^2$	1	$S_{回i}^*/1$	
剩余	$S_{剩}^* = \dfrac{1}{1+b_1^2}\sum (y_t - \hat{y}_{2t})^2$	$n-2$	$\dfrac{1}{1+b_1^2}S_{剩}^*/(n-2)$	$\dfrac{S_{回}^*}{S_{剩}^*/(n-2)(1+b_1^2)}$
总计	$S_{总}^* = \sum (y_t - \bar{y})^2$	$n-1$		

两种回归的比较如表 15 – 2 所示。

表 15 – 2　新回归与原回归比较

	新回归	原回归
回归模型	$y_t = \alpha_0 + \alpha_1 x_t + \varepsilon_t$	$y_t = \alpha_0 + \alpha_1 x_t + \varepsilon_t$
回归方程	$\hat{y}_{2t} = b_0 + b_1 x_t$	$\hat{y}_{1t} = a_0 + a_1 x_t$
回归系数	$b_1 = \dfrac{\left(\dfrac{\sigma_x}{\sigma_y} - \dfrac{\sigma_y}{\sigma_x}\right) + \sqrt{\left(\dfrac{\sigma_x}{\sigma_y} - \dfrac{\sigma_y}{\sigma_x}\right)^2 + 4r^2}}{2r}$ $b_0 = \bar{y} - b_1 \bar{x}$	$a_1 = \dfrac{\sigma_y}{\sigma_x} r$ $a_0 = \bar{y} - a_1 \bar{x}$
相关系数	$R^{*2} = b_1^2 \left(\dfrac{\sigma_x}{\sigma_y}\right)^2$	$R^2 = a_1^2 \left(\dfrac{\sigma_x}{\sigma_y}\right)^2$
判别系数	$r^* = \pm\sqrt{b_1^2 \left(\dfrac{\sigma_x}{\sigma_y}\right)}$	$r = \pm\sqrt{a_1^2 \left(\dfrac{\sigma_x}{\sigma_y}\right)}$

从表 15 – 2 中可见，两种回归的回归系数和差别系数的关系为

$$b_1 = \frac{\left(\dfrac{\sigma_y}{\sigma_x}\right)^2 - 1 + \sqrt{\left[\left(\dfrac{\sigma_y}{\sigma_x}\right)^2 - 1\right]^2 + 4a_1^2}}{2a_1}$$

$$R^{*2} = \left\{1 + \frac{\left(\dfrac{\sigma_x}{\sigma_y} - \dfrac{\sigma_y}{\sigma_x}\right)\left[\left(\dfrac{\sigma_x}{\sigma_y} - \dfrac{\sigma_y}{\sigma_x}\right) + \sqrt{\left(\dfrac{\sigma_x}{\sigma_y} - \dfrac{\sigma_y}{\sigma_x}\right)^2 + 4R^2}\right]}{2R^2}\right\}\left(\dfrac{\sigma_x}{\sigma_y}\right)^2 \quad (15.14)$$

两种回归有四个显著的不同。第一，原回归系数 $|r| \leqslant 1$，而新回归系数 r^* 取整个实数；第二，原回归的总离差平方和 $S_{总}$ 等于回归平方和 $S_{回}$ 与剩余

平方和 $S_{剩}$ 之和，而新回归的总离差平方和 $S_{总}^{*}$ 则等于回归平方和 $S_{回}^{*}$ 与剩余平方和 $S_{剩}^{*}$ 的 $(1-b_1^2)$ 倍之和；第三，原回归系数是无偏估计量，而新回归系数未必是无偏估计量，由于新回归系数和判别系数均有 σ_{xy} 作分母，所以它们的统计分布不易得到，有待以后进一步研究。第四，原回归对标准化替代回归方程不变（回归系数变化，但可以相互转化），判别系数不变，而新回归对标准化替代、回归方程和相关系数均发生变化。正因为有上述不同，新回归的拟合程度高于原回归。

4. 推广

现在，把直角边最小这种思想用二元线性回归。

设 y 为因变量，x_1 和 x_2 为自变量，已知 n 组观测值 $(y_t; x_{1t}, x_{2t})$，$(t = 1, 2, \cdots, n)$。y 关于 x_1 和 x_2 的原回归模型设定为：

$$y_t = \alpha_0 + \alpha_{11}x_{1t} + \alpha_2 x_{2t} + \varepsilon_t, \varepsilon_t \sim N(0, \sigma^2)$$

原回归方程设定为：

$$\hat{y}_{1t} = a_0 + a_1 x_{1t} + a_2 x_{2t} \tag{15.15}$$

a_0，a_1，a_2 满足斜边剩余平方和

$$S_{剩} = \sum (y_t - \hat{y}_{1t})^2 = \sum (y_t - a_0 - a_1 x_{1t} - a_2 x_{2t})^2$$

最小，y 关于 x_1 和 x_2 的新回归模型设定不变，新回归方程设定为

$$\hat{y}_{2t} = b_0 + b_1 x_{1t} + b_2 x_{2t} \tag{15.16}$$

b_0，b_1，b_2 满足直边剩余平方和

$$S_{剩}^{*} = \frac{1}{1 + b_1^2 + b_2^2} \sum (y_t - b_0 - b_1 x_{1t} - b_2 x_{2t})^2$$

最小，因此，原回归的思想是，使点 $(y_t; x_{1t}, x_{2t})$ 到平面 $y_{1t} = a_0 + a_1 x_{1t} + a_2 x_{2t}$ 上点 $(\hat{y}_{1t}; x_{1t}, x_{2t})$ 的斜边（连线）最短，新回归的思想则是，使点 $(y_t; x_{1t}, x_{2t})$ 到平面 $\hat{y}_{2t} = b_0 + b_1 x_{1t} + b_2 x_{2t}$ 的距离（垂线）最短。

新回归系数确定取决于高次非线性方程组求解，有待今后研究。但可以得到它的判别系数 R^{*2}

$$R^{*2} = \frac{b_1^2(\overline{x_1^2} - \overline{x_1}^2) + b_2^2(\overline{x_2^2} - \overline{x_2}^2) + 2b_1 b_2(\overline{x_1 x_2} - \overline{x_1}\,\overline{x_2})}{\sigma_y^2}$$

$$= \frac{b_1^2 \sigma_{x_1^2} + b_2^2 \sigma_{x_2^2} + 2b_1 b_2 \sigma_{x_1 x_2}}{\sigma_y^2}$$

$$= \left(\frac{\sigma_{x_1}}{\sigma_y}\right)^2 b_1^2 + \left(\frac{\sigma_{x_2}}{\sigma_y}\right)^2 b_2^2 + 2\frac{\sigma_{x_1}}{\sigma_y}\frac{\sigma_{x_2}}{\sigma_y}r_{x_1x_2}b_1b_2 \quad (15.17)$$

或

$$R^{*2} = 1 - \frac{1-b_1^2-b_2^2}{1+b_1^2+b_2^2}\frac{\sigma_y^2 + b_1^2\sigma_{x1}^2 + b_2^2\sigma_{x2}^2 + 2b_1b_2 + \sigma_{x_1x_2} - 2b_1\sigma_{x_1y} - 2b_2\sigma_{x_2y}}{\sigma_y^2}$$

$$(15.18)$$

可见，当 $b_1^2 + b_2^2 > 1$ 时，$R^{*2} > 1$；当 $b_1^2 + b_2^2 < 1$ 时，$R^{*2} < 1$；当 $b_1^2 + b_2^2 = 1$ 时，$R^{*2} = 1$。换言之，当 b_1，b_2 在单位圆外、上、内取值，R^{*2} 依次为大于、等于、小于1。特别的，当 b_1，b_2 的取值接近于、达到边圆边界时，y 与 b_1，b_2 高度相关、完全相反；相反，随着 b_1，b_2 的取值远离单位圆边界、达到退化圆边界（$b_1 = b_2 = 0$）或趋于无穷圆边界（b_1，b_2 至少有一个趋于无穷大）时，y 和 b_1，b_2 相关不显著、不相关。

表 15 - 3　二元新回归方程的显著性检验

来源	平方和	自由度	均方和	F 比
回归	$S_{回}^* = \sum(\hat{y}_{2t} - \bar{y})^2$	2	$S_{回}^*/2$	
剩余	$S_{剩}^* = \frac{1}{(1+b_1^2+b_2^2)}\sum(y_t - \hat{y}_{2t})^2$	$n-3$	$\frac{1}{1+b_1^2+b_2^2}S_{剩}^*/(n-3)$	$\frac{S_{回}^*/2}{S_{剩}^*/(n-3)(1+b_1^2+b_2^2)}$
总计	$S_{总}^* = \sum(y_t - \bar{y})^2$	$n-1$		

最后，对于二元回归，同样有上述一元回归的四个显著不同，只是第二个不同表述为：二元原回归的总的离差平方和等于剩余平方和与回归平方和的和，而二元新回归的总的离差平方和等于回归平方和与剩余平方和的 $(1-b_1^2-b_2^2)$ 倍之和。

三　基于对数线性模型误差的模型设定

最小二乘法确定了线性模型设定，但对数线性模型怎样设定呢？本书分析线性化处理，通过误差设定分析，研究对数线性模型的设定，同时解决了线性化处理中存在的问题。

1. 误差项设定

由最小二乘原理，线性回归模型设定为

$$y_t = \alpha_0 + \alpha_1 x_{1t} + \alpha_2 x_{2t} + \varepsilon_t, \varepsilon_t \sim N(0,\sigma^2) \quad (15.19)$$

其中，$Ey_t = \alpha_0 + \alpha_1 x_{1t} + \alpha_2 x_{2t}$，$Vary_t = \sigma^2$。

其回归方程设定为

$$\hat{y}_t = a_0 + a_1 x_{1t} + a_2 x_{2t} \tag{15.20}$$

理论上讲，可以利用最小二乘法估计非线性模型，但往往难于甚至不可能得到解析解，只能寻求近似解。因此对于能够线性化的非线性模型[①]，通常采用最小二乘法估计。

因此，对于对数线性模型 $y_t = b_0 x_{1t}^{b_1} x_{2t}^{b_2}$，通常利用线性化处理。但在实际处理中，却忽略了误差项。严格地讲，由于 $y_t = b_0 x_{1t}^{b_1} x_{2t}^{b_2}$ 中没有设定误差项，还不能称它为回归模型，这正是我们要研究的设定问题。

按照线性化处理，记变量替换

$$Y_t = \ln y_t, X_{1t} = \ln x_{1t}, X_{2t} = \ln x_{2t} \tag{15.21}$$

把对数线性模型 $y_t = b_0 x_{1t}^{b_1} x_{2t}^{b_2}$ 线性化为线性模型

$$Y_t = A_0 + A_1 X_{1t} + A_2 X_{2t} \tag{15.22}$$

其中

$$A_0 = e^{b0}, A_1 = b_1, A_2 = b_2 \tag{15.23}$$

同样，由于没有设定误差项，式（15.22）也不能称为模型。为了满足应用最小二乘法估计的需要，想当然地把它的误差项设定为 $\varepsilon_t \sim N(0, \sigma^2)$，即线性化后的线性模型

$$Y_t = A_0 + A_1 X_{1t} + A_2 X_{2t} + \varepsilon_t, \varepsilon_t \sim N(0, \sigma^2) \tag{15.24}$$

此时，$E(Y_t) = A_0 + A_1 X_{1t} + A_2 X_{2t}$，$VAR(Y_t) = \sigma^2$。

对应的回归方程为

$$\hat{Y}_t = B_0 + B_1 X_{1t} + B_2 X_{2t} \tag{15.25}$$

式中，B_0、B_1、B_2 分别是 A_0、A_1、A_2 的估计值。

这样，就产生一个问题。对应式（15.24）误差项的设定，对数线性模型 $y_t = b_0 x_{1t}^{b_1} x_{2t}^{b_2}$ 的误差项是什么？

按照线性化变量替换要求，它的误差项则应设定为

$$y_t = b_0 x_{1t}^{b_1} x_{2t}^{b_1} e^{\varepsilon_t}, \varepsilon_t \sim N(0, \sigma^2) \tag{15.26}$$

---

① 对于不能线性化的模型，需要使用其他方法估计，这不是本书讨论的情形。

由于

$$E(e^{\varepsilon_t}) = e^{\frac{\sigma^2}{2}}, \text{VAR}(e^{\varepsilon_t}) = e^{\sigma^2}(e^{\sigma^2} - 1) \tag{15.27}$$

因此，按照变量替换关系，对数线性模型的误差项实质上设定为

$$y_t = b_0 x_{1t}^{b_1} x_{2t}^{b_2} e^{\varepsilon_t}, e^{\varepsilon_t} \sim N[e^{\frac{\sigma^2}{2}}, e^{\sigma^2}(e^{\sigma^2} - 1)] \tag{15.28}$$

注意误差项的均值不为零，这与最小二乘假定不符。此时

$$E(y_t) = b_0 x_{1t}^{b_1} x_{2t}^{b_2} e^{\frac{\sigma^2}{2}}, \text{VAR}(y_t) = (b_0 x_{1t}^{b_1} x_{2t}^{b_2})^2 e^{\sigma^2}(e^{\sigma^2} - 1) \tag{15.29}$$

回归方程应设定为

$$\hat{y}_t = \hat{b}_0 x_{1t}^{\hat{b}_1} x_{2t}^{\hat{b}_2} e^{\frac{\sigma^2}{2}} \tag{15.30}$$

注意此时回归方程中含有未知的误差项方差的项，并把 $e^{\frac{\sigma^2}{2}}$ 称为校正因子，这显著与通常的回归方程不同。

2. 估计

对于对数线性模型式（15.28），那么它的回归方程不是我们通常所采用形式

$$\hat{y}_t = \hat{b}_0 x_{2t}^{\hat{b}_1} x_{2t}^{\hat{b}_2} \tag{15.31}$$

而是

$$\hat{y}_t = \hat{b}_0 x_{1t}^{\hat{b}_1} x_{2t}^{\hat{b}_2} e^{\frac{\hat{\sigma}^2}{2}} \tag{15.32}$$

式中，$\hat{\sigma}$ 为 σ 的估计值，$e^{\frac{\hat{\sigma}^2}{2}}$ 为校正因子的估计值。

至此，我们看到，由于线性化变量替换处理，决定了对数线性回归模型的误差项的特点，也决定了对数线性回归方程的特点，所幸的是未知的误差项方差如回归系数一样完全由样本数据估计。

由于式（15.29），说明对数线性模型设定（15.28）具有异方差，并且含待估的回归系数和未知的误差项方差参数，以及回归方程（15.30）或（15.32）中含有未知的校正因子。此时，怎样估计呢？显然不能，也没有办法直接估计式（15.32），只能利用线性化实现估计。

具体地，第一步：先估计（15.25）得到 B_0、B_1、B_2，以及 A_0、A_1、A_2；第二步：由式（15.23），得到对数线性模型（15.31）的未知参数估计值：$\hat{b}_0$、$\hat{b}_1$、$\hat{b}_2$；第三步：由式（15.31）得到 $\ln\hat{y}_t = \ln\hat{b}_0 + \hat{b}_1\ln x_{1t} + \hat{b}_2\ln x_{2t}$；

第四步：由 $\hat{\sigma}^2 = \dfrac{\sum (Lny_i - Ln\hat{y}_t)^2}{n-3}$（$n$ 为样本容量）得到误差项未知方差 σ^2 的估计值 $\hat{\sigma}^2$；第五步：由（15.32）得到对数线性模型的回归方程

$$\hat{y}_t = \hat{b}_0 x_{1t}^{\hat{b}_1} x_{2t}^{\hat{b}_2} e^{\frac{\hat{\sigma}^2}{2}} \tag{15.33}$$

其中，$e^{\frac{\hat{\sigma}^2}{2}}$ 是校正因子的估计值。

3. 作用

在上述线性化分析中，我们发现，非线性线性化处理有两种情况：一是变量替换不涉及参数，即所有参数不变[1]；二是涉及参数，即至少有一个参数变化，如 $A_0 = e^{b_0}$，说明对数线性模型线性化就属于这种情形。并且，只有当非线性乘法模型含常数项时，线性化中才会出现第二种情况。

如果忽视了对数线性模型设定而导致选择使用错误的回归方程（15.31），则在第二种情况下，即含常数项的对数线性模型线性化时，线性化因常数项变化不成立。[2]

可见，对数线性模型设定（15.28）正确地选择了回归方程（15.32），即使在常数项变化的第二种情况下，它通过校正因子对常数项进行校正来消除因常数项变化对线性化的影响（正是"解铃还得系铃人"），以确保线性化成立。

第五节　经济统计模型创新

无疑，经济统计模型在丰富经济学理论与应用研究上取得了很大的成果，在各级政府决策中发挥了重要的作用。[3] 但也存在一些发展中的问题，"误用模型"是最大的问题，也是迫切需要解决的问题。否则，数量经济学的学术地位受到极大的影响，与国际差距更大，不利于数量经济学的发展。

要解决"误用模型"问题，我们认为要严格遵守上述的模型设定原则。由于数量经济学是跨学科研究，因此需要复合型人才。经济理论功底深的

---

[1]　对数线性模型 $y_t = x_{it}^{b_1} e^{b_2 x_{2t}}$，线性化为 $\ln y_t = b_1 \ln x_{1t} + b_2 x_{2t}$，就属于这种情况。

[2]　葛新权：《论非线性模型线性化质疑》，《预测》1999 年第 1 期。

[3]　《2000 年的中国》（马洪等）获得 1987 年度国家科技进步一等奖；《技术进步与产业结构研究》（李京文等）获得 1995 年度国家科技进步二等奖；《中国经济形势分析与预测》（蓝皮书，刘国光等）获得 1996 年度国家科技进步二等奖；《消费类产品中有毒有害物质评价技术平台》（葛新权等）获得 2008 年度国家科技进步二等奖。

研究者需要不断进补数学、统计学、计算机科学知识，提高经济统计模型设定（知识挖掘）的技术能力；反之，数学、统计学、计算机科学功底深的研究者需要不断进补经济学知识，提高经济统计模型设定（知识挖掘）的知识能力。①

经济统计模型的发展的基础工作是建立、维护与完善各级经济系统数据库，包括人口、劳动力、就业、金融资本、产品、服务、价格、收入、税收、投资、进出口，消费、社会保障，以及家庭、企业、地区、产业数据。还应当建立经济统计模型数据库，包括模型库、专家库、知识库。

在解决"误用模型"的前提下，就经济统计模型设定创新来说，有两个方面。

1. 自主创新

首先，在原始创新方面，虽然很难，但结合我国特殊的实际问题，借鉴先进的模型技术，进行创新，建立一个独一无二的中国经济统计模型是可能的。在这方面，要求研究者具有国际视野，掌握国际最新理论、最先进方法与最前沿动态，站在国际前沿问题上，才有可能取得原始创新成果。其次，通过引进、消化、吸收再创新。重要的是消化，之所以误用模型，就是没有学好、理解好、掌握好。就研究经费与条件、国际合作交流，以及大批"海归"回国工作的良好势头，取得创新的经济统计模型成果没有问题。最后，通过集成创新。基于经济理论与实际问题，对所有可能的模型进行比较、选择、整合与优化后，形成一个全新的模型，解决重大问题是最有希望的。如阿斯彭（Aspen）、斯沃姆（Swarm）用的是假定的数据，影响了它的价值。因此，在统计调查或现场试验获得的真实数据是系统仿真模型一个有生命力的突破口。

2. 实验经济学模型

近年来，应用实验经济学是一个热点。鉴于它独特的作用，应用它研究经济学问题受到专家的青睐与推崇。但我们认为，正如其他经济学研究方法一样，实验经济学方法也有利弊，它并不适宜解决所有的经济学问题（与其他方法结合除外）。重要的是，要正确分析、认识与掌握实验经济学方法的利弊，在应用中发挥它的长处，回避它的短处。否则，要么会夸大它的作用，要么不能发挥它的作用。下面，主要就实验经济学应用做些思考，以期获得一些有益的启示，有利于实验经济学的研究与应用。

---

① 任何一名研究者，对于所研究的经济问题，前提是对该经济现象有敏感性，对该经济现象的过去与现状有充分的认识，对经济现象的未来趋势有科学的判断。

实验分析通过建立实验环境、重复实验来揭示现象的内在规律，它适宜于研究不易考察或不可重复的现象。

实验经济学方法，如同其他所有新的方法一样都是在原有的（理论）方法之上发展而来的。随着研究与认识的深入，对于在实际应用中遇到的新问题，原有的方法无能为力。为此，经过许多专家学者的持续钻研，最终新的方法应运而生。这种新的方法能够解决原有的方法所不能解决的问题。为了清楚地表达这种新的方法与原有的方法的一脉相承的关系，就新的方法来说，我们不妨把原有的方法称为广义的，而把新的方法称为狭义的。并且，广义强调的是新的方法与原有的方法的关系的共同性，这种共同性表示，新的方法包含在原有的方法之中，它能够解决原有的方法能够解决的问题（当然，实际中不必这样做。因为用原有的简单方法能够解决的问题，没有必要应用复杂的方法解决问题。否则，会增加研究的成本）。狭义强调的是它们的差异性。这种差异性表示，新的方法的层次高于原有的方法，它能够解决原有的方法所不能解决的问题。因此，实验经济学分析方法有广义与狭义之分。

广义的实验经济学分析有统计调查问卷分析、方差分析、非参数估计分析、系统仿真分析、系统动力学分析等。所谓狭义实验经济学分析就是基于心理学实验的实验经济学分析，但不包括统计调查问卷分析、方差分析、非参数估计分析、系统仿真分析、系统动力学分析等广义的实验经济学分析。我们认为，实验经济学分析就是指应用心理学的实验分析方法结合研究经济学问题所形成的分析方法，它不同于心理学实验分析方法，也不同于经济学分析方法，而是它们的有机结合。

虽然广义与狭义的实验方法都能揭示利益各方的心理行为，但前者只是真实反映自己的行为，而不考虑其他各方的行为。也就是说，前者不是一个博弈过程。并且，这种博弈过程是瞬时变动的，广义的实验方法的简单性也不具有表述博弈过程的能力。而后者利用计算机网络技术，不仅能够反映各方的心理行为，也能够实时地反映各方的博弈行为。

特别的，虽然经济系统仿真具有与实验经济学相同的"实验"性质，但它不能反映经济系统利益各方心理行为和决策能力差异对实验的影响，并且在一般情况下，它也是建立在事先设定的模型上。同样，经济系统动力学模型也具有与实验经济学相同的"实验"的特征，但它也根据事先的规律设定水平方程或速率方程或辅助方程，并且依靠专家通过调整参数进行实验，也不能反映经济系统利益各方心理行为差异与决策能力差异的影响。这是与实验经济学的本质差异，也是不及实验经济学之处。

总之，已有的广义实验定量分析方法都是基于对经济主体既定和规范的行为、以特定模型代表的经济运行规律和历史或现有数据进行分析，而实验经济学的理念和做法是，尽可能获取与现实环境一致情况下主体的真实行为，并以此为基础研究经济活动和决策规律。这就是实验经济学与传统理论和方法的本质区别，也是实验经济学蓬勃发展的根本原因。

鉴于经济行为的认识，实验经济学实验方法与其他模型技术结合起来也是一个好的切入点。在应用实验经济学模型的实践中，我们应发挥它的长处，克服它的短处，才能取得科学、合理、符合实际的满意效果。为此，要注意以下十个方面。

（1）确定研究的内容。对于所研究的经济问题，分析影响它的相关因素，并确定那些与个人心理、博弈行为与风险偏好相关的因素，这些因素才是需要应用实验经济学方法来分析的，而其他因素则需要利用其他的方法进行分析。也就是说，研究经济问题一定要把实验经济学方法与其他经济学分析方法，如计量模型、协整模型、混沌模型、投入产出模型等结合起来使用，才能取得比较好的研究结果。

如果经济政策与诸如政治、军事、外交、自然灾害等非经济因素对研究经济现象产生影响，计量经济学模型则是通过分阶段估计（如果样本足够长）或引入虚拟变量消除异方差来反映这些因素对该经济现象的影响。此时，我们认为应用实验经济学实验方法研究这些因素，尤其是非经济因素对经济现象的影响是最优的选择。

（2）确定实验方案。在确定了实验经济学方法研究的内容之后，关键的是根据研究对象，以及研究目的与内容，设计实验方案。值得强调的是，该实验一定是一个集心理、博弈与风险偏好行为的过程。特别的，它应包括经济政策、非经济因素的实验设计。

为了提高实验效果，在实验方案中，除实验说明书外，所设计的问题与选项应符合心理博弈与风险博弈原则，更应该简单明了，让参试者一目了然，便于作出选择。

同时，还可以采取多组实验方案，使复杂的问题分解为若干简单问题的叠加，简单明了；也有利于通过实验模拟真实的博弈环境。

（3）确定实验对象。对于不同的研究内容，选择实验对象很重要。当前，值得注意的一个问题是，所有的实验都选择在校学生作为参试者。这样做简便易行，成本低，但效果未必有效。所选择的对象应了解研究对象与内容，并在了解经济规律的基础上理解实验方案、掌握实验规则、判断实验选择。特别的，他应具有识别风险的能力，进行心理与博弈判断与决策。

（4）对实验对象的培训。在实验开始之前，必须对参试对象进行培训。首先，要他们清楚实验方案，明白实验结果及胜败规则。其次，要他们清楚实验环境及其变动对他们决策的影响。最后，要他们清楚所有参试者都能解读实验方案，并能够通过判断采取自己的策略。

（5）实验后的座谈。每进行一组多次实验后，召开参试者座谈会。请他们评价实验方案、提出改进建议。请他们评价自己的选择，总结经验。请他们评价实验结果，并与最终实验结果进行比较。

（6）实验结果验证。对实验结果进行分析，验证所得到的结果是否来自一个心理博弈和风险博弈的过程。如果是，则实验结果有效；否则无效。当然无效的原因有两点：一是实验方案有问题，不能反映心理博弈和风险博弈；二是参试者不认真或不能理解实验方案而作出与心理博弈和风险博弈无关的选择。此时，需要发现问题，并加以改进。

（7）环境模拟。在实验经济学实验中，既包括内环境，也包括外环境。所谓内环境就是实验方案设计所要达到的参试者作出决策选择的环境，这种环境应尽可能地逼近真实环境，并可以重复再现。所谓外环境是指为了保证参试者独立选择而设置的封闭空间，以保护参试者的举止表情，以及选择不泄露。

（8）实验软件开发。实验经济学的软件技术支持不可替代，这也是狭义实验经济学与广义实验经济学的区别。这种软件可以实现参试者基于心理的博弈过程，软件开发自然要结合实验研究的问题。北京信息科技大学实验经济学研究中心为研究大学生就业实验经济学分析所开发的软件具有自主知识产权。

（9）实验结果经济学分析。怎样对实验结果进行经济分析是重要的，因为我们不是为实验而实验，而是解释具有心理博弈因素影响的经济现象与认识它的规律。我们认为，传统的计量经济统计模型利用一条回归线表示经济现象的趋势规律，来逼近解释经济现象。由于经济现象实际轨迹是在这一条回归线上上下波动的，所以这种逼近解释的误差就比较大；但实验经济学方法实验方案设计所得到的实验结果把经济现象区分为不同的类型进行认识，相当于用若干个"回归线"分别逼近解释经济现象不同的类型，既科学合理可行，又大大减少了误差。

（10）抓住为政府决策服务的突破口。在实验经济学研究中，丰富与发展它的理论与方法是十分重要的。但是，实现实验经济学更好的发展，还取决于它的应用，以及应用的效果。毫无疑问，在政府决策中，如果实验经济学方法能够发挥积极、有效的作用，那么实验方法就有了生命力，也就能够快速发展。因此，我们建议，抓住政府关心的问题，应用实验方法研究、取得成果，为决策服务，是一个很好的突破口。在建立和谐社会的今天，如关注民生的就业、教育、医疗、卫生、食品、住房、垃圾处理、税收、社会保障问题等，我们认为这种发展思路是可行的。如政府价格听证会，就可以利用实验经济学实验方法，在区分不同利益方的基础上，制定出一整套举办听证会的决策机制、制度与办法，以及实施程序、步骤与管理办法，为政府决策服务。

3. 实验经济学模型与其他模型结合

尽管实验经济学模型有着利用计算机网络，实现集心理因素与经济行为的实时博弈分析的优势，但决定经济问题的因素，不仅有心理因素，还有许多非心理因素。基于这些非心理因素，实验经济学模型由于受实验方案设计与现实的限制，就不如其他实验分析（广义实验经济学模型），以及数理经济统计模型与计量经济统计模型。因此，利用实验经济学模型的优势，发挥广义实验经济学模型，以及数理经济统计模型与计量经济统计模型的长处，把它们结合起来，建立组合模型是有生命力的。

第十六章　混沌动力学模型

现实中，任何一个经济系统都是一个非线性的动态系统。因此，使用线性模型描述这样的经济系统是传统方法，其误差自然很大，它不能真实地再现经济系统的运行状态。客观上，这迫切要求经济学家寻求非线性模型。非线性模型的研究始于 20 世纪 60 年代初期，但直到 1980 年，加拿大统计学家贝茨（Bates）和瓦茨（Watts）引入曲率度量以后才得到迅速发展。在非线性模型中，混沌理论独树一帜，尤为突出。混沌理论是 20 世纪 60 年代开始在美国兴起和形成的，它研究现象变化的长期性态。

本章，我们将介绍两个非线性混沌动力学模型、特殊商品的价格模型的混沌行为、国民经济系统混沌动力学行为以及应用混沌模型对股价进行短期预测的可能性。

第一节　两个非线性混沌动力学模型

一　引言

在市场经济条件下，对经济系统运行实施管理和调控的方向和力度的及时性和准确性取决于对经济系统运行规律和机制的认识，这种规律又体现为经济系统内外各经济变量之间的数量关系。通常采用传统的计量经济模型研究这种数量关系，但其线性假设不符合实际情况，因此解决这一问题便成为经济学家十分迫切的任务。

撇开模型的设定和检验，应用传统的非线性回归模型有两个致命的弱点。一是参数估计困难，一般不出精确解，求近似解也常出现迭代不收敛的情况；二是趋势外推发散快，预测误差大。究其原因是传统的非线性模型将经济系统描述成连续的静态系统，而实际的经济系统是离散的动态系统。相比之下，非线性混沌动力学模型更适用于研究经济系统，它不仅克服了传统模型的弱点，而且也较准确地刻画了经济系统的运行及其规律。

在国外，非线性混沌动力学模型用于研究经济系统始于 1980 年，以后吸引了不少经济学家从事这方面的研究，内容涉及经济学研究的各个领域。近30年，取得了大量令国际经济学界瞩目的成果，代表着经济学研究的最新学术水平，也标志着经济学发展的一个重要的里程碑。

在国内，非线性混沌动力学模型用于研究系统则是最近几年的事情，但介绍性文章居多，应用研究成果少。

本节建立两种实际的混沌动力学模型，即国民生产总值指数混沌动力学模型和国民经济生产函数混沌动力学模型，得到了有趣的结果。

二　国民生产总值指数混沌动力学模型

不失一般性，设一时间序列 $\{X_t\}$，关于 X_t 的非线性自回归模型为

$$X_{t+1} = -\alpha X_t^2 + \beta X_t + \gamma \quad (\alpha \neq 0)$$

式中，α，$\beta > 0$，γ 可正可负。

使用普通最小二乘法可估计出上式中的回归系数 α、β、γ。能否利用这个式子外推进行预测呢？这取决于这个非线性自回归模型是否稳定。

为了判断上式的长期性态，我们有必要找到与上式等价的非线性混沌动力学模型。所谓等价意指长期性态不变，为此作变量替换

$$X_t = aY_t + b \quad (\alpha \neq 0)$$

将式 $X_t = \alpha Y_t + b$ 代入式 $X_{t+1} = -\alpha X_t^2 + \beta X_t + \gamma$，经整理后得到

$$Y_{t+1} = -a\alpha Y_t^2 + (\beta - 2b\alpha)Y_t - [\alpha b^2 - (\beta-1)b - \gamma]/a$$

令

$$\begin{cases} \alpha b^2 - (\beta-1)b - \gamma = 0 \\ a\alpha = \beta - 2b\alpha \end{cases}$$

在该式成立下，记

$$K = a\alpha = \beta - 2b\alpha$$

则非线性自回归模型 $X_{t+1} = -\alpha X_t^2 + \beta X_t + \gamma$（$\alpha \neq 0$）成为

$$Y_{t+1} = KY_t(1 - Y_t)$$

解：$\begin{cases} \alpha b^2 - (\beta-1)b - V = 0 \\ a\alpha = \beta - 2b\alpha \end{cases}$，得到

$$\begin{cases} b = [(\beta-1) \pm \sqrt{\Delta}]/2\alpha \\ a = \beta/\alpha - 2b \end{cases}$$

式中，$\Delta = (\beta - 1)^2 + 4\alpha\gamma$。

一方面，要使替换 $X_t = \alpha Y_t + b$ 有意义，则要求

$$\Delta \geqslant 0$$

当 $\gamma \geqslant 0$ 时，$\Delta \geqslant 0$ 无条件成立；当 $\gamma < 0$ 时，$\Delta \geqslant 0$ 式成立则要求

$$(\beta - 1)^2 \geqslant 4\alpha(-\gamma)$$

成立。

另一方面，为了保持 $X_{t+1} = -\alpha X^t + \beta X_t + \gamma$ 式的长期性态不变，则要求

$$K = a\alpha = \beta - 2b\alpha > 0$$

成立。

即等价于

$$a > 0 \text{ 或 } b < \beta/2\alpha$$

$b < \beta/2\alpha$ 又等价于

$$\pm\sqrt{\Delta} < 1$$

若 $\begin{cases} b = [(\beta - 1) \pm\sqrt{\Delta}]/2\alpha \\ a = \beta/\alpha - 2b \end{cases}$ 式中 $\pm\sqrt{\Delta}$ 取 " ＋ " 号，则 $\pm\sqrt{\Delta} < 1$ 等价于

$$\sqrt{\Delta} < 1$$

若式中 $\pm\sqrt{\Delta}$ 取 " － " 号，则 $\pm\sqrt{\Delta} < 1$ 无条件成立。

下面，对 $\pm\sqrt{\Delta}$ 我们取 " － " 号进行讨论。此时有

$$b = (\beta - 1 - \sqrt{\Delta})/2\alpha, \ a = \beta/\alpha - 2b$$

根据以上讨论，只要满足 $\Delta \geqslant 0$ 和 $\begin{cases} b = (\beta - 1 - \sqrt{\Delta}/2\alpha) \\ a = \beta/\alpha - 2b \end{cases}$，替换式子：$X_t = \alpha Y_t + b$（$\alpha \neq 0$）将非线性自回归模型 $X_{t+1} = -\alpha x_t^2 + \beta X_t + \gamma$ 变换成

$$Y_{t+1} = KY_t(1 - Y_t)$$

这是一个最基本的非线性混沌动力学模型，参数 K 决定它的长期性态。

为分析 $Y_{t+1} = KY_t(1 - Y_t)$ 动态性时，则要求 $0 < Y_t < 1$ 或 $0 < K < 4$，两者是对等的。首先证明 $Y_t < 1$。如果 $\pm\sqrt{\Delta}$ 取 " － " 号，则由 $X_{t+1} = -\alpha X_t^2 + \beta X_t + \gamma$（$\alpha \neq 0$）可知，$X_t$ 的最大值为

$$X_t^M = (\beta^2 + 4\alpha\gamma)/4\alpha > 0$$

又由 $X_t = \alpha Y_t + b$ （$\alpha \neq 0$）可见，$Y_t = (X_t - b)/a$，所以 Y_t 的最大值为

$$Y_t^M = \left(\frac{\beta^2 + 4\alpha\gamma}{4\alpha} - b\right)/a$$

将 $\begin{cases} b = [(\beta-1) \pm \sqrt{\Delta}]/2\alpha \\ a = \beta/\alpha - 2b \end{cases}$ 代入 Y_t^M，经整理则有

$$Y_t^M = \frac{(\beta-1)^2 + 4\alpha\gamma + 2\sqrt{\Delta} + 1}{4(1 + \sqrt{\Delta})}$$

又将 $\Delta = (\beta-1)^2 + 4\alpha\gamma$ 代入 Y_t^M，经整理则有

$$Y_t^M = \frac{1 + \sqrt{\Delta}}{4}$$

又由 $b = [(\beta-1) \pm \sqrt{\Delta}]/2\alpha$ 中第一式和 $K = a\alpha = \beta - 2b\alpha > 0$ 式，得到

$$K = 1 + \sqrt{\Delta}$$

再将它代入 Y_t^M，得到

$$Y_t^M = \frac{K}{4} < \frac{4}{4} = 1$$

如果 $\pm\sqrt{\Delta}$ 取 "$+$" 号，此时有 $\sqrt{\Delta} < 1$。同样，可以得到

$$Y_t^M = \frac{1 - \sqrt{\Delta}}{4} < 1$$

因此

$$Y_t < 1$$

证明 $Y_t > 0$。由 $K = a\alpha = \beta - 2b\alpha > 0$ 得；（1）$a > 0$，$b < 0$，此时有 $Y_t = \frac{X_t - b}{a} > 0$。（2）$a > 0$，$0 < b < \frac{\beta}{2\alpha}$，此时由第一式可知，若 $\pm\sqrt{\Delta}$ 取 "$-$" 号，记

$$b_- = \frac{(\beta-1) - \sqrt{(\beta-1)^2 + 4\alpha\gamma}}{2\alpha}$$

①如果 $\gamma > 0$，则有 $b_- < 0$，此时有 $Y_t > 0$；②如果 $\gamma < 0$，再如 $\beta < 1$，则有 $b_- < 0$，此时也有 $Y_t > 0$，但 $\beta > 1$ 时，则有 $0 < b_- < \frac{\beta}{2\alpha}$。

若 $\pm\sqrt{\Delta}$ 取 "$+$" 号，记

$$b_+ = \frac{(\beta - 1) + \sqrt{(\beta - 1)^2 + 4\alpha\gamma}}{2\alpha}$$

①如果 $\beta < 1$，$\gamma < 0$，则有 $b_+ < 0$，此时有 $Y_t > 0$，但 $\gamma > 0$ 时，则有 $b_+ > 0$；
②如果 $\beta > 1$，则有 $b_+ > 0$。

至此，还有三种情况：$b_- > 0$（$\gamma < 0$，$\beta > 1$）；$b_+ > 0$（$\gamma > 0$，$\beta < 1$）；$b_+ > 0$（$\beta > 1$）。可以通过图 16 - 1 和图 16 - 2 证明：在这种情形下有 $b_- < X_t$ 和 $b_+ < X_t$，从而 $Y_t > 0$。

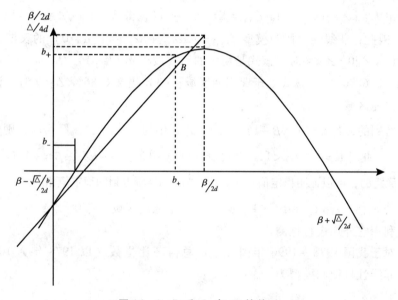

图 16 - 1　b_- 和 b_+ 与 X_t 的关系

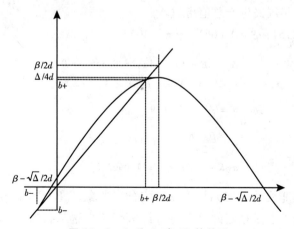

图 16 - 2　b_- 和 b_+ 与 X_t 的关系

在图 16 – 1 和图 16 – 2 中，弧 AB 位于弦 AB 的上方表示 $X_t > b_-$，$X_t > b_+$。

由混沌理论知，非线性混沌动力学模型 $Y_{t+1} = KY_{t+1}(1 - Y_t)$ 式的长期性态为：（1）当 $0 < K < 3$ 时，上式是稳定的，最后收敛于 $(K - 1)/K$；（2）当 $3 < K < 3.6786$ 时，上式处于偶周期区域，K 在 3 开始出现 2 阶周期，随后 4 阶，8 阶……（3）当 $3.6786 < K < 4$ 时，上式处于混沌区域，K 增加到 3.6786 之后，开始出现了 3 阶周期。根据李—约克定理，可以有任意多阶的周期出现。

由 $K = a\alpha = \beta - 2b\alpha$ 和 $Y_{t+1} = KY_t(1 - Yt)$，得 $K = 1 + \sqrt{\Delta}$ 或 $\Delta = (K - 1)^2$。因此，非线性自回归模型 $X_{t+1} = -\alpha X_t^2 + \beta x_T + Y$（$\alpha \neq 0$）的长期性态为：（1）当 $0 < \Delta < 4$ 时，该式是稳定的，收敛于 $a(K - 1)/K + b$；（2）当 $4 < \Delta < 2.6786^2$ 时，该式处于偶周期区域；（3）当 $2.6786^2 < \Delta < 9$ 时，该式处于混沌区域。

特别的，若 $b = [(\beta - 1) \pm \sqrt{\Delta}]/2\alpha$ 中的 $\pm\sqrt{\Delta}$ 取 "+" 号时，则要求 $\sqrt{\Delta} < 1$。此时 $K = 1 - \sqrt{\Delta} < 1$，非线性自回归模型 $X_{t+1} = -\alpha X_t^2 + \beta x_T + Y$（$\alpha \neq 0$）式是稳定的，可以证明稳定值与 $\pm\sqrt{\Delta}$ 取 " – " 号所得到的稳定值相同。

若 $X_{t+1} = -\alpha X_t^2 + \beta x_T + Y$（$\alpha \neq 0$）处于稳定区域，即 $0 < \sqrt{\Delta} < 4$ 时，则可以利用它外推进行预测。

对于我国 1978 ~ 1996 年国民生产总值环比指数（以 1978 年为 100），建立非线性自回归模型为

$$X_{t+1} = -0.2151X_t^2 + 0.8661X_t + 0.4052$$

式中，X_t 为 t 年国民生产总值指数。

因此，$\alpha = 0.2151$，$\beta = 0.8661$，$\gamma = 0.4052$

$$\Delta = (\beta - 1)^2 + 4\alpha\gamma = 0.3665 > 0$$
$$K = 1 + \sqrt{\Delta} = 1.6054 < 3$$
$$a = \frac{K}{\alpha} = 7.4639$$
$$b = \frac{\beta - K}{2\alpha} = -1.7185$$
$$a(K - 1)/K + b = 1.0962$$

所以上述非线性自回归模型是稳定的，收敛于 1.0962，即国民生产总值指数的长期性态是稳定的，年均增长 9.62%。这与我国 1978 ~ 1996 年实际国民生产总值（按可比价格计算）年均增长 9.78% 是十分接近的。

三　生产函数混沌动力学模型

我们根据哈维尔摩（Haavelmo）增长模型，对于生产函数

$$GDP = AK^a L^b$$

（GDP 为国内生产总值，K 为全社会固定资产投资（代替资本），L 为从业人员总数，$a + b = 1$）

或

$$\frac{GDP}{L} = A\left(\frac{K}{L}\right)^a$$

或

$$Y = AN^a$$

（$Y = \dfrac{GDP}{L}$，$N = \dfrac{K}{L}$ 分别为从业人员人均国内生产总值和人均全社会固定资产投资）

哈维尔摩增长模型的连续形式为

$$\dot{N\&} = N[\alpha - \beta N^{1-\alpha}/A]$$

它的解为

$$N(t) = \{1/A[AN(0)^{a-2} - \beta/\alpha]e^{\alpha(a-1)t} + \beta/\alpha\}^{\frac{1}{a-1}}$$

即它的长期性态非常简单。当 $N(0) > $（或 $<$）$\left(\dfrac{A\alpha}{\beta}\right)^{\frac{1}{2-a}}$ 时，N 和 Y 均单调减少（或增加），分别接近它们的唯一的稳定状态值 $(A\alpha/\beta)^{\frac{1}{1-a}}$ 和 $A\,(A\alpha/\beta)^{\frac{a}{1-a}}$。

而它的离散形式为

$$N_{t+1} = N_t[(1+\alpha) - \beta N_t^{1-\alpha}/A]$$

令

$$N_t = [A(1+\alpha)/\beta]^{1/(1-\alpha)}(1 - x_t^{1-\alpha})$$

则有哈尔摩增长模型的混沌动力学离散系统

$$x_{t+1} = (1+\alpha)x_t(1 - x_t^{1-\alpha}), \quad 0 < \alpha \leq 5.75$$

对于我国 1978～1996 年的样本，我们进行估计，得到

$$A = 2.4106 \quad a = 0.8480$$
$$\alpha = 1.5748 \quad \beta = 1.1347$$

由于 $N(0) = 0.8575 < (\alpha A/\beta)^{\frac{1}{2-a}} = 1.1893$，所以从连续系统来看 N

和 Y 单调增加，分别接近它们的唯一的稳定状态值 $(A\beta/\beta)^{\frac{1}{1-a}} = 3.7222$ 和 A $(A\alpha/\beta)^{\frac{a}{1-a}} = 7.3478$。

如果按 1978~1996 年 N 和 Y 的增长速度计算，它们还分别需要 14 年和 13 年达到各自的稳定值，即到 2010 年 N 达到它的稳态值 3.7222，到 2009 年 Y 达到它的稳态值 7.3478。这恰好是我国社会主义市场经济建成之时。

根据美国经济学家司徒泽（Micheal J. Sturzer）的研究方法，我国生产函数法混沌动力学系统

$$X_{t+1} = (1 + \alpha) X_t (1 - X_t^{0.152}) \quad (0 < \alpha \leqslant \alpha^*, 1978 \sim 1996)$$

式中，$\alpha^* = \left[\left(\frac{1}{2-a} \right)^{\frac{1}{1-a}} \left(1 - \frac{1}{2-a} \right) \right]^{-1} - 1 = 18.2266$ 的长期性态为：（1）当 $0 < \alpha < \frac{2}{1-a} = \frac{2}{1-0.848} = 13.1579$ 时，系统处于稳定状态；（2）当 $13.1579 < \alpha < \alpha_c$ 时，系统处于偶周期状态；（3）当 $\alpha_c < \alpha \leqslant 111.2266$ 时，系统处于混沌状态（我们估计 α_c 在 17.6183 左右）。

就本节估计的结果来看，系统处于稳定状态。

第二节　特殊商品的价格模型的混沌行为

一　引言

对于诸如股票、证券、邮票等商品，当其价格较低时，需求量随价格上升增加，但当价格上升到一定程度后，供给量随价格上升反倒减少，然而当价格继续上升到一定程度后，供给量随价格上升增加。这种特殊商品的供给曲线如图 16-3 所示。

在特殊条件下商品的价格模型的混沌行为见文献[①]，本节将研究一般条件下特殊商品的价格模型的混沌行为。

二　特殊商品的价格模型

为比较方便，我们仍使用该文献中的符号。设 P_{max} 和 P_{min} 为某特殊商品的市场最高和最低价，P 为实际价格，则相对价格 P' 为 U。

---

① 参见梁俊国、胡运权《具有特殊供给曲线商品价格系统的混沌行为》，《决策借鉴》1996 年第 4 期。

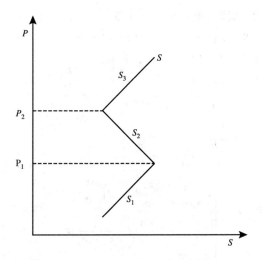

图 16 - 3　特殊商品的供给曲线

$$0 \leqslant P' = \frac{P - P_{\min}}{P_{\max} - P_{\min}} \leqslant 1$$

为方便起见，仍将 P' 记为 P。因此特殊商品的供给曲线可表示为

$$S(p) = \begin{cases} a_1 + b_1 P & 0 \leqslant P \leqslant \alpha_1 \\ a_2 - b_2 P & \alpha_1 < P \leqslant \alpha_2 \\ a_3 + b_3 P & \alpha_2 < P \leqslant 1 \end{cases}$$

式中，b_1，b_2，$b_{33} > 0$，$0 \leqslant \alpha_1 < \alpha_2 \leqslant 1$。

又设该商品的需求曲线为

$$D(P) = a_4 - b_4 P \quad (b_4 > 0)$$

相应于上述两式的蛛网模型为

$$\begin{cases} S_t = S(P_{t-1}) & D_t = D(P_t) \\ S_t = D_t \end{cases}$$

因此，由上述三式得到特殊商品的价格模型

$$P_t = f(P_{t-1}) = \begin{cases} \dfrac{a_4 - a_1}{b_4} - \dfrac{b_1}{b_4} P_{t-1} & 0 \leqslant P_{t-1} \leqslant \alpha_1 \\[2mm] \dfrac{a_4 - a_2}{b_4} + \dfrac{b_2}{b_4} P_{t-1} & \alpha_1 < P_{t-1} \leqslant \alpha_2 \\[2mm] \dfrac{a_4 - a_3}{b_4} - \dfrac{b_3}{b_4} P_{t-1} & \alpha_2 < P_{t-1} \leqslant 1 \end{cases}$$

　　首先，我们取消该文献中的 $\alpha_1 = 1/3$，$\alpha_2 = 2/3$ 的假定，仅假定

（1）$P_{t-1} = 0$，则 $S_t = 0$；$P_{t-1} = 1$，则 $D_t = 0$；

（2）$P_{t-1} = 0$，则 $P_t = 1$；$P_{t-1} = 1$，则 $P_t = 0$；

（3）$S（P）$ 为连续函数；

（4）$\dfrac{b_1}{b_4} = \dfrac{b_3}{b_4} = d$。

则特殊商品的价格模型成为

$$
P_t = f(P_{t-1}) =
\begin{cases}
1 - dP_{t-1} & 0 \leqslant P_{t-1} \leqslant \alpha_1 \\[2mm]
\left(\dfrac{\alpha_2}{\alpha_2 - \alpha_1} - \dfrac{\alpha_1}{\alpha_2 - \alpha_1} d \right) & \\
\quad + \left(\dfrac{1 - \alpha_2 + \alpha_1}{\alpha_2 - \alpha_1} d - \dfrac{1}{\alpha_2 - \alpha_1} \right) P_{t-1} & \alpha_1 < P_{t-1} \leqslant \alpha_2 \\[2mm]
d - dP_{t-1} & \alpha_2 < P_{t-1} \leqslant 1
\end{cases}
$$

对应的图形如图 16 – 4 所示。

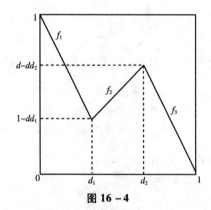

图 16 – 4

　　其次，我们再取消 $\dfrac{b_1}{b_4} = \dfrac{b_3}{b_4} = d$ 的假定，设 $\dfrac{b_1}{b_4} = d_1 \neq \dfrac{b_3}{b_4} = d_2$，记

$$
K = \frac{d_2}{d_1} \text{ 或 } d_2 = Kd_1
$$

则特殊商品的价格模型记为

$$
P_t = f(P_{t-1}) =
\begin{cases}
1 - d_1 P_{t-1} & 0 \leqslant P_{t-1} \leqslant \alpha_1 \\[2mm]
\left[Kd_1 + \dfrac{\alpha_2}{\alpha_2 - \alpha_1} - \dfrac{Kd_1\alpha_2}{\alpha_2 - \alpha_1} - \dfrac{(K-1)\alpha_1}{\alpha_2 - \alpha_1}\alpha_2 d_1 \right] & \\
\quad + \left[\dfrac{K - K\alpha_2 + \alpha_1}{\alpha_2 - \alpha_1} d_1 - \dfrac{1}{\alpha_2 - \alpha_1} \right] P_{t-1} & \alpha_1 < P_{t-1} < \alpha_2 \\[2mm]
d_2 - d_2 P_{t-1} & \alpha_2 < P_{t-1} < 1
\end{cases}
$$

对应图形如图 16 - 5 所示。

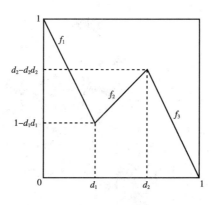

图 16 - 5　价格模型

上述两个价格模型的不同在于，前者的 f_1 与平行，而后者的 f_1 与 f_3 不平行。

三　价 格 模 型 的 混 沌 行 为

首先，研究价格模型 $P_t = f(P_{t-1}) = \begin{cases} 1 - dP_{t-1} & 0 \leqslant P_{t-1} \leqslant \alpha_1 \\ \left(\dfrac{x_2}{\alpha_2 - \alpha_1} - \dfrac{x_1}{\alpha_2 - \alpha_1}d\right) + \\ \left(\dfrac{1 - \alpha_2 + \alpha_1}{\alpha_2 - \alpha_1}d - \dfrac{1}{\alpha_2 - \alpha_1}\right)P_{t-1} \\ \qquad\qquad \alpha_1 < P_{t-1} \leqslant \alpha_2 \\ d - dP_t + 1 & \alpha_2 < P_{t-1} \leqslant 1 \end{cases}$ 的混沌

行为。考虑参数 d 的取值范围。由（16.17）中第一式得到 $0 \leqslant d \leqslant \dfrac{1}{\alpha_1}$；由第

三式得到 $0 \leqslant d \leqslant \dfrac{1}{1 - \alpha_2}$；由第二式等到

$$\frac{1 - \alpha_2 + \alpha_1}{\alpha_2 - \alpha_1}d - \frac{1}{\alpha_2 - \alpha_1} > 0$$

即

$$d > \frac{1}{1 - \alpha_2 + \alpha_1}$$

或由

$$d - d\alpha_2 > 1 - d\alpha_1$$

得到

$$d > \frac{1}{1 - \alpha_2 + \alpha_1}$$

因此 d 的取值范围是

$$\frac{1}{1 - \alpha_2 + \alpha_1} < d < \min\left\{\frac{1}{\alpha_1}, \frac{1}{1 - \alpha_2}\right\}$$

本书的结论是，在 $\alpha_1 + \alpha_2 = 1$ 条件下，价格模型

$$P_t = f(P_{t-1}) = \begin{cases} 1 - dP_{t-1} & 0 \le P_{t-1} \le \alpha_1 \\ \left(\dfrac{x_2}{\alpha_2 - \alpha_1} - \dfrac{x_1}{\alpha_2 - \alpha_1} d\right) + \\ \left(\dfrac{1 - \alpha_2 + \alpha_1}{\alpha_2 - \alpha_1} d - \dfrac{1}{\alpha_2 - \alpha_1}\right) P_{t-1} & \alpha_1 < P_{t-1} \le \alpha_2 \\ d - dP_t + 1 & \alpha_2 < P_{t-1} \le 1 \end{cases} \quad 成为$$

$$P_t = f(P_{t-1}) = \begin{cases} 1 - dP_{t-1} & 0 \le P_{t-1} \le \alpha_1 \\ \left(\dfrac{\alpha_2}{\alpha_2 - \alpha_1} - \dfrac{\alpha_1}{\alpha_2 - \alpha_1} d\right) \\ + \left(\dfrac{2\alpha_1}{\alpha_2 - \alpha_1} d - \dfrac{1}{\alpha_2 - \alpha_1}\right) P_{t-1} & \alpha_1 < P_{t-1} \le \alpha_2 \\ d - dP_{t-1} & \alpha_2 < P_{t-1} \le 1 \\ \left(\dfrac{1}{2\alpha_1} < d < \dfrac{1}{\alpha_1}\right) \end{cases}$$

其动力学性质为

（1） $\dfrac{1}{2\alpha_1} < d < \dfrac{1 + \alpha_2 - \alpha_1}{1 - \alpha_2 + \alpha_1} = \dfrac{\alpha_2}{\alpha_1}$

此时

$$a_1 = 1 - \frac{a_2}{a_1} a_1 < 1 - da_1 < 1 - \frac{1}{2a_1} a_1 = \frac{1}{2}$$

$$\frac{1}{2} = \frac{1}{2a_1} < d - da_1 = da_1 < \frac{a_2}{a_1} a_1 = a_2$$

所以上述价格模型与 45°线有唯一交点 $E\left(\dfrac{1}{2}, \dfrac{1}{2}\right)$。即它有一稳定的不依赖于初始值的不动点 E，亦即不论该模型初始价格如何，经过足够长时间后，价格将收敛于一个固定价格 1/2，其收敛过程如图 16-6 所示。

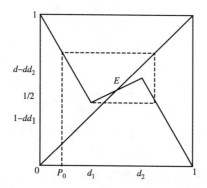

图 16 - 6　$\dfrac{1}{2\alpha_1} < d < \dfrac{\alpha_2}{\alpha_1}$ 时模型演化过程

（2）$d = \dfrac{\alpha_2}{\alpha_1}$

此时

$$1 - d\alpha_1 = 1 - \frac{\alpha_2}{\alpha_1}\alpha_1 = 1 - \alpha_2 = \alpha_1$$

$$d - d\alpha_2 = d(1 - \alpha_2) = \frac{\alpha_2}{\alpha_1}(1 - \alpha_2) = \alpha_2$$

或当 $\alpha_1 < P_{t-1} \leqslant \alpha_2$ 时，$P_t = P_{t-1}$。

所以价格模型与45°线重合，即它有无穷多个依赖于初始值的不动点，即（d_1，d_2）。只要某期价格落入（d_1，d_2），则以后的价格将一直稳定在该点上，其演化过程如图 16 - 7 所示。

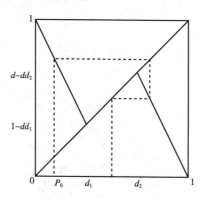

图 16 - 7　$d = \dfrac{\alpha_2}{\alpha_1}$ 时模型演化过程

（3）$\dfrac{\alpha_2}{\alpha_1} < d \leqslant \dfrac{1}{\alpha_1}$

此时

$$0 = 1 - \frac{1}{\alpha_1}\alpha_1 < 1 - d\alpha_1 < 1 - \frac{\alpha_2}{\alpha_1}\alpha_1 = \alpha_1$$

$$\alpha_2 = \frac{\alpha_2}{\alpha_1}\alpha_1 < d - d\alpha_2 = d\alpha_1 \leqslant \frac{1}{\alpha_1}\alpha_1 = 1$$

所以，价格模型与45°线有三个交点：$E_1\left(\dfrac{1}{1+d}, \dfrac{1}{1+d}\right)$，$E_2\left(\dfrac{1}{2}, \dfrac{1}{2}\right)$，$E_3\left(\dfrac{d}{1+d}, \dfrac{d}{1+d}\right)$。

可得到结论：当$\dfrac{\alpha_2}{\alpha_1} < d \leqslant \dfrac{1}{\alpha_1}$，以上价格模型不存在稳定的二周期解。因为，假设$P_0$为它的二周期解，则有

$$P_0 = fof(P_0) = f[f(P_0)]$$

$$fof'(P)_{P=P_0} = \frac{\partial f_i[f_j(P)]}{\partial f_j(P)}\frac{\mathrm{d}f_j(P)}{\mathrm{d}P}\Big|_{P=P_0}$$

由价格模型得到

$$\frac{\partial f_i[f_j(P)]}{\partial f_j(P)} = \frac{df_j(P)}{dP} = -d, 0 \leqslant P \leqslant \alpha_1$$

$$= \frac{2\alpha_1}{\alpha_2 - \alpha_1}d - \frac{1}{\alpha_2 - \alpha_1}, \alpha_1 < P \leqslant \alpha_2$$

$$= -d, \alpha_2 < P \leqslant 1$$

因此

$$\left| fof'(P)_{P=P_0} \right| \geqslant \min\left(d^2, \left[\frac{2\alpha_1}{\alpha_2 - \alpha_1}d - \frac{1}{\alpha_2 - \alpha_1} \right]^2 \right)$$

当$\dfrac{\alpha_2}{\alpha_1} < d \leqslant \dfrac{1}{\alpha_1}$时

$$d > \frac{\alpha_2}{\alpha_1} > 1$$

$$\frac{2\alpha_1}{\alpha_2 - \alpha_1}d - \frac{1}{\alpha_2 - \alpha_1} > 1$$

所以，$\left| fof'(P)_{P=P_0} \right| > 1$。

从而 P_0 对 $f \circ f$ 是不稳定的不动点，即 P_0 是 f 的不稳定二周期解。

　　由数学归纳法，可证明模型不存在任何稳定的周期解。由模拟计算，发现价格模型具有初始值敏感性，处于混沌的不规则状态。因此价格模型在 $\dfrac{d_2}{d_1} < d \le \dfrac{1}{d_1}$ 时处于混沌状态，其演化过程如图 16-8 所示。

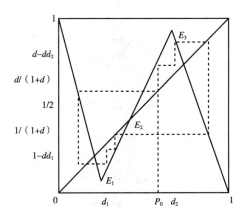

图 16-8 $\dfrac{d_2}{d_1} < d \le \dfrac{1}{d_1}$ 时模型演化过程

　　特别的，令 $d_1 = 1/3$，$d_2 = 2/3$，就得到该文献的结果。

　　其次研究价格模型

$$
P_t = f\left(P_{t-1}\right) = \begin{cases}
1 - d_1 P_{t-1} & 0 \le P_{t-1} \le \alpha_1 \\[2mm]
\left[Kd_1 + \dfrac{\alpha_2}{\alpha_2 - \alpha_1} - \dfrac{Kd_1\alpha_2}{\alpha_2 - \alpha_1} - \dfrac{(K-1)\ \alpha_1}{\alpha_2 - \alpha_1}\alpha_1 d_1 \right] + \\[2mm]
\left[\dfrac{K - K\alpha_2 + \alpha_1}{\alpha_2 - \alpha_1}d_1 - \dfrac{1}{\alpha_2 - \alpha_1} \right] P_{t-1} & \alpha_1 < P_{t-1} < \alpha_2 \\[2mm]
d_2 - d_2 P_{t-1} & \alpha < P_{t-1} < 1
\end{cases}
$$

的混沌行为。

考虑参数 d_1 的取值范围。由模型的第一式得到 $0 \le d_1 \le \dfrac{1}{\alpha_1}$；由第三式得到 $0 \le d_1 \le \dfrac{1}{K(1 - \alpha_2)}$；由第二式得到

$$
\frac{K - K\alpha_2 + \alpha_1}{\alpha_2 - \alpha_1}d_1 - \frac{1}{\alpha_2 - \alpha_1} > 0
$$

即

$$d_1 > \frac{1}{K - K\alpha_2 + \alpha_1}$$

或由

$$Kd_1 - Kd_1\alpha_2 > 1 - d_1\alpha_1$$

得到

$$d_1 > \frac{1}{K - K\alpha_2 + \alpha_1}$$

因此的取值范围是

$$\frac{1}{K - K\alpha_2 + \alpha_1} < d_1 < \min\left\{\frac{1}{\alpha_1}, \frac{1}{K(1 - \alpha_2)}\right\}$$

结论是，在

$$\frac{\alpha_2}{Kd_1 - (K - 1)d_2} = \frac{(K + 1)\alpha_2 - (K - 1)}{2\alpha_1}$$

条件下，价格模型成为

$$P_t = f(P_{t-1}) = 1 - d\alpha_1, 0 \leq P_{t-1} \leq \alpha_1;$$

$$= Kd_1 + \frac{\alpha_2}{\alpha_2 - \alpha_1} - \frac{Kd_1\alpha_2}{\alpha_2 - \alpha_1} - \frac{(K - 1)\alpha_1}{\alpha_2 - \alpha_1}\alpha_2 d_1 +$$

$$\left(\frac{2\alpha_1}{\alpha_2 - \alpha_1}d_1 - \frac{1}{\alpha_2 - \alpha_1}\right)P_{t-1}, \alpha_1 < P_{t-1} \leq \alpha_2;$$

$$= d_1\alpha_1, \alpha_2 < P_{t-1} \leq 1$$

$$\left[\frac{1}{2\alpha_1} < d_1 \leq \frac{1}{\alpha_1} = \frac{1}{K(1 - \alpha_2)}\right]$$

其动力学性质为：

（1）$\frac{1}{2\alpha_1} < d_1 < d_1^*$

此时模型 $P_t = f(P_{t-1}) = \begin{cases} 1 - d_1 P_{t-1} & 0 \leq P_{t-1} \leq \alpha_1 \\ \left[Kd_1 + \dfrac{\alpha_2}{\alpha_2 - \alpha_1} - \dfrac{Kd_1\alpha_2}{\alpha_2 - \alpha_1} - \dfrac{(K - 1)\ \alpha_1}{\alpha_2 - \alpha_1}\alpha_2 d_1\right] + \\ \left(\dfrac{K - K\alpha_2 + \alpha_1}{\alpha_2 - \alpha_1}d_1 - \dfrac{1}{\alpha_2 - \alpha_1}\right)P_{t-1} & \alpha_1 < P_{t-1} < \alpha_2 \\ d_2 - d_2 P_{t-1} & \alpha_2 < P_{t-1} < 1 \end{cases}$ 的

演化过程类似于图 16 – 6 所示。

（2）$d_1 = d_1^*$

此时模型 $P_t = f(P_{t-1}) = \begin{cases} 1 - d_1 P_{t-1} & 0 \leqslant P_{t-1} \leqslant \alpha_1 \\ \left[Kd_1 + \dfrac{\alpha_2}{\alpha_2 - \alpha_1} - \dfrac{Kd_1\alpha_2}{\alpha_2 - \alpha_1} - \dfrac{(K-1)\alpha_1}{\alpha_2 - \alpha_1}\alpha_2 d_1 \right] + \\ \left[\dfrac{K - K\alpha_2 + \alpha_1}{\alpha_2 - \alpha_1} d_1 - \dfrac{1}{\alpha_2 - \alpha_1} \right] P_{t-1} & \alpha_1 < P_{t-1} < \alpha_2 \\ d_2 - d_2 P_{t-1} & \alpha_2 < P_{t-1} < 1 \end{cases}$ 的

演化过程类似于图 16 - 7 所示。

（3）$d_1^* < d_1 < \dfrac{1}{\alpha_1}$

此时模型 $P_t = f(P_{t-1}) = \begin{cases} 1 - d_1 P_{t-1} & 0 \leqslant P_{t-1} \leqslant \alpha_1 \\ \left[Kd_1 + \dfrac{\alpha_2}{\alpha_2 - \alpha_1} - \dfrac{Kd_1\alpha_2}{\alpha_2 - \alpha_1} - \dfrac{(K-1)\alpha_1}{\alpha_2 - \alpha_1}\alpha_2 d_1 \right] + \\ \left[\dfrac{K - K\alpha_2 + \alpha_1}{\alpha_2 - \alpha_1} d_1 - \dfrac{1}{\alpha_2 - \alpha_1} \right] P_{t-1} & \alpha_1 < P_{t-1} < \alpha_2 \\ d_2 - d_2 P_{t-1} & \alpha_2 < P_{t-1} < 1 \end{cases}$ 的

演化过程类似于图 16 - 8 所示。

这里，d_1^* 满足：$\dfrac{1 + \alpha_2 - \alpha_1}{K - K\alpha_2 + \alpha_1} = \dfrac{\alpha_2}{K\alpha_1 + (K-1)\alpha_1\alpha_2}$

特别的，$K = 1$，即 $d_1 = d_2 = d$，就是模型

$$P_t = f(P_{t-1}) \begin{cases} 1 - d P_{t-1} & 0 \leqslant P_{t-1} \leqslant \alpha_1 \\ \left(\dfrac{\alpha_2}{\alpha_2 - \alpha_1} - \dfrac{\alpha_1}{\alpha_2 \alpha_1} d \right) + \left(\dfrac{2\alpha_1}{\alpha_2 - \alpha_1} d - \dfrac{1}{\alpha_2 - \alpha_1} \right) P_{t-1} \\ \qquad \alpha_1 < P_{t-1} \leqslant \alpha_2 \\ d - d P_{t-1} & \alpha_2 < P_{t-1} \leqslant 1 \\ \left(\dfrac{1}{2\alpha_1} < d < \dfrac{1}{\alpha_1} \right) \end{cases}$$

第三节　混沌理论与模型[①]

在混沌理论与模型中，动力系统是一个重要而基本的概念。所谓动力

---

① 为帮助读者理解混沌理论与模型的基本知识，本节内容来自于参考文献 6 ~ 10 的编译。

系统是指，给定函数 f 和初始值 x_0，下面是迭代序列过程：

$$x_0, f(x_0), \cdots, f^n(x_0), \cdots$$

混沌理论研究当迭代次数 n 趋于 ∞ 时，迭代序列过程为最终状态或渐进性态。如果该过程是以时间为自变量的微分方程，则混沌理论研究该微分方程的解在遥远的未来（$t \to +\infty$）或过去（$t \to -\infty$）的最终性态。

混沌动力系统的定义很多，这里我们介绍如下的一种。设 D 为一集合，$D \to D$ 的映射 f 称为在 D 上是混沌的，如果：f 具有对初始条件的敏感依赖性；f 是拓扑传递的；同期点在 D 中稠密，则说明如下问题：①混沌系统具有不可预测性；②它具有不可分解性，即它不能被分解为两个在 f 下不相互影响的子系统；③在这种混乱的状态中，有规律性，即稠密的周期点。

由于影响经济系统的因素很多，有客观因素、不可控因素、有突发因素等，这些因素交织在一起，对经济系统的状态产生影响，因此，经济系统是典型的、复杂的非线性动力系统，对初始值具有敏感依赖性或不可预测性，如弹性商品的需求量对价格变动的敏感性，政变或战争对经济的影响等；还具有不可分解性，这一点很清楚，似乎如此错综复杂的经济系统不可能有规律性，虽然经济系统具有上述的混乱性，但它必然有其内部的规律性，因此，混沌理论适宜研究经济系统。分形几何学也是研究经济系统一种有力的工具。分形几何是当代著名法国数学家曼德勃罗（B. B. Mandelbrot）在 20 世纪 70 年代末创立的，在自然科学和社会中得到广泛的应用。

混沌理论在国外发展很快，在自然科学和社会科学中得到广泛的应用。近十几年，在国内也受到青睐，成为热门的学科。介绍混沌理论的文章很多，在自然科学的应用方面取得一些成果，但在社会科学上的应用不多，尤其在经济学上，实际应用的研究还比较少。

本节又研究了一个简单的宏观经济增长模型的混沌理论，利用我国的实际数据，再现了混沌现象。这说明我国经济中也存在混沌现象。

考虑下面的简单的宏观经济增长模型

$$\dot{N}/N = \alpha - \beta N/Y = \alpha - \beta/(Y/N) \tag{16.1}$$

$$Y = AN^a \quad A > 0, 0 < a < 1 \tag{16.2}$$

式中，Y 为产出，N 为劳动力，它们都是时间的函数 $\dot{N}$ 表示 N 关于时间的导数；a 为劳动力产出弹性，α 为劳动力自发增长率，β 为抑制劳动力增长的因子。将（16.2）代入（16.1）得到

$$\dot{N}\&/N = \alpha - \beta N^{1-a}/A \tag{16.3}$$

可见，模型（16.3）是一个逻辑斯蒂增长模型，解之，得到它的连续解

$$N(t) = \{1/A[AN(0)^{a-2} - \beta/\alpha]e^{\alpha(a-1)t} + \beta/\alpha\}^{\frac{1}{(a-1)}} \tag{16.4}$$

如果初始值 N（0）> （<） $(\alpha A/\beta)^{\frac{1}{(2-a)}}$，则 N 和 Y 分别单调减少（增加），接近它们的唯一的稳态值 $(A\alpha/\beta)^{\frac{1}{(1-a)}}$ 和 A $(A\alpha/\beta)^{\frac{a}{(1-a)}}$。但是，在实际中连续解没有什么意义。为此以差分代替微分，则（16.1）和（16.2）成为

$$(N_{t+1} - N_t)/N_t = \alpha - \beta N_t/Y_t \tag{16.5}$$

$$Y_t = AN_t^a \tag{16.6}$$

将（16.6）代入（16.5），得到

$$N_{(t+1)} = N_t[(1 + \alpha) - \beta N_t^{1-a}/A] \tag{16.7}$$

令 $N_t = \{[A(1+\alpha)/\beta]^{\frac{1}{(1-a)}}/A\} x_t$，（16.7）成为

$$X_{t+1} = (1 + \alpha)X_t(1 - X_t^{1-a}) = F(X_t; \alpha, a) \tag{16.8}$$

式（16.8）就是宏观经济增长模型（16.1）和（16.2）的离散的动力系统模型。它的本质性质远不同于连续系统（16.1）和（16.2）。现在利用我国的实际数据，对式（16.8）进行模拟，得到我国宏观经济增长的动力系统模型。

由于受到数据的限制，只能对我国全民所有制工业 1983 年 3 月至 1988 年 8 月总产值 Y 和劳动力 N 月度数据进行模拟，模拟参数 $a = 0.4$，$\alpha = 0.47$，模拟结果见图 16－9 所示（与张守一教授合作）。

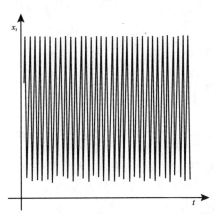

图 16－9 $x_{t+1} = 5.67x_t (1 - x_t^{3/5})$ 的轨迹

现在研究我国经济增长模型动力系统的长期性态，不妨从一般的动力系统（16.7）或（16.8）的分支过程讲起。

由（16.8），对所有 α 和 a，$F(0;\alpha,a) = F(1;\alpha,a)$，并且当

$$X_t \begin{cases} > \\ < [1/(2-a)]^{\frac{1}{1-a}} \text{时，} \\ = \end{cases}$$

$$F'_{(x_t;\alpha,a)} = (1+\alpha)[1-(2-a)]X_t^{1-a} \begin{cases} > \\ < 0 \\ = \end{cases}$$

又

$$F''_{(x_t;\alpha,a)} = -(1+\alpha)(2-a)(1-a)X_t^{-a} < 0$$

因此，当

$$X_t = \left(\frac{1}{2-a}\right)^{\frac{1}{1-a}} \tag{16.9}$$

时，X_{t+1} 取得最大值

$$\max(X_{t+1}) = (1+\alpha)\left(\frac{1}{2-a}\right)^{\frac{1}{1-a}}\frac{1-a}{2-a} \tag{16.10}$$

在不影响结果的前提下，不妨要求在 $0 < a < 1$ 条件下，F 把区间 $[0,1]$ 映射到自身，即对 $0 \leqslant X_t \leqslant 1$，要求

$$0 \leqslant \max(X_{t+1}) \leqslant 1$$

因此有

$$\alpha = \frac{2-a}{1-a}\left(\frac{1}{2-a}\right)^{\frac{1}{1-a}} - 1 \quad (0 < a < 1) \tag{16.11}$$

如取 $a = 2/5$，$X_t = \left(\frac{5}{8}\right)^{5/3}$ 时，X_{t+1} 达到最大值 $\frac{3}{8}\left[\left(\frac{5}{8}\right)^{5/3}(1+\alpha)\right]$，又取 $\alpha = 1$，2，$10/3$，$\alpha_0\left[\alpha_0 = \frac{8}{3}\left(\frac{8}{5}\right)^{5/3} - 1 \approx 4.8367\right]$，$F$ 的图形见图 16-10 所示。

从图 16-10 中看到，随着 X_t 增加，X_{t+1} 起初增加，然后达到最大值，最后又减少。这种密度相关是劳动力的自发增长率受有限的生产能力制约的结果。图 16-10 还说明自发增长率 α 决定 F 的非线性性。

动力系统（8）在 $a > 0$，$0 \leqslant \alpha \leqslant 4.8367$，$0 \leqslant X_t \leqslant 1$ 条件下的分支过程

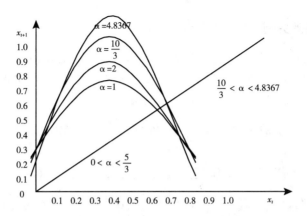

图 16－10 $x_{t+1} = F\left(x_t,\ \alpha,\ \dfrac{2}{5}\right)$ 及平衡点的稳定性

如下。

（1）F 的平衡点即一阶周期点满足

$$x_{t+1} = (1 + \alpha)x_t(1 - x_1^{1-a}) = x_t$$

解得 $\bar{x}_t = 0$ 和

$$\bar{X}_t(\alpha, a) = \left(\frac{\alpha}{1 + \alpha}\right)^{\frac{1}{1-a}} \tag{16.12}$$

亦即 F 曲线与 $45°$ 线（$x_{t+1} = x_t$）的交点。显然点 $\bar{x}_t = 0$ 是不稳定的，排斥邻近的点。为了研究 $\bar{X}_t(\alpha, a) = \left(\dfrac{\alpha}{1 + \alpha}\right)^{\frac{1}{1-a}}$ 的动态性态，计算 F 在该点的导数

$$F'(\bar{X}_t, \alpha, a) = 1 - (1 - a)\alpha = \lambda(\bar{X}_t, \alpha, a) \tag{16.13}$$

它可以确定 $\bar{x}_t$ 的局部稳定性。即特征值 $\lambda(\bar{X}_t, \alpha, a)$ 确定 $\bar{X}_t(\alpha, a)$ 的局部稳定性。当 $0 < \lambda(\bar{X}_t, \alpha, a) < 1$ 即 $0 < \alpha < \dfrac{1}{1-a}$ 时，$\bar{X}_t(\alpha, a)$ 吸引邻近的点；当 $0 > \lambda(\bar{X}_t, \alpha, a) > -1$ 即 $\dfrac{1}{1-a} < \alpha < \dfrac{2}{1-a}$ 时，$\bar{X}_t(\alpha, a)$ 以（阻尼）振动的方式吸引邻近的点；当 $\lambda(\bar{X}_t, \alpha, a) = -1$ 即 $\alpha = \dfrac{2}{1-a}$ 时，$\bar{X}_t(\alpha, a)$ 既非稳定又非不稳定，既非吸引也非排斥邻近的点；当 $|\lambda(\bar{X}_t, \alpha, a)| > 1$，即 $\dfrac{2}{1-a} < \alpha < \alpha_0$ 时，$\bar{X}_t(\alpha, a)$ 是不稳定的，排斥邻近的点。

以 $a = 2/5$ 为例，则有平衡点 $\bar{x}_t(\alpha) = \left(\dfrac{\alpha}{1+\alpha}\right)^{5/3}$，$\lambda(\alpha) = F'(\alpha) = 1 - 3/5\alpha$。所以，当 $0 < \alpha < 5/3$ 及 $5/3 < \alpha < 10/3$，$\alpha = 10/3$ 和 $10/3 < \alpha < 4.8367$，平衡点 $\bar{x}_t(\alpha)$ 分别为吸引点（稳定点），既非吸引点又非排斥点（不稳定点）和排斥点，见图 16 - 10 所示。

（2）同上述的分析，随着 α 超过 $\dfrac{2}{1-a}$，不稳定点 $\bar{X}_t(\alpha, a) = \left(\dfrac{\alpha}{1+\alpha}\right)^{\frac{1}{1-a}}$ 分支成为两个 2 阶周期点 $\bar{X}_{t1}^2(\alpha, a)$ 和 $\bar{X}_{t2}^2(\alpha, a)$，即一个长度为 2 的周期轨道。$\bar{X}_{t1}^2(\alpha, a)$ 和 $\bar{X}_{t2}^2(\alpha, a)$ 均被称为非退化固定点，即它们均是 F^2 的固定点但不是 F 的固定点（平衡点），被称为退化固定点，既是 F^2，也是 F 的固定点。现在分析非退化固定点的稳定性以及分支发生的条件。

由周期点的定义，有

$$\bar{X}_{ti}^2 = x_{t+2,i} = F^2(\bar{X}_{ti}^2, \alpha, a) \quad (i = 1,2) \tag{16.14}$$

所以

$$\lambda^2(\bar{X}_{ti}^2, \alpha, a) = \frac{dF^2(\bar{X}_{ti}^2, \alpha, a)}{dx_t} = \frac{dF[F(\bar{X}_{ti}^2, \alpha, a)]}{dx_t} = \prod_{i=1}^{2} \frac{dF(\bar{X}_{ti}^2, \alpha, a)}{dx_t}$$
$$(i = 1,2) \tag{16.15}$$

可见

$$\lambda^2(\bar{X}_{ti}^2, \alpha, a) = \lambda^2(\bar{X}_{t2}^2, \alpha, a) \tag{16.16}$$

即 F^2 在 $\bar{X}_{t1}^2(\alpha, a)$ 和 $\bar{X}_{t2}^2(\alpha, a)$ 处的斜率相等，如果它小于 1，则 $\bar{X}_{t1}^2(\alpha, a)$ 和 $\bar{X}_{t2}^2(\alpha, a)$ 是稳定的 2 阶周期点，即 $\bar{X}_t(\alpha, a)$ 分支成为一个长度为 2 的稳定的周期轨道；反之，$\bar{X}_{t1}^2(\alpha, a)$ 和 $\bar{X}_{t2}^2(\alpha, a)$ 是不稳定的 2 阶周期点，即 $\bar{X}_t(\alpha, a)$ 分支成为一个长度为 2 的不稳定的周期轨道。

又由式（16.17），当 $\left| \dfrac{dF(\bar{X}_t, \alpha, a)}{dx_t} = \lambda(\bar{X}_t, \alpha, a) \right| \begin{array}{c} > \\ = \\ < \end{array} 1$ 时，

$$\lambda^2(\bar{X}_t, \alpha, a) = \frac{dF(\bar{X}_t^2, \alpha, a)}{dx_t} \begin{array}{c} > \\ = \\ < \end{array} 1 \tag{16.17}$$

式（16.17）说明，当且仅当 $\lambda^2(\bar{X}_t, \alpha, a) > 1$ 时，$\bar{X}_t(\alpha, a)$ 才是

不稳定的。也就是说，要非退化 2 阶周期点存在，$\lambda^2\left(\bar{X}_t,\ \alpha,\ a\right)$ 必须大于 1。

仍以 $a = 2/5$ 为例，取 $\alpha = 4.0613$，图 16 – 11 表示了 $F^2\left(x_t,\ 3.5,\right.$ $0.4)$ 的两个非退化固定点 $\bar{X}_{t1}^2\left(3.5,\ \dfrac{2}{5}\right)$ 和 $\bar{X}_{t2}^2\left(3.5,\ \dfrac{2}{5}\right)$，以及退化固定点。可以验证，$F^2\left(\bar{x}_{t1}^2,\ 3.5,\ \dfrac{2}{5}\right)$ 和 $F^2\left(\bar{x}_{t2}^2,\ 3.5,\ \dfrac{2}{5}\right)$ 的斜率相等且小于 1，这意味着周期轨道是稳定的。也可以验证，$\lambda^2\left(\bar{X}_t,\ 3.5,\ 0.4\right)>1$，这说明不稳定点 $\bar{X}_t\left(3.5,\ \dfrac{2}{5}\right)=\left(\dfrac{7}{9}\right)^{\frac{5}{3}}$ 分支成为两个稳定的 2 阶周期点。

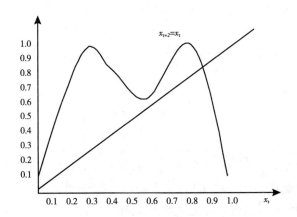

图 16 – 11 $\bar{x}_t\left(3.5,\ \dfrac{2}{5}\right)$ 分支成为一个二阶周期轨道 $\{x_{t3}^{-2},\ x_{t2}^{-2}\}$

（3）由上述的分析，当 $\bar{X}_t\left(\alpha,\ a\right)=\left(\dfrac{\alpha}{1+\alpha}\right)^{\frac{1}{1-a}}$ 是不稳的，即 $\alpha>\dfrac{2}{1-a}$ 时，两个 2 阶周期点出现，起初这个轨道是稳定的，但随 α 增加超过 $\dfrac{2}{1-a}$，$\left|\lambda^2\left(\bar{X}_{ti}^2,\ \alpha,\ a\right)\right|$ 也增加。对超过 $\left|\lambda^2\left(\bar{X}_{ti}^2,\ \alpha,\ a\right)\right|>1$ 的 α 值，2 阶周期点 $\bar{X}_{t1}^2\left(\alpha,\ a\right)$ 和 $\bar{X}_{t2}^2\left(\alpha,\ a\right)$ 不稳定，每一个 2 阶周期点分支成为两个 4 阶周期点，形成一个长度为 4 的循环，记为 $\{\bar{X}_{t1}^4\left(\alpha,\ a\right),\ \bar{X}_{t2}^4\left(\alpha,\ a\right),\ \bar{X}_{t3}^4\left(\alpha,\ a\right),\ \bar{X}_{t4}^4\left(\alpha,\ a\right)\}$。

同样，由周期点的定义，有

$$\bar{X}_{ti}^4(\alpha,a)=x_{t+4i}=F^4(\bar{X}_{ti}^4,\alpha,a)\quad(i=1,2,3,4)\qquad(16.18)$$

所以

$$\lambda^4(\bar{X}_{ti}^4, \alpha, a) = \frac{dF^4(\bar{X}_{ti}^4, \alpha, a)}{dx_t} = \frac{dF^2[F^2(\bar{X}_{ti}^4, \alpha, a)]}{dx_t}$$

$$= \frac{dF^2(\bar{X}_{ti}^4, \alpha, a)}{dx_t} = \prod_{i=1}^{4} \frac{dF^2(\bar{X}_{ti}^4, \alpha, a)}{dx_t} (i = 1, 2, 3, 4) \qquad (16.19)$$

可见

$$\lambda^4(\bar{X}_{ti}^4, \alpha, a) = \lambda^4(\bar{X}_{tj}^4, \alpha, a) \quad (i, j = 1, 2, 3, 4) \qquad (16.20)$$

即 F^4 在 $\bar{X}_{ti}^4$（α，a）（$i = 1$，2，3，4）处的斜率相等。如果它小于1，则 $\bar{X}_{ti}^4$（α，a）是稳定的4阶周期点，即 $\bar{X}_t$（α，a）分支成为一个长度为4的稳定的周期轨道；反之，$\bar{X}_{ti}^4$（α，a）是不稳定的4阶周期点，即 $\bar{X}_t$（α，a）分支成为一个长度为4的不稳定的周期轨道。

由 （16.20），当 $\left| \dfrac{dF^2(\bar{X}_{ti}^2, a, a)}{dx_t} = \lambda^2(\bar{X}_{ti}^2, a, a) \right| \begin{matrix} > 1 \\ < 1 \\ = 1 \end{matrix}$ 时，

$$\lambda^4(\bar{X}_{ti}^2, \alpha) = \frac{dF(\bar{x}_{ti}^4, \alpha, a)}{dx_t} \begin{matrix} > 1 \\ < 1 \\ = 1 \end{matrix} \qquad (16.21)$$

式 （16.21） 说明，当且仅当 $\lambda^4(\bar{X}_{ti}^2, \beta, a) > 1$ 时，才是不稳定的。换言之，要4阶周期点存在，$\lambda^4(\bar{X}_{ti}^2, \alpha, a)$ 必须大于1。

仍以 $= 2/5$ 为例。当 α 超过大约4.1时，2阶周期点成为不稳定，每一个分支成为两个4阶周期点。图16-12表示 $\alpha = 4.2$ 时的4阶周期点，可验证 $\lambda^4(\bar{x}_{ti}^4, 4.2, \dfrac{2}{5}) < 1$，所以4阶周期点是稳定的。

（4） 若随 α 增加有 $\lambda^4(\bar{x}_{ti}^4, \alpha, a) > 1$，则 $\bar{x}_{ti}^4$（α，a）是不稳定的4阶周期点。进一步，若 $\lambda^8(\bar{x}_{ti}^4, \alpha, a) > 1$，即 F^8 在 $\bar{x}_{ti}^4$（α，a）处的斜率大于1，则每个4阶周期点分支成为两个8阶周期点，形成一个长度为8的周期循环。

随着 α 的增加，这种过程继续，产生了长度为 $2K$（$K = 2$，4，…，∞）的非退化轨道。这些轨道称为2阶周期轨道的调和 （harmonics）。所有的调和在 α 达到某个值 α_c 之前出现，但如今这个值 α_c 还是未知的。

（5） 随着 α 进一步增加，进入区间 $\alpha_c < \alpha < \alpha_0$，非常奇怪的行为出现，出现了一个3阶周期轨道。3阶周期点满足 $x_{t+3} = F^3(x_t)$，即 F^3 曲线与45°线的正切点，因此这种分支称为正切分支。同样，由上述分支过程，它产生了长度为 $3K$（$K = 2$，…，∞）的周期轨道。此时，随着 F^3 的曲线下降

与 45°线足以成为正切，3 阶周期轨道出现。事实上，李—约克（1975）已经证明了一个简单的、惊人的结果。对任何 $F(x_t; \alpha)$，假如一个非退化的 3 阶周期轨道出现了，则也必存在所有周期的非退化点，以及一个不可数的周期点集合，其轨道随机游动遍及 F 的定义域，即混沌现象出现。因此动力系统（8）的混沌区域为：$\alpha_c < \alpha < \alpha_0$。还以 = 2/5 为例，图 16 – 13 表示 $\alpha = 4.64 > \alpha_c$ 时的 3 阶周期点。

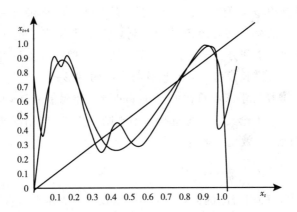

图 16 – 12　四阶周期轨道 $\{x_{t_1}^{-4}, x_{t_2}^{-4}, x_{t_3}^{-4}, x_{t_4}^{-4}\}\left(\alpha = 4.2, a = \dfrac{2}{5}\right)$

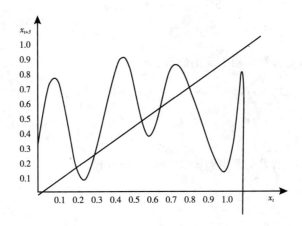

图 16 – 13　$\alpha = 4.64$ 时三阶周期点

　　总之，动力系统（16.8）的分支过程可概括为：稳定域是 $0 < \alpha < \dfrac{2}{1-a}$，偶周期循环域是 $\dfrac{2}{2-a} < \alpha < d_c$，奇周期循环即混沌域是 $\alpha_c < \alpha < \alpha_0$。特别的，

当 $a = 2/5$ 时，系统（16.8）的稳定域是 $4.64 < \alpha < 4.8367$。

从以上分析可见，由于模拟参数 $\alpha = 4.67$ 落在混沌区域，所以图 16-9 的模拟结果在混沌状态。这说明我国经济增长中也存在混沌现象。从图 16-3中也能直观地看到这一点。

在国外，混沌模型在经济学中得到广泛的应用。下面，我们主要介绍一些重要的、具有代表性的应用。

如前所述，1980 年美国经济学家司徒泽（Stutzer）[1] 最早将混沌模型应用于经济学中。他在《动态经济学和控制》杂志上发表了论文《一个宏观模型中的混沌动力学和分支理论》，将李—约克定理和分支技术应用于哈维尔摩（Haavclmo）增长模型，并有连续与离散两种形式。

1981 年美国经济学家本哈比伯（Benhabib）和德依（Day）[2] 在《经济研究评论》上发表了论文《合理选择与不规则行为》，应用混沌理论研究效用函数的长期性态。效用函数为

$$U(x, y; a) = x^a y^{1-a}, 0 < a < 1 \tag{16.22}$$

式中，x 和 y 为两种消费品的数量，a 为效用权数，表示消费者的偏好。

在预算约束 $px + qy = m$ 下，效用 U 极大化得到需求方程

$$x = a(m/p) \tag{16.23}$$

$$y = (1 - a)(m/q) \tag{16.24}$$

假定效用函数的参数依赖于前期的选择，则有

$$a_{t+1} = g(x_t, y_t; \alpha) \tag{16.25}$$

需求函数成为：$x_{t+1} = c\ (x_t;\ \alpha,\ s:) = (m/p)\ [1 - g\ (x_t,\ y_t;\ \alpha)]$

$$\tag{16.26}$$

使用预算约束，消去 y_t，得到 x_t 的一阶差分方程

$$x_{t+1} = c(x_t; \alpha, s:) = (m/p)g(x_t, (m - px_t)/q; \alpha) \tag{16.27}$$

式中，$s: = (m, p)$。

为简便起见，他们定义函数 g 为 $g\ (x_t,\ y_t;\ \alpha) = \alpha x_t y_t$ $\tag{16.28}$

① Michael J. Stuztzer (1980), "Chaotic Dynamics and Bifurcation In a Macro Model", *Journal of Economic Dynamics and Control* 2 (1980) 353-376.

② Jess Benharzb and Richard H. Day (1981), "Rational Choice and Erratic Behavior", *Review of Economic Studies* (1981) XLVIII, 459-471.

此时，他们得到短期需求函数 $x_{t+1} = \alpha m x_t (m - x_t)$ $1 < \alpha m^2 \leqslant 4$ （16.29）
它是一个动力系统。他们得出系统（16.29）的长期性态为：当 $1 < \alpha m^2 < 3$ 时，系统（16.29）是稳定的；当 $3 < \alpha m^2 < c$ 时，系统（16.29）是周期的；当 $c < \alpha m^2 \leqslant 4$ 时，系统（16.29）是混沌的（他们指出 c 接近 3.57）。

1982 年德依[①]又在《美国经济评论》上发表了论文《非规则增长周期》，他首次完成了对经济增长中混沌现象的模拟。时隔一年，他又在《经济学季刊》上发表了论文《经典经济增长中显现的混沌》。[②] 国内杂志已经介绍过这方面的工作，在此不重复了。

1985 年德依和谢富（Day & Shafer）证明了，具有非线性投资规模的固定价格的凯恩斯宏观经济模型能够出现混沌行为。凯恩斯模型为

GNP 等式： $y(t+1) = \text{Min}\{c[y(t)] + I[r(t)] + A, y^{生产率}\}$ （16.30）

消费函数： $c[y(t)] = \beta y(t)$ $0 < \beta < 1$ （16.31）

投资函数： $I[r(t)] = \begin{cases} \mu[r'' - r(t)]/r(t) & 0 \leqslant r(t) \leqslant r'' \\ 0 & r(t) > r'' \end{cases}$ （16.32）

货币需求函数： $M(t) = Ky(t) + \lambda / [r(t) - r^*]$ $r(t) \geqslant r^* \geqslant 0$

（16.33）

他们证明了，当 $y^{生产率} = 100$， $A = 13$， $\beta = 0.7$， $\mu = 500$， $r'' = 0.25$， $r^* = 0.01$， $M = 40$，

$K = 0.2$， $\lambda = 4.8$ 时， $\{y(t)\}$ 序列是混沌的。

1988 年陈平在《系统动力学评论》上，发表了论文《经济混沌在经验上与理论上的证据》。"他是第一个真正在实际经济数据中计算出了分维，针对 5 种货币总值的数据，他算出的维数均介乎 1.3 至 1.5 之间。也有一些货币总值不能算出分维，这与经济总体理论相符合。"他的工作是经济科学中的一件大事。

总之，近 20 年来国外经济学家应用混沌理论于经济学研究之中，取得了大量成果。它们涉及经济学几乎所有研究领域，比如宏观货币、财政模型、经济周期模型、股票市场、厂商供求、中长期经济发展和跨代经济模型。

在我国，非线性混沌理论在经济学中的研究和应用则是近十几年的事情，仅仅是个开始，发展较为缓慢，从我们收集到已经发表的文献来看，

①　Day, R. (1982), "Irregular Growth Cycles", *American Economic Review*.

②　Day, R. (1983), "The Emergence of Chaos from Classical Economic Growth", *The Quarterly Journal of Economics*, May 1983, 201－213.

介绍性文章居多，理论研究寥寥无几，实际应用不多，应用也很不成熟，不尽如人意，都有待提高。

我们曾将李—约克定理和分权技术应用到我国的哈维尔摩增长模型，与司徒泽的工作相比，我们使用的是实际数据，首次将混沌理论应用于我国宏观经济研究，对分支技术作了进一步研究。司徒泽是在劳动力产出弹性为 0.5 条件下，给出了哈维尔摩增长模型的动力系统状态变化的临界值，我们则是在劳动力产出弹性为 0.4 条件下，给出了系统状态变化的临界值。但由于受到数据限制，样本长度也比较短，只有 60 个。

总之，混沌理论在我国经济学中的研究和应用数量少，质量不高，应该引起我们思考。究其原因，撇开混沌理论本身，我们认为有主、客观两个原因。主观原因包括数学和软件，总的来说，我国从事经济研究的人员数学功底和软件开发能力不足，这是历史所造成的。但是，一方面，混沌理论要求研究者有实变函数、拓扑学和泛函分析等高深的数学理论；另一方面，图像形成完全取决于计算机软件，因此混沌要求高级的软件支持。可见，大多数经济研究人员由于受数学和软件的限制，无法从事应用混沌理论的研究。客观原因主要是样本数据的限制，表现为数据缺乏，长度和口径不一致等。在如今改革开放的形势下，统计核算和会计核算向国际靠拢，数据处于新旧交替阶段，因此数据限制将要持续一段时期。

从混沌理论本身来看，我们认为存在以下问题。

（1）要求非线性函数具有单峰性质。这一点对大多数有经济含义的非线性函数来说是满足的，但不能排除某些描述经济现象的非线性函数不是单峰的，如双峰等。

（2）模拟参数的选取，没有一定的规则方法，只能凭对经济理论和经济现象的认识理解或实际经验选取参数值进行模拟，因此模拟量大，时间长。对缺乏经验的人来说，有无从下手的感觉。如果系统的参数有两个或两个以上，则参数的选取及其组合难度就更大了。

（3）分支过程中还有没解决的技术问题，如前面叙述的哈维尔摩增长模型动力系统和效用函数动力系统的混沌状态的临界值 dc 和 c 都还没有准确的值。

（4）在分支技术过程中，为了抓住动力系统内在的本质特征，有时需要实施变量替换，将复杂的动力系统转换成简捷的动力系统。这样就产生了如何解释原复杂的动力系统的问题。

（5）样本长度问题。从混沌角度来说，样本长度不能太短。国外文献中的理论模拟和实际模拟例子中，样本长度至少在 200 个以上。样本长度越长，模拟效果越好。但是，由于在一定样本长度内模拟参数上具有唯一不变性，因此模拟结果不能描述系统的状态及其变化。

（6）模拟问题。不像非线性回归模型，回归系数的确定满足离差平方和最小。但混沌模型中模拟参数的确定不可能使离差绝对值之和最小。对单个方程，模拟参数的确定满足要求的精度即可。但对多个方程，未必存在一个共同的精度。如果是这样的话，各个模拟精度如何确定，不同的精度组合势必产生不同的模拟参数，这些问题有待进一步研究和解决。

在这里，我们有必要介绍陈平的观点。在进行了经济混沌方面的研究之后，陈平提出了今后的经济混沌有三个要解决的问题：①扩大经济统计的数据库及设计利用较少数据点的数值算法；②参考系的确定，找出经济史的转折点；③由经验参数去估计方程参数中一些要解决的问题。

鉴于以上问题，我们提出以下几点看法，供大家参考。

（1）考虑到我国经济数据的限制以及这种限制的持续性，目前不要急于作实际模型，但不排除个别条件具备的模型。我们应全面、系统地学习混沌理论，引进、消化、吸收国外先进的理论分析方法和软件技术。在理论研究的基础上，收集、积累数据，为将来的实际模拟创造条件。

（2）样本最好尽可能使用日数据，一年就有 300 多个数据，或者使用周数据，四年就可以有 200 多个数据，或者使用月数据，但有 15 年才有 180 个数据，这样既保证样本长度，又避免时期长度过长，不能反映系统的状态及其变化。使用日或周数据可以进行分段模拟，以便更准确地反映系统的动态性。

对于年份长度较短的数据，我们还可以使用横截面数据研究和建立相应的混沌模型。这些在一定程度上解决了陈平提出的第一个问题。

（3）在应用混沌理论之前，利用景气指数系统中的扩散指数和合成指数，找到经济系统变化的转折点，这样可以解决陈平提出的第二个问题。

（4）将回归模型与混沌模型结合起来使用。首先，利用分支技术判断非线性回归模型预测的可能性。在利用回归模型外推预测时，如果非线性回归函数在外推点处的一阶导数（即切线的斜率）的绝对值小于 1，则可以进行预测；如果外推点处的一阶导数的绝对值大于 1，则不能进行预测。其次，利用混沌模型判断回归模型建模的可能性。如果混沌模型的模拟结果表明系统落在混沌状态，则不能建立回归模型，此时方程组的迭代求解，对初始值具有敏感性，不收敛。最后，前面讲过，混沌模型侧重描述系统的状态及其变化，回归模型则侧重描述系统内的内生变量及其变化，前者是全局，后者是局部，两者可以结合起来。

第四节　混沌模型用于股价短期预测的可行性

众所周知，股价瞬息万变。因此，预测股价是十困难的。但这并不是说，股价是不能被预测的。本节利用第一节中的混沌模型 $X_{t+1} = -\alpha X_t^2 + \beta X_t + Y$（$\alpha \neq 0$），通过判断股价指数动力学过程的稳定性，对股价指数进行短期预测。我们选择了上海股价指数、上海静安股价指数和深圳股价指数，样本分别为1992 年 3 月 23 日至 1992 年 11 月 27 日、1992 年 3 月 30 日至 1992 年 11 月 26日和 1992 年 4 月 20 日至 1992 年 11 月 27 日。每周星期一至星期五有五个指数，因此它们的样本长度分别为 180、174、160。

估计模型 $X_{t+1} = -\alpha X_t^2 + \beta X_t + Y$（$\alpha \neq 0$），对上海股价指数为

$$X_{t+1} = -6.151E - 05X_t^2 + 1.0745067X_t - 14.026256$$

经计算得到

$$\Delta = 0.002100228, K = 1.045828248, b = 233.1202406, a = 17002.57272$$

$$a\frac{K-1}{K} + b = 978.1738578$$

可见，上海股价指数的非线性动力过程是稳定的，收敛于 978.1738578（相对于样本来说，因此这种稳定性具有短期性或样本性，它随着样本的变化而变化，下同）。

上海静安股价指数为

$$X_{t+1} = -1.565E - 05X_t^2 + 1.0906367X_t - 110.8926$$

经计算得到

$$\Delta = 0.001273134, K = 1.035681012, b = 1755.77278, a = 66177.70045$$

$$a\frac{K-1}{K} + b = 4035.709649$$

可见，上海静安股价指数的非线性动力过程是稳定的，收敛于 4035.709649。

深圳股价指数为

$$X_{t+1} = -0.0019311X_t^2 + 1.8817353X_t - 96.073025$$

经计算得到

$\Delta = 0.035350664, K = 1.188017725, b = 179.6172065, a = 616.2025918$

$a\dfrac{K-1}{K} + b = 276.980225$

可见，深圳股价指数的非线性动力过程是稳定的，收敛于 276.980225。

至此，我们可以应用以上模型对股价指数进行短期预测了。但为慎重起见，我们再利用经济增长的延搁反馈模型，来认识股价变动的走势和规律。该模型认为，相对增长指数 X 的变化率等于 X 的即时值乘以 λ（扩展速率）与在一个时差 s 之前的控制函数之和，即

$$X_t^\& = \lambda X_t + F(X_{t-s}) \tag{16.34}$$

其中，$F(X) = XG(X)$ 为控制函数，$G(X) = -\delta\exp\left(-\dfrac{X^2}{\sigma^2}\right)$ 为反馈函数，δ 是控制参数，σ 是标度参数，因此

$$\dot{X}_t = \lambda X_t - \delta X_{t-s}\exp\left(-\dfrac{X_{t-s}^2}{\sigma^2}\right) \tag{16.35}$$

写成差分形式则有

$$X_{t+1} = (1+\lambda)X_t - \delta X_{t-s}\exp\left(-\dfrac{X_{t-s}^2}{\sigma^2}\right) \tag{16.36}$$

这里，考虑：

（1）标度参数 σ 取为 X_t 序列的标准差，保证（16.36）中控制函数的非零性，并不改变它的动力性。这是因为（16.36）两边同除 σ^2，则有

$$\dfrac{X_{t+1}}{\sigma^2} = (1+\lambda)\left(\dfrac{X_t}{\sigma^2}\right) - \delta\left(\dfrac{X_{t-s}}{\sigma^2}\right)\exp\left[-\left(\dfrac{X_{t-s}}{\sigma}\right)^2\right] \tag{16.37}$$

作变量替换

$$Z_t = \dfrac{X_t}{\sigma}$$

则（16.37）成为

$$Z_{t+1} = (1+\lambda)Z_t - \delta Z_{t-s}\exp(-Z_{t-s}^2) \tag{16.38}$$

（2）时差 s 取 1 和 2 进行累加，并且加常数项，目的是估计检验效果。因此上海、深圳股价指数延搁反馈模型取为：

$$X_{t+1} = (1+\lambda_1)X_t - \delta_1 X_t\exp\left(-\dfrac{X_t^2}{\sigma^2}\right) + (1+\lambda_2)X_{t-1} - \delta_2 X_{t-1}\exp\left(-\dfrac{X_{t-1}^2}{\sigma^2}\right) + c \tag{16.39}$$

估计（16.39），对上海股价指数有

$$X_{t+1} = 1.0864X_t - 1.1053X_t \exp\left(-\frac{X_t^2}{4136}\right) - 0.1401X_{t-1} +$$

$$0.74747X_{t-1} \exp\left(-\frac{X_{t-1}^2}{4136}\right) + 49.6676$$

对上海静安股价指数有

$$X_{t+1} = 1.3870X_t - 17.5104X_t \exp\left(-\frac{X_t^2}{71957}\right) -$$

$$0.4074X_{t-1} + 18.1604X_{t-1} \exp\left(-\frac{X_{t-1}^2}{71957}\right) + 74.3289$$

对深圳股价指数有

$$X_{t+1} = 0.7370X_t - 7234421.2X_t \exp\left(-\frac{X_t^2}{1390}\right) + 0.2153X_{t-1} +$$

$$12284510X_{t-1} \exp\left(-\frac{X_{t-1}^2}{1390}\right) + 12.442$$

以上三个延搁反馈模型同样也说明这三种股价指数的非线性动力学过程是稳定的，并且稳定值比非线性动力学模型略大一些。换言之，它们两者是异曲同工的；或者说延搁反馈模型验证了非线性动力学模型的正确性。因此，应用上海、深圳股价指数非线性动力学性是稳定的，可以进行短期预测。为此，作后验预测，结果如表 16-1 所示。

表 16-1　三种股价预测值

时间	上海股价指数		上海静安股价指数		深圳股价指数	
	预测值	相对误差%	预测值	相对误差%	预测值	相对误差%
93.11.30	646.1430	-10.82	3262.1234	0.36	196.5537	-6.84
12.1	654.5782	-8.67	3280.3602	0.44	199.1841	-9.07
12.2	662.9671	-8.20	3298.3826	-1.58	202.1236	-7.29
12.3	671.3011	-16.93	3316.1830	-4.44	205.3770	-3.06
12.4	679.5720	-16.79	3333.7541	-7.89	208.9738	-6.11
12.7	687.7720	-13.29	3351.0891	-4.20	212.7915	-9.48
12.8	695.8932	-7.69	3368.1818	-3.41	216.9036	-6.59
12.9	703.9283	4.06	3385.0263	4.99	221.2293	-1.13
12.10	711.8702	13.85	3401.6173	30.70	225.4875	3.85
12.11	719.7122	-0.03	3417.9499	23.86	231.1048	3.97
12.14	727.4480	3.17	3434.0197	19.26	235.6660	6.91
12.15	735.0715	7.74	3449.8228	21.17	240.1376	11.04

续表

时间	上海股价指数		上海静安股价指数		深圳股价指数	
	预测值	相对误差%	预测值	相对误差%	预测值	相对误差%
12.16	743.4754	8.40	3465.3557	25.47	244.4434	10.63
12.17	750.8430	6.08	3480.6155	22.46	248.5165	13.72
12.18	758.0823	8.58	3495.5995	21.17	252.3035	13.21
12.21	765.1890	4.58	3510.3057	19.52	255.7672	12.93
12.22	772.1595	6.39	3524.7324	19.76	258.8866	10.37
12.23	778.9901	6.41	3538.8783	21.52	261.6563	18.29
12.24	785.6779	3.57	3552.7426	19.82	264.0839	17.36
12.25	792.2204	3.65	3566.3248	18.20	266.1873	18.03

　　从表 16－1 中后验预测值以及相对误差率可见，在 60 个相对误差率中，有 34 个小于 10%，占 57%。对于上海股价指数，20 个相对误差率中有 15 个小于 10%；对于上海静安股价指数，20 个相对误差率中有 8 个小于 10%；对于深圳股价指数，20 个相对误差率中，有 11 个小于 10%。

　　在前 30 个相对误差率中，有 23 个小于 10%，占 77%。对于上海股价指数，前 10 个相对误差率中有 5 个小于 10%；对于上海静安股价指数，前 10 个相对误差率中有 8 个小于 10%；对于深圳股价指数，前 10 个相对误差率均小于 10%。

　　这个结果的确说明，应用非线性动力学模型，在稳定的情形下，是可以对股价指数进行短期预测的。

参考文献

1. Ashley, R. and Patterson, "A Nonparametric Distribution-Free Test for Serial Independence in Stock Returns," *Journal of Finance and Quantitative Analysis* 21 (1986), 221 – 227.

2. Blatt, J. M., "On the Econometric Approach to Business-Cycle Analysis", *Oxford Economic Papers* 3b (1978), 292 – 300.

3. Broek, W. A., "Distinguishing Random and Deterministic Systems: Abridged Version", *Journal of Economic Theory* 40 (1986), 168 – 195.

4. Dey, R. and W. Shafer, "Keynesian Chaos", *Journal of Macroeconomics* 7 (1985), 277 – 295.

5. Ashley, R. and O. Pantterson, "Linear Versus Nonlinear Macroeconomics", *A Statistical Test International Economic Review*, Vol. 30, August 1989.

6. Michael J. Stuztzer (1980), "Chaotic Dynamics and Bifurcation In a Macro Model", *Journal of Economic Dynamics and Control* 2 (1980), 353 – 376.

7. Jess Benharzb and Richard H. Day (1981), "Rational Choice and Erratic Behavior", *Review of Economic Studies* (1981) XLVIII, 459 – 471.

8. Day, R. (1982), "Irregular Growth Cycles", *American Economic Review*.

9. Day, R. (1983), "The Emergence of Chaos from Classical Economic Growth", *The Quarterly Journal of Economics*, May 1983, 201 – 213.

10. Richard A. Ashley and Douglas M. Patterson (1989), "Linear Versus Nonlinear Macroeconomics : A Statistical Test", *International Economic Review* Vol. 30, No. 30, August 1989.

11. Robert F. Engle and C. W. J., Granger (1987), "Cointegration and Error Corrcetion: Representation, Estimation, and Testing", *Econometrica*, 55, 251 – 276.

12. 贾俊平、何晓群、金勇进编著《统计学》，中国人民大学出版社，2000。

13. 徐国祥、刘汉良、孙允午、朱建中编著《统计学》，上海财经大学出版社，2001。

14. 李心愉编著《应用经济统计学》，北京大学出版社，1999。

15. 葛新权主编《统计学》，机械工业出版社，2002。

16. 易丹辉编著《非参数统计——方法与应用》，中国统计出版社，1996。

17. 吴喜之、王兆军：《非参数统计方法》，高等教育出版社，1996。

18. 倪加勋、袁卫、易丹辉、蔡志洲编著《应用统计学》，中国人民大学出版社，1993。

19. 龙永红主编《概率论与数理统计》，高等教育出版社，2001。

20. 贾俊平、金勇进编著《统计学》，中国人民大学出版社，2004。

21. 潘承毅、何迎辉编著《数理统计的原理和方法》，同济大学出版社，2004。

22. 郑德如主编《统计学》，立信会计出版社，1993。

23. 施建军主编《统计学教程》，南京大学出版社，1992。

24. 〔美〕Terry Sioncich：《商务统计学》，清华大学出版社，2001。

25. 徐国祥主编《统计预测和决策》，复旦大学出版社，1994。

26. 《数理统计》，高等教育出版社，1979。

27. 〔美〕Allen L. Webster. *Applied Statistics for Business and Economics*. Richard D. Irwin, Inc, 1992.

28. 何晓群编著《现代分析方法与应用》，中国人民大学出版社，1999。

29. 何晓群编著《多元统计分析》，中国人民大学出版社，1999。

30. 于秀林、任雪松编著《多元统计分析》，中国统计出版社，1999。

31. 李晓林编著《精算学原理》，经济科学出版社，1999。

32. 冯文权编著《经济预测与决策技术》，武汉大学出版社，1994。

33. 金勇进、蒋妍、李序颖编著《抽样技术》，中国人民大学出版社，2002。

34. 〔英〕迈克尔·C. 弗莱明、约瑟夫·G. 纳理斯：《商务统计精要》，中信出版社，2002。

35. 葛新权：《经济统计与经济模型》，经济科学出版社，2004。

36. 葛新权、王斌编著《应用统计》，社会科学文献出版社，2006。

37. 葛新权：《论统计经济模型建模与创新》，2010年3月2日《中国社会科学报》。

38. 葛新权：《对回归模型设定问题的若干思考》，《数量经济技术研究》2010年第12期。

39. 葛新权：《实验经济学需要与其他经济学理论结合》，2010年7月29日《中国社会科学报》。

图书在版编目（CIP）数据

应用统计/葛新权，王斌编著. —修订本. —北京:社会科学
文献出版社，2012.8
（管理科学研究生教材丛书）
ISBN 978 – 7 – 5097 – 3573 – 2

Ⅰ.①应… Ⅱ.①葛… ②王… Ⅲ.①应用统计学 – 研究生 –
教材 Ⅳ.①C8

中国版本图书馆 CIP 数据核字（2012）第 185956 号

· 管理科学研究生教材丛书 ·

应用统计（修订版）

编　著／葛新权　王　斌

出 版 人／谢寿光
出 版 者／社会科学文献出版社
地　　址／北京市西城区北三环中路甲 29 号院 3 号楼华龙大厦
邮政编码／100029

责任部门／财经与管理图书事业部（010）59367226　　责任编辑／高　雁
电子信箱／caijingbu@ ssap. cn　　　　　　　　　　　责任校对／张立生
项目统筹／恽　薇　　　　　　　　　　　　　　　　　责任印制／岳　阳
经　　销／社会科学文献出版社市场营销中心（010）59367081　59367089
读者服务／读者服务中心（010）59367028
·
印　　装／三河市尚艺印装有限公司
开　　本／787mm×1092mm　1/16　　　　　　　　　印　　张／22
版　　次／2012 年 8 月第 1 版　　　　　　　　　　　字　　数／396 千字
印　　次／2012 年 8 月第 1 次印刷
书　　号／ISBN 978 – 7 – 5097 – 3573 – 2
定　　价／49.00 元